시장을
풀어낸
수학자

시장을 풀어낸 수학자
—
2021년 5월 12일 초판 1쇄 발행
2022년 8월 24일 초판 6쇄 발행
—
지은이 그레고리 주커만
옮긴이 문직섭
감수자 이효석
펴낸이 김정수, 강준규
책임편집 유형일
마케팅 추영대
마케팅지원 배진경, 임혜솔, 송지유
—
펴낸곳 (주)로크미디어
출판등록 2003년 3월 24일
주소 서울시 마포구 성암로 330 DMC첨단산업센터 318호
전화 02-3273-5135
팩스 02-3273-5134
편집 070-7863-0333
홈페이지 https://blog.naver.com/rokmediabooks
이메일 rokmedia@empas.com
—
ISBN 979-11-354-9896-1 (03320)
책값은 표지 뒷면에 적혀 있습니다.
—
• 잘못 만들어진 책은 구입하신 서점에서 교환해 드립니다.

THE MAN
WHO SOLVED THE
MARKET

시장을
풀어낸
수학자

짐 사이먼스가
일으킨
퀀트 혁명의 역사

그레고리 주커만 지음
문직섭 옮김
이효석 감수

ROK
MEDIA

**그레고리
주커만**
Gregory

Zuckerman

그레고리 주커만은 월스트리트 저널의 특별 작가이다. 그는 다른 투자 및 비즈니스 주제들 중에서 큰 금융 거래, 기업 및 인물에 대해 쓰고, "길거리에서 들은 것"이라는 칼럼을 정기적으로 연재한다. 그는 경제 금융 전문 언론인에게 최고의 영예라 불리는 제럴드 롭상Gerald Loeb Awards을 세 번이나 수상했고, 미국 저널리스트를 위한 협회인 뉴욕 프레스 클럽의 저널리즘 어워드를 2008, 2011년 두 차례 수상한 뛰어난 저널리스트이다. 그는 2003년 분식회계의 대명사 월드컴의 붕괴와, 2007년 헤지펀드 아마란스 어드바이저의 붕괴 그리고 2015년 핌코의 창업자인 채권왕 빌 그로스와 당시 CEO였던 모하메드 엘 에리언을 포함한 핌코 임직원 사이의 불협화음을 폭로한 이야기로 제럴드 롭상을 수상했다. 또한 2008년 서브프라임 모기지 사태와 2011년 내부자 거래 스캔들에 관한 기사로 제럴드 롭상 결선 후보로 두 차례 선정되었다. 그는 CNBC, 폭스 비즈니스, 야후 파이낸스, 블룸버그, BBC 등 텔레비전, 라디오 채널에 정기적으로 출연하고 있다.

⋇ 역자 소개 ⋇

문직섭   고려대학교 경영학과를 졸업하고 미국 오리건주립대학교에서 석사 MBA 학위를 취득했다. (주)대우 미국 현지 법인에서 10여 년간 근무하며 미국과 세계 각국을 상대로 국제무역과 해외영업을 담당했고, 현재 한국 내 중소기업의 해외영업 총괄 임원으로 재직 중이다. 글밥아카데미를 수료한 후 바른번역 소속 번역가로 활동하며 비즈니스 현장에서 쌓은 경험을 바탕으로 경제경영서 번역에 주력하고 있다. 옮긴 책으로 《혁신국가》, 《참아주는 건 그만하겠습니다》, 《브랜드 애드머레이션》, 《절대 실패하지 않는 비즈니스의 비밀》, 《전략에 전략을 더하라》, 《알수록 정치적인 음식들》 등이 있으며 〈하버드 비즈니스 리뷰〉 한국어판 번역에 참여하고 있다.

⋇ 감수자 소개 ⋇

이효석   현재 SK증권 자산전략팀장으로 일하고 있다. 주식시장 분석을 통해 세상의 변화를 이해하고, 또 읽어냄으로써 투자 인사이트를 찾으려고 노력한다. 교보악사자산운용에서 헤지펀드를 운용하였고, 코리안리에서 운용전략, 기업은행에서 경제분석 및 주식운용을 담당했다. 2015년 포브스코리아 선정 '한국의 젊은 파워리더'에 선정된 바 있으며, 현재 유튜브 채널 '이효석의 iDEA' 등을 통해서 대중과 소통하고 있다. 저서로는 《미스터 마켓 21》(공저)이 있다.

감수를 제안 받았을 때 저는 책의 원제목을 보고 깜짝 놀랐습니다. 시장을 이긴 사람이나, 시장에서 성공한 사람이라는 표현은 인정할 수 있지만, 시장을 풀어버린 사람이라니 말입니다. 다소 교만해 보이기까지 하는 책 제목은 이 책이 역사상 가장 뛰어난 운용성과를 기록하고 있는 르네상스 테크놀로지를 다루기 때문에 가능한 것 같습니다. 르네상스 테크놀로지는 1988년 이래 연평균 66%의 수익률을 기록했고, 1천억 달러 이상의 수익을 달성했다고 합니다. 하지만, 코로나가 터진 2020년에는 대규모 손실을 기록한 것으로 보도되고 있기 때문에, 르네상스 테크놀로지는 또 한 번의 새로운 도전에 직면해 있다고도 할 수 있습니다.

그런데 저는 이 책을 감수하면서 원제목The man who solved the market 을 이렇게 바꾸는 것이 좋을 것 같다는 생각이 들었습니다. The man who changed the market으로 말입니다. 아주 어려운 수학문제를 풀기 위해서 가장 먼저 해야 하는 일은 그 문제를 풀 수 있는 것인 지 여부를 판단하는 것입니다. 왜냐하면, 아무리 노력해도 풀 수 없 는 문제도 있기 때문이죠. 이런 문제를 미정다항식시간non-deterministic polynomial time; NP 문제라고 하는데, 문제를 풀기 위한 시간이 기하급수 적으로 증가한다는 특징이 있습니다. 그렇다면, 시장은 풀 수 있는 대상일까요? 아니면 풀 수 없는 대상일까요? 책의 제목처럼 시장이 풀어낼 수 있는 대상이라고 한다면, 그 다음 단계에서 필요한 것은 어려운 수학 문제를 좀 더 쉬운 문제로 바꾸는 것입니다. 제가 책 제 목을 '시장을 풀어낸 사람'이 아니라, '시장을 바꾼 사람'이라고 표현 하고 싶은 이유도 여기에 있습니다. 르네상스 테크놀로지의 짐 사이 먼스는 두 가지 관점에서 시장이라는 문제를 바꾸어 버렸습니다.

첫째, 기존의 접근 방식이 가진 한계를 채웠습니다. 사이먼스의 접근 방식은 기존 경제학과 투자론의 접근과 완전히 다른 방식이었 습니다. 이는 사이먼스가 회사를 창립하기 전의 이력을 통해서도 알 수 있는데, 그는 암호학 분야에서 크게 성공한 수학자였을 뿐, 경제 학에 대한 공부를 해본적도 없던 사람이었기 때문입니다. 주식시장 은 복잡계로 이루어져 있습니다. 아무리 정교하게 설계된 예측 시스 템이라도 인간의 감정까지 설계할 수는 없기 때문에 문제를 풀어내 기란 정말 어려울 수밖에 없지요. 그래서 주가를 예측하는 이론은 대부분 가정이 필요합니다. '인간이 합리적인 의사결정을 한다.'라는 것이 대표적이지만, 이 책을 읽고 있는 독자 분들도 주식시장에 이성을 잃고 투자해본 경험이 있을 테니, '인간이 합리적인 의사결정을 한다.'라는 가정은 적어도 주식시장에 적용될 수 없는 가정입니다. 그렇기 때문에 시장의 가격결정 과정에서 기존의 방식으로 설명할 수 없는 무엇인가가 있을 수밖에 없는데, 그 빈 곳을 르네상스가 채워 넣었다고 할 수 있을 것 같습니다. 이론으로 설명할 수 없는 가격의 움직임을 수학적인 방법으로, 더 나아가 데이터를 활용한 AI 기법을 활용하여 좀 더 정확하게 예측하는 것을 통해서 그는 큰 돈을 벌 수 있었던 것이지요.

둘째, 시장에 참여하는 구성도 바꾸어 놓았습니다. 르네상스의 접근은 그 자체도 의미가 있지만, 그들의 성공 때문에 더 많은 퀀트 투자자들이 생겼다는 것도 시장을 바꾸어 놓는 데 기여했습니다. 실제로 2019년초에는 헤지펀드와 퀀트 투자로 불리는 계량투자자들이 주식 거래량의 약 30%를 차지했다고 합니다. 시장에 미치는 영향을 알기 위해서는 얼마나 많은 주식을 보유하고 있는지도 중요하지만, 얼마나 많은 거래를 하고 있는지도 중요합니다. 왜냐하면, 거래를 하는 사람이 가격을 결정할 수 있는 가능성이 크기 때문입니다. 저는 2016년부터 4년동안 국내에서 헤지펀드를 운용했던 경험이 있습니다. 그 당시 이슈가 되었던 사례를 하나 소개하고자 합니다. 헤지펀드를 운용하게 되면, 개별 기업의 수급에 대해서 매우 자세하게 관찰하게 되는 경우가 있는데, 어느 때부터인지 모외국계 중

권사의 수급에서 이상한 패턴이 확인되었습니다. 예를 들면, 오를 수 있을 만한 이유가 있는 주식(ex. 호재 뉴스, 호 실적 등)의 주가가 오전에 과도할 정도로 많이 오르는 과정에서는 모외국계 증권사의 수급은 매수하고 있는 것으로 확인되다가 다른 헤지펀드들이 숏커버를 하거나, 추가 상승을 노린 개인투자자들이 매수하게 되면, 어느새 매도로 바뀌어 있었습니다. 이후 기사를 통해서 확인해보니, 당시 그 증권사가 퀀트를 기반으로 대형 헤지펀드와 계약을 맺었는데, 그 전략이 이처럼 수급을 활용한 것이었다고 합니다. 우리는 일반적으로 주식에 영향을 미치는 요인을 경제 상황, 기업의 실적, 주주친화적인 기업인지의 여부, 산업의 전망 등 교과서에 나와 있는 것들로 이루어져 있다고 생각하지만, 앞의 사례는 퀀트 전략들이 생각지도 못한 방식으로 가격을 형성하며 만들어가고 있다는 것을 의미합니다. 그리고 지금도 이들의 영향력은 커지고 있습니다.

투자 세계에도 AI가 들어오면서 투자환경이 매우 빠르게 바뀌고 있는데, 재미있는 사례를 하나 소개해 드리겠습니다. Orbital insight는 인공위성을 통해서 정보를 만들어 판매하는 회사로, 전 세계에 있는 2.5만 개 원유 탱크의 사진을 분석합니다. 과거에는 상상도 하지 못했을 일이 가능해진 이유는 탱크의 그림자 크기를 AI(이미지 인식 기술)를 통해서 매우 빠르게 계산할 수 있기 때문이죠. 탱크의 바깥쪽 그림자를 통해서 탱크의 크기를 알 수 있으며, 안쪽 그림자의 크기를 통해서 탱크에 저장된 원유의 양을 계산할 수 있습니다. 여기까지 가능해지면, Orbital Insight라는 회사는 전 세계에 저장된 원유의 재고 수준을 거의 실시간으로 파악할 수 있게 됩니다. Orbital insight는 2019년 9월 사우디아라비아의 시추/탈황 설비에서 테러가 발생했을 당시 전 세계 원유재고 현황을 정확하게 확인하면서 더욱더 주목을 받게 되었습니다. 테러 발생 직후, WTI 유가는 $53 에서 $65 까지 20% 이상 급등했지만, 며칠만에 원래 가격보다 더 낮은 가격까지 하락했습니다. 사우디아라비아를 제외한 어느 국가의 원유저장 탱크에서도 재고가 감소하는 것이 확인되지 않았기 때문입니다. 유가가 본격적으로 빠지기 시작한 것은 EIA 재고 발표 이후였지만, Orbital insight 가 확보한 정보를 알고 있는 투자자는 먼저 관련 포지션을 구축했을 가능성이 높습니다. 중요한 것은 앞으로 AI 기술이 발전할수록 이러한 현상이 더 자연스러워질 것이고, 르네상스 테크놀리지와 같은 회사들은 앞으로도 더 많은 데이터를 분석하고 적용하면서 시장을 바꿀 것입니다.

이 책에는 그렇게 시장을 바꾸기 위해서 르네상스 테크놀로지를 거쳐간 수많은 수학자, 컴퓨터 프로그래머 들의 이야기가 담겨 있습니다. 때론 순조롭지 않을 때도 있고, 정말 큰 어려움도 있었는데, 어떻게 극복해 나갔는지 따라가다 보면, 시간이 가는 줄 모르고 읽게 됩니다. 르네상스 테크놀로지가 시장을 바꾸어 나가는 과정은 아직도 진행중이지만, 그 동안의 노고에 경의를 표합니다.

시장을 풀어낸 수학자

✂ 목차 ✂

──────────────── PART I ────────────────

돈이 전부가 아니다

──────────────── PART II ────────────────

돈이 모든 것을 바꾼다

제임스 사이먼스   수학자, 암호 해독자, 르네상스 테크놀로지 창업자.

레너드 바움   사이먼스의 첫 번째 투자 파트너이자 수백만 명의 삶에 영향을 끼친 알고리즘 개발자.

제임스 엑스   메달리온 펀드 운용자이자 이 펀드의 첫 번째 트레이딩 모델 개발자.

산도르 스트라우스   르네상스 초창기 핵심 역할을 했던 데이터 전문가.

엘윈 벌캄프   주요 전환기에 메달리온 펀드를 관리했던 게임 이론가.

헨리 라우퍼   사이먼스의 펀드를 단기적 트레이드로 전환시킨 수학자.

피터 브라운   르네상스의 주요 획기적 발전을 설계한 컴퓨터 공학자.

로버트 머서   르네상스의 공동 CEO이자 도널드 트럼프의 대통령 선거 승리에 막대한 공을 세운 인물.

레베카 머서   스티브 배넌과 팀을 이뤄 미국 정치계를 뒤집어 놓은 인물.

데이비드 매거맨   머서의 정치적 활동을 막으려 노력했던 컴퓨터 전문가.

1938	제임스 사이먼스 출생
1958	사이먼스 MIT 졸업
1964	사이먼스가 미 국방분석연구소(IDA) 암호 해독가가 된다.
1968	사이먼스가 스토니브룩대학교 수학과를 이끈다.
1974	사이먼스와 천싱셴 교수가 획기적인 논문을 발표한다.
1978	사이먼스가 학계를 떠나 통화 트레이딩 기업 모네메트릭스를 창업해 림로이라는 헤지펀드 운용을 시작한다.
1979	레너드 바움과 제임스 엑스가 합류한다.
1982	기업 이름이 르네상스 테크놀로지 코퍼레이션으로 바뀐다.
1984	바움이 사직한다.
1985	엑스와 스트라우스가 기업을 캘리포니아로 옮긴다.
1988	사이먼스가 림로이의 운용을 중단하고 메달리온 펀드를 출범시킨다.
1989	엑스가 떠나고 엘윈 벌캄프가 메달리온을 이끈다.
1990	벌캄프가 사직하고 사이먼스가 르네상스와 펀드의 관리를 맡는다.
1992	헨리 라우퍼가 정식 직원이 된다.
1993	피터 브라운과 로버트 머서가 합류한다.
1995	브라운과 머서가 획기적이며 핵심적인 돌파구를 마련한다.
2000	메달리온이 98.5퍼센트 급등한다.
2005	르네상스 인스티튜셔널 에쿼티 펀드가 출범한다.
2007	르네상스를 비롯한 퀀트 투자 기업들이 급격한 손실로 어려움을 겪는다.
2010	브라운과 머서가 르네상스의 경영권을 넘겨받는다.
2017	머서가 공동 CEO에서 물러난다.

"아무도 당신과 얘기하지 않으려 한다는 걸 당신도 잘 알잖아요?"

2017년 9월 초 나는 매사추세츠 주 캠브리지의 생선 요리 식당에서 샐러드를 뒤적이며 영국 수학자 닉 패터슨^{Nick Patterson}이 전 직장 르네상스 테크놀로지^{Renaissance Technologies}에서 일했던 얘기를 털어놓게 하려고 애쓰고 있었다. 하지만 운이 좋지는 않았다.

나는 패터슨에게 르네상스의 창업자 제임스 사이먼스^{James Simons}가 금융 역사상 가장 많은 돈을 벌어다 준 시스템을 만들어 낸 방법과 과정에 관한 책을 쓰고 싶다고 말했다. 르네상스는 창업자 사이먼스와 그의 동료들이 정치계와 과학계, 교육계 그리고 자선 활동 분야에서 엄청난 영향력을 행사할 만큼 많은 부를 창출했다. 사이먼스는 페이스북을 창업한 마크 저커버그^{Mark Zuckerberg}와 그의 IT 업계

동년배들이 아직 어린이집에 있을 때 극적인 사회적 전환을 예측하며 알고리즘과 컴퓨터 모델, 빅 데이터를 활용하고 있었다.

패터슨은 별 도움이 안 되어 보였다. 사이먼스와 그의 대리인도 내게 많은 도움을 못 준다고 이미 말했다. 르네상스의 중역들과 사이먼스와 가까운 사람들, 심지어 그들 중 내가 친구로 여겼던 이들도 내 전화와 이메일에 응답하지 않았다. 경쟁 관계에 있는 자들조차 사이먼스가 그들이 감히 기분을 상하게 해서는 안 되는 마피아 두목이라도 된 양, 사이먼스의 요청을 받고 미팅에서 빼 달라고 요구할 정도였다.

사람들은 르네상스가 직원들에게 서명하도록 강요한 30쪽에 이르는 엄격한 비밀 유지 합의서를 몇 번이나 반복해 내게 상기시켰다. 이 합의서는 르네상스를 떠난 사람도 기업에 관한 내용을 발설하지 못하게 한다. 나는 그들이 무슨 말을 하려는지 알았지만, 좀 너무하다는 생각이 들었다. 〈월스트리트저널〉에서 20여 년간 근무한 나는 게임의 원칙을 알고 있었다. 이런 주제에 관한 책은 비판적인 내용을 담고 있다 해도 결국 나오기 마련이다. 그들에 관한 책을 누가 원하지 않겠는가? 제임스 사이먼스와 르네상스 테크놀로지밖에 없다.

그렇다고 패터슨의 태도에 아주 충격을 받은 것은 아니다. 사이먼스와 그가 이끄는 팀원들은 경쟁자가 어떤 단서라도 확보하지 못하도록 한다. 자신들이 금융 시장을 정복한 방법의 작은 힌트조차 남기지 않는다. 그들은 월스트리트에서 가장 비밀스럽게 활동하는 트레이더trader들이다. 르네상스 직원들은 언론 노출을 피하며 산업계 컨퍼런스 등 대부분의 공공 집회를 멀리한다. 사이먼스는 조지 오웰의 소설《동물농장》에 등장하는 당나귀 벤저민의 말을 인용해 자신의 태도를 설명하기도 했다. "'신은 내게 파리를 쫓을 수 있는 꼬리를 주셨다. 하지만 나는 꼬리도 파리도 없는 게 더 좋다.' 이것이 언론의 주목과 관심에 대한 나의 생각입니다."[1]

나는 음식에서 시선을 떼 고개를 들고 억지로 웃으며 생각했다.

'전쟁을 치르겠군.'

나는 방어하는 자들을 탐색하며 틈을 노렸다. 사이먼스에 관한 책을 쓰고 그의 비밀을 알아내는 일에 집착했다. 그가 세우는 장애물은 오히려 내가 추적에 더 매력을 느끼게 할 뿐이었다.

내가 사이먼스의 스토리를 쓰겠다고 마음먹은 데에는 그럴 만한 이유가 있었다. 전직 수학 교수였던 사이먼스는 이론의 여지없이 현대 금융 역사에서 가장 성공한 트레이더다. 르네상스를 대표하는 메달리온Medallion 헤지펀드는 1988년 이래 연평균 66퍼센트의 수익률을 기록하며 1,000억 달러 이상의 수익을 달성했다(이 수치에 대한 자세한 내용은 부록 1 참고). 투자 세계에서 이런 수치에 근접한 사람은 아무도 없다. 워런 버핏, 조지 소로스, 피터 린치, 스티브 코헨, 레이 달리오도 이 수치에는 다다르지 못했다(부록 2 참고).

최근 몇 년간 르네상스는 매년 7억 달러 이상의 트레이딩 수익을 달성했다. 이는 언더아머와 리바이스, 해즈브로Hasbro, 하얏트 호텔을 포함한 유명 브랜드 기업의 연간 수익보다 많다. 여기서 이해하기 힘든 한 가지는 이들 기업이 수만 명의 직원을 고용하고 있는 반면, 르네상스에는 고작 300여 명의 직원 밖에 없다는 사실이다.

나는 사이먼스의 재산이 약 230억 달러에 이르며 테슬라 자동차의 일론 머스크Elon Musk, 글로벌 미디업 그룹 News Corp.의 루퍼트 머독Rupert Murdoch, 스티브 잡스의 미망인 로렌 파월 잡스Laurene Powell Jobs보다 그가 더 부유하다는 것을 알아냈다(이 책이 출간된 2019년 기준이다—옮긴이). 르네상스의 다른 멤버들도 억만장자 대열에 합류했다. 르네상스 직원들은 평균 5,000만 달러에 가까운 자산을 르네상스 펀드에 투자하고 있다. 사이먼스와 팀원들은 왕, 짚, 엄청난 금이 나오는 룸펠슈틸츠헨(독일 민화에 나오는 난쟁이로 짚을 황금으로 바꾸는 능력이 있다—편집자) 전래동화에나 나올 법한 방법으로 진정한 부를 창조했다.

나의 호기심을 불러일으킨 것은 트레이딩의 성공만이 아니었다. 초창기부터 사이먼스는 산더미처럼 쌓인 데이터를 파헤치고 고급 수학 기법을 적용하며 최첨단 컴퓨터 모델을 개발하기로 결정한 반면, 다른 사람들은 시장 예측을 위해 여전히 본능적인 직감과 예전 연구 방식에 의존했다. 사이먼스는 트레이딩 방식에 혁명을 일으키며 투자 세계를 휩쓸었다. 2019년 초에 이르러 헤지펀드와 '퀀트 투자자quant'로 불리기도 하는 계량적 투자자들이 주식 트레이딩의 약 30퍼센트를 장악하고 개인 투자자와 전통적인 투자 기업들을 능가하며 시장의 큰손으로 부상했다.[2] MBA 출신들은 한때 과학적이고 시스템적인 투자 방식에 의존하려는 생각을 조롱하며 만약 컴퓨터 프로그래머가 정말 필요하면 그냥 고용하면 된다고 확신했다. 오늘날 프로그래머들은 MBA 출신을 두고 같은 말을 한다. 단 그들을 조금이라도 염두에 두고 있다면 말이다.

사이먼스의 선구적인 방식은 거의 모든 산업에서 채택되며 일상 생활 곳곳에 스며들었다. 사이먼스와 팀원들은 실리콘밸리와 정부 기관, 스포츠 경기장, 병원, 군 지휘본부 등 예측이 필요한 거의 모든 곳에서 이런 기법을 사용하기 훨씬 전이었던, 30년도 넘는 예전에 이미 통계 자료를 고속으로 처리하고 중요한 과제를 기계에 맡기며 알고리즘을 활용했다.

사이먼스는 인재들을 한데 모아 관리하는 전략을 개발해 다듬어지지 않은 지능과 수학적 재능을 활용해 엄청난 부를 창출했다. 그는 수학으로 돈을 벌었다. 그것도 어마하게 많은 돈을 벌었다. 수십 년 전에는 상상조차 할 수 없었던 일이었다.

최근 사이먼스는 수천 명에 이르는 공립학교 수학 및 과학 교사들에게 보조금을 지급하며 자폐증 치료 방법을 개발하고 생명의 기원에 대한 이해를 넓히는 행보로 현대판 메디치^{Medici}로 떠올랐다. 그의 노력은 소중하지만, 한 개인이 그렇게 많은 영향력을 행사하는 데 대한 의문도 제기되었다. 르네상스의 최고 중역 로버트 머서^{Robert} ^{Mercer}의 영향력도 마찬가지다(머서는 르네상스의 공동 CEO에서 물러났지만, 여전히 르네상스의 중역으로 남아 있다). 트럼프에게 재정 후원을 가장 많이 한 머서는 세상에 잘 알려지지 않았던 스티브 배넌$^{Steve\ Bannon}$과 켈리앤 콘웨이$^{Kellyanne\ Conway}$를 발탁해 트럼프 선거 캠프에 합류시켰다. 그렇게 어려움을 겪던 캠프를 안정시킨 인물로서, 2016년 대통령 선거에서 트럼프가 승리하는 데 가장 기여를 많이 한 개인일지도 모른다. 머서가 소유했던 기업들은 이제 영국의 유럽연합 탈퇴 운동을 성공적으로 이끄는 데 핵심 역할을 한 그의 딸 레베카^{Rebekah}

시장을 풀어낸 수학자

가 경영하고 있다. 사이먼스와 머서를 비롯한 르네상스의 주요 멤버들은 앞으로 몇 년 동안 광범위한 부문에서 계속 영향력을 발휘할 것이다.

사이먼스와 그의 팀이 이룬 성공은 몇 가지 도전적인 질문을 던진다. 규모가 큰 전통적 투자 기업의 경험 많고 노련한 투자자가 아닌 수학자와 과학자가 금융 시장의 방향을 예측해 성공했다. 그들은 더 나은 금융 시장에 관해 어떤 메시지를 전하는가? 사이먼스와 그의 동료들은 우리가 이해할 수 없는 투자 방식을 근본적으로 이해하고 있는가? 사이먼스의 성과는 인간의 판단과 직감에 본질적으로 결함이 있으며, 트레이딩 모델과 자동화된 시스템만 쏟아져 나오는 데이터를 감당할 수 있다는 것을 증명하는가? 사이먼스의 계량적 투자 방식, 즉 퀀트 투자의 성공과 인기는 지금껏 간과했던 새로운 위험을 만들어 내는가?

나는 사이먼스와 그의 팀이 시장을 장악하는 이들이 되지 말았어야 한다는 놀라운 역설에 크게 매료됐다. 사이먼스는 금융 과목을 한 번도 수강하지 않았으며 비즈니스에 크게 관심도 없었고 마흔 살이 될 때까지 트레이딩에 잠깐 손을 댔을 뿐이었다. 그로부터 10년이 지난 뒤에도 여전히 많은 진전을 이루지는 못했다. 게다가 응용 수학이 아니라 가장 비현실적인 이론 수학을 전공했다. 미국 동부 롱아일랜드의 조용한 동네 노스 쇼어North Shore에 자리 잡은 사이먼스의 기업은 투자나 월스트리트 방식을 전혀 모르는 수학자와 과학자를 채용한다. 그들 중 일부는 자본주의에 완전히 회의적이기도 하다. 사이먼스와 동료들은 투자자가 금융 시장에 접근하는 방식을 바꿔 놓으며 트레이더와 투자자, 다른 전문가들로 이뤄진 산업계에서 크게 앞서 나갔다. 이는 마치 몇몇 기괴한 도구 외에는 제대로 준비한 것도 없이 처음 남아메리카 여행길에 오른 한 무리의 관광객이 전설의 황금 도시 엘도라도를 발견하더니 황금까지 강탈해 노련하고 단련된 탐험가들을 당황하게 만드는 것과 같다.

마침내 나는 노다지를 캔 것처럼 많은 사실을 알아냈다. 사이먼스의 젊은 시절에 관한 내용, 획기적인 성과를 낸 수학자로서 냉전 시대 암호 해독가로서 근무했던 경험, 그의 기업이 초기에 겪었던 격변의 시기에 관해 알게 됐다. 내가 접촉한 사람들은 르네상스의 가장 중요한 혁신들뿐만 아니라 상상했던 것보다 더 극적이고 호기심을 불러일으키는 최근의 일들도 자세히 알려줬다. 결국 나는 30명 이상의 르네상스 전현직 멤버들과 400회가 넘는 인터뷰를 진행했다. 나와 얘기를 나눈 사이먼스의 친구들과 가족들 그리고 내가 이 책에서 자세히 설명할 사건들과 관련 있거나 그 내용을 잘 아는 사람들의 수는 그보다 많았다. 기억하고 관찰하고 통찰했던 내용을 공유해 준 모든 사람들에게 깊은 감사의 뜻을 전한다. 일부는 내가 이 스토리를 책으로 쓰는 데 도움을 주기 위해 엄청난 개인적 위험을 감수하기도 했다. 나는 그들이 내게 보여 준 믿음에 보답할 수 있기를 희망한다.

사이먼스도 결국에는 나와 대화를 나눴다. 그는 내게 이 책을 쓰지 말라고 요청했으며, 책 출간에는 전혀 관심이 없었다. 하지만 사이먼스는 자기 삶의 특정 시기를 얘기하며 열 시간 이상을 내줄 만큼 자애로우면서도 르네상스의 트레이딩과 대부분의 다른 활동에 관한 얘기는 하지 않았다. 그의 생각은 소중하므로 인정했다.

이 책은 실화를 근거로 쓴 논픽션이며 앞으로 내가 설명할 사건들을 직접 경험한 사람들의 설명과 그 사건들을 목격했거나 잘 알고 있는 사람들의 기억에 바탕을 두고 있다. 기억이 희미해질 수 있다는 사실을 충분히 이해하므로 나는 모든 사실과 사건, 사람들의 발언을 최선을 다해 확인했다.

또한 계량 금융과 수학 분야의 전문가뿐만 아니라 일반 독자도 흥미를 느낄 수 있는 방식으로 사이먼스의 스토리를 전하려고 노력했다. 이 책에는 은닉 마르코프 모델hidden Markov model과 머신러닝의 커널 방식kernel methods, 확률론적 미분 방정식stochastic differential equations뿐만 아니라 파탄에 이른 결혼, 기업의 음모, 공황 상태에 빠진 트레이더에 관한 내용도 들어 있다.

사이먼스는 자신의 모든 통찰력과 예지력에도 불구하고 삶에서 많은 일들을 기습적으로 당했다. 어쩌면 이것이 특별한 그의 스토리에서 얻을 수 있는 가장 오래 남을 교훈일지도 모르겠다.

제임스 사이먼스는 전화 걸기를 결코 멈추지 않을 태세였다.

1990년 가을에 사이먼스는 글로벌 금융 시장의 가장 최근 움직임을 쉴 새 없이 번쩍이며 보여 주는 컴퓨터 스크린에 눈을 고정한 채 맨해튼 중심부 고층빌딩 33층 자신의 사무실에 앉아 있었다. 친구들은 사이먼스가 왜 아직도 그러고 있는지 이해하지 못했다. 쉰두 살에 접어든 사이먼스는 이미 충실한 삶을 살았고 동년배들이 가질 법한 야망을 만족시키는 데 부족하지 않은 모험과 업적과 번영을 누렸다.

사이먼스의 키는 180센티미터가 좀 안 되었지만, 약간 구부정한 자세와 점점 가늘어지는 흰머리 탓에 실제보다 작고 나이 들어 보였다. 갈색 눈 주위에는 주름이 가득했다. 끊을 수 없었던, 아니 어쩌면 끊기 싫었던 흡연 습관 때문이었을 것이다. 강인하고 우락부락하면서도 눈에는 장난기가 가득했던 사이먼스의 인상은 친구들에게 고인이 된 배우 험프리 보가트를 떠올리게 했다.

깔끔하게 정돈된 사이먼스의 책상 위 커다란 재떨이가 손에서 타들어 가는 담배에서 튕겨 나올 다음 재를 기다리고 있었다. 사무실 벽에는 스라소니가 토끼를 잡아먹는 모습을 담은 다소 섬뜩한 그림이 걸려 있었다. 소파와 가죽 의자 두 개 옆에 놓인 커피 테이블 위에는 사이먼스가 한창 잘나가던 시기에 동료 수학자들을 어리둥절하게 만들며 그만둔 그의 학계 경력을 상기시켜 주는 복잡한 수학 연구 논문들이 있었다.

당시 사이먼스는 만 12년간 성공적인 투자 공식을 찾으려 노력해 왔다. 초기에는 여느 사람들처럼 직감과 본능에 의지해 거래했지만, 계속되는 성공과 실패로 속이 메스꺼울 정도로 불안했다. 어느 때는 사이먼스가 너무 낙담해 자살이라도 할까 봐 직원이 염려할 정도로 그의 상태가 심각했다. 사이먼스는 명성이 자자하지만 완고했던 수학자 두 명을 영입해 함께 트레이딩을 했다. 하지만 그들의 동반자 관계는 손실과 서로에 대한 악감정으로 무너졌다. 그보다 1년 전에는 투자 결과가 너무나 끔찍했고, 사이먼스는 투자를 멈출 수밖에 없었다. 어떤 사람들은 사이먼스가 모든 투자에서 손을 뗄 것으로 예측하기도 했다.

이후 세 번째 비즈니스 파트너와 두 번째 연합 전선을 구축한 사이먼스는 급진적 투자 스타일을 수용하기로 결정했다. 게임이론가 엘윈 벌캄프Elwyn Berlekamp와 함께 사이먼스는 쏟아져 나오는 데이터를 소화하고 이상적인 거래를 선정할 수 있으며 부분적으로 투자 과정에서 감정을 배제하는 데 목적을 둔 과학적이고 시스템화된 컴퓨터 트레이딩 모델을 구축했다.

그는 동료에게 말했다. "우리가 데이터를 충분히 확보하면 예측할 수 있다는 사실을 나는 알고 있다."

사이먼스와 아주 가까운 사람들은 그에게 추진력을 제공하는 요소가 진정 무엇인지 이해했다. 사이먼스는 스물셋에 박사 학위를 받았고 이후 인정받는 정부 소속 암호 해독자, 명성 높은 수학자, 획기적인 성과를 이룬 대학교 행정가로 활약했다. 새로운 도전과 보다 큰 무대가 필요했던 사이먼스는 한 친구에게 금융 시장에서 오래전부터 전해 내려오는 난제를 풀고 투자 세계를 정복하면 놀랄 만큼 비범한 일이 될 것이라고 말하며, 수학을 활용해 시장에서 앞서 나가는 사람이 되고 싶어 했다. 그렇게만 되면 수백만 달러를 벌 수 있고 어쩌면 전 세계에 월스트리트보다 더 많은 영향을 미칠 만큼 많은 돈을 벌 수 있다고 생각했으며, 이것이 사이먼스의 진정한 목표일지 모른다고 생각한 사람들이 있었다.

수학 분야와 마찬가지로 주식 거래에서도 중년의 나이에 큰 업적을 남기는 경우는 드물다. 하지만 사이먼스는 자신이 뭔가 특별하고 더 나아가 역사적인 일을 이루기 직전에 있다고 확신했다. 두 손가락 사이에 메리트 담배 한 개비를 끼운 채 그는 벌캄프와 다시 통화하기 위해 전화기를 들었다.

"금 시세는 봤나요?" 사이먼스는 걸걸한 목소리에 보스턴 출신임을 살짝 드러내는 억양으로 물었다.

벌캄프는 봤다고 대답하며, 우리의 트레이딩 시스템을 조정할 필요는 없다고 덧붙였다. 사이먼스는 늘 그렇듯이 더 이상 밀어붙이지 않고 점잖게 전화를 끊었다. 하지만 벌캄프는 자꾸 성가시게 하는 사이먼스의 태도에 울화가 치밀었다. 두꺼운 안경 너머로 푸른색 눈이 빛나는 호리호리한 몸매에 늘 진지한 벌캄프는 사이먼스가 있는 미국 동부의 정반대편에 있었다. 그는 강의를 계속하고 있던 캘리포니아주립대학교 버클리 캠퍼스에서 걸어서 금방 갈 수 있는 사무실에서 일하고 있었다. 벌캄프가 버클리 경영대학원 학생들에게 자신의 거래 방식을 설명하면, 학생들은 벌캄프와 사이먼스가 채택한 방법을 조롱하며 "돌팔이 의사 짓" 같다고 했다.

"에이, 그건 아녜요. 컴퓨터가 인간의 판단 능력과 경쟁할 수는 없어요." 한 학생이 벌캄프에게 말했다.

벌캄프는 이렇게 대답했다. "우리의 시스템은 인간보다 훨씬 더 잘할 것입니다."

개인적으로 벌캄프는 그들의 접근방식이 왜 신비주의를 표방하는 연금술의 현대판으로 비난받는지 이해했다. 벌캄프조차 자신들의 모델이 특정 거래를 추천하는 이유를 충분히 설명할 수 없었던 적도 있다.

사이먼스의 아이디어가 대학교 캠퍼스에서만 현실과 동떨어진 것처럼 보이는 것은 아니었다. 전통적 투자 방식의 황금기는 조지 소로스George Soros, 피터 린치Peter Lynch, 빌 그로스Bill Gross 같은 투자자들이 주요 정보와 직관, 예전 방식의 경제 및 기업에 관한 조사를 통해 투자와 금융 시장, 글로벌 경제의 방향을 정확히 예측해 엄청난 이익을 남기면서 시작됐다. 이런 경쟁 상대들과 달리 사이먼스는 현금 흐름을 추정하거나 새로운 제품을 찾거나 이자율을 예측하는 방법을 전혀 알지 못했다. 대신 수많은 주식 데이터에 집중했다. 당시에는 '데이터 정제data cleansing, 시그널signals, 사후검증backtesting'의 기법을 활용하는 이런 형태의 거래에 적합한 명칭조차 없었다. 대부분의 월스트리트 전문가는 그런 기법을 들어본 적도 없었다. 1990년에는 이메일 사용자가 거의 없었으며, 인터넷 브라우저는 발명되기도 전이었고 알고리즘이 있었다 해도 제2차 세계대전 시기에 앨런 튜링 Alan Turing이 개발해 나치의 암호를 해독하는 데 사용했던 기계처럼 한 단계씩 나아가는 절차에 불과했다. 사이먼스가 선택한 이런 방식들이 수억 명에 달하는 개인 투자자의 일상 활동을 유도하고 더 나아가 지배할 수도 있으며 몇몇 전직 수학 교수들이 컴퓨터를 활용해 경험 많고 노련한 유명 투자자를 상대로 압승을 거둘 수도 있다는 아이디어는, 비록 터무니없지는 않아도, 설득력은 없어 보였다.

하지만 사이먼스는 선천적으로 낙관적이며 자신감이 넘쳤다. 자신의 컴퓨터 시스템이 성공하리라는 신호를 초기에 감지했고 희망의 불꽃을 피웠다. 사실 이를 제외하면 사이먼스에게 다른 옵션은 많지 않았다. 한때 잘나갔던 그의 벤처 투자는 지지부진했고, 교직으로 돌아가는 일은 본인이 분명히 원치 않았다.

사이먼스는 벌캄프에게 다시 한 번 다급히 전화를 걸어 말했다. "이 시스템으로 계속 밀어붙입시다. 난 우리가 내년에 최대 80퍼센트의 수익을 올릴 수 있다고 믿습니다."

벌캄프는 속으로 생각했다. '1년에 80퍼센트라고? 이제는 해도 해도 너무 하는군.' 그런 엄청난 수익은 불가능하며 지나치게 큰 기대를 할 필요가 없다고 말했다. 하지만 사이먼스는 멈추지 않았고 결국 그 모든 일이 너무 지나친 것으로 드러났다. 벌캠프는 관뒀고 이는 사이먼스에게 새로운 도전의 계기가 됐다.

사이먼스는 한 친구에게 말했다. "젠장, 그러든지 말든지. 그냥 내가 직접 운영하면 되지 뭐."

같은 시기에 80킬로미터 정도 떨어진 뉴욕 주 어느 지역에서는 키 크고 잘생긴 중년의 과학자가 자신의 도전 과제와 씨름하며 화이트보드를 응시하고 있었다. 로버트 머서Robert Mercer는 사람의 말을 문자로 전환하고 더 나아가 언어를 번역하는 일을 비롯한 여러 과제에서 컴퓨터가 보다 나은 업무를 수행할 방법을 찾으며 규모를 확대해 가는 웨스트체스터 근교의 IBM 연구 센터에 근무했다. 전통적인 방식을 따르는 대신 머서는 대규모 머신러닝machine learning의 초기 형태로 자신의 문제를 해결하려 했다. 그와 동료들은 컴퓨터가 과제를 스스로 수행할 수 있도록 컴퓨터에 충분한 데이터를 제공했다. 컴퓨터 관련 거대 기업에서 일한 지 거의 20년이 다 됐지만, 머서는 그와 팀원들이 얼마나 많은 것을 달성할 수 있을지 여전히 몰랐다.

동료들은 머서를 제대로 이해할 수 없었으며 심지어 몇 년간 그와 가까이서 일했던 사람들도 마찬가지였다. 머서는 보기 드물 정도로 뛰어난 재능을 타고났다. 하지만 엉뚱하며 사회적 관계에도 서툴렀다. 매일 점심시간이 되면 이미 여러 번 사용한 누런 종이 봉지에 담긴 참치 샌드위치나 땅콩버터와 젤리를 바른 샌드위치를 먹었다.

사무실을 돌아다닐 때면 어김없이 무심히 혼자만의 즐거움에 빠진 표정으로 주로 고전 음악의 가락들을 흥얼거리거나 휘파람으로 불었다.

머서가 내뱉는 말은 대부분 기가 막힐 정도로 뛰어났고 더 나아가 심오하기까지 했다. 하지만 완전히 충격적일 수도 있었다. 한번은 머서가 동료들에게 자신은 죽지 않고 영원히 살 것을 확신한다고 말하기도 했다. 동료 직원들은 비록 역사적 전례로 볼 때 그 말을 믿기 어려웠지만, 그가 진심이었다고 '생각했다.' 이후 동료들은 정부를 향한 머서의 뿌리 깊은 적대감과 급진적 정치 성향을 알게 됐고, 이런 성향은 훗날 머서의 삶과 다른 많은 사람의 삶에 영향을 끼치게 된다.

IBM에서 머서는 자신보다 어린 동료이자 짙은 색 안경과 흐트러진 굵은 갈색 머릿결, 열정이 넘쳐 광적인 교수를 연상시키는 매력적이고 창의적이며 외향적인 수학자 피터 브라운Peter Brown과 함께 일하며 오랜 시간을 보냈다. 두 사람은 돈이나 시장에 별로 관심을 두지 않았지만, 개인적으로 혼란한 상태 때문에 군대에 입대했고 거기서 사이먼스를 만나 함께 지냈다. 이를 계기로 시장에 존재하는 암호를 풀어내며 투자 혁명을 선도하겠다는 사이먼스의 믿기 힘든 탐구에 그들도 뛰어들었다.

사이먼스는 자신이 나아가는 길에 닥칠 장애물을 알아차리지 못했다. 그뿐만 아니라 그런 비극적인 일이 자신을 괴롭히고 정치적 격변이 자신의 기업을 완전히 뒤집어 놓을 것이라는 사실도 몰

시장을 풀어낸 수학자

랐다.

1990년 가을, 자신의 사무실에서 이스트 리버$^{East\ River}$를 내다보던 사이먼스는 해결해야 할 어려운 문제가 있다는 것을 알았다.

"시장에는 패턴이 있어. 난 우리가 그 패턴들을 찾아낼 거라고 생각하네." 사이먼스가 한 동료에게 건넨 말이다.

돈이 전부가 아니다
Money Isn't Everything

THE MAN
WHO SOLVED
THE MARKET

지미 사이먼스Jimmy Simmons(제임스 사이먼스의 애칭—옮긴이)는 빗자루를 움켜쥐고 위층으로 향했다.

1952년 겨울에 열네 살이었던 지미는 용돈을 벌기 위해 매사추세츠 주 보스턴 근교의 나무가 무성한 마을 뉴튼Newton에 있는 집 근처 벡스Beck's 정원 용품 가게에서 일하고 있었다. 지미의 일솜씨는 신통치 않았다. 아래층 물품 창고에서 재고 정리를 하던 어린 소년은 너무나 많은 생각에 빠져 있다 보니 배설물로 만든 비료와 식물 종자를 비롯한 대부분의 물품을 엉뚱한 곳에 놔두곤 했다.

이를 보고 화가 잔뜩 난 가게 주인은 지미에게 가게의 좁은 복도를 오가며 나무 바닥을 청소하는 일, 그러니까 머리를 쓸 필요가 없는 반복적인 일을 시켰다. 이처럼 허드렛일을 하는 지위로 떨어진 상황은 오히려 지미에게 큰 행운으로 느껴졌다. 덕분에 지미는 자신의 삶에 가장 중요한 수학과 소녀, 미래를 두고 혼자서 깊이 생각할 수 있었다.

가게 주인은 지미에게 생각하는 일을 시키며 월급을 준 셈이다!

몇 주 뒤 크리스마스 시즌의 바쁜 일이 마무리되고 주인 부부는 지미에게 장래 계획을 물었다.

"저는 MIT(매사추세츠공과대학교)에서 수학을 공부하고 싶어요."

지미의 대답을 듣자마자 부부는 웃음을 터뜨렸다. 늘 딴 데 정신이 팔려 기본적인 정원 용품조차 제대로 정리하지 못하는 어린 소년이 수학을 전공하겠다고? 그것도 무려 MIT에서?

사이먼스는 당시를 이렇게 기억한다. "주인 부부는 자신들이 들어 봤던 말 중 가장 어이없는 얘기라고 생각했을 겁니다."

그들의 의심이나 심지어 낄낄대는 웃음마저도 지미에게는 아무런 상관이 없었다. 지미는 십대 소년이라 하기에는 기이할 만큼의 자신감과 뭔가 특별한 일을 이뤄 내고야 말겠다는 보기 드문 결의에 가득 차 있었다. 이는 삶에서 큰 희망과 깊은 절망을 모두 겪었던 부모의 아낌없는 지원의 결과이기도 했다.

마르시아Marcia 사이먼스와 매튜Matthew 사이먼스는 1938년 봄에 지미가 태어나면서 세 식구의 단란한 가정을 이뤘다. 부부는 마르시아가 몇 번의 유산을 연속으로 겪은 뒤 유일한 자식으로 남은 지미에게 모든 시간과 에너지를 쏟아부었다. 예리한 지성과 함께 외향적인 성격과 재치까지 갖춘 마르시아는, 지미의 학교에서 자원봉사자로 일한 적은 있어도, 집 밖에서 일한 적은 없었다. 그 대신 자신의

시장을 풀어낸 수학자

꿈과 열정을 지미에게 불어넣고 아들의 학업을 독려하며 성공할 수 있다는 확신을 심어 줬다.

사이먼스는 당시를 이렇게 회상한다. "어머니는 나에 대한 야망을 품고 있었습니다. 나를 자신이 이뤄야 할 프로젝트처럼 여겼죠."

반면 지미의 아버지 매튜 사이먼스는 삶과 육아에 대해 다른 관점을 지니고 있었다. 무려 열 명의 자녀 중 한 명이었던 매튜는 여섯 살부터 가족의 생계를 위해 길거리에서 신문을 팔고 기차역 근처에서 여행객의 가방을 옮겨 주며 돈벌이에 나서야 했다. 고등학교에 갈 나이에 이르자 매튜는 학교 대신 풀타임 일을 시작했다. 야간 학교를 다니려 했지만, 일이 너무 힘들어 학업에 집중할 수 없어 그만뒀다.

매튜는 다정하고 늘 부드러운 목소리로 말하는 느긋한 아버지였다. 그는 집에 와서 마르시아에게 말도 안 되는 얘기를 그럴 듯하게 늘어놓기를 좋아했다. 쿠바가 플로리다 주에 이르는 다리를 건설하는 계획을 곧 발표할 것이라고 말하는 식이었다. 그럴 때마다 지미는 웃음을 감추려고 안간힘을 썼다. 마르시아는 집안에서 가장 지적인 사람이었지만, 놀랄 만큼 남의 말에 잘 속기도 했다. 매튜는 마르시아가 마침내 거짓말을 알아차릴 때까지 터무니없는 얘기들을 점점 더 많이 지어 냈고 지미는 이런 상황을 하나의 가족 게임처럼 여기며 늘 배꼽이 빠질 정도로 웃었다.

사이먼스는 이렇게 기억한다. "어머니는 대개의 경우 알아채지 못했지만, 나는 알고 있었어요."

매튜는 20세기 폭스^{20th Century Fox} 영화사의 세일즈 매니저로 일하며 뉴잉글랜드 주의 극장에 폭스 영화사의 최신작을 홍보하고 다녔다. 당시 대스타였던 셜리 템플Shirley Temple이 폭스와 계약을 맺고 있던 터라 매튜는 그녀의 영화를 다른 네댓 개의 영화와 묶어 이들을 패키지로 구입하도록 극장을 설득했다. 자신의 일을 즐겼던 매튜는 세일즈 매니저로 진급했고 더 높은 자리로 올라설지도 모른다는 희망을 품기 시작했다. 하지만 매튜의 계획은 그의 장인인 피터 캔터Peter Kantor가 자신의 신발 공장에서 일할 것을 권유하며 바뀌었다. 장인은 소유권 지분을 약속했고 매튜는 가족이 운영하는 사업에 참여해야 할 의무감을 느꼈다.

고급 여성화를 생산하던 장인의 공장은 성공적이었지만, 돈을 버는 속도만큼 빠르게 돈이 빠져 나갔다. 건장한 체격에 값비싼 옷을 즐겨 입고 늘 최신형 캐딜락 자동차를 몰고 다니며 160센티미터가 조금 넘는 작은 키를 감추려고 깔창을 잔뜩 넣은 키높이 구두를 신고 다닌 화려한 스타일의 장인은 재산의 대부분을 경마와 연이은 외도로 날려 버렸다. 월급날이면 장인은 지미와 그의 사촌 리처드 로리Richard Lourie에게 현금을 그들의 키 높이만큼 쌓아 올리게 했다. 리처드는 이렇게 기억한다. "우리 둘 다 그 모습을 보며 정말 좋아했죠."[1]

장인의 성격을 보면 어느 정도의 태평함과 삶에 대한 사랑이 묻어났다. 이는 훗날 지미의 태도가 되기도 했다. 러시아 태생인 장인은 옛 모국에 관한 너절한 얘기들을 들려줬는데 대부분 늑대와 여자, 캐비어(철갑상어 알), 많은 양의 보드카가 등장하는 얘기였다. 손자들에게는 러시아 말(이를테면 "담배 한 개비만 주세요." "빌어먹을, 엿 먹어라!" 등)을 가르치며 손자들을 깔깔거리게 만들었다. 그는 세금을 회피할 목적으로 현금 뭉치를 금고에 보관했지만, 윗옷 안주머니에는 언제나 현금 1,500달러를 넣고 다녔다. 심지어 사망한 당일에도 안주머니에 정확히 그 액수가 들어 있었고, 그의 주위에는 감사함을 표시하는 여성 친구들의 크리스마스카드 수십 장이 흩어져 있었다.

매튜 사이먼스는 신발 공장의 총괄 관리자로 몇 년간 근무했지만, 장인이 약속했던 소유권 지분은 전혀 받지 못했다. 노년기에 이르러서 매튜는 자신에게 기회가 주어졌던 유망하고 흥미 있는 직업을 포기하지 말았어야 했다고 아들에게 말했다.

이를 두고 사이먼스는 말했다. "그때 얻은 교훈은 '반드시 해야 할 것'처럼 느끼는 일이 아니라 자신이 좋아하는 일을 하라는 것이었습니다. 내가 결코 잊지 못하는 교훈입니다."

사이먼스가 무엇보다 좋아 하는 일은 생각하는 것이었다. 주로 수학에 관한 생각을 많이 했고 숫자와 도형, 기울기에 몰두했다. 세 살 때 지미는 숫자들의 2배수를 구하고 반으로 나누기를 반복하며 1,024에 이르는 2의 승수 전부를 파악했다. 지겨워하지도 않았다. 어느 날 지미의 아버지가 온 가족을 태우고 바닷가로 가던 중 차에 휘발유를 넣으려고 주유소에 멈추자 어린 소년 지미는 당혹스러워 했다. 지미가 생각하는 방식에 따르면 가족이 탄 자동차에 휘발유가 떨어질 일은 결코 없었기 때문이다. 자동차가 연료 탱크에 든 휘발유의 절반을 쓰고 나면 나머지 절반이 남고, 거기서 절반을 쓰면 또 절반이 남고, 이를 반복하더라도 언제나 절반이 남으므로 연료 탱크가 빌 수 없다는 논리였다.

네 살의 지미는 높은 수준의 논리를 요구하는 전통적인 수학 문제에 우연히 맞닥뜨렸다. 만약 한 사람이 목적지에 이를 때까지 항상 남은 거리의 절반만 이동해야 하면, 아무리 남은 거리가 짧더라도 절반으로 나눌 수 있으므로 그 사람이 어떻게 목적지에 이를 수 있을까? 고대 그리스 철학자 제노$^{Zeno\ of\ Elea}$가 처음으로 제기한 이 난제는 수세기 동안 수학자들을 시험에 빠뜨렸던 일련의 역설^{paradox} 중 가장 유명하다.

형제가 없는 사람들이 그렇듯 지미는 온종일 자신만의 생각에 빠져 있었고 심지어 혼잣말을 하기도 했다. 유아원에서는 근처 나무에 올라 가지에 걸터앉은 뒤 깊은 생각에 잠기곤 했다. 때로는 지미의 엄마 마르시아가 유아원에 와서 억지로 끌어내려 다른 아이들과 어울리도록 했다.

부모와 달리 지미는 자신이 열정적으로 좋아하는 일에 집중하기로 마음먹었다. 지미가 여덟 살 때, 가족의 주치의였던 카플란 박사$^{Dr.\ Kaplan}$는 지미에게 의사를 직업으로 삼으라고 제안하며 의사야말로 '영리한 유대인 소년'에게 아주 잘 어울리는 전문직이라고 설명했다.

이 말에 지미는 발끈하며 대답했다.

"나는 수학자나 과학자가 되고 싶어요."

카플란 박사는 "내 말 잘 들어봐. 수학으로는 절대 돈을 벌 수 없어."라고 말하며 소년을 설득했다.

지미는 그래도 해 보겠다고 했다. 수학자가 무엇을 하는지 정확히 알지 못했지만, 숫자와 관련 있다는 사실만으로도 지미에게는 충분히 흥미 있었다. 어쨌든 의사가 되고 싶지 않다는 생각은 분명했다.

학교에서 지미는 어머니의 자신감과 아버지의 장난기 가득한 유머 감각을 모두 드러내는 영리하면서도 짓궂은 아이였다. 책 읽기를 좋아해 틈날 때마다 동네 도서관을 찾아가 일주일에 책 네 권을 빌렸는데, 이는 또래 아이들 수준을 훌쩍 넘는 양이었다. 하지만 지미의 마음을 가장 많이 사로잡은 건 수학 개념이었다. 뉴스 프로그램 진행자 마이크 월리스Mike Wallace와 바버라 월터스Barbara Walters를 동문으로 둔 보스턴 근교 브루클라인Brookline의 로렌스 스쿨Lawrence School을 다닌 지미는 학년 회장을 지냈으며 최상위에 가까운 성적으로 졸업했다. 최고 성적은 자신만큼 그렇게 자주 생각에 빠지는 일이 없던 여학생이 차지했다.

학창 시절 지미에게는 꽤 잘사는 친구가 있었다. 지미는 그 친구의 가족들이 누리던 풍족한 삶에 감명 받았다.

훗날 사이먼스는 말했다. "부자로 사는 것은 정말 좋은 일입니다. 나는 그 사실을 분명히 목격했습니다. 당시 내가 비즈니스에는 관심 없었지만, 그렇다고 돈에 관심이 없었다는 말은 아닙니다."[2]

지미는 대담하고 모험적인 행동으로 많은 시간을 보냈다. 때로는 그의 친구 짐 하펠Jim Harpel과 아이스크림 1파인트를 먹기 위해 트롤리를 타고 보스턴에 있는 베일리 아이스크림 가게까지 가기도 했다. 좀 더 나이가 들자 두 친구는 올드 하워드 극장에 몰래 숨어 들어가 풍자극을 관람하기도 했다. 어느 토요일 아침 그들이 현관문으로 향할 때 하펠의 아버지는 소년들이 목에 쌍안경을 두르고 있는 모습을 보고 말했다.

"너희들 하워드 극장에 가는 거니?"

'아뿔싸! 들켰다'는 생각과 함께 지미는 되물었다.

"어떻게 아셨어요?"

하펠의 아버지는 "주변에 새 관찰할 곳은 없지."라고 대답했다.

9학년을 마쳤을 때 지미네 가족은 브루클라인에서 뉴튼으로 이사했다. 그곳에서 지미는 엘리트 학생들로 가득한 공립학교이자 막 생겨나기 시작한 자신의 열정을 채우기에 매우 적합한 뉴튼 하이스 쿨Newton High School에 다녔다. 10학년 때는 2차원 평면이 끝없이 확장될 수 있다는 개념을 포함한 이론적 개념에 관한 토론을 즐겼다.

날씬하고 단단한 체격을 갖춘 지미 사이먼스는 고등학교를 3년 만에 졸업한 뒤(미국 고등학교는 9학년부터 12학년까지 총 4년제이다—옮긴이) 친구 하펠과 함께 자동차로 전국을 돌아보는 여행을 떠났다. 당시까지만 하더라도 중산층으로서 큰 어려움을 겪은 적이 없었던 17세 소년들은 가는 곳마다 지역 주민들과 대화를 나눴다. 미시시피 주를 지날 때에는 아프리카계 미국인들이 소작인으로 일하며 닭장에서 생활하는 모습을 목격했다.

하펠은 당시에 본 모습을 이렇게 기억한다. "그들은 남북전쟁 후 재건 시대를 거치며 소작농으로 남았지만, 예전 노예 생활과 별반 다를 것이 없었어요. 우리에겐 그 모습이 다소 충격이었습니다."

주립 공원에서 캠핑하며 수영장에 갔을 때 소년들은 아프리카계 미국인이 한 명도 없는 것을 보고 깜짝 놀랐다. 지미는 중년에 접어든 건장한 체격의 공원 직원에게 수영장에 유색인이 없는 이유를 물었다.

직원은 이렇게 대답했다. "우리는 깜x이를 절대 입장시키지 않아."

시장을 풀어낸 수학자

사이먼스와 하펠은 다른 도시에서도 비참한 환경에서 생활하는 가족들을 목격했다. 이는 소년들에게 사회적 약자의 어려움을 보다 세심하게 헤아리는 계기를 심어 준 경험이었다.

사이먼스는 자신의 바람대로 MIT에 입학했고 고등학교 때 들었던 심화 수업 덕분에 1학년 수학 과정을 건너뛰기까지 했다. 하지만 대학 생활은 곧바로 도전에 부딪쳤다. 입학 초기부터 사이먼스는 스트레스와 극심한 복통에 시달리며 몸무게가 9킬로그램 이상 빠졌고 2주간 병원에 입원하기도 했다. 의사는 결국 대장염으로 진단했고 사이먼스의 건강이 더 나빠지지 않도록 스테로이드 약을 처방했다.

지나치게 자신만만했던 사이먼스는 1학년 2학기 때 대학원 과정의 추상 대수학abstract algebra 과목을 수강했다. 이는 그에게 완전한 재앙이었다. 같은 강의를 듣는 학생들을 따라가지 못했을 뿐만 아니라 숙제와 과목의 주제조차 이해할 수 없었다.

사이먼스는 이 과목에 관한 책을 사서 여름 방학 동안 집에서 한 번에 몇 시간씩 읽고 생각했다. 결국 어느 순간 이해가 됐고 이후 대수학 과목에서 A학점을 받았다. 2학년 때 미적분학 상급반에서 D학점을 받기는 했지만, 교수는 사이먼스가 더 높은 단계의 과목을 수강할 수 있게 허락했다. 이 과목에서 스토크스의 정리Stokes' theorem와 선적분line integrals을 3차원 공간의 면적분surface integrals에 연계하는 아이작 뉴턴의 미적분학 기본 정리에 관한 일반화 등을 논의했다. 청년 사이먼스는 이런 내용에 완전히 매료됐다. 미적분학과 대수학, 기하학을 연계시키는 정리는 단순하면서도 예상하지 못한 조화를 이루는 것처럼 보였다. 사이먼스는 이 과목에서 월등히 뛰어난 성적을 올려 다른 학생들이 그에게 찾아와 도움을 요청하곤 했다.

사이먼스는 당시를 이렇게 표현한다. "난 활짝 핀 꽃과 같았죠. 정말 황홀한 느낌이었습니다."

강력한 수학 정리와 공식이 진리를 밝혀내고 뚜렷이 구별되는 수학과 기하학의 분야를 통합하는 방식은 사이먼스를 완전히 사로 잡았다.

사이먼스는 "그 방식은 정밀함 그 자체였으며, 개념은 정말 멋있었다!"고 한다.

2년 만에 대학을 졸업한 뒤 최고 권위의 수학 관련 상들을 받고 하버드대학교에서 강의를 한 베리 메이저Barry Mazur 같은 뛰어난 학생들과 함께 수업을 들었을 때, 사이먼스는 자신이 그들과 견줄 만한 수준이 아니라고 판단했다. 물론 근접한 수준이기는 했다. 사이먼스는 자신이 창의적인 해결 방법에 이를 때까지 문제를 깊이 파고들며 자신만의 독특한 방식으로 문제에 접근한다는 사실도 인식했다. 친구들은 때때로 사이먼스가 눈을 감은 채 몇 시간씩 누워 있는 모습을 발견하기도 했다. 사이먼스는 진정한 돌파구가 될 수 있는 문제를 해결하는 상상력과 '적절한 감각' 또는 본능을 갖추고 심사숙고하는 자였다.

사이먼스는 "내가 굉장히 뛰어나거나 최고의 실력자가 아니라는 사실을 인식했지만, 꽤 괜찮게 해낼 수 있다는 자신은 있었다."고 한다.

어느 날 명성 높은 수학자이자 자신의 교수인 워런 암브로스Warren Ambrose와 이사도르 싱어Isadore Singer가 자정을 넘긴 시각에 동네 카페에서 심도 있는 토론을 펼치는 모습을 목격한 사이먼스는 밤낮 없이 담배와 커피와 수학이 한데 어울리는 그런 삶을 살기로 마음먹었다.

그날을 사이먼스는 이렇게 기억한다. "마치 번쩍이는 섬광과 함께 신의 계시를 받은 것 같았습니다."

사이먼스는 수학 과목 외에 시간과 에너지를 너무나 많이 빼앗는 과목들을 피하기 위해 할 수 있는 모든 일을 했다. MIT 재학생들은 체육 과목이 필수였는데, 사이먼스는 샤워하고 옷 갈아입는 시간마저 아까워 양궁을 수강했다. 사이먼스와 콜롬비아Colombia에서 MIT로 유학 온 지미 메이어Jimmy Mayer는 화살을 쏠 때마다 5센트씩 내기를 걸며 양궁 수업을 좀 더 재밌게 만들었다. 두 사람은 여학생들을 쫓아다니고 같은 반 친구들과 함께 밤늦도록 포커를 즐기며 금방 친해졌다.

메이어는 당시를 이렇게 회상한다. "만약 양궁 내기에서 5달러를 잃었다면 사실상 자기 자신을 쏜 거나 마찬가지였어요."

사이먼스는 재미있고 친구들과 잘 어울리며 속내를 터놓는 편이었는데 종종 문제를 일으키기도 했다. 대학교 신입생 시절 그는 물총에 라이터용 액체 연료를 넣어 수제 화염방사기로 만드는 것을 즐겨 했다. 한번은 찰스 리버Charles River에 있는 기숙사 건물 베이커 하우스Baker House의 화장실에서 횃불놀이를 한 뒤 라이터용 액체 연료 약 0.5리터를 변기에 붓고 물을 내린 후 문을 닫고 나왔다. 그러고 나서 뒤를 힐끗 돌아보니 문틈 주위로 오렌지색 불빛이 보였다. 화장실 내부에 불이 붙은 것이었다.

"거기 들어가지 마!" 사이먼스는 다가오는 친구들에게 외쳤다.

화장실 내부에서 액체연료가 열을 받아 뜨거워져 불이 붙은 상황이었다. 다행히 기숙사가 검붉은색의 투박한 벽돌로 지어진 덕분에 불길이 크게 번지지는 않았다. 사이먼스는 자신의 잘못임을 솔직하게 밝히고 화장실 수리비용 50달러를 10주에 걸쳐 나눠 냈다.

1958년 MIT에서 3년을 보낸 사이먼스는 스무 살 나이에 졸업에 필요한 모든 학점을 채우고 수학 전공으로 이학학사 학위를 받았다. 하지만 대학원에 진학하기 전 새로운 모험에 도전해 보고 싶은 마음이 간절했다. 사이먼스는 친구 조 로젠샤인Joe Rosenshein에게 뭔가 "기록에 남을 만한 역사적인 일"을 해 보고 싶다고 말했다.

장거리 롤러스케이팅 여행이 주목을 끌 수도 있다고 생각했지만, 너무 힘들어 보였다. 친구들과 함께 남아메리카 수상스키 여행을 떠나며 이 여행을 취재할 보도진을 초청하는 것도 하나의 방법이었지만, 실행 계획이 너무 어렵고 벅차 보였다. 어느 날 오후 로젠샤인과 함께 하버드 광장에서 시간을 보낼 때 사이먼스는 이탈리아의 유명한 스쿠터 베스파Vespa가 달려가는 모습을 봤다.

"우리가 저런 스쿠터를 타고 여행을 하면 어떨까?" 사이먼스가 물었다.

사이먼스는 당시 최고의 스쿠터 브랜드인 람브레타Lambretta의 지역 딜러를 설득해 자신들의 여행을 영상으로 찍을 수 있는 권리를 주는 대가로 스쿠터 가격을 할인 받았다. 그렇게 '뉴스거리가 될 만한' 여행을 실행하는 계획을 세웠다. 사이먼스와 로젠샤인, 메이어는 남아메리카로 출발하며 이 여행에 아르헨티나의 "부에노스아이

레스까지 죽기 살기로"라는 애칭을 붙였다. 청년들은 서쪽을 향해 달렸고 일리노이 주를 통과한 뒤 남쪽으로 방향을 틀어 멕시코로 향했다. 시골길을 따라 이동하며 버려진 파출소 현관에서 잠을 자고, 때로는 숲속에서 정글용 해먹과 모기장을 치고 밤을 보냈다. 멕시코 시티의 어느 가족은 청년들에게 노상강도에 대해 경고했다. 그리고 호신용 총을 반드시 사야 한다고 주장하며 반드시 알아야 할 스페인어 문장, 이를테면 "움직이면 쏜다!" 같은 말을 가르쳐 줬다.

말론 브란도 주연의 오래전 영화 〈위험한 질주The Wild One〉에 등장하는 모터사이클 갱단처럼 보이는 가죽재킷을 입고 소음기가 망가져 굉음을 내는 스쿠터를 몰고 남부 멕시코의 작은 마을을 저녁 무렵에 지나가던 청년들은 식당을 찾으려고 멈췄다. 주민들은 자신들의 일상적인 저녁 산책을 방해하는 청년들에게 크게 화를 냈다.

"어이 미국인들! 여기서 뭐하는 짓들이야?" 누군가가 소리쳤다.

곧바로 적대심에 가득 찬 청년 50여 명이 나타났고 일부는 날이 넓은 칼을 든 채 사이먼스와 친구들을 에워싸 벽 쪽으로 몰아붙였다. 로젠샤인이 총을 향해 손을 뻗었지만, 이내 총알이 여섯 발밖에 없으며 그 정도로는 몰려드는 무리를 상대할 수 없다는 사실을 깨달았다. 그때 경찰들이 갑자가 나타나 인파들을 헤치고 다가와서는 마을의 평화를 깨뜨렸다는 이유로 MIT 학생들을 체포했다.

사이먼스와 친구들은 유치장에 수감됐다. 곧이어 다른 수감자 무리가 이들을 향해 소리치며 휘파람을 불어댔고 이 소리가 너무 커 시장이 사람을 보내 알아보기에 이르렀다. 보스턴에서 온 대학생 세 명이 소란을 일으켜 수감됐다는 보고를 받은 시장은 그들을 자신의 사무실로 즉시 데려오라고 명령했다. 사실 시장은 하버드대학교 출신이었으며 대학 시절 머물렀던 케임브리지의 최근 소식을 무척 듣고 싶어 했다. 조금 전만 해도 험악한 수감자들의 공격을 피하던 청년들은 지역 관리들과 함께 둘러 앉아 푸짐하게 차려진 늦은 저녁을 즐겼다. 물론 사이먼스와 친구들은 또 다른 소란을 피하기 위해 동트기 전에 마을을 떠나겠다고 다짐했다.

로젠샤인은 이런 극적인 상황을 더 이상 겪고 싶지 않아 집으로 돌아갔다. 하지만 사이먼스와 메이어는 여행을 강행했고 멕시코와 과테말라, 코스타리카를 거치며 산사태와 범람하는 강을 이겨내고 7주 만에 콜롬비아의 수도 보고타에 이르렀다. 음식과 돈이 거의 떨어진 상태로 도착했지만, 보고타 출신의 또 다른 동급생 에드문도 에스케나지Edmundo Esquenazi의 호화로운 집에서 머무는 동안은 황홀했다. 에드문도의 가족과 친구들이 방문자들을 만나려고 연이어 찾아왔으며, 사이먼스와 메이어는 크로켓을 하고 친구네 가족들과 즐겁게 지내며 남은 여름을 편안히 보냈다.

사이먼스가 대학원 공부를 시작하기 위해 MIT에 돌아왔을 때, 그의 자문 교수는 사이먼스에게 캘리포니아 주립대학교 버클리 캠퍼스에 가서 중국 출신의 수학 천재이며 미분기하학differential geometry과 위상수학topology 분야의 손꼽히는 수학자 천싱셴Shiing-Shen Chern 교수의 지도로 박사 과정을 마칠 것을 제안했다. 하지만 사이먼스에게는 아직 해야 할 일이 있었다. 근처 웨슬리대학교 1학년생으로 예쁘고 자그마한 체구의 검정머리 18세 소녀 바버라 블루스타인Barbara Bluestein과 사귀고 있었기 때문이다. 사이먼스와 바버라는 연이은 나

　　　　　　　　시장을 풀어낸 수학자

흘 밤 동안 진지하게 대화를 나눈 끝에 서로에게 푹 빠져 결혼을 약속했다.

바버라는 당시를 이렇게 회상한다. "우리는 얘기를 나누고 또 나누며 끝없이 대화했죠. 사이먼스는 버클리로 갈 예정이었고 나는 그와 함께 있고 싶었습니다."

바버라의 부모는 앞으로 어떻게 변할지도 모르는 그들의 관계에 크게 화내며 반대했다. 그녀의 어머니는 바버라가 결혼하기에 너무 어리다며 뜻을 굽히지 않았다. 또한 바버라와 자신감이 넘치는 그녀의 약혼자 사이에 생길지도 모를 힘의 불균형을 염려하며 바버라에게 경고했다. "몇 년 지나면 사이먼스가 너를 완전히 압도하며 꼼짝 못하게 할 것이다."

부모의 반대에도 불구하고 사이먼스와 결혼하기로 굳게 결심한 바버라는 한 가지 절충안을 제시하며 타협을 시도했다. 사이먼스와 함께 버클리로 가되 자신이 2학년이 되는 해까지 결혼을 미루겠다고 했다.

사이먼스는 장학금을 받고 버클리에 진학했다. 하지만 1959년 늦여름 캠퍼스에 도착하자마자 깜짝 놀랄 만한 나쁜 소식을 들었다. 천 교수가 안식년을 위해 이미 떠난 뒤라 캠퍼스 어디에서도 그를 만날 수 없었다. 사이먼스는 버트람 코스턴트Betram Kostant를 비롯한 다른 수학자들과 박사 과정을 시작했지만, 좌절에 빠졌다. 10월 초 어느 날 저녁에 바버라의 기숙사를 방문한 사이먼스는 그녀에게 연구가 잘 진행되지 않는다는 사실을 털어놨다. 바버라는 사이먼스가 매우 낙담한 상태에 있다고 생각했다.

"우리 결혼해요." 바버라는 당시 사이먼스에게 한 말을 기억하고 있다.

사이먼스도 바버라의 뜻에 동의했다. 그들은 주 정부에서 요구하는 혈액 검사를 받기 위해 며칠 동안 기다려야 하는 캘리포니아 주와 달리 그럴 필요가 없는 네바다 주의 리노Reno에 가기로 결정했다. 나이 어린 예비 부부는 가진 돈이 거의 없었기 때문에 사이먼스의 룸메이트에게서 돈을 빌려 약 320킬로미터 떨어진 리노에 가는 버스표 두 장을 샀다. 리노에서 바버라는 결혼 허가서 비용을 마련하기 위해 지역 은행 매니저를 설득해 타주에서 발행한 당좌수표를 현금화했다. 간단한 결혼 예식을 마친 뒤 사이먼스는 남은 돈으로 리노의 카지노에서 포커 게임을 했고 거기서 딴 돈으로 겨우 자신의 신부에게 검은색 수영복을 선물할 수 있었다.

버클리로 돌아온 신혼부부는 최소한 가족에게 사실을 털어놓을 방법을 찾아낼 때까지 자신들의 결혼을 비밀에 부치려 했다. 하지만 바버라의 아버지가 편지를 보내 그들을 곧 방문하겠다고 알리자 이제는 사실대로 말해야 할 때임을 깨달았다. 사이먼스와 바버라는 각자의 부모에게 학교와 수업에 관한 일상적인 얘기로 가득한 몇 장의 편지를 써서 보내며 마지막에 똑같은 추신을 덧붙였다.

"저기 근데, 우리 결혼했어요."

바버라의 부모가 냉각기를 거치며 화를 가라앉힌 뒤 바버라의 아버지는 지역 내 유대교 지도자의 주례로 두 사람이 보다 전통적인 결혼식을 올리게 했다. 신혼부부는 정치 활동으로 활기찬 캠퍼스 인근의 파커 스트리트Parker Street에 있는 아파트를 임대했다. 사이먼스

시장을 풀어낸 수학자

는 미적분학과 위상수학, 선형대수학에서 나온 방법을 활용해 곡선의 다차원 공간을 연구하는 미분기하학에 초점을 맞춘 박사 학위 논문을 진행했다. 이에 덧붙여 새로운 취미에도 열정적으로 심취했다. 바로 금융 시장에서의 트레이딩이었다. 부부는 결혼 축의금으로 약 5,000달러를 받았고 사이먼스는 이 돈을 크게 늘리기 위해 무척이나 노력했다. 어느 정도 조사를 마친 뒤 샌프란시스코 근처에 있는 메릴린치Merrill Lynch 종합 증권회사의 사무소를 찾아가 열대 과일을 판매하는 유나이티드 프루트 컴퍼니United Fruit Company와 화학 기업 셀라니즈 코퍼레이션Selanese Corporation의 주식을 매입했다.

이 주식들의 주가는 약간의 변동만 있었고, 사이먼스는 만족할 수 없었다.

"이건 좀 따분한데 뭔가 더 신나는 게 없을까요?"라는 사이먼스의 질문에 거래 중개인은 대답했다. "그렇다면 대두soybean에 주목해야 합니다."

사이먼스는 상품commodity 거래나 선물futures 거래(상품이나 다른 투자 대상을 미래 일정 일자에 이미 정해진 가격으로 인도할 것을 약속하는 금융 계약)에 관해 아무것도 몰랐지만, 열심히 배우기 시작했다. 당시 대두는 1부셀bushel(과일이나 곡물 등의 중량 단위로 1부셀은 약 27킬로그램—옮긴이)당 2.5달러에 거래되고 있었다. 대두 가격이 3달러 또는 그 이상으로 오를 것이라고 예측한 메릴린치 분석가의 전망을 거래 중개인에게서 전해들은 사이먼스는 눈이 번쩍 뜨였다. 이에 따라 두 개의 선물 계약을 매입했고 대두 가격의 급등에 힘입어 선물 계약은 단 며칠 만에 수천 달러의 수익을 올릴 수 있는 가격까지 올랐다.

사이먼스는 푹 빠져들었다.

"나는 단기간에 돈을 벌 수 있는 방법과 가능성에 완전히 매료됐습니다."

사이먼스보다 나이가 많은 친구들은 사이먼스에게, 상품 가격은 변동이 심하다고 경고하며 보유하고 있는 선물 계약을 팔고 수익을 챙기라고 강력히 권고했다. 사이먼스는 그들의 조언을 무시했다. 아니나 다를까 대두 가격은 크게 떨어졌고 사이먼스는 간신히 본전만 건졌다. 롤러코스터처럼 요동치는 가격이 다른 초보 투자자들의 의욕을 꺾었을지는 모르겠지만, 사이먼스의 열정은 오히려 거세졌다. 사이먼스는 시카고 상품거래소의 거래 개시 시간인 오전 7시 30분에 샌프란시스코 메릴린치 사무실에 도착하기 위해 아침 일찍 일어나기 시작했다. 중개 사무실에서는 일어나는 상황들의 흐름을 놓치지 않으려고 거대한 전광판에서 휙휙 지나가는 가격들을 몇 시간 동안 꼼짝 않고 주시하며 거래를 이어갔다. 심지어 학위 논문 작업을 재개하기 위해 집에 돌아온 뒤에도 시장에서 눈을 떼지 않았다.

"상당히 급하게 진행됐죠." 사이먼스는 당시를 이렇게 기억한다.

하지만 감당하기에 벅찬 상황에 이르렀다. 이른 새벽에 지친 몸을 이끌고 샌프란시스코로 힘들게 달려가기를 반복하는 동시에 어려운 논문을 완성하기란 매우 벅찬 일이었다. 게다가 바버라가 임신하자 사이먼스가 해야 할 일이 너무 많았다. 마지못해 금융 거래를 중단했지만, 씨앗은 이미 뿌려졌다.

사이먼스는 어렵고 아직 해결되지 못한 문제에 대한 증명을 자신의 박사 논문으로 밝히고 싶어 했지만, 코스턴트 교수는 사이먼스

시장을 풀어낸 수학자

가 해내지 못할 것이라고 생각했다. 또한 세계 최고 수학자들이 이미 시도했지만 실패했다는 사실을 사이먼스에게 알려주며 시간 낭비하지 말라고 했다. 하지만 이와 같은 회의론은 사이먼스의 의욕을 더욱 자극했던 것 같다. 1962년 단 2년 만의 작업 끝에 완성한 사이먼스의 최종 논문 〈홀로노미 시스템의 이행성에 관한 연구On the Transitivity of Holonomy Systems〉는 다차원 곡선 공간의 기하학적 구조를 다뤘다(초보자들에게 설명할 때 사이먼스는 실제로 '홀로노미'를 다차원 곡선 공간의 닫힌곡선, 즉 시점과 종점이 일치하는 곡선 주위에서 일어나는 접선 벡터tangent vector의 평행 이동으로 정의한다). 저명한 수학 저널이 사이먼스의 논문을 발표하기로 결정했고, 이에 힘입어 사이먼스는 모든 사람이 선망하는 MIT 교수직을 3년간 수행하는 계약에 성공했다.

하지만 바버라와 함께 그들의 아기 엘리자베스를 데리고 캠브리지로 돌아갈 계획을 세우는 순간에도 사이먼스는 자신의 미래에 의문을 품었다. 연구와 강의 그리고 또 다른 연구와 더 많은 강의가 이어지며 앞으로 몇 십 년 동안 자신 앞에 펼쳐질 일들이 너무나 분명해 보였다. 사이먼스는 수학을 정말 좋아했지만, 새로운 모험도 필요했다. 그는 어려움을 극복하고 회의론을 잠재우는 데 뛰어나며 눈앞에 보이는 장애물에 신경 쓰거나 관심을 두지 않았다. 스물셋 어린 나이에 사이먼스는 자신의 존재에 관한 위기감을 경험하고 있었다.

"이게 다야? 내가 이 일을 평생 동안 해야 해?" 어느 날 집에서 바버라에게 물으며 이렇게 덧붙였다. "분명 뭔가 더 있어야 해."

MIT에서 1년이 지난 뒤 사이먼스의 초조함이 결국 그를 움직이게 만들었다. 사이먼스는 콜롬비아 출신 동기생인 에스케나지, 메이어와 함께 비즈니스를 시작할 수 있을지 알아보려고 보고타를 다시 방문했다. 에스케나지는 MIT 기숙사의 아주 깔끔한 아스팔트 타일을 언급하며 보고타에서 사용하는 바닥재의 형편없는 품질에 대해 불평했다. 사이먼스는 바닥재를 만드는 사람을 안다고 말했고, 그들은 비닐 바닥 타일과 PVC 파이프를 생산하는 공장을 보고타에서 시작하기로 결정했다. 자금 조달은 에스케나지의 장인인 빅터 샤이오Victor Shaio에게서 대부분 이뤄졌지만, 사이먼스와 그의 아버지도 약간의 지분을 받았다.

비즈니스는 잘 관리되고 있는 것처럼 보였고 크게 기여할 부분이 없다고 생각한 사이먼스는 학교로 돌아와 1963년 하버드대학교에서 제안한 연구직을 수용했다. 하버드에서는 기하학의 한 분야이며 앞으로 더 중요해질 것으로 기대되는 편미분 방정식partial differential equations, PDEs에 관한 대학원 과정을 포함해 두 개의 강의를 맡아 가르쳤다. 편미분 방정식에 대해 그리 잘 알지 못했지만, 이 과정의 강의가 이를 배울 수 있는 좋은 기회라고 생각했다. 사이먼스는 학생들에게 이 주제를 그들보다 약 일주일 정도 먼저 배우고 있다고 실토했으며, 학생들은 교수의 이런 자백을 매우 재미있어 했다.

사이먼스는 격식을 따지지 않고 열성적이어서 인기 있는 교수였다. 우스갯소리를 잘하며 많은 교수들이 선호하는 정장 차림을 하거나 넥타이를 매는 일이 거의 없었다. 하지만 사이먼스의 쾌활한 겉모습은 자신에게 점점 더 가중되는 압박을 감출 뿐이었다. 연구는 더디게 진행됐고 하버드대학교에서의 공동체 생활도 즐기지 못했다. 에스케나지와 다른 사람들이 설립한 바닥 타일 공장에 투자하기

시장을 풀어낸 수학자

위해 은행에서 대출을 받았던 사이먼스는 자신의 부모도 집을 담보로 대출 받아 일정 지분을 투자하도록 설득했다. 수입을 늘리기 위해 근처 캠브리지 주니어 칼리지에서 두 개의 강의를 추가로 맡았고, 이 때문에 스트레스를 더 많이 받았지만, 가족과 친구 누구에게도 이 사실을 알리지 않았다.

사이먼스는 돈을 구하기 위해 이리저리 뛰어 다녔는데 단지 자신의 빚을 갚기 위해서만은 아니었다. 그는 진정한 부를 갈망했다. 좋은 물건을 사기를 좋아했지만, 그렇다고 사치스럽지는 않았다. 때로는 고등학교 시절에 입던 옷을 계속 입는 부인 바버라에게서 (새 옷을 사 달라는) 압박을 받는 것도 아니었다. 뭔가 다른 동기가 사이먼스를 이끄는 듯했다. 친구와 다른 사람들은 사이먼스가 세상에 어떤 영향을 미치고 싶어 하는 것이 아닐까 생각했다. 사이먼스는 부를 통해 어떻게 독립성과 영향력을 얻을 수 있는지 알고 있었다.

당시를 두고 바버라는 말한다. "남편은 돈이 곧 힘이라는 사실을 어린 나이에 깨달았습니다. 다른 사람이 돈의 힘으로 자신을 지배하기를 원치 않았습니다."

하버드대학교 도서관에 앉아 생각에 잠긴 사이먼스에게 자신의 초기 경력에 대한 의구심이 다시 떠올랐다. 사이먼스는 다른 종류의 일이 더 큰 성취감과 즐거움을 가져다줄지도 모른다고 생각했다. 어쩌면 최소한 자신의 빚을 갚을 정도의 돈도 벌 수 있을 것 같았다.

점점 더 늘어나는 압박감으로 사이먼스는 어쩔 수 없는 지경에 이르렀고 결국 하던 일을 중단하기로 결정했다.

CHAPTER 02

Q. 수학 박사 학위와 라지 피자 한 판의 차이는 무엇일까?
A. 라지 피자 한 판은 4인 가족을 배불리 먹일 수 있다.

1964년 사이먼스는 하버드대학교를 관두고 당시 소비에트연방과 계속된 냉전 상황에서 정부를 돕는 정보 그룹에 합류했다. 이 정보 그룹은 사이먼스에게 정부 과제를 수행하면서 그가 하던 수학 연구를 계속할 수 있다고 말했다. 그에 못지않게 중요한 것은 이전에 비해 월급이 두 배로 올랐고, 사이먼스는 빚을 갚기 시작했다는 점이었다.

　미국에서 가장 규모가 크고 최고급 비밀을 다루는 정보기관인 국가안전보장국National Security Agency을 지원하기 위해 최상위 대학교 출신의 수학자들을 고용해 러시아의 암호 코드를 감지하고 해독하는 엘리트 연구 조직, 국방분석연구소Institute of Defense Analysis, IDA의 뉴저지 주 프린스턴Princeton에 있는 산하기관이 사이먼스에게 제안하며 시작된 일이었다.

사이먼스는 IDA가 고수준의 소비에트연방 암호들을 10년이 넘는 기간 동안 정기적으로 해독하지 못하며 큰 혼란을 겪던 시기에 합류했다. IDA의 통신연구부서Communication Research Division에 소속된 사이먼스와 동료들은 미국 통신의 보안을 확보하고 해독하기 무척 어려운 소비에트연방의 암호를 파악하는 임무를 수행했다. IDA는 의미 없는 것처럼 보이는 데이터에 담긴 패턴을 파악하고 해석하는 수학 모델을 개발하는 방법을 사이먼스에게 가르쳤다. 사이먼스는 자신의 업무에 영향을 줄 수 있는 수학적 도구인 통계 분석 기법과 확률 이론을 활용했다.

암호를 해독하기 위해서는 먼저 공격 계획을 확정해야 했다. 그러고 나서 컴퓨터가 수행할 일련의 알고리즘을 만들어 자신의 전략을 실험하고 시행해야 했다. 사이먼스는 컴퓨터 프로그램 설계에 전혀 소질이 없었기 때문에 어쩔 수 없이 실제 프로그램 코딩은 부서 내부 프로그래머에게 의존해야 했다. 하지만 훗날 자신의 경력에 많은 가치를 더해 준 다른 기술들을 연마했다.

"나는 내가 알고리즘을 만들어 컴퓨터에서 여러 일들을 시험해 보는 것을 좋아한다는 사실을 깨달았습니다." 사이먼스는 당시를 돌아보며 말했다.[1]

초기에는 초고속 암호 해독 알고리즘을 개발해 그룹 내에서 오랫동안 해결되지 못했던 문제를 푸는 일에 참여했다. 그러고 나서 얼마 지나지 않아 워싱턴의 정보 전문가들은 소비에트연방이 잘못된 설정으로 암호화된 메시지를 보낸 흔치 않은 사례를 발견했다. 사이먼스와 다른 두 동료는 이런 실수를 활용해 적군 시스템의 내부 구조를 자세히 들여다 볼 수 있는 절호의 기회를 잡았고 아울러 적의 시스템을 분석하는 방법도 만들었다. 이런 발전 덕분에 사이먼스는 정보 분석의 스타로 떠올랐고, 사이먼스가 속한 팀은 워싱턴 DC로 날아가 국방부 관료들에게서 직접 감사의 뜻을 전달받는 영광을 누렸다.

새로운 직업에서 사이먼스가 직면한 유일한 문제는 자신의 업적을 조직 외부의 누구와도 공유할 수 없다는 점이었다. 그룹에 속한 요원들은 모두 비밀 보장을 서약했다. 정부가 IDA의 업무를 분류하는 방식을 설명하는 데 사용하는 단어 자체도 기밀 사항이었다.

사이먼스가 퇴근 후 집에 돌아오면 바버라는 묻곤 했다. "오늘은 뭐 했어요?"

사이먼스는 "뭐, 늘 하던 일."이라고 대답했다.

얼마 후 바버라는 더 이상 묻지 않았다.

사이먼스는 소속된 팀에서 재능 있는 연구원들을 채용하고 관리하는 독특한 방식에 감명 받았다. 대부분 박사 학위를 보유한 팀원들은 특정 전문성이나 배경이 아니라 지적 능력과 창의성, 야망에 따라 고용됐다. 여기서 전제는 그런 연구원들이 연구해야 할 문제를 찾아내고 그 문제를 해결할 만큼 충분히 영리해야 한다는 것이었다. 기량이 가장 뛰어난 암호 해독자 중 한 명인 레너드 바움Leonard Baum은 그룹의 신조가 된 멋진 격언을 만들어 냈다. "나쁜 아이디어는 괜찮으며, 좋은 아이디어는 대단하고, 아무런 아이디어가 없는 것은 끔찍하다."

"그곳은 마치 아이디어 공장 같았습니다." 사이먼스가 소속된 부서의 차장이며 그의 딸 베베 뉴워스Bebe Neuwirth가 훗날 브로드웨이 연극계와 텔레비전 드라마 스타로 성장한 리 뉴워스Lee Neuwirth는 이렇게 표현했다.

연구원들은 자신의 업무를 조직 외부에 있는 사람과 논의할 수 없었다. 하지만 부서 내부는 보기 드물 정도의 개방성과 협력 관계를 조성하는 구조였다. 모두 다 수학자이거나 엔지니어인 25명 남짓의 직원 대부분에게는 '기술 담당 팀원'이라는 동일한 직함이 주어졌다. 특별히 어려운 문제를 해결하고 나면 팀원들은 늘 그렇듯이 공적을 모두 함께 인정받고 다 같이 샴페인을 터트리며 서로를 축하했다. 평상시에도 연구원들은 서로의 사무실을 드나들며 도움을 주거나 상대방의 말에 귀 기울였다. 매일 오후 함께 모여 차를 나눌 때면 오늘 나온 뉴스에 대해 얘기하거나 체스 게임 또는 퍼즐 맞추기를 하거나 가장 복잡한 보드 게임인 바둑을 두기도 했다.

사이먼스와 바버라는 IDA 팀원들과 함께 저녁을 먹는 자리를 자주 마련했고 팀원들은 바버라가 럼주를 가득 넣어 만든 칵테일 '피시 하우스 펀치Fish House Punch'를 마시며 취하기도 했다. 그들은 판돈이 꽤 크고 다음 날 아침까지 이어지는 포커 게임을 벌였고, 사이먼스는 종종 동료들의 돈을 제법 많이 따기도 했다.

어느 날 저녁에 포커 패거리들이 사이먼스의 집에 왔을 때 사이먼스는 집 안 어디에도 없었다. 바버라는 그들에게 남편이 체포됐다고 말했다.

사이먼스는 낡아빠진 캐딜락 차를 몰고 다니며 너무나 많은 주차 위반 딱지를 받았고 그에 따른 과태료 고지서를 거의 다 무시했는데, 결국 경찰이 사이먼스를 유치장에 수감하기에 이르렀다. 사이먼스의 동료 수학자들은 자동차 몇 대에 나눠 타고 경찰서로 달려가 각자 조금씩 돈을 내 사이먼스의 보석금을 마련했다.

IDA는 관습에 얽매이지 않고 독특하며 대담한 성격을 지닌 자들로 넘쳤다. 대형 사무실 한 곳에는 직원을 위한 PC 십여 대가 설치돼 있었다. 어느 날 아침 사무실 경비원이 암호 연구자가 목욕 가운만 걸치고 있는 모습을 보았다. 알고 보니 집에서 쫓겨나 컴퓨터실에서 살고 있는 사람이었다. 언젠가 누군가는 늦은 저녁 시간에 빠르게 타자를 치고 있는 한 직원을 목격했는데, 너무나 충격적이게도 그 직원은 손가락이 아니라 냄새 나는 맨발가락으로 키보드를 두드리고 있었다.

뉴워스는 당시를 이렇게 말한다. "그가 사용한 손가락은 최악이었습니다. 정말 역겨운 모습이었고 모든 이들이 크게 화를 냈죠."

사이먼스와 동료들이 소비에트연방의 비밀을 밝히고 있던 바로 그 시기에 사이먼스는 자신만의 비밀을 키우고 있었다. 컴퓨터의 연산 기능이 나날이 발전하고 있었지만, 증권 회사들은 여전히 회계를 비롯한 여러 분야에 카드 분류 방식을 고집하며 새로운 기술을 수용하는 데 더뎠다. 사이먼스는 주식을 전자적, 즉 컴퓨터로 거래하고 연구하는 회사를 설립하기로 결심했다. 이는 증권 산업계에 대변혁을 일으킬 개념이었다. 스물여덟 살에 불과했던 사이먼스는 이 아이디어를 자신의 상사인 딕 라이블러Dick Leibler와 IDA에서 가장 뛰어난 프로그래머에게 털어놨다. 그들은 모두 새 회사에 합류하는 데 동의했고 회사 이름을 아이스타iStar로 결정했다.

일급비밀을 다루는 환경에 익숙했던 이들 그룹은 새로운 회사에 관한 작업을 은밀히 진행했다. 하지만 어느 날 뉴워스가 이들의 음모를 알아냈다. 곧 일어날 이들의 퇴사가 전체 그룹에 악영향을 미칠 것이라는 사실에 분노한 뉴워스는 라이블러의 사무실로 득달같이 달려갔다.

"자네들이 떠나려는 이유가 뭔가?"

라이블러는 이렇게 대답했다. "어떻게 아셨어요? 이 사실을 또 누가 알고 있나요?"

"전부 다 알고 있다네. 자네들이 사업 계획의 마지막 페이지를 제록스 복사기 위에 남겨 뒀잖아."

그들의 전략은 제임스 본드가 아니라 영화 〈겟 스마트Get Smart〉에 나오는 어리숙한 에이전트 맥스웰 스마트Maxwell Smart에 가까운 것으로 드러났다.

결국 사이먼스는 사업을 시작하는 데 필요한 자금 마련에 실패했고 아이디어를 포기하기에 이르렀다. 하지만 크게 실패했다는 느낌은 들지 않았다. 결과적으로는 사이먼스가 오랫동안 자신의 마음을 사로잡았던 미분기하학의 하위 분야인 '최소 다양체minimal varieties'에 관한 연구에 마침내 진전을 이뤘기 때문이다.

물리학과 생물학, 금융, 사회학을 비롯한 여러 분야에서 활용하는 미분 방정식differential equations은 수학적 양mathematical quantity의 도함수derivative(어떤 함수를 미분 계수로 이끄는 함수—옮긴이) 또는 그 변화의 상대적 비율을 설명한다. 한 물체에 가해지는 알짜 힘net force은 물체의 질량과 가속도를 곱한 값과 같다는 뉴턴의 유명한 물리 방정식은 가속도가 시간에 관한 2차 도함수이므로 미분 방정식이다. 시간과 공간에 관한 도함수를 포함하는 방정식은 편미분 방정식^{PDE}의 본보기들이며 여러 가지 중에서도 특히 탄성과 열, 소리를 설명하는 데 사용할 수 있다.

편미분 방정식을 기하학에 적용하는 중요 사례는 사이먼스가 MIT 강사로서 첫 학기를 맡았을 때부터 집중 연구 과제였던 최소 다양체 이론에서 나타난다. 이 분야에 대한 고전적인 설명은 비눗물에 담갔다가 들어 올린 철사 프레임을 가로지르는 비누막 곡면과 관련 있다. 이런 곡면은 같은 철사 프레임을 경계로 둔 다른 어떤 곡면과 비교해도 면적이 가장 작다. 19세기에 비누막 실험을 했던 벨기에 물리학자 조셉 플라토$^{Joseph\ Plateau}$는 '최소' 면적의 이런 곡면들이 항상 존재하는지, 또 이들이 너무나 매끄럽기 때문에 철사 프레임 구조가 아무리 복잡하고 어떻게 구부러져 있더라도 모든 지점이 동일하게 보이는지 의문을 품었다. 나중에 플라토의 문제로 알려진 이 의문에 대한 답은 적어도 일반적인 2차원 표면에서는 '그렇다'로 1930년 뉴욕 수학자에 의해 수학적으로 증명됐다. 사이먼스는 기하학자들이 최소 다양체라 부르는 보다 높은 차원에서의 극소 곡면$^{minimal\ surface}$에도 같은 이론이 적용되는지 알고 싶었다.

이론적 문제에 집중하는 수학자들은 대부분 걸을 때나 잠잘 때나 심지어 꿈속에서도 문제를 생각하며 몇 년에 걸쳐 연구에 몰두한다. '추상적' 또는 '순수 이론적'이라고 묘사될 수 있는 수학 문제를 접하지 못한 사람들은 이런 문제가 아무런 의미가 없다며 묵살하기 쉽다. 하지만 사이먼스는 고등학생처럼 단순히 방정식만 푸는 사

시장을 풀어낸 수학자

람이 아니었다. 이런 수학적 대상에 대한 이해를 심화하는 것을 목표로 보편 원리와 규칙, 진리를 발견하고 체계적으로 정리할 수 있기를 바랐다. 아인슈타인은 이 세상에 자연적 질서가 존재한다고 주장했으며 사이먼스 같은 수학자가 그런 구조의 증거를 찾는 사람이 될 수 있다. 그들의 연구에는 진정한 아름다움이 담겨 있다. 특히 우주의 자연적 질서에 관한 무언가를 밝히는 데 성공하면 더욱더 그렇다. 그런 이론은 오랜 후에도 실질적으로 적용되며 우주에 관한 우리의 지식을 발전시킨다.

근처 프린스턴대학교의 교수이자 3차원에 관한 문제를 풀었던 프레더릭 알름그렌 주니어Frederick Almgren Jr.와 나눈 일련의 대화에서 도움을 얻은 사이먼스는 마침내 돌파구를 찾았다. 훗날 사이먼스 방정식으로 알려진 자신만의 편미분 방정식을 만들어 냈으며 이를 활용해 6차원까지 적용할 수 있는 획일적인 해법을 개발했다. 또한 7차원에서의 반증을 제시하기도 했다. 이후 수학의 노벨상이라 일컫는 필즈 메달Fields Medal을 수상한 엔리코 봄비에리Enrico Bombieri를 비롯한 세 명의 이탈리아 수학자는 사이먼스가 제시한 반증이 참이라는 사실을 증명했다.

1968년 사이먼스는 〈리먼 매니폴드에서의 최소 다양체Minimal Varieties in Riemannian Manifolds〉라는 논문을 발표했다. 이는 기하학자들을 위한 기본 논문으로서 관련 분야에 필수적인 것으로 증명됐고, 여전히 많은 곳에서 인용되며 그 중요성을 지속적으로 인정받고 있다. 이와 같은 업적은 사이먼스가 세계적이고도 탁월한 기하학자로 자리 잡는 데 도움을 줬다.

암호 해독과 수학 분야에서 성공을 이뤄 나가는 동안에도 사이먼스는 돈을 벌 수 있는 방법을 계속 찾았다. IDA는 소속 연구원들에게 업무와 관련해 놀랄 만큼 많은 유연성을 부여했다. 이 덕분에 사이먼스는 주식 시장을 조사하는 데 자신의 시간을 쓸 수 있었다. 이때 바움을 비롯한 두 동료와 함께 최신식 주식 거래 시스템을 개발했다. 이들 4인조는 최소 50퍼센트의 연간 수익을 올릴 수 있다고 주장하는 거래 방법이 담긴 〈주식 시장 행태의 예측을 위한 확률적 모델Probabilistic Models for and Prediction of Stock Market Behavior〉이라는 제목의 IDA 내부용 기밀 논문을 발표했다.

사이먼스와 동료들은 암호 해독자들이 '시장의 기본적인 경제 통계'로 여기고 대부분의 투자자가 집중하는 수익과 배당금, 기업 관련 뉴스라는 기본 정보를 무시했다. 대신 시장의 단기적 행태를 예측할 수 있는 소수의 '거시적 변수macroscopic variables'를 탐색할 것을 제안했다. 그들은 주식이 평균 이상으로 이동하는 '높은 변동성'과 주가가 대체적으로 오르는 '좋음' 같은 최대 8개의 근본적인 '상태'가 시장에 존재한다고 단정했다.

이들의 주장에서 정말 독특한 점은 바로 여기에 있다. 즉 논문에서 제시한 방식은 경제 이론이나 다른 전통적인 방법을 활용해 이런 상태들을 확인하거나 예측하려고 하지 않으며, 시장이 특정 상태에 진입한 '이유'를 찾아내려 하지 않는다. 사이먼스와 동료들은 관측한 가격 데이터에서 가장 적합한 상태를 결정하기 위해 수학적 계산을 활용했다. 그런 뒤에 결정된 상태에 따라 투자했다. '이유'는 중요하지 않았다. 사이먼스와 동료들은 추론한 상태를 활용할 수 있는 전략만 제시했다.

　대다수 투자자는 이런 접근 방식을 들어본 적이 없었지만, 도박
꾼들은 충분히 이해할 수 있는 방식이었다. 포커 게임을 하는 사람
들은 상대방의 행동을 판단하고 그에 따라 자신의 전략을 조정하며
상대의 기분 상태를 추정한다. 우울한 기분에 빠져 있는 사람과 대
결을 펼칠 때는 특정 전술이 필요하다. 경쟁자가 너무 들떠 있거나
지나치게 자신만만하다면 나머지 사람들에게는 최상의 상황이다.
게임에 참가한 사람들은 이익을 얻기 위해 상대가 침울하거나 활기
넘치는 '이유'를 알 필요가 없다. 그저 기분을 파악하기만 하면 된다.
사이먼스와 동료 암호 해독가들은 주가 예측을 위해 이와 비슷한 방
식을 제안했다. 이는 은닉 마르코프 모델hidden Markov model이라는 정
교한 수학적 도구에 바탕을 두고 있었다. 도박꾼이 상대의 의사 결
정 방식에 따라 기분 상태를 추측할 수 있는 것처럼 투자자도 시장
가격의 움직임에 따라 시장 상태를 추정할 수 있다.

　사이먼스의 논문은 당시가 1960년대 말임을 감안하더라도 매우
허술하고 유치했다. 그와 동료들은 제시한 모델이 제대로 적용되려
면 매일 많은 양의 거래가 활발히 일어나야 하는데도 거래 비용 제
로를 포함한 '이상적인 거래 조건'에서 주식 거래가 이뤄질 수 있다
는 매우 순진하고 전문 지식이 결여된 가정을 설정했다. 그럼에도
이 논문은 선구적인 역할을 했다고 할 수 있다. 논문이 나오기 전까
지 투자자들은 주식의 움직임을 설명하고 예측하는 데 필요한 근본
적인 경제 논리를 구하거나 반복 가능한 패턴을 발견하기 위해 과거
주가 움직임을 나타내는 그래프나 다른 형태의 도표를 활용하는 간

단한 '기술적 분석'을 사용했다.

사이먼스와 동료들은 기술적 거래와 유사하지만 훨씬 더 정교하고 수학과 과학적 도구에 더 많이 의존하는 제3의 접근 방식을 제시했다. 그들은 이 방식을 통해 예상되는 시장의 움직임에 관한 정보를 전달해 주는 '신호'의 범위를 투자자가 추정할 수 있다고 주장했다.

분명하게 정의하기 어렵거나 심지어 불가능한 요인과 반드시 전통적이고 기본적이지 않은 요인을 포함한 많은 데이터가 입력되는 복잡한 과정에 따라 주가가 결정된다는 점을 사이먼스와 그의 동료들만 제안한 것은 아니다. 그 무렵 시카고대학교 출신으로 노벨상 수상자이자 현대 포트폴리오 이론의 아버지인 해리 마코위츠Harry Markowitz는 주가의 이례적 현상을 연구하고 있었으며, 수학자 에드워드 소프Edward Thorp도 같은 연구를 했다. 소프는 컴퓨터를 활용한 주식 거래의 초기 형태를 시도하며 사이먼스를 앞서 나갔다(이들에 관한 더 많은 얘기를 기대하시라).

사이먼스도 이와 같은 선두 그룹에 속해 있었다. 그와 동료들은 시장을 움직이는 근본적인 수단 모두를 이해하는 것이 아니라 수익을 지속적으로 창출하기에 충분할 정도로 이들 수단에 잘 어울리는 수학적 시스템을 찾는 것이 중요하다고 주장했으며, 이런 관점은 몇 년 후 사이먼스의 거래 방식에도 영향을 미쳤다. 그들이 제시한 모델은 관찰 불가능한 상태에 바탕을 둔 모델을 활용하는 팩터 투자factor investing와 또 다른 형태의 계량 투자quantitative investing를 포함해 수십 년 후 투자 시장을 휩쓸어 버리는 금융 혁명의 전조였다.

사이먼스는 1967년까지 IDA에서 일하며 크게 성장했다. 러시아인들과 지혜를 겨루며 수학 연구에서 진전을 이루고 뛰어난 두뇌를 소유한 인재를 다루는 방법을 배우며 컴퓨터의 힘을 보다 많이 이해할 수 있었다. 특히 동료의 가장 유망한 아이디어를 알아내는 그의 능력은 탁월했다.

뉴워스는 "사이먼스는 남의 말에 귀를 기울이는 데 뛰어난 사람"이라며 덧붙인다. "좋은 아이디어를 내는 것과 다른 사람의 좋은 아이디어를 알아보는 것은 완전히 다릅니다. (……) 그는 말 배설물 더미 속에 묻힌 동전 한 닢도 찾을 것입니다."

그즈음 사이먼스의 상사인 라이블러는 은퇴를 거론하기 시작했고 이에 따라 사이먼스는 부서의 차장으로 진급할 예정이었다. 연봉 인상과 높아진 위상이 바로 눈앞에 다가왔다.

하지만 베트남전쟁이 모든 상황을 바꿔 놓았다. 그해 가을 프린스턴대학교 캠퍼스를 비롯한 전국 곳곳에서 반대 시위가 일어났다. 프린스턴대학교 학생들은 대학 신문 〈데일리 프린스턴〉이 기사를 싣기 전까지 캠퍼스 안에 국가안보국NSA을 지원하는 지국이 있다는 사실을 거의 몰랐다. 하지만 사이먼스와 동료들은 전쟁과 관련한 일을 하지 않았으며, 대다수 직원은 그런 활동을 격렬히 반대했다. 그해 여름 사이먼스 부부의 딸 리즈가 며칠간 여름 캠프에 갔을 때, 친구들은 부모에게서 사탕 꾸러미를 받았지만, 리즈는 엄마 아빠로부터 평화의 목걸이를 받았을 정도였다.

암호 해독자들이 전쟁을 달갑게 생각하지 않았는데도 프린스턴대학교 학생들의 반대 시위는 멈추지 않았고 연좌 농성으로 IDA 출입구를 막기도 했다. 어떤 때는 시위대가 IDA 건물을 닥치는 대로 부수고 뉴워스의 자동차에 달걀을 집어 던지며 그를 '베이비 킬러 (baby killer)'라고 비난하기도 했다.[2]

전쟁에 관한 논쟁이 전국에서 뜨겁게 달아오를 때 〈뉴욕타임스〉는 맥스웰 D. 테일러$^{Maswell\ D.\ Taylor}$ 장군의 기고문을 일요판 신문 〈선데이 매거진〉의 표제 기사로 실었다. 미국 합동 참모 본부 의장을 역임했고 존 F. 케네디 대통령을 설득해 베트남에 군대를 파병하게 만들고 훈장을 받고 퇴역했던 테일러는 미국이 전쟁에서 승리할 것이며 전 국민이 이러한 노력을 적극 지지해야 한다고 강력히 주장했다. 이 기사를 읽은 독자들에게 모든 IDA 직원들이 전쟁을 지지한다는 인상을 남기고 싶지 않았던 사이먼스는 더 이상 참을 수 없었다. 결국 국가 자원을 베트남전쟁보다 더 나은 일에 활용할 수 있다는 주장을 담은 짧은 편지를 써서 신문사에 보냈다.

사이먼스는 이렇게 썼다. "하노이를 폭격하는 행동보다 로스앤젤레스에서 가장 낙후된 지역 중 하나인 와츠^{Watts}를 재건하는 것이 우리 국가를 더 강하게 만드는 방법입니다. 베트남의 모든 다리를 무너뜨리는 것보다 우리의 동부 해안에 제대로 된 운송 수단을 구축하는 것이 우리를 더 강하게 만들 것입니다."

신문사가 편지를 게재한 후 사이먼스는 스스로 어느 정도 만족했다. 그는 동료들에게서 많은 반응을 받지도 않았고, 퇴역 장군인 테일러도 약간의 의견 차이는 별로 상관치 않을 것이라고 생각했다. 얼마 뒤 전쟁에 반대하는 국방부 직원들에 관한 기사를 작성하던 〈뉴스위크〉의 비상근 기자 한 명이 사이먼스를 접촉해 직원들이 양심의 가책을 어떻게 해소하는지 물었다. 사이먼스는 자신과 동료들이 일반적으로 업무 시간의 절반을 개인 프로젝트에 사용하고 나머지 시간에 정부 프로젝트를 한다고 대답했다. 하지만 전쟁에 반대했던 본인은 전쟁이 끝날 때까지 모든 시간을 자신의 수학 연구에 투입하고, 전쟁 후에는 국방부 일에 전념해 균형을 맞추겠다고 말했다.

사실 사이먼스가 어떤 형태로든 공식적으로 국방부 업무를 완전히 중단한 것은 아니었다. 단지 개인적인 목표였고 사이먼스는 이를 공개적으로 밝히지 말았어야 했다.

사이먼스는 당시를 이렇게 설명한다. "고작 스물아홉 살의 나이였고 (……) 인터뷰를 요청 받은 건 그때가 처음이었습니다. (……) 그리고 나는 잘난 체하기를 좋아하는 인간이었죠."

사이먼스는 자신의 상사 라이블러에게 인터뷰에 관해 얘기했고, 라이블러는 곧 나올 〈뉴스위크〉 기사 내용을 테일러에게 미리 보고했다. 잠시 뒤 라이블러는 충격적인 소식과 함께 사이먼스에게 왔다.

"자네는 해고야."

"뭐라고요? 나를 해고할 수는 없어요. 난 '정규직'입니다."

"이보게 지미, 정규직과 임시직의 유일한 차이는 임시직에게 계약이 있다는 거야. 근데 자네에겐 그런 것도 없어."

사이먼스는 한낮에 어찌할 바를 모른 채 집으로 돌아왔다. 사흘 뒤 존슨 대통령이 미국의 폭격 작전을 중단한다고 발표했다. 이는 전쟁이 곧 끝날 것이라는 신호였다. 사이먼스는 그 뉴스를 자신이 IDA에 복귀할 수 있다는 뜻으로 해석했다. 하지만 라이블러는 그래봤자 소용없으니 애쓰지 말라고 했다.

당시 사이먼스에게는 세 명의 어린 아이들이 있었다. 앞으로 무엇을 해야 할지 전혀 아이디어가 없었지만, 너무나 갑작스레 해고당한 터라 자신의 미래를 어느 정도 컨트롤할 힘이 필요하다고 생각했다. 다만 어떻게 그럴 수 있을지 확실히 알지는 못했다. 사이먼스의 최소 다양체에 관한 논문이 점점 더 주목 받으면서 몇몇 대학교뿐 아니라 IBM을 포함한 기업들에서도 제안을 받았다. 친구이자 동료 수학자인 레너드 찰랩Leonard Charlap에게 사이먼스는 수학을 가르치는 일이 너무 재미없는 것 같다고 말했다. 그러고는 전환 사채를 판매하는 투자 은행에 합류할지도 모르겠다고 덧붙였다. 찰랩이 전환 사채가 뭔지 모른다고 하자 사이먼스는 장황한 설명을 늘어놓았다. 찰랩은 자신의 친구에게 실망했다. 사이먼스는 세계 최고의 젊은 수학자 중 한 명이지 월스트리트의 최신 상품이나 팔러 다닐 사람이 아니었다.

찰랩은 "그건 말도 안 돼!"라고 말하며 물었다. "네가 생각하는 이상적인 일은 뭐야?"

사이먼스는 규모가 큰 수학과의 학과장을 하고 싶지만, 나이가 너무 어리고 그런 자리를 연결해 줄 적절한 사람도 알지 못한다고 고백했다. 찰랩은 자신에게 좋은 생각이 있다고 말했다. 얼마 뒤 뉴욕 시에서 약 95킬로미터 떨어진 롱아일랜드의 뉴욕주립대학교SUNY 스토니브룩Stony Brook 캠퍼스의 존 톨John Toll 학장에게서 한 통의 편지가 도착했다. 이 대학교는 수학과를 이끌어 줄 사람을 5년 동안 찾고 있었다. 하지만 이 학교에 관한 유일한 명성은 캠퍼스 내 약물 사용 문제였다.[3]

시장을 풀어낸 수학자

사이먼스의 부인 바버라는 이렇게 말한다. "우리가 그 학교에 관해 들었던 유일한 얘기는 약물 사용과 관련한 일제 검거가 있었다는 사실뿐이었습니다."

톨 학장은 학교에 변화를 일으키기로 결심했다. 뉴욕 주지사 넬슨 록펠러가 초빙했던 물리학자인 톨 학장은 스토니브룩 캠퍼스를 '동부 지역의 버클리'로 바꿔 놓기 위해 주정부가 지원하는 1억 달러 모금 운동을 이끌었다. 노벨상을 수상한 물리학자 양첸닝Chen Ning Yang을 이미 영입했던 그는 이제 수학과를 활성화하는 데 주력했다. 톨은 사이먼스에게 학장 자리를 제안하며 누구의 지배도 받지 않고 학과를 자신의 의도대로 구축할 수 있는 달콤한 기회를 제시했다.

"하겠습니다." 사이먼스는 톨 학장의 제안을 받아들였다.

1968년 서른 살의 나이에 사이먼스는 가족과 함께 롱아일랜드로 이사했고 그곳에서 즐거운 마음으로 교수 초빙과 학과 구축 활동을 시작했다. 먼저 코넬대학교Cornell University 수학자 제임스 엑스James Ax를 타깃으로 삼았다. 1년 전 정수론number theory 분야에서 권위 있는 콜 프라이즈Cole Prize를 수상했던 엑스 교수는 아이비리그 소속의 최우수 대학교를 마다하고 스토니브룩 같은 별로 알려지지 않은 대학교로 옮길 가능성이 크지 않아 보였다. 그에게는 아내와 어린 아들이 있었으며 코넬대학교에서의 밝은 미래도 보장돼 있었다. 하지만 사이먼스와 엑스는 버클리 대학원을 함께 다니며 친하게 지냈고 그 후로도 계속 연락했던 터라, 사이먼스는 부인 바버라와 함께 자신보다 나이 어린 수학자 엑스 교수를 만나려고 뉴욕 주 이타카Ithaca

를 향해 북서쪽으로 5시간 반 동안 운전하면서 어느 정도 희망을 품었다.

사이먼스는 큰 폭의 연봉 인상을 약속하며 엑스에게 간청했다. 이후 사이먼스 부부는 엑스 가족을 스토니브룩으로 초대했고, 그곳에서 손님들과 함께 롱아일랜드 해협의 브룩헤븐Brookhaven 근처 웨스트메도 비치West Meadow Beach를 드라이브하며 그림 같은 풍경이 그들의 마음을 돌려놓을 수 있기를 희망했다. 이타카로 돌아온 뒤 엑스와 엑스의 부인 바버라(사이먼스의 부인과 이름이 같다)는 사이먼스 부부에게서 조약돌을 비롯해 스토니브룩의 보다 온화한 기후를 떠올리게 하는 선물 꾸러미를 받았다.

엑스는 신중히 생각하며 시간을 끌었고 사이먼스는 짜증이 났다. 어느 날 테니스복을 입고 사무실에 들어와 테니스 라켓을 내던지며 동료에게 외쳤다. "이런 일을 위해 남에게 알랑거리며 더 많이 아부해야 한다면 난 그만두겠네." 그래도 사이먼스의 간청은 성공했다. 엑스는 스토니브룩에 합류한 첫 번째 유명 학자였다.

엑스의 부인 바버라는 당시를 떠올리며 말한다.

"사이먼스는 잔잔한 배려들로 우리의 마음을 완전히 돌려놓았습니다."

엑스의 결정은 사이먼스가 진지했다는 사실을 증명했다. 다른 대학교 교수들을 상대로도 공략을 펼치면서 사이먼스는 영입하려는 수학자별로 필요한 요소에 집중했고 자신의 권유 방식을 개선했다. 돈에 가치를 두는 자에게는 연봉 인상을 약속했고, 개인 연구에 집중하는 자에게는 강의 부담을 덜어 주고 휴가 기간을 늘리며 충분한

시장을 풀어낸 수학자

연구 지원을 약속하고 짜증스러운 행정 업무를 줄여 주겠다고 했다.

영입 가능성이 있는 한 사람이 사이먼스에게 "난 위원회 같은 데 참여하고 싶지 않다."라고 하자 사이먼스는 말했다. "도서관위원회는 어때요? 거긴 1인 위원회예요."

후보자의 환심을 얻는 데 성공하면서 사이먼스는 재능에 관한 독특한 관점을 만들어 냈다. 스토니브룩 교수 허셸 파카스[Hershel Farkas]에게 사이먼스는 해답을 얻을 때까지 수학 문제 하나에 외골수처럼 집중하며 '절대 포기하지 않고 끝내 풀어내고야 마는 사람[killer]'을 높이 평가한다고 했다. 또 다른 동료에게는 엄청나게 똑똑하지만 대학교 교직을 맡을 정도의 창의적 사고를 하지 못하는 이들도 있었다고 말했다.

그러고는 이렇게 덧붙였다. "그냥 평범한 후보자도 있는 반면 '정말 바라던 후보자'도 있었습니다."

사이먼스는 IDA에서 누렸던 것처럼 모두 함께 참여하고 활기찬 환경을 조성하려고 노력했다. 교수들이 편안하게 일할 수 있도록 강의 수를 적절한 수준으로 유지했고 얼마 전 새로 구입해 롱아일랜드 해협에 정박해 둔 약 7미터짜리 요트로 교수들을 초대해 함께 즐거운 시간을 보내기도 했다. 다른 일류 교수들과 달리 사이먼스는 동료 교수들과 어울리기를 좋아했다. IDA에서와 마찬가지로 교수 연구실들을 돌아다니며 어떤 프로젝트를 하는지 그리고 혹시 도움이 필요한지 물어 보곤 했다.

이를 두고 파카스 교수는 말한다. "동료들의 행복을 생각하는 게 그리 흔한 일은 아닙니다."

사이먼스는 대학교 내에서 누구보다 캐주얼한 복장으로 다니며 수학 교수들과 학생들을 편안하게 만들었다. 심지어 뉴욕의 혹독한 겨울 추위에도 양말을 거의 신지 않았고, 이 습관은 80대까지 계속됐다.

사이먼스는 말한다. "난 그저 양말을 신는 데 시간을 너무 많이 뺏긴다고 생각했습니다."

사이먼스와 바버라는 매주 파티를 열었다. 파티에 참석한 교수들과 예술가, 좌편향 지식인들은 신발을 벗고 보풀이 긴 하얀색 카펫 위에서 한데 어울려 술을 마시고 정치를 비롯한 최근 시사 문제들을 두고 담소를 즐겼다.

미래의 필즈 메달 수상자인 젊은 기하학자 싱퉁 야우Sing-Tung Yau가 종신 교수직을 요구하자 내보내 버린 일을 포함해 실수를 저지른 적도 있지만, 사이먼스는 전국 최고의 인재들을 찾아내고 영입하며 관리하는 방법을 터득해 수학자 20명을 고용하며 세계 일류 기하학 센터 중 하나를 구성하는 데 성공했다.

하지만 사이먼스의 학과가 확장하면서 그의 개인 생활은 엉망이 됐다.

사이먼스의 연구실은 그의 카리스마에 매료된 다양한 학생들로 늘 붐볐다. 사이먼스는 최소 다양체 연구로 찬사를 받았고 성 규범과 그에 따른 통제가 급격히 느슨해지던 시기에 학과장의 권력을 누리고 있었다. 당시 베스트셀러였던 니나 오닐Nena O'Neill의 《개방 결혼Open Marriage》은 배우자들이 "결혼의 낡아빠진 이상에서 벗어나" 혼외 성적 관계를 찾아 나서라고 권장하기까지 했다. 동시에 여성 해방 운동에서는 보수적인 복장과 심지어 일부일처제까지 포함해 이미 인식된 사회적 제약을 버리라고 촉구했다.

스토니브룩의 찰랩 교수는 이렇게 기억한다. "비서들 사이에서 누가 더 짧은 치마를 입을 수 있는지 경쟁이라도 벌어진 듯했습니다."

당시 서른세 살이었던 사이먼스는 다시 한 번 불안감에 휩싸였다. 학과에서 일하는 매력적인 비서와 부적절한 혼외 관계를 맺고 있다는 소문이 떠돌았기 때문이다. 최소한 한 번쯤은 사이먼스가 여성 교수에 관한 지저분한 농담으로 동료들을 놀라게 한 적도 있었다.

그즈음 바버라는 사이먼스가 이룬 성과의 그늘에 자신이 가려졌다고 느꼈고 조기 결혼과 출산으로 학업을 더 이상 이어 나가지 못했던 상황에 불만이 많았다. 똑똑하고 야망이 있었지만, 바버라는 열여덟에 결혼해 이듬해인 열아홉에 첫 딸을 낳았다.

그녀는 이렇게 기억한다. "나는 약간 갇혀 있다는 느낌이 들었습니다."

어느 날 사이먼스는 자신이 초빙하고 멘토링을 해 줬던 나이 어린 동료 교수와 바버라가 부적절한 관계를 맺고 있다는 소식을 듣고 충격을 받았다. 사이먼스 부부의 관계가 그렇게 완벽하지 않고 그가 바버라에게 특별히 열성적이지도 않다는 사실을 알고 있는 누군가가 어느 만찬 자리에서 사이먼스에게 왜 그리 화를 내는지 묻자 술에 취한 사이먼스가 주먹으로 벽을 내리쳤던 것으로 한 동료는 기억한다.

결국 사이먼스는 당시 사회 현상의 하나로 떠오르던 원초 요법

primal therapy으로 치료받기 위해 캘리포니아대학교 LA 캠퍼스UCLA에서 안식년을 보내기로 결정했다. 이 요법에는 자궁에서 막 나온 신생아처럼 소리를 지르거나 또는 다른 방법으로 억압된 고통을 '원초적'으로 표출하는 방식이 포함돼 있었다. 가끔 한밤중에 일어나 소리를 지르기도 했던 사이먼스는 이런 요법을 매우 흥미로워했다.

하지만 몇 주간의 치료 후 사이먼스의 생각은 달라졌다. 강사가 사이먼스에게 만약 마리화나를 피우면 치료에 더 많은 진전이 있을 거라고 말하자 사이먼스는 치료를 당장 그만두기로 마음먹었다.

'이 요법이 완전한 속임수'로 생각됐기 때문이다.

다시 동부로 돌아온 사이먼스는 프린스턴의 고등연구소Institute for Advanced Study에서 그해를 보냈다. 바버라와의 결혼 생활은 더 이상 회복되지 못했고, 두 사람은 결국 이혼에 이르렀다. 바버라는 UC 버클리 대학원에 진학해 1981년 이론 전산학의 미해결 문제를 풀어내는 학위 논문을 제출하며 컴퓨터 공학 박사 학위를 받았다. 학위 취득 후 연구원으로 IBM에 취직했고 나중에는 교육 및 과학 전산 협회 중 가장 규모가 큰 미국 계산기 학회ACM, Association for Computing Machine의 회장 자리까지 올랐다. 이후 바버라는 전산 투표에서 발생하는 보안 문제의 전국적 전문가로 떠오르며 기술 분야에 대한 관심을 드러냈고 사이먼스가 있었더라면 함께했을 법한 광범위한 사회적 과제를 다뤘다.

바버라는 이렇게 말한다. "우리는 그저 너무 어린 나이에 결혼했어요. 부모님의 생각이 옳았던 거죠."

시장을 풀어낸 수학자

이번에는 홀로 롱아일랜드로 돌아온 사이먼스가 입주해서 자신의 세 아이를 돌보아 줄 사람을 구했다. 그러던 중 예쁘고 금발이며 훗날 스토니브룩에서 경제학을 전공하는 대학원생이 된 스물두 살의 마릴린 호리스Marilyn Hawrys라는 여자를 면접했다. 마릴린을 고용한 지 얼마 지나지 않아 사이먼스는 그녀에게 데이트를 신청했다. 한동안 둘의 관계는 헤어지고 이어지기를 반복했다. 결국 마릴린은 사이먼스를 떠나 제임스 엑스의 아이들을 돌보는 보모로 일하며 제임스 부부가 고통스런 이혼 과정을 거치는 동안 도움을 줬다. 마릴린은 제임스의 부인 바버라와 두 아들 케빈과 브라이언과 함께 지내며 밤늦게까지 함께 스크래블Scrabble 보드 게임을 하고 맛없는 마카로니 앤 치즈를 만들기도 하며 때때로 아이들이 기대어 울 수 있도록 어깨를 내주기도 했다.

"마릴린은 우리 모두에게 하늘이 준 선물과 같았습니다." 엑스의 아들 브라이언은 그녀를 이렇게 기억한다.

시간이 흐르면서 사이먼스와 마릴린은 다시 연인 관계로 발전했다. 마릴린의 경제학 박사 과정은 순조롭게 진행됐고, 사이먼스는 예전에 UC 버클리로 갔을 때 이미 안식년 휴가를 떠나고 없었던 천싱셴 교수를 결국 만나 함께 획기적인 발견을 즐겁게 이어 갔다.

사이먼스는 또 혼자 힘으로 3차원의 곡선 공간에 있는 형체를 수량화하는 방법에 관련된 사실을 발견하기도 했다. 자신의 연구 결과를 천 교수에게 보여 주자 천 교수는 사이먼스의 통찰이 모든 차원으로 확대될 수 있다는 사실을 인식했다. 1974년 천 교수와 사이먼스는 수학의 다양한 분야에서 유용한 것으로 증명된 천-사이먼스의

'불변량invariants(또는 불변값)'을 소개하는 논문을 〈특징적 형태와 기하학적 불변량Characteristic Forms and Geometric Invariants〉이라는 제목으로 발표했다. 여기서 불변량은 특정 유형의 변환을 거치는 동안에도 변하지 않는 속성을 말한다.

1976년 서른일곱의 나이에 사이먼스는 천 교수와 함께한 연구와 앞서 했던 최소 다양체에 관한 연구를 인정받아 기하학 분야에서 가장 영예로운 상인 미국수학학회의 오즈월드 베블린 기하학상Oswald Veblen Prize in Geometry을 수상했다. 십 년 뒤 이론 물리학자 에드워드 위튼Edward Witten을 비롯한 학자들은 천-사이먼스 이론이 응집 물질과 끈 이론string theory, 초중력supergravity을 포함한 물리학의 다양한 분야에 적용될 수 있다는 사실을 발견했다. 더 나아가 이 이론은 마이크로소프트와 다른 컴퓨터 제조 기업이 약품 개발과 인공지능 등에 쓰이는 현대 컴퓨터 시스템의 문제를 해결할 수 있는 양자 컴퓨터 개발에 매우 중요한 요소가 됐다. 천-사이먼스 이론은 2019년까지 학술 논문에 수만 번(사흘에 한 번꼴) 인용되며 수학과 물리학 분야의 상위권에 자리 잡으면서 사이먼스의 위치를 확고히 했다.

사이먼스는 자신의 전문 분야에서 정점에 이르렀다. 그리고 곧바로 새로운 정복 대상을 찾고 싶은 간절한 마음에 수학 분야를 떠났다.

1974년 사이먼스가 친구 에드문도 에스케나지, 지미 메이어와 함께 설립했던 마룻바닥 타일 회사는 지분의 50퍼센트가 팔리며 사이먼스를 비롯한 주주들에게 이익을 안겼다. 사이먼스는 에스케나지와 메이어, 에스케나지의 장인 샤이오에게 자신과 하버드대학교 동창인 찰리 프리펠드Charlie Freifeld의 사업을 투자처로 추천했다. 샤이오가 설립한 역외 신탁회사도 프리펠드에게 투자했다.

프리펠드는 대부분의 사람들과 다른 전략을 펼쳤다. 그는 경제 자료 등의 정보를 활용해 설탕을 비롯한 1차 상품들의 가격을 예측하는 '계량 경제학econometric' 모델을 구축했다. 예를 들어 작물의 수확량이 떨어지면 프리펠드의 모델은 곧 이어질 가격 인상을 계산해 냈는데 이는 퀀트 투자quantitative investing의 초기 형태라 할 수 있다.

설탕 가격이 거의 두 배로 오르면서 프리펠드의 전략은 성공했다. 이 그룹의 파트너십 가치는 열 배나 뛰어오르며 600만 달러로 급등했다. 하지만 이런 경이로운 횡재에 일부 투자자들은 전혀 예상치 못한 방식으로 반응했다.

사이먼스의 콜롬비아 출신 친구 메이어는 말한다. "나는 기분이 안 좋았어요. 우리가 돈을 많이 벌었지만, 우리가 하는 일이 사회에 기여하는 가치는 전혀 없었습니다."

사이먼스는 아주 다른 반응을 보였다. 속사포처럼 급격히 늘어나는 수익은 사이먼스의 투기 본능을 다시 한 번 깨웠고 재빠른 거래가 가져다 줄 수 있는 것을 보여 주었다. 더 나아가 프리펠드의 스타일도 사이먼스와 동료들이 IDA 시절 작성한 논문에서 자세히 설명한 수학에 바탕을 둔 거래 시스템과 비슷한 점이 있었다. 사이먼스는 거래 모델 활용이 분명히 효과 있는 아이디어라고 생각했다.

메이어는 사이먼스가 거기에 "완전히 중독됐다."고 말한다.

최근의 찬사에도 불구하고 사이먼스는 수학에서 벗어날 필요가 있었다. 사이먼스와 기하학 분야에서 스타로 떠오르던 후배 제프 치거Jeff Cheeger는 원주율pi처럼 기하학적으로 정의된 특정 숫자들이 거의 모든 경우에서 불합리하다는 것을 증명하려고 노력했었다. 하지만 전혀 성과가 없었고 그들은 점점 더 좌절하다가 심지어 절망감에 빠지기까지 했다.

사이먼스는 당시를 이렇게 말한다. "거기에는 분명 더 큰 수확이 있을 텐데 우리가 이를 수가 없었습니다. 정말 미칠 지경이었죠."**4**

사이먼스는 개인적인 삶에서도 혼란을 겪었다. 마릴린에게 점점 더 가까워지고 있었지만, 실패한 결혼에 따른 고통에서 여전히 벗어나지 못했다. 4년간의 연애 후 사이먼스는 청혼을 생각하고 있지만, 결혼과 같은 진지한 관계로 다시 돌아가는 것이 괜찮을지 확신이 서지 않는다고 한 친구에게 털어놓았다.

"이 여성을 계속 만나 왔고, 그녀는 내게 아주 특별한 사람이야. 하지만 어떻게 해야 할지 모르겠어."

결국 사이먼스와 마릴린은 결혼했지만, 사이먼스는 여전히 삶의 방향을 두고 깊이 생각했다. 그즈음 스토니브룩에서 할 일을 줄이고 자신의 시간 중 절반을 샤이오가 설립한 펀드를 통해 외환을 거래하는 데 투입했다. 1977년에 이르러 사이먼스는 외환 시장이 이익을 낼 시기가 무르익었다고 확신했다. 당시 세계 통화들의 가치가 금 시세에 상관없이 자유롭게 변동되기 시작했고 영국 파운드화는 폭락했다. 사이먼스에게는 새로운 변동의 시대가 온 것처럼 보였다. 1978년 사이먼스는 학계를 떠나 외환 거래에 주력하는 자신의 투자회사를 설립했다.

시장을 풀어낸 수학자

사이먼스의 아버지는 사이먼스에게 종신 교수직 포기가 큰 실수라고 말했다. 수학자들은 더 큰 충격을 받았다. 그전까지만 해도 대부분의 수학자들은 사이먼스가 다른 곳에 관심을 두고 있다는 사실을 어렴풋이 알고 있었을 뿐이었다. 사이먼스가 학계를 떠나 주식거래에만 몰두할지도 모른다는 소식은 당혹스러웠다. 수학자들은 일반적으로 돈과 단순하지 않은 관계에 놓여 있다. 부의 가치를 인정하지만, 대다수는 돈을 좇는 일을 자신의 고귀한 사명에서 벗어나는 하찮은 짓으로 여긴다. 학자들이 사이먼스에게 대놓고 그런 말을 하지는 않겠지만, 일부는 그가 흔치 않은 재능을 헛된 곳에 쓴다고 굳게 믿었다.

당시 코넬대학교 교수였던 르네 카르모나René Carmona는 이렇게 말한다. "우리는 사이먼스가 타락해서 악마에게 영혼을 팔았다고 여기며 그를 경멸했죠."

하지만 사이먼스는 학계에 완벽히 어울리는 사람이 아니었다. 기하학을 사랑하고 수학의 아름다움을 인정했지만, 돈에 대한 열정과 비즈니스 세계에 대한 호기심, 새로운 모험을 향한 욕구가 그를 다른 학자들과 갈라놓았다.

훗날 사이먼스는 이렇게 말하곤 했다. "내가 무엇을 하든 늘 아웃사이더라는 느낌이 들었습니다.[5] 수학에 몰두했지만, 내가 수학계의 일원이라는 생각은 전혀 들지 않았습니다. 한 발은 늘 그 세계 바깥에 있었죠."

뛰어난 암호 연구자였으며 수학의 차원을 올렸고 세계적 수준의 수학과를 구축했으며 이 모든 것을 마흔 살 이전에 이뤄 냈던 사이먼스는 자신이 주식 거래의 세계를 정복할 수 있다고 확신했다. 투자자들이 시장에 통달하려고 수세기 동안 노력했지만, 큰 성공을 거둔 사람은 드물었다. 하지만 이런 도전 과제는 그를 단념시키는 대신 오히려 다시 한 번 그의 열정을 불러일으킨 것 같다.

이를 두고 사이먼스의 친구 로젠샤인은 말한다. "그는 다른 사람들이 불가능하다고 생각했던 특이한 일을 정말 하고 싶어 했습니다."

그러나 사이먼스는 훗날 그 일이 자신의 생각보다 훨씬 어렵다는 사실을 발견한다.

시장을 풀어낸 수학자

CHAPTER 03

해고당하는 일은 좋은 것일 수 있다.
다만 버릇이 되지는 말아야 한다.

제임스 사이먼스

1978년 초여름 나무가 늘어선 스토니브룩대학교의 광활한 캠퍼스를 떠나고 몇 주가 지난 뒤 사이먼스는 캠퍼스에서 길을 따라 단지 몇 킬로미터만 내려왔을 뿐인데 완전히 다른 세상에 놓인 자신을 발견했다.

그는 삭막한 쇼핑몰 깊숙한 곳에 자리 잡은 상점에 딸린 사무실에 앉아 있었다. 그의 사무실은 피자 가게에서 두 칸 떨어져 있었고, 조그만 단층짜리 스토니브룩 기차역 맞은편에 있는 여성복 가게 바로 옆이었다. 소매점용으로 지어진 그의 사무실 공간에는 베이지색 벽지가 발라져 있고 한 대의 컴퓨터 단말기와 자주 끊기는 전화 서비스가 갖춰져 있었다. 창밖으로는 적절하게 이름 붙여진 양 방목장길Sheep Pasture Road을 아주 약간만 볼 수 있었다. 이는 자신이 폭넓게

칭송받던 위치에서 완전한 무명의 처지로 얼마나 빨리 떨어졌는지 보여 주는 표시였다.

수백 년 된 투자 세계에 대변혁을 불러일으키기를 희망하며 네 번째 업에 뛰어든 마흔 살의 수학자에게 상황은 녹록지 않았다. 실제로 사이먼스는 역사적인 돌파구를 마련한 것이 아니라 은퇴에 더 가까워 보였다. 점점 더 많아지는 흰머리는 길고 지저분했으며 거의 어깨까지 내려왔다. 약간 나온 배 때문에 사이먼스는 현대 금융과 어울리지 않는 나이 든 교수에 더욱 가까워 보였다.

그때까지 사이먼스는 투자에 손을 대 보기는 했지만, 특별한 재능을 보이지는 않았다. 물론 사이먼스와 그의 아버지가 보유한 찰리 프리펠드의 투자 파트너십 지분이 프리펠드의 정확한 설탕 가격 상승 예측 덕분에 약 100만 달러로 늘어났지만, 하마터면 큰 재앙에 빠질 뻔했다. 프리펠드가 이들 그룹의 보유 주식을 처분하고 몇 주 지나지 않아 설탕 가격이 폭락했기 때문이다. 프리펠드뿐만 아니라 사이먼스도 이런 폭락은 예상하지 못했다. 상당한 수익을 확보하려면 현금화해야 한다는 데 단순히 동의했을 뿐이었다.

사이먼스는 당시를 이렇게 말한다. "믿기 힘든 일이었지만, 정말 운이 좋았습니다."[1]

왠지 사이먼스는 자신감으로 가득 차 있었다. 수학 분야를 정복했고 암호 해독 방법을 파악했으며 세계 최고 수준의 대학 학과를 구축했었다. 이제 금융 투기에도 통달할 수 있다고 확신했다. 금융 시장이 운영되는 방식에 대한 특별한 통찰력을 키웠다는 것이 확신의 부분적인 이유였다. 일부 투자자와 학자들은 시장의 오르내림이 무작위로 이뤄진다고 생각하고, 확보 가능한 모든 정보는 이미 주가에 반영돼 있으며, 시장 가격을 더 올리거나 내릴 수 있는 것은 예측 불가능한 뉴스뿐이라고 주장했다. 또 다른 이들은 가격 변동에 경제와 기업 관련 뉴스를 예측하고 이에 반응하려는 투자자들의 노력이 반영되었다고 믿었고, 때로는 이런 노력이 결과를 만들기도 했다.

사이먼스는 다른 세계에서 온 터라 특이한 관점을 지니고 있었다. 즉 많은 양의 데이터 집합을 면밀히 검토하고 다른 사람들이 무작위라고 생각하는 곳에서 이치와 질서를 감지하는 데 익숙했다. 과학자와 수학자는 예상치 못한 단순함과 구조와 심지어 아름다움까지 찾아내기 위해 혼란스러운 자연계의 내면을 파고들도록 훈련돼 있다. 드러나는 패턴과 규칙성이 과학의 법칙을 구성하는 요소다.[2]

사이먼스는 시장이 뉴스나 다른 사안들에 언제나 설명 가능하거나 합리적인 방식으로 반응하는 것이 아니므로 전통적인 조사와 상식, 통찰에 의존하기 어렵다고 결론 내렸다. 하지만 무작위인 것처럼 보이는 날씨 패턴이 확인 가능한 경향을 감출 수 있는 것과 매우 비슷하게, 시장이 아무리 혼란스러워 보여도 금융 가격은 최소한 어느 정도 뚜렷한 패턴을 포함하고 있는 것처럼 보였다.

'이 속에 어떤 구조가 있는 것 같아. 난 그걸 찾아내야 해.'

사이먼스는 금융 시장을 다른 혼란스러운 시스템과 동일하게 다루기로 결정했다. 물리학자가 방대한 양의 데이터를 자세히 조사해 자연계 속에 존재하는 법칙을 찾는 멋진 모델을 구축하는 것처럼 사이먼스는 금융 시장 속 질서를 찾는 수학적 모델을 만들기로 했다. 그의 접근 방식은 몇 년 전 IDA에서 동료들과 함께 시장에 밖으로 드러나지 않는 다양한 상태가 존재하며 수학적 모델로 이런 상태를 확인할 수 있다는 것을 밝히는 연구 논문을 작성할 때 개발한 전략과 비슷했다. 이제 사이먼스는 이 방식을 실제로 실험하기로 했다.

'이 모델을 만들 수 있는 방법이 분명히 있을 거야.'

사이먼스는 수학을 활용해 금융 데이터를 분석하고 수익을 얻는다는 뜻을 나타내기 위해 자신의 새로운 투자 기업 이름을 '돈money'과 '계량 경제학econometrics'의 영문 단어를 합쳐 모네메트릭스Monemetrics로 지었다. IDA에 근무할 때 사이먼스는 적군들이 나누는 통신의 소음 속에 감춰진 '시그널'을 찾는 컴퓨터 모델을 만든 적이 있었다. 스토니브룩에서는 재능 있는 수학자들을 발굴하고 영입하며 관리했다. 이제는 뛰어난 두뇌들을 고용해 팀을 이루고 그들이 시장 데이터를 자세히 검토하며 트렌드를 확인하고 수익을 올릴 수 있는 수학적 공식을 개발하게 하려고 마음먹었다.

하지만 어디서부터 시작해야 할지 확실치 않았다. 사이먼스가 알고 있는 사실은 통화 시장의 빗장이 풀리면서 이익을 실현할 가능성이 생겼다는 것뿐이었다. 그래도 신출내기 기업의 이상적인 파트너로 마음에 두고 있는 사람은 있었다. 바로 IDA 연구 논문의 공동 저자이자 혼돈스러운 환경 속에서 감춰진 상태를 파악해 단기 예측을 하는 데 많은 시간을 투입했던 수학자 바움이었다. 사이먼스는 바움이 자신의 경력에 미칠 위험을 무릅쓰고 급진적이고 증명되지 않은 방식에 합류하도록 설득해야 했다.

바움은 널리 퍼진 빈곤과 반유대주의에서 벗어나기 위해 러시아에서 뉴욕 시 브루클린Brooklyn으로 피난 온 이민자의 아들로 1931년에 태어났다. 열세 살에 바움의 아버지 모리스는 모자 공장에서 일하기 시작했고 결국에는 관리자와 사장 자리까지 올랐다. 10대 시절 바움은 180센티미터가 넘는 키에 가슴이 떡 벌어진 체격으로 재학 중인 고등학교에서 최고의 육상선수였으며 테니스 팀 멤버로도 활약했다. 하지만 그의 가냘픈 손을 보면 코트 위에서 경기를 펼치는 것보다 책장을 넘기는 것이 더 편해 보였다.

어느 날 친구들과 함께 근처에 있는 브라이튼 비치Brighton Beach를 갔을 때 다른 친구들과 수다를 떨고 있는 명랑하고 매력적인 어린 소녀 줄리아 리버맨Julia Lieberman이 바움의 눈에 띄었다. 1941년 당시 다섯 살이던 그녀는 자신이 가장 좋아하던 인형을 움켜진 채 가족과 함께 나치의 박해를 피해 유럽에서 떠나는 마지막 배를 타고 체코슬로바키아의 작은 마을을 떠나 미국으로 건너왔다. 뉴욕에 도착한 뒤 줄리아의 아버지 루이스는 몇 달 동안 일자리를 찾아 다녔지만 얻지 못했다. 좌절감에 빠진 루이스는 지역에 있는 한 공장으로 가서 공장 근로자들 사이에 끼어들기로 결심했다. 그곳에서 지칠 줄 모르는 근로자로 판명된 루이스는 결국 취업에 성공했다. 이후 가족이 살던 작은 연립 주택에서 세탁소를 운영했지만, 루이스네 가족은 늘 재정적으로 힘들었다.

바움과 줄리아는 사랑에 빠졌고 결국 결혼에 이른 뒤 보스턴으로 이사했다. 그곳에서 바움은 하버드대학교에 입학해 1953년에 졸업했고 이어서 수학 박사 학위까지 받았다. 줄리아는 보스턴대학교를 학년 전체 4등 성적으로 졸업한 뒤 하버드에서 교육 및 역사 전공으로 석사 학위를 받았다. 프린스턴에 있는 IDA에 합류한 뒤 바움은 암호 해독 부문에서 사이먼스보다 뛰어났으며 소속 부서가 이룬 가장 중요하면서도 여전히 기밀로 분류되는 일부 성과에서 공적을 인정받기도 했다.

당시 레너드의 상사였던 뉴위스는 이렇게 기억한다. "바움과 몇몇 직원은 우리 관리부서가 '구명보트 탑승 순서'로 부르곤 했던 서열에서 사이먼스보다 분명히 높은 위치에 있었습니다."

머리가 벗겨지기 시작하고 수염을 기른 바움은 사이먼스처럼 정부 과제를 수행하면서도 수학 관련 연구를 계속했다. 1960년대 말 몇 번의 여름을 거치면서 바움은 복도 건너편 사무실에서 근무하는 정보 이론가 로이드 웰치Lloyd Welch와 함께 '앞으로 일어날 수 있는 사건은 과거 사건이 아니라 현재 상태에 의해서만 결정된다.'라고 가정한 마르코프 체인Markov chains을 분석하는 알고리즘을 개발했다. 마르코프 체인에서 미래의 상태를 확실히 예측할 수는 없지만, 마르코프 체인을 관찰하면 발생 가능한 결과를 경험을 바탕으로 추측할 수는 있다. 이를테면 야구 경기를 마르코프 체인 이론으로 설명할 수 있다. 타자가 투 스트라이크 쓰리 볼 상황에 있다면, 투구가 들어왔던 순서와 그 사이에서 일어난 파울볼 개수는 중요하지 않다. 다음 투구가 스트라이크이면 타자가 아웃되는 현재 상태만 중요할 뿐이다.

'은닉' 마르코프 프로세스는 일련의 사건들이 알려지지 않은 기본 조건 또는 변수에 의해 지배되는 것을 말한다. 즉 연결된 사건들의 결과는 보이지만, 연결이 진행되는 과정을 설명할 수 있는 현재

'상태'는 알 수 없다. 야구를 잘 모르는 사람은 각 이닝별 득점 업데이트를 보면서 점수 예측을 포기할지도 모르겠다. 이번 이닝에는 1점이 나고 다음 이닝에는 6점이 나는 등 득점에 분명한 패턴이나 이유가 전혀 없기 때문이다. 일부 투자자들은 금융 시장과 언어 인식 패턴 같은 사건들의 복잡한 연결성을 은닉 마르코프 모델에 비유하기도 한다.

바움-웰치 알고리즘은 이처럼 과정의 결과 외에는 어떤 정보도 없는 복잡한 연결 순서 내에서 확률과 매개 변수를 예측하는 방법을 제시했다. 야구를 예로 들면, 바움-웰치 알고리즘은 야구를 전혀 모르는 사람도 점수가 난 경기 상황을 추측할 수 있게 해 준다. 이를 테면 득점이 갑자기 2점에서 5점으로 뛰어오른 경우, 바움-웰치 알고리즘은 주자가 모든 베이스에 나가 있는 상황에서 3루타가 나온 게 아니라 주자 두 명인 상태에서 3점짜리 홈런이 나올 가능성을 제시할 수도 있다. 이 알고리즘은 사람들이 여전히 야구의 모든 규칙을 다 모르는 상황에서도 점수 분포를 통해 야구 규칙의 일부라도 추측하게 한다.

웰치는 "바움-웰치 알고리즘이 보다 나은 확률을 제공함으로써 최종 해답에 더욱 가까워질 수 있게 해 준다."고 설명한다.

바움은 보통 자신이 이룬 성과의 중요성을 최소화하는 경향이 있었다. 하지만 컴퓨터가 스스로 상황과 확률을 학습할 수 있게 해 주는 바움의 알고리즘은 오늘날 머신러닝machine learning 부문에서 21세기의 주목할 만한 발전 중 하나로 인식되며, 기하학에서 날씨 예보에 이르는 분야에 종사하는 수백만 명의 삶에 영향을 미칠 돌파구를 마련한 것으로 여겨진다. 바움-웰치 알고리즘은 최초의 효과적인 음성 인식 시스템과 구글의 검색 엔진까지 가능하게 했다.

바움-웰치 알고리즘으로 받았던 모든 찬사에도 불구하고 바움이 썼던 수백 편의 논문 대부분은 기밀로 분류됐고 바움의 부인 줄리아는 그 사실이 못마땅했다. 자신의 남편이 당연히 받아야 할 인정과 금전적 보수를 받지 못했다고 생각했다. 바움의 아이들은 아버지가 무슨 일을 하는지 전혀 몰랐다. 아이들이 몇 번 물어 봤지만, 바움은 그저 자신의 일이 비밀이라고 말했다. 하지만 자신이 하지 않는 일은 분명히 알려줬다.

"우리가 폭탄을 만들지는 않아." 베트남전쟁을 놓고 논란이 심해지자 바움은 어느 날 딸 스테퍼에게 이렇게 말하며 안심시켰다.

사이먼스와 달리 바움은 포커 게임이나 친구와 어울리는 사교 활동을 거의 하지 않고 집에 있기를 좋아하는 성격이었다. 저녁 시간에는 주로 프린스턴의 수수한 집에서 인조 표범 가죽 소파에 말없이 앉아 노란색 패드에 연필로 뭔가를 끄적거리며 시간을 보냈다. 특별히 어려운 문제에 맞닥뜨리면 잠시 멈춰 서서 먼 곳을 내다보며 생각에 잠기기도 했다. 바움은 자신의 일에만 몰두하며 다른 일에는 전혀 신경 쓰지 않는 교수의 전형적인 본보기였다. 한 번은 수염을 반만 깎은 채 출근해 다른 사람들이 의아해하자 수학 문제를 생각하느라 면도에 집중하지 못해서 그랬다고 설명한 적도 있다.

IDA에 근무하는 동안 바움은 시력이 나빠지고 있음을 느꼈다. 의사는 바움이 망막의 원뿔세포에 장애를 일으키는 막대세포-원뿔세포 이상증cone-rod dystrophy을 앓고 있다고 진단했다. 바움은 테니스처럼 시력이 좋아야 하는 취미 활동에 어려움을 겪었다. 한번은 네트 앞에서 테니스공을 머리에 정통으로 맞기도 했다. 탁구를 할 때도 같은 일이 벌어졌다. 바움의 맑고 푸른 눈으로 포착한 공이 잠시 뒤 곧바로 시야에서 사라졌기 때문이다. 결국 바움은 운동을 관둘 수밖에 없었다.

그럼에도 바움은 놀랄 만큼 긍정적인 태도를 유지하며 프린스턴 캠퍼스 근교에서 하루에 약 3.2킬로미터를 걷거나 자신이 여전히 즐길 수 있는 다른 여가 활동에 집중했다. 모든 것을 선명하고 정확하게 볼 수 있었던 시력이 점점 나빠졌지만, 다행히 읽고 쓰는 데에는 지장이 없었던 덕분에 바움의 낙관주의는 흔들림 없이 유지됐다.

"문제는 그냥 내버려 두면 돼. 결국 저절로 해결될 거야." 아이들이 다가와 걱정하면 바움은 보통 엷은 미소를 띠며 말했다.

하지만 사이먼스가 스토니브룩의 수학과를 이끌기 위해 IDA를 떠난 뒤 바움의 가족들은 바움이 평소와 다르게 짜증 내는 모습을 보기 시작했다. 바움이 러시아의 암호를 해독해 스파이를 찾아냈지만, FBI가 용의자 체포를 너무 느리게 했던 것으로 드러나자 바움은 크게 화를 냈다. 자신이 속한 부서의 미래에 낙심한 바움은 보다 나은 인재 채용 방식을 강조하는 내부 보고서를 작성했다.

"사이먼스의 퇴사는 분명 우리에게 심각한 문제입니다. 수학적인 부문에서 그가 필요할 뿐만 아니라 그가 떠나게 된 방식도 좋지 않았기 때문입니다." 바움은 사이먼스의 해고를 언급하며 덧붙여 썼다. "사이먼스가 국방 과제를 하지 않았던 것으로 알려진 7개월 동안 그는 실제로 우리 일부 멤버들이 지난 몇 년간 했던 일보다 훨씬 많은 국방 프로젝트를 수행했습니다."**3**

1977년 어느 날 사이먼스는 바움에게 연락해 롱아일랜드의 모네메트릭스 사무실로 와서 하루 동안 머물며 자신의 외환 거래 시스템 구축에 도움을 줄 수 있는지 물었다. 이 초대에 바움은 소리 없이 미소만 지었다. 예전에 사이먼스와 함께 이론적인 논문을 작성한 적은 있었지만, 사실 바움은 주식 거래를 잘 알지 못했고 가족의 자산 관리 전체를 부인에게 맡겨 놓을 정도로 투자에 거의 신경 쓰지 않았다. 그럼에도 바움은 옛 친구에게 호의를 베풀기 위해 시간을 내서 사이먼스를 돕기로 했다.

사무실에서 사이먼스는 마치 수학 문제를 제시하듯 여러 주요 통화의 일별 종가를 자세히 표기한 차트를 바움 앞에 펼쳤다. 바움은 데이터를 세심히 살펴보다가 특히 일본 엔화를 비롯한 일부 통화들이 상당 기간 동안 일정한 직선 형태로 움직인다는 사실을 곧바로 파악했다. 그리고는 사이먼스가 옳을 수도 있다고 생각했다. 시장에는 정말 어느 정도 내재된 구조가 있는 것처럼 보였기 때문이다. 바움은 엔화의 꾸준한 상승이 다른 국가들의 압박에 놓인 일본 정부가 자국의 수출 경쟁력을 약간 낮추려고 엔화 매입에 "정확히 일본다운 방식으로" 개입한 탓일지도 모른다고 추측했다. 어쨌든 다양한 통화들에서 나타나는 트렌드를 파악하고 거기에 편승하기 위한 수학적 모델이 개발될 수 있다는 사이먼스의 의견에는 동의했다.

바움은 일주일에 한 번씩 사이먼스와 함께 일하기 시작했으며 마흔여덟 살이 된 1979년에 이르자 사이먼스의 바람대로 주식 거래 방식에 몰입했다. 대학 시절 체스 게임 고수였던 바움은 자신의 지능을 시험해 볼 새로운 게임을 발견한 것 같았다. 결국 IDA를 1년간 휴직하고 높은 책장들이 늘어선 방 세 개짜리 빅토리아풍 집을 임대해 가족과 함께 롱아일랜드로 이사했다. 바움의 시력이 더 나빠졌기 때문에 부인 줄리아는 매일 자동차로 바움을 사이먼스의 사무실까지 출퇴근시켰다.

"우리가 모델을 만들 수 있는지 보자." 사이먼스는 바움과 함께 시장에 집중할 준비를 하며 말했다.

바움은 한 통화가 최근 추세선보다 어느 정도 낮은 곳으로 이동하면 그 통화를 매입하고 만약 추세선보다 훨씬 높은 쪽으로 방향을 틀면 매도할 것을 모네메트릭스에 알려주는 알고리즘을 곧바로 개발했다. 간단한 작업이었지만, 바움이 올바른 방향으로 나아가고 있는 것 같아 사이먼스는 자신감이 생겼다.

훗날 사이먼스는 말했다. "바움이 합류했을 때, 비로소 나는 모델을 구축할 수 있다고 생각했습니다."[4]

사이먼스는 메이어와 에스케나지를 포함한 몇몇 친구들에게 연락해 자신의 새로운 펀드에 투자할 생각이 있는지 물었다. 바움에게 제시했던 바로 그 차트를 친구들에게 보여 주고 자신과 바움이 지난 몇 년 동안 수학에 초점을 맞춘 거래 전략을 활용했더라면 얼마나 많은 돈을 벌 수 있었는지 알려 줬다. 친구들은 탄성을 질렀다.

메이어는 당시를 이렇게 기억한다. "사이먼스는 차트를 가지고 와서 우리에게 성공의 가능성이 있다는 강한 인상을 남겼습니다."

사이먼스는, 목표로 삼은 400만 달러에는 미치지 못했지만, 자신의 돈을 포함해 펀드를 시작할 정도의 자금을 조성했다. 새롭게 만든 투자 펀드의 이름은 조셉 콘래드$^{Joseph\ Conrad}$의 소설 제목이자 주인공 이름인 로드 짐$^{Lord\ Jim}$과 신규 기업을 역외 지역에 설립해 세금 관련 등의 이점을 얻을 수 있도록 도움을 주며 기업의 자금 이동을 맡았던 로열 뱅크 오브 버뮤다$^{Royal\ Bank\ of\ Bermuda}$의 영문 철자 몇 개를 혼합한 림로이^{Limroy}로 지었다. 이 이름은 명예와 도덕성을 놓고 고심했던 것으로 알려진 소설 속 주인공의 성격과 로열 뱅크의 대규모 금융 거래를 한데 합친 의미로, 오랫동안 한 발을 비즈니스 세계에 들여놓고 다른 한 발을 수학과 학계에 두었던 사람에게 어울리는 적절한 선택이었다.

사이먼스는 림로이를 부유한 개인과 기관의 자금을 관리하며 전체 시장에서 손실을 입지 않도록 헤징^{hedging}과 보호 등의 다양한 전략을 추구하는 민간 투자 파트너십, 즉 '헤지 펀드$^{hedge\ fund}$'로 만들기로 했다.

모네메트릭스는 사이먼스의 자금 일부를 활용해 다양한 시장에서 투자 전략을 시험해 보기로 했다. 사이먼스는 만약 구사한 전략의 수익성이 좋아 보이면 동일한 거래 방식을 자신뿐만 아니라 외부 투자자들의 자금이 투입되고 규모가 훨씬 더 큰 림로이에 적용할 생각이었다. 바움은 모든 거래 수익 중에서 모네메트릭스가 차지하는 25퍼센트의 수익을 나눠 가지기로 했다.

사이먼스는 자신과 바움이 수학적 모델과 복잡한 차트, 인간의 직감이 크게 작용하는 거래 방식을 통해 큰돈을 벌 수 있기를 바랐다. 바움은 자신들의 접근 방식이 제대로 먹힐 것을 너무나 확신하고 투자에 푹 빠져 결국 IDA를 관두고 사이먼스의 일에 전념했다.

사이먼스는 자신과 바움이 올바른 길로 나아가고 있는지 확인하기 위해 스토니브룩 시절에 초빙했던 제임스 엑스 교수에게 전략을 점검해 달라고 부탁했다. 1년 전의 바움과 마찬가지로 엑스는 투자에 대해 거의 몰랐고 심지어 바움보다 더 관심이 없었다. 하지만 전 동료들이 무엇을 하려는지 곧바로 이해했고 그들이 뭔가 특별한 일을 이뤄 낼 수 있다는 확신이 들었다. 엑스는 바움의 알고리즘이 외환 시장에서 성공할 수 있을 뿐만 아니라 밀과 대두, 원유와 같은 상품 거래 시장을 대상으로 비슷한 예측 모델이 개발될 수 있을 것이라고 주장했다. 이 말을 들은 사이먼스는 엑스가 학계를 떠나도록 설득했고, 이를 받아들인 엑스에게 직접 관리하는 투자 거래 계정까지 마련해 줬다. 이제 사이먼스는 '정말' 크게 흥분했다. 가장 인정받는 수학자 두 명이 시장의 비밀을 밝혀내고 자신들의 노력을 증명해 줄 충분한 돈을 벌기 위해 자신과 함께 일하기 시작했기 때문이다.

한두 해 전만 하더라도 바움은 수학에 관한 생각을 멈출 수 없었다. 하지만 이제 그의 마음을 사로잡은 건 트레이딩이었다. 1979년 여름 어느 날 아침에 가족과 함께 바닷가에 누워 있을 때에도 영국 파운드화의 약세가 점점 더 길어지는 상황을 두고 깊은 생각에 빠졌다. 당시 관습적으로 널리 퍼져 있던 상식은 통화의 가치가 떨어질 수밖에 없다는 것이었다. 사이먼스와 바움에게 트레이딩 방식에 대해 조언했던 한 전문가는 파운드화를 너무나 많이 매도한 나머지 자신의 아들 이름을 스털링Sterling(영국 파운드화의 다른 이름)으로 지을 정도였다.

그날 아침에 해변에서 쉬고 있던 바움은 넘치는 흥분으로 바로 일어나 앉으며 매입 기회가 바로 눈앞에 있다고 확신했다. 곧바로 사무실로 달려가 사이먼스에게 마거릿 대처 영국 신임 총리가 파운드화를 더 이상 지속할 수 없는 낮은 수준으로 유지하려 한다고 말했다. "대처 총리가 파운드화를 깔고 앉아 상승을 막고 있어요. 하지만 그리 오래갈 수는 없습니다."

그러면서 바움은 파운드화를 사야 한다고 말했다. 사이먼스는 바움의 갑작스런 확신에 귀가 솔깃하는 대신 흐뭇한 미소를 지었다.

"이보게 레너드, 자네가 좀 더 일찍 왔더라면 좋았을 텐데. 대처 총리가 이제 일어섰다네. (……) 방금 파운드화 가격이 5센트 올랐어."

그날 아침 대처 총리가 이미 파운드화 가격 인상을 용인하기로 결정한 것으로 드러났다. 하지만 바움은 당황하지 않고 계속 주장했다.

"그건 아무것도 아닙니다! 50센트까지 오를 겁니다. 어쩌면 더 많이 오를 수도 있습니다!"[5]

바움의 예상은 옳았다. 그와 사이먼스는 영국 파운드화를 계속 사들였고 가격은 급등했다. 이어서 정확한 예측과 함께 같은 방식을 일본 엔화와 서독 마르크화, 스위스 프랑에도 적용해 수익을 얻었고 이에 따라 펀드 규모가 수천만 달러로 늘면서 이 펀드에 참여한 남 아메리카 투자자들이 사이먼스를 자랑스러워하고 격려하기에 이르렀다.

동료 수학자들은 사이먼스가 전도유망한 자리를 박차고 나가 통화 계약을 거래하며 임시로 만든 사무실에 앉아 있는 이유를 두고

시장을 풀어낸 수학자

여전히 머리를 긁적이며 의아해했다. 그에 못지않게 바움과 엑스가 사이먼스에게 합류했다는 소식에도 어안이 벙벙했다. 심지어 사이먼스의 아버지는 실망하기까지 했다. 1979년 사이먼스의 아들 너새니얼의 성인식^{bar mitzvah} 파티 자리에서 사이먼스의 아버지 매튜는 한 스토니브룩 수학자에게 이렇게 말했다. "난 사이먼스를 '사업가 아들'이 아니라 '우리 교수 아들'이라고 부르고 싶어요."

사이먼스는 과거 실적에만 머무르지 않았다. 외환 거래에서 조기에 성공을 달성한 데 힘입어 림로이의 정관을 수정해 원자재를 비롯한 상품뿐만 아니라 미국 재무부 채권 선물까지 거래할 체재를 갖췄다. 각자 별도의 투자 계정을 운영했던 사이먼스와 바움은 이제 통화와 상품, 채권 시장에서 수익성 있는 거래를 확인할 수 있는 정교한 모델을 구축하기 위해 함께 소규모 팀을 구성했다.

사이먼스는 평생 동안 품었던 금융 투자에 대한 열정을 마음껏 발산하는 한편, 어쩌면 지금까지 맞닥뜨린 적 없는 가장 큰 도전 과제일지도 모르는 시장을 풀어내는 일을 시도하며 무척 즐거운 시간을 보내고 있었다. 게다가 부인 마릴린이 마침내 "밖에서 사람들과 어울리며 그들이 무슨 얘기를 하는지 알 수 있을 것"이라는 농담도 했다.[6]

하지만 즐거움은 오래가지 않았다.

컴퓨터 프로그래밍을 해 줄 사람을 찾던 사이먼스는 캘리포니아 공과대학교^{California Institute of Technology}에서 퇴학당하기 직전에 놓인 열아홉 살 소년에 관한 얘기를 들었다. 그렉 헐렌더^{Greg Hullender}라는 소년은 영리하고 창의적이었지만, 학업에 집중하는 데 문제가 있었고 대다수 과목의 성적이 좋지 않았으며 훗날 주의력결핍장애로 진단 받기도 했다. 당시 헐렌더는 자신이 겪는 힘든 시기에 불만족스러웠고, 대학교 행정관들도 헐렌더를 불편하게 여겼다. 최후의 결정타는 헐렌더가 자신의 기숙사 방에서 허가 받지 않은 고위험 트레이딩을 운영하다 발각됐을 때 찾아왔다. 친구들은 돈을 모아 헐렌더에게 건넸고 그는 1978년 활황 장세가 시작되기 전 주식 옵션(주식 인수권)을 매입해 단 며칠 만에 200달러를 2,000달러로 바꿔 놓았다. 곧바로 기숙사에 있던 모든 학생들이 트레이딩에 참여하기를 원하며 가지고 있던 돈을 헐렌더에게 줬다. 헐렌더는 메릴린치의 증권거래 계좌를 통해 매입했던 주식 옵션들을 재구성한 뒤 트레이딩을 간절히 바라던 학생들에게 재판매하기 시작했다.

"마치 나의 개인 증권거래소 같았습니다." 헐렌더는 당시 상황을 자랑스럽게 말한다.

하지만 메릴린치의 관리자들은 그의 기발한 재주에 마냥 즐거워할 수 없었다. 헐렌더가 증권 계좌의 규칙을 위반했다는 사실을 적발한 메릴린치는 그의 위험한 사업을 중단시켰고, 대학교는 그를 퇴학 조치했다. 기숙사 방에 앉아 쫓겨나기만을 기다리던 헐렌더는 아침 7시에 걸려 온 사이먼스의 전화에 깜짝 놀랐다. 사이먼스는 캘리포니아공과대학교 대학원생에게서 헐렌더가 면허도 없이 트레이딩을 운영했다는 사실을 이미 들었으며 금융 시장에 관한 그의 이해 수준뿐만 아니라 용기에도 깊은 인상을 받았다. 그에 따라 헐렌더에게 뉴욕에 와서 림로이의 거래에 관한 프로그램을 만들어 주는 대가로 연봉 9,000달러에다가 자신의 기업이 올리는 수익의 일정 부분까지 나눠 주겠다고 제안했다.

통통하고 귀여운 둥근 얼굴에 덥수룩한 갈색 머리와 소년다운 미소 탓에 헐렌더는 국토를 가로 질러 미지의 트레이딩 업무를 찾아가는 여행에 어울리는 사람이라기보다 여름 캠프를 떠나는 10대처럼 보였다. 깡마른 체구에 두껍고 큼직한 안경을 쓰고 앞주머니에 펜과 시력 교정용 렌즈를 꽂고 있는 헐렌더의 모습은 그를 유난히 정직하고 순진한 청년처럼 보이게 했다.

헐렌더는 사이먼스와 바움을 만난 적이 없었으며 일자리 제안에 대해서도 경계를 늦추지 않았다.

그는 "사이먼스의 기업은 세상에서 가장 수상한 곳 같았다."고 말한다.

하지만 젊은 헐렌더는 사이먼스의 제안을 주저하지 않고 받아들였다.

"나는 기숙사 방에 앉아 쫓겨나기만을 기다리는 신세였습니다. 내게 많은 옵션이 주어진 상황은 아니었습니다."

헐렌더는 롱아일랜드로 넘어왔고 스토니브룩 기숙사 근처에서 방을 임대할 때까지 몇 주 동안 사이먼스와 그의 가족들과 함께 지냈다. 운전면허가 없던 터라 사이먼스에게서 자전거를 빌려 출퇴근했다. 사무실에서 사이먼스는 여느 때처럼 오픈칼라 면 셔츠를 입고 단화를 신고서 헐렌더에게 자신이 트레이딩에 접근하는 방식을 가르쳤다.

그는 통화 시장이 정부를 비롯한 여러 곳에서 영향 받는다고 설명하며 자신의 기업은 적군의 암호를 해독하기 위해 IDA에서 했던 일과 비슷하게 시장에 영향을 미치는 숨은 행위자들에게서 비롯된 트렌드를 파악할 수 있는 세밀한 단계별 알고리즘 개발을 희망한다고 말했다.

헐렌더는 새로운 기업의 결과를 추적하는 프로그램 작성부터 시작했다. 6개월이 채 안 돼 헐렌더가 파악한 수치는 충격적인 손실을 드러냈다. 사이먼스가 채권 거래로 전환한 것이 잘못됐기 때문이다. 고객들의 전화가 빗발쳤는데 이번에는 축하의 말을 전하는 대신 왜 그렇게 많은 손해를 봤는지 따졌다.

사이먼스는 손실이 늘어나자 점점 더 불안해하며 하락세를 몹시 걱정하는 모습을 보였다. 유난히 힘든 어느 날 헐렌더는 소파 위에 무기력하게 누워 있는 사이먼스의 모습을 발견했다. 헐렌더는 사이먼스가 자신에게 마음을 터놓고 싶어 하며, 어쩌면 일종의 고백을 하고 싶어 할지도 모른다고 생각했다.

사이먼스는 "이런 결과를 볼 때면 나 자신이 무엇을 하는지 정말 모르는 사람처럼 보인다."라고 말했다.

헐렌더는 이 말에 깜짝 놀랐다. 그전까지는 사이먼스의 자신감이 무한한 것처럼 보였다. 하지만 이제는 사이먼스가 시장을 정복하기 위해 수학을 트레이딩에 접목한 자신의 결정을 뒤늦게 후회하고 있는 것 같았다. 마치 정신과 상담을 받는 것처럼 소파에 누운 채 사이먼스는 헐렌더에게 소설 속 주인공 로드 짐에 관한 얘기를 했다. 주로 실패와 속죄에 관한 것이었다. 자존감이 대단하고 영광을 갈망하지만, 용기의 시험대에서 처참하게 실패한 뒤 평생 자신을 비난하며 살았던 로드 짐에게 사이먼스는 예전부터 푹 빠져 있었다.

사이먼스가 소파에서 일어나 헐렌더를 향해 돌아앉으며 얘기를 이어 갔다.

"하지만 그는 정말 좋은 죽음을 맞이했다네. 로드 짐은 고귀하게 삶을 마감했지."

'잠깐만! 지금 사이먼스가 자살을 생각하는 건가?'

헐렌더는 속으로 생각하며 자신의 상사를 염려했다. 그리고 자신의 미래에 대해서도 고민하기 시작했다. 가진 돈도 없이 동부에 홀로 살고 있으며 상사는 소파에 앉아 죽음에 관해 얘기하는 상황에 놓인 자신의 모습을 인식했기 때문이다. 사이먼스를 안심시키려 했지만, 대화는 점점 꼬여만 갔다.

이어지는 며칠 사이에 사이먼스는 두려움에서 벗어나며 인간의 판단이 아니라 알고리즘 또는 컴퓨터의 단계별 명령에 따르는 첨단 트레이딩 시스템을 개발하기로 그 어느 때보다 굳게 결심했다. 그 전까지 사이먼스와 바움은 자신들이 대충 만든 조잡한 모델과 직감에 의지했었다. 결국 이런 접근 방식이 사이먼스를 위기에 빠뜨렸다. 사이먼스는 주식 투자를 위해 고용했던 기술 전문가 하워드 모건Howard Morgan과 머리를 맞대고 앉아 자동화할 수 있고 미리 설정된 알고리즘에 전적으로 의존하는 정교한 트레이딩 시스템을 구축하는 새로운 목표를 수립했다.

이를 두고 사이먼스는 말했다. "나는 매 순간 시장에 관해 걱정해야 하는 상황을 원치 않습니다. 내가 잠을 자는 동안에도 돈을 벌어다 줄 그런 모델을 원합니다. 인간의 개입이 전혀 필요 없는 완벽한 시스템 말입니다."

당시 완벽하게 자동화를 실현할 기술이 없다는 사실을 알고 있었지만, 보다 정교한 방법을 시도해 보고 싶었다. 사이먼스는 컴퓨터가 장기간에 걸쳐 지속적이고 반복적으로 나타난 가격 패턴들을 찾아내려면 과거 데이터가 대량으로 필요할지도 모른다고 생각했다. 이에 따라 세계은행^{World Bank}을 비롯한 여러 기관에서 많은 양의 책을 구매했고 다양한 상품 거래소에서 상품과 채권, 통화의 수십 년 전과, 일부는 제2차 세계대전 전까지 거슬러 올라가는 가격 자료들이 저장된 마그네틱테이프 릴을 구했다. 이 자료들은 어느 누구도 신경 쓰지 않는 아주 오래된 것이었지만, 사이먼스는 이들이 매우 유용할 수 있다는 예감이 들었다.

헐렌더가 사용하던 152센티미터 높이의 청백색 PDP-11/60 컴퓨터는 사이먼스가 모아 온 예전 데이터의 포맷이 구식이라 일부 데이터를 읽을 수 없었다. 헐렌더는 친구 스탠^{Stan}이 근무하고 있던 근처의 그루먼 에어로스페이스^{Grumman Aerospace} 본사로 아무도 눈치채지 못하게 가져갔다. 방위 산업체인 그루먼 에어로스페이스의 업무가 잠잠해지는 자정 무렵 스탠은 헬렌더가 슈퍼컴퓨터를 작동시켜 릴에 담긴 자료를 그의 컴퓨터에 맞도록 포맷할 수 있게 해 줬다. 릴이 돌아가는 동안 두 친구는 커피를 마시며 그동안 못 다한 얘기를 나눴다.

더 많은 데이터를 모으기 위해 사이먼스는 직원 한 명을 맨해튼 남부 지역에 있는 연방준비은행^{Federal Reserve Bank} 사무실로 보내 아직까지 전산화되지 않은 과거 이자율 수치와 다른 정보들을 꼼꼼히 기록하게 했다. 보다 최근의 가격 데이터들은 스토니브룩에서 함께 일 했던 비서와 새로 온 사무실 관리자 캐럴 알버긴Carole Alberghine에게 주요 통화들의 종가를 기록하는 과제를 맡겨 구했다. 매일 아침 알 버긴은 〈월스트리트저널〉을 꼼꼼히 살펴본 뒤 사내 도서실에 있는 소파와 의자 위로 올라가 천장부터 바닥까지 늘어뜨린 그래프 종이 에 다양한 수치들을 업데이트했다(이 방식은 알버긴이 높은 곳에 올랐다가 떨어져 신경을 다치며 영구적 부상을 입을 때까지만 사용됐다. 이후 사이먼스는 보다 젊은 여성 직원에게 소파 위로 올라가 수치들을 업데이트하도록 했다).

헐렌더가 사이먼스와 바움 등의 수학적 통찰과 직관을 바탕으로 가격 변화를 추적하고 다양한 트레이딩 전략을 시험하기 위해 개발 한 데이터베이스에 가격 자료를 입력하는 일은 사이먼스가 새로 고 용한 자신의 처제와 다른 사람들이 맡았다. 사이먼스와 바움은 다양 한 모멘텀momentum 전략에 초점을 맞춘 전술들을 많이 시도하면서도 상품들 사이에 잠재적 상관관계가 있는지도 살펴봤다. 즉 어느 통화 의 가치가 사흘 연속 떨어지면, 나흘째에도 가치가 하락할 확률은 어느 정도인가? 금 가격은 은 가격을 선도하는가? 밀 가격으로 금 을 비롯한 상품들의 가격을 예측할 수 있는가? 더 나아가 사이먼스 는 자연 현상이 가격에 영향을 미치는지도 분석했다. 헐렌더와 팀원 들이 아무런 성과를 얻지 못하는 경우도 종종 있었지만, 사이먼스는 계속 찾아보라고 독려하며 주장했다.

"여기에는 패턴이 있습니다. 아니, '분명히' 있습니다."

마침내 그들은 다양한 상품과 채권, 통화 시장의 거래를 추천하 는 시스템을 개발했다. 사무실에 있던 단 하나의 컴퓨터가 모든 데이터를 입력하고 분석할 만큼 성능이 좋지는 않았지만, 신뢰할 만한 몇몇 상관관계도 확인할 수 있었다.

트레이딩 시스템에는 살아 있는 돼지가 투자 상품 중 하나로 포함돼 있었기 때문에 사이먼스는 그 시스템을 '피기 바스켓^{Piggy} ^{Basket}(돼지 바구니)'이라 불렀다. 시스템 개발 그룹은 시스템이 방대한 데이터를 분석 정리하고 선형 대수 도구를 활용해 거래를 추천해 줄 수 있게 만들었다. 피기 바스켓은 숫자들의 행렬을 만들어 냈다. 예를 들어 '0.5, 0.3, 0.2'의 순서는 통화 포트폴리오가 일본 엔화 50퍼센트, 독일 마르크화 30퍼센트, 스위스 프랑 20퍼센트로 구성돼야 한다는 의미다. 피기 바스켓이 서로 다른 40여 개의 선물 계약에 관한 추천을 연이어 쏟아내면 직원이 사내 거래 중개인과 접촉해 제안된 비율에 따른 매매를 지시했다. 시스템은 자동화된 거래가 아니라 자동화된 거래 추천만 했지만, 이는 당시 사이먼스가 할 수 있는 최선의 방식이었다.

몇 달 동안 피키 바스켓은 약 100만 달러에 이르는 모네메트릭스의 자금을 운용하며 큰 수익을 올렸다. 팀원들은 대개의 경우 투자 포지션을 하루 이틀 정도만 보유하다가 매도했다. 초기 결과에 고무된 사이먼스는 몇 백만 달러의 추가 자금을 림로이 계정에서 이 모델로 옮겼고 그 결과 더 많은 수익을 얻었다.

그리고 나서 예상치 못한 일이 발생했다. 전산 시스템에 감자를 선호하는 이상한 성향이 생겨 메인 주에서 생산된 감자 수백만 파운드를 매입하는 뉴욕상업거래소$^{New York Mercantile Exchange}$ 선물 계약에 보유 자금의 3분의 2를 쏟아붓는 상황이 발생했다. 어느 날 사이먼

스는 상품선물거래위원회Commodity Futures Trading Commission의 규제 담당
관들에게서 불만 가득한 전화를 받았다. 그들은 모네메트릭스가 감
자의 글로벌 시장을 거의 매점하는 지경에 이르러 경고 신호가 나왔
다고 불평했다.

사이먼스는 터져 나오는 웃음을 참아야 했다. 당연히 규제 담당
관들은 질문을 퍼부으며 사이먼스를 닦달할 수도 있었지만, 그들이
알아야 할 것은 사이먼스가 그렇게 많은 감자를 사들일 의도가 없
었다는 점이었다. 사이먼스 자신도 컴퓨터 시스템이 왜 그렇게 많은
감자를 샀는지 이해할 수 없었다. 물론 상품선물거래위원회는 매점
하는 것으로 이해할 만했다.

"감독관들은 우리가 감자 시장을 매점하려 한다고 생각하네." 사
이먼스는 전화를 끊은 뒤 재미있다는 표정을 지으며 헐렌더에게 말
했다.

하지만 규제 감독관들은 사이먼스의 컴퓨터 시스템이 일으킨 단
순한 사고를 심각하게 받아들였다. 결국 사이먼스의 감자 선물 계
약을 취소해 그와 투자자들에게 수백만 달러에 이르는 손실을 안겼
다. 곧이어 사이먼스와 바움은 자신들의 시스템에 대한 자신감을 잃
어버렸다. 두 사람은 피기 바스켓의 거래 내역을 살펴보며 어디서
수익을 내고 어디서 손실이 발생했는지 파악할 수 있지만, 자신들이
개발한 모델이 그런 거래 결정을 내리는 '이유'를 정확히 알지는 못
했다. 어쩌면 전산화된 트레이딩 모델은 자신들이 추구해야 할 방식
이 아닐지도 모른다고 생각했다.

1980년 헐렌더는 일을 관두고 학교로 돌아갔다. 대학교를 너무

이른 시기에 떠난 것이 그에게 부담으로 작용했으며 사이먼스가 전산화한 시스템에서 더 많은 진전을 이루도록 도움을 주지 못한 것을 부끄럽게 생각했다. 그는 사이먼스와 바움이 활용하는 수학을 이해할 수 없어 소외감을 느껴 우울하기도 했다. 몇 주 전에는 동료에게 자신이 동성애자라는 사실을 밝히기도 했다. 동료들은 그가 편안하게 지낼 수 있도록 노력했지만, 나이 어린 헐렌더는 자신이 그곳에 어울리지 않는다고 느꼈다.

훗날 학위를 받고 나서 아마존에서 머신러닝 전문가로 일했던 헐렌더는 당시를 이렇게 회상한다. "나는 그냥 나와 비슷한 사람을 만날 기회가 캘리포니아에 더 많다고 생각했습니다. 어떤 일들은 돈보다 더 중요합니다."

헬렌더는 떠났고 피기 바스켓은 제대로 작동하지 않았다. 사이먼스와 바움은 수학적 예측 모델에서 보다 전통적인 트레이딩 방식으로 전환할 수밖에 없었다. 그들은 시장 동향에 관한 뉴스에 반응하며 저평가된 투자 상품을 찾기 시작했고 이를 바탕으로 3,000만 달러를 다양한 시장에 투자했다.

유럽에서 나오는 뉴스를 경쟁자보다 더 빨리 입수할 수 있으면 도움이 될 것으로 생각한 사이먼스는 스토니브룩에서 공부하던 파리 출신 학생을 고용해 이해하기 힘든 프랑스 금융 소식지를 다른 사람들보다 먼저 읽고 번역하게 했다. 또 훗날 미국 연방준비제도이사회 의장 자리까지 오른 경제학자 앨런 그린스펀Alan Greenspan에게 자문을 구했다. 한때는 그 누구보다 빨리 거래에 뛰어들 수 있도록 금융 관련 속보가 나올 때마다 울리는 빨간색 전화기를 사무실에 설치하기도 했다. 전화기가 울렸을 때 사이먼스와 바움이 없는 경우도 있었으며 그럴 때면 캐럴 알버긴의 시누이이자 새로 온 사무실 매니저인 페니 알버긴Penny Alebergin이 그들을 찾아 동네 식당이든 상점이든 어디든 달려갔다. 심지어 남자 화장실까지 찾아가 문을 두드렸다.

그들을 발견한 알버긴이 "빨리 돌아오세요! 밀 가격이 30포인트나 떨어졌어요!"라고 소리친 적도 있다.

사이먼스의 넉살스럽고 권위적이지 않은 유머 감각은 팀원들을 편안하게 해 줬다. 그는 알버긴의 심한 뉴욕 억양을 놀려 댔고 알버긴은 이에 맞서 사이먼스에게 남아 있는 보스턴 억양을 놀렸다. 한번은 사이먼스가 은행 계좌에 넣어 둔 기업 자금에 유난히 높은 이자율이 적용되자 크게 기뻐하며 소리쳤다.

"투자자들이 X나게 높은 11과 7/8퍼센트의 이자를 받는구나!"

이를 들은 한 젊은 직원이 사이먼스의 외설스러운 말투에 숨이 막힐 정도로 놀라자 그는 씩 웃으며 말했다.

"알아요. 정말 감동적인 이자율이죠!"

일주일에 몇 번씩은 사이먼스의 아내 마릴린이 방문했으며 대개의 경우 아들 니콜라스Nicholas와 함께였다. 다른 때에는 바버라가 그녀의 전 남편을 만나러 오기도 했다. 다른 직원들의 배우자와 자녀들도 찾아와 사무실 여기저기를 돌아다니기도 했다. 매일 오후 팀원들은 사이먼스와 바움 등이 최근 뉴스를 논의하며 경제의 방향을 두고 토론을 벌이는 사내 도서실에 모여 함께 차를 마셨다. 사이먼스는 근처 포트 제퍼슨Port Jefferson에 정박된 '로드 짐The Lord Jim'이라는 이름의 요트로 직원들을 초대하기도 했다.

평상시에는 청바지에 골프 셔츠를 걸치고 컴퓨터 화면을 주시하며 뉴스를 읽고 시장이 어디로 향할지 예측하고 새로운 거래를 개발하면서 여느 사람들과 다름없이 사무실에 앉아 있었다. 특히 생각에 몰두할 때면 한 손에 담배를 든 채 자신의 볼을 씹기도 했다. 가까이에 있는 더 작은 사무실에서 자신의 투자 계정을 거래하는 바움은 낡은 스웨터와 주름진 바지를 즐겨 입었고 허시파피를 신고 다녔다. 점점 더 나빠지는 시력 때문에 등을 구부려 컴퓨터에 가깝게 붙어 앉아 사무실에 퍼지는 사이먼스의 담배 연기를 애써 무시하려 했다.

그들의 전통적인 트레이딩 방식은 바로 옆에 있던 양품점이 문을 닫자 사이먼스가 그 공간을 임대해 벽을 터서 사용할 정도로 매우 순조롭게 진행됐다. 새로 임대한 공간은 전문적 정보를 제공하고 거래 계정을 직접 운영하며 수익을 끌어올리는 데 도움을 줬던 경제학자와 다른 여러 사람들을 포함해 새로 채용한 사람들을 위한 사무실들로 채워졌다. 동시에 사이먼스는 새로운 열정을 품기 시작했다. 즉 손에 들고 다닐 정도로 작은 휴대용 컴퓨터를 최초로 개발한 전자사전 기업 프랭클린 일렉트로닉 퍼블리셔Franklin Electronic Publisher를 포함한 장래성 있는 기술 기업을 지원하는 일이었다.

1982년 사이먼스는 기업 이름을 모네메트릭스에서 르네상스 테크놀로지 코퍼레이션Renaissance Technology Corporation으로 바꾸며 급부상하는 기술 기업들에 대해 점점 높아지는 자신의 관심을 드러냈다. 그는 자신을 트레이더일 뿐만 아니라 벤처 투자자라고 생각하기 시작했다. 일주일의 대부분을 뉴욕 시의 사무실에서 근무하며 헤지펀드 투자자들과 소통하는 한편 자신이 투자한 기술 기업들을 상대했다.

또한 자녀들을 돌보며 시간을 보내기도 했는데 자녀 중 한 명에게는 보다 많은 주의를 기울여야 했다. 사이먼스와 바버라의 두 번째 자녀인 폴Paul은 외배엽 형성이상ectodermal dysplasia이라는 희귀한 유전적 질환을 지닌 채 태어났다. 피부와 머리카락, 땀샘이 제대로 발달되지 않았고 또래보다 키가 작았으며 치아는 몇 개 없었고 있더라도 기형이었다. 그에 따른 불안감으로 폴은 부모에게 자신의 초등학교 친구들과 어울릴 수 있도록 최신 유행에 맞는 멋진 옷을 사 달라고 했다.

사이먼스는 폴이 직면한 문제로 마음이 무거웠다. 폴을 자동차에 태워 뉴저지 주 트렌턴Trenton에 있는 소아 치과에 데리고 가서 치아를 성형하기도 했다. 이후 뉴욕의 치과의사가 치아 전체에 임플란트 시술을 했고 폴의 자존감은 나아졌다.

바움은 큰 도움 없이 혼자서 일을 처리할 수 있었다. 사이먼스가 뉴욕 사무실에서 일하며 외부 투자자를 대하고 가족을 돌보는 것에 대해 아무런 문제가 없었다. 그는 직감과 본능으로 다양한 통화를 거래하며 엄청난 수익을 올렸기 때문에 시스템적이고 '계량적인' 거래 형식이 시간 낭비처럼 보였다. 공식을 만드는 일은 어렵고 많은 시간이 필요했으며, 공식을 활용한 수익은 꾸준히 생겼지만, 결코 극적일 정도로 엄청나지는 않았다. 그와 반대로 사무실에서 제공하는 자막 뉴스를 소화하고 신문 기사를 읽으며 지정학적 사건들을 분석하는 일은 신나고 훨씬 수익성이 좋아 보였다.

바움은 딸 스테피^{stefi}에게 물었다. "시장에서 수백만 달러를 버는 것이 수학 증명을 찾는 일보다 훨씬 쉬운데 내가 그런 모델들을 개발할 필요가 있을까?"

사이먼스는 바움에게 거래 방식을 지시하지 않을 정도로 바움을 크게 존중했다. 게다가 바움은 꾸준히 수익을 내고 있었으며 사내 컴퓨터 성능이 제한적이라 어떤 종류의 자동화 시스템도 실행할 상황이 아니었다.

바움은 사무실 문을 닫고 초록색 소파에 누워 경제를 비롯한 여러 분야의 데이터를 자세히 검토하며 다음에는 시장이 어떻게 움직일지 오랜 시간 동안 곰곰이 생각하기를 좋아했다.

알버긴은 당시의 바움을 이렇게 기억한다. "그는 시간가는 줄 모른 채 약간 멍한 상태로 있었습니다."

바움이 사무실에서 나와 모습을 드러내면 보통 매입 주문을 냈다. 타고난 낙관론자인 그는 투자 상품을 매입해 아무리 오래 걸리더라도 그 상품의 가격이 오를 때까지 기다렸다. 바움은 친구들에게 투자 포지션을 계속 유지하려면 용기가 필요하다고 말하며 다른 사람들이 다리에 힘이 풀려 휘청거릴 때도 무너지지 않는 자신을 매우 자랑스러워했다.

그는 가족들에게 보낸 편지에서 자신의 트레이딩 전술을 설명하며 이렇게 썼다. "만약 내가 뭔가를 해야 할 이유가 전혀 없으면, 나는 그 일을 있는 그대로 내버려 두고 아무것도 하지 않는다."

스테피는 "아빠의 생각은 낮은 가격에 매입해 영원히 보유하는 것"이었다고 말한다.

이 전략으로 바움은 1979년 7월에서 1982년 3월까지 요동치는 시장을 극복하고 사이먼스에게서 처음 받았던 지분의 거의 두 배에 달하는 4,300만 달러 이상의 수익을 올렸다. 사이먼스와 함께 일했던 마지막 시기에 바움은 주식에 너무나 희망을 걸며 푹 빠져 있었다. 시장을 모니터링하고 더 많은 주식 선물을 매입하는 일을 좋아한 탓에 사이먼스의 요트에서 매년 열리는 전체 야유회에 계속 빠졌다. 한번은 바움이 마지못해 정오쯤 동료들에게 합류했을 때 사이먼스는 바움에게 왜 그렇게 침울해 보이냐고 물었다.

"내가 원하는 것의 절반밖에 얻지 못했습니다. 그런데 여기 점심 모임에 와야만 했고요."

어쩌면 바움이 사무실에 그냥 있는 게 옳은 일일 수도 있었다. 그는 미국 주식 시장에서 그해의 역사적인 저점을 정확히 파악했다. 주식이 급등하고 바움의 수익이 점점 늘면서 바움 부부는 롱아일랜드 해협Long Island Sound에 있는 여섯 개 방이 딸린 고풍스런 주택을 구입했다. 바움의 부인 줄리아는 여전히 오래된 캐딜락을 몰고 다녔지만, 더 이상 돈 걱정을 하지 않았다. 그러나 트레이딩을 하는 삶은 남편에게 그리 유익한 영향을 미치지 못했다. 편안하고 느긋하게 있다가도 사이먼스와 다른 사람들에게서 밤늦게까지 계속 전화를 받으며 그날의 뉴스에 어떻게 반응할지 논쟁을 벌일 때면 바움은 심각하고 진지한 태도로 바뀌었다.

바움의 딸 스테피는 "그럴 때 아빠는 다른 사람 같았다."고 기억한다.

투자 상품을 계속 보유하기를 선호하는 바움의 생각은 결국 사이먼스와 불화를 일으켰다. 두 사람 사이의 갈등은 그들이 금 선물 계약을 1온스당 약 250달러에 매입한 1979년 가을부터 시작됐다. 그해 말 이란 정부가 미국 외교관과 시민 52명을 인질로 잡는 사건과 러시아가 아프가니스탄 공산주의 정권을 지원하기 위해 아프가니스탄을 침공하는 사태가 일어났다. 그에 따른 지정학적 불안감으로 금과 은의 가격은 더 올랐다. 당시 롱아일랜드 사무실을 찾은 방문객들은 평소에 조용하고 내성적인 바움이 열정적으로 환호하며 금 시세가 더 오르도록 응원하는 모습을 볼 수 있었다. 사이먼스는 미소를 머금은 채 곁에 앉아 있었다.

1980년 1월까지 금과 은의 가격은 급등했다. 금 가격이 2주 동안의 광풍 속에서 700달러를 넘어서자 사이먼스는 자신이 보유했던 계약을 처분해 수백만 달러의 수익을 확보했다. 늘 그렇듯 바움은 차마 팔 수 없었다. 어느 날 사이먼스와 얘기를 나누던 한 친구는 보석상을 하는 자신의 부인이 남편 서랍을 뒤져 금으로 만든 커프스 링크와 넥타이 클립을 꺼내 팔려 한다고 했다.

"뭐야, 망하기라도 한 거야?" 사이먼스가 걱정스레 묻자 친구가 대답했다.

"아닐세. 그녀가 줄을 서지 않고도 팔 수 있다면서 그런다네."

"아니, 금을 팔려고 줄을 선다고?"

친구는 치솟는 금 가격으로 이득을 보려는 사람들 탓에 전국에서 보석을 팔기 위한 줄이 생겼다고 설명했다. 사이먼스는 덜컥 겁이 났다. 금 공급량이 늘면 가격이 폭락할 것이기 때문이다.

시장을 풀어낸 수학자

사무실로 돌아온 사이먼스는 바움에게 지시했다.

"레너드, 당장 팔게."

"아닙니다. 상승 트렌드는 계속될 것입니다."

"이봐 레너드, 빌어먹을 금을 당장 팔라고!"

바움은 그의 말을 무시하며 사이먼스를 거의 미치게 만들었다. 금 가격이 폭등해 온스당 800달러가 넘어 1,000만 달러 이상의 수익이 기대됐지만 바움은 앞으로 더 많은 수익을 올릴 수 있다고 확신했다.

훗날 바움은 가족들에게 말했다.

"사이먼스는 계속 잔소리하며 나를 괴롭혔지. 하지만 난 행동을 취할 만큼 특별한 이유나 뉴스를 찾을 수 없었기 때문에 아무것도 안 했어."

1월 18일 참다 못한 사이먼스는 결국 사내 중개인에게 전화를 건 뒤 수화기를 바움의 귀에 갖다 대며 말했다.

"레너드, 지금 판다고 말하게!"

"아, 알았어요, 알았다고요." 바움은 툴툴거리며 대답했다.

몇 달 내 금 가격은 온스당 865달러를 넘어섰고 바움은 사이먼스 때문에 엄청난 손실을 입었다며 심하게 불평했다. 그러고 난 뒤 가격 거품이 꺼져 버렸다. 그로부터 채 몇 달도 안 돼 금 가격은 온스당 500달러 이하로 떨어졌다.

얼마 뒤 바움은 콜롬비아 출신으로 증권 중개 기업 E. F. 허튼 Hutton에 근무하며 커피 선물 시장을 꿰뚫고 있다고 주장하는 사람을 발견했다. 콜롬비아 출신인 그가 커피 가격 상승을 예측하자 바움과 사이먼스는 전체 커피 시장에서 가장 큰 투자 포지션을 구축했다. 거의 즉시 커피 가격은 10퍼센트 하락했고 바움과 사이먼스는 수백만 달러를 잃을 처지에 놓였다. 이번에도 사이먼스는 보유하고 있던 선물 계약을 처분했지만, 바움은 차마 팔 수 없었다. 결국 바움은 엄청난 손해를 입고 나서야 사이먼스에게 자기 대신 커피 선물을 팔아달라고 부탁했다. 스스로 매도할 수 없었기 때문이다. 훗날 그는 이 사건을 "비즈니스를 하며 내가 했던 가장 멍청한 일"이라고 말했다.

바움의 영원히 변하지 않는 낙관주의에 사이먼스는 지치기 시작했다.

훗날 사이먼스는 이렇게 표현했다.

"그에게는 싸게 매입하는 재능만 있었지, 비싸게 파는 재능은 전혀 없었습니다."[7]

1983년 버뮤다로 이사한 바움 가족은 너무나 아름다운 날씨와 납세자에게 유리한 세법을 누리며 지냈다. 버뮤다 섬의 아름다운 환경 덕분에 바움의 긍정적인 성격과 낙관적인 본능이 더 강해졌다. 당시 미국의 인플레이션은 통제되는 것처럼 보였고 연방준비제도 이사회의 폴 볼커Paul Volker 의장이 이자율 하락을 예측함에 따라 바움은 그런 환경에서 가장 이상적인 투자 대상인 미국 국채에 수천만 달러를 투자했다.

하지만 로널드 레이건 행정부의 채권 발행이 급증하고 미국 경제가 급격히 성장하자 1984년 늦은 봄에 패닉 셀링panic selling(급하게 현금화를 해야 하는 상황에서 가격과 관계없이 매도를 하는 것—옮긴이)이 채권 시장을 압도했다. 손실이 더 커지는데도 바움은 특유의 평정심을 유지했다. 하지만 사이먼스는 이 문제가 자신의 기업을 무너뜨릴 수도 있다는 두려움에 휩싸여 바움에게 말했다.

"이보게 레너드, 쉽게 생각하자고. 너무 고집부리지 말고."

바움의 손실은 점점 커졌다. 게다가 일본 엔화 가치의 지속적인 상승을 예상하고 실행한 대규모 투자도 실패하며 바움을 더 큰 압박 속으로 몰아넣었다.

"이런 상황이 계속될 수는 없어!" 어느 날 바움은 컴퓨터 화면을 응시하며 말했다.

바움의 투자 포지션 가치가 40퍼센트 하락하자 사이먼스와 맺었던 계약서상의 한 조항이 자동으로 적용되면서 바움은 자신이 보유한 모든 지분을 매각하고 트레이딩에 관한 제휴 관계를 접어야 했다. 이와 함께 존경받는 수학자들의 수십 년에 걸친 관계도 슬픈 결말을 맞았다.

하지만 결론적으로는 바움이 예지력이 있었던 것으로 드러났다. 사이먼스와 결별한 후 몇 년간 이자율과 물가 상승률이 빠른 속도로 크게 하락하며 채권 투자자들에게 수익을 안겼다. 그때까지 바움은 독자적으로 트레이딩을 했으며 부인 줄리아와 함께 프린스턴으로 돌아왔다. 사이먼스와 함께 있는 동안 바움은 너무나 많은 스트레스를 받은 나머지 잠을 푹 자는 날이 거의 없었다. 하지만 이제는 안정을 찾고 수학을 돌아볼 시간도 생겼다. 나이가 들면서 소수素數, prime number와 잘 알려져 있지만 여전히 풀리지 않은 리만 가설Riemann hypothesis에 집중했다. 또 취미 삼아 전국에서 열리는 바둑 대회에 참가했는데 나빠진 시력을 보완하기 위해 바둑판을 외우거나 바둑판에 바짝 붙어 자세히 살펴봐야 했다.

80대에 이르러 바움은 집에서 1마일 떨어진 프린스턴대학교 근처의 위더스푼 스트리트Witherspoon Street까지 산책을 즐기다가 잠시 멈춰 싹트기 시작한 꽃들의 향기를 맡기를 좋아했다. 때로는 지나가던 운전자들이 천천히 멈춰선 뒤 잘 차려입고 느리게 걷는 노신사에게 태워 주겠다고 했지만, 그는 늘 도움을 거절했다. 햇볕이 잘 드는 커피숍에서 몇 시간씩 시간을 보내며 낯선 이들과 대화를 나누기도 했다. 가족들은 향수병을 앓는 학부생들을 바움이 따뜻하게 위로해 주는 모습도 봤다. 자신의 마지막 수학 논문을 완성하고 몇 주가 지난 2017년 여름, 바움은 86세의 나이로 세상을 떠났다. 자녀들은 그 논문을 바움의 유작으로 발표했다.

1984년 바움이 트레이딩에 크게 실패하며 발생한 손실은 사이먼스에게 깊은 상처를 남겼다. 사이먼스는 자신의 기업이 하던 트레이딩을 중단했고 불만 가득한 투자자들의 접근을 막았다. "우리 투자 성과가 어때요?"라고 수시로 물어 보는 고객들의 전화를 직원들이 열렬히 반긴 적도 있었다. 하지만 이제는 펀드가 매일 수백만 달러의 손실을 내는 탓에 사이먼스는 고객들에게 새로운 규칙을 적용했다. 즉 매달 말일까지 투자 실적을 발표하지 않는 것이었다.

사이먼스는 손실에 너무나 속이 상한 나머지 트레이딩을 포기하고 대신 점점 확대되는 기술 비즈니스에 집중하는 방안을 심각하게 고려했다. 고객들에게는 남은 투자 금액을 찾아갈 수 있는 기회를 제공했다. 대부분의 투자자는 사이먼스가 결과를 개선하는 방법을 찾을 것이라 생각하며 그를 신뢰했지만, 정작 자신은 스스로 회의에 빠져 고통스러워했다.

당시 사이먼스는 친구에게 말했다.

"실패는 속을 쥐어짜는 듯한 고통이었다네. 내가 왜 그런 실패를 했는지 도무지 알 수가 없어."

사이먼스는 다른 방식을 찾아야 했다.

CHAPTER 04

진리는 너무나 복잡해서
근사치 외 그 어떤 것도 허용하지 않는다.

존 폰 노이만

사이먼스는 비참한 기분에 빠졌다.

갑작스런 손실과 불만 가득한 투자자를 다루려고 잘나가던 학자로서의 경력을 포기했던 것이 아니다. 사이먼스는 금융 시장에 투자할 다른 방법을 찾아야 했다. 지능과 본능에 의존하는 바움의 접근 방식은 제대로 먹혀들지 않은 것처럼 보였다. 이 또한 사이먼스를 깊은 불안감에 빠지게 만들었다.

그는 친구에게 하소연했다.

"돈을 벌면 내가 마치 천재처럼 느껴진다네. 하지만 돈을 잃으면 난 그냥 멍청이야."

사이먼스는 설탕 선물 계약으로 자신을 백만장자로 만들어 준 투자자 찰리 프리펠드에게 전화를 걸어 짜증 섞인 목소리로 불만을 털어놓았다.

"이런 방식으로 하는 건 너무 어려워. 아무래도 수학으로 해야 할 것 같네."

사이먼스는 지능과 본능만으로 시장에 투자할 때 생기는 감정의 기복을 피하기 위해 수학 모델과 미리 설정된 알고리즘으로 거래할 수 있는 기술이 있을지 궁금해했다. 하지만 사이먼스에게는 선구적 컴퓨터 트레이딩 시스템 구축에 완벽히 적합해 보이는 수학자이며 여전히 그와 함께 일하는 엑스가 있었다. 사이먼스는 뭔가 특별한 시스템이 구축되기를 기대하며 엑스에게 충분한 자원을 지원하기로 결심했다.

그로부터 한동안은 획기적인 투자 방식이 바로 눈앞에 와 있는 듯했다.

엑스가 늘 그렇게 화가 나 있는 이유를 아무도 이해하지 못했다.

그는 화가 나면 사무실 벽을 발로 차 뚫어 버리고 동료 수학자와 주먹다짐을 벌이며 다른 동료들에게 수시로 욕설을 했다. 누구의 성과인지를 놓고 말다툼을 벌이고, 누군가가 자기를 실망시키면 화로 부글부글 끓어오르고, 자기 방식대로 되지 않으면 소리를 쳤다.

이와 같은 분노는 이해하기 어려웠다. 엑스는 조각처럼 잘생긴 외모에 예리한 유머 감각까지 갖춘 칭송받는 수학자였다. 전문가로서 성공을 이루며 동료들에게서 칭찬을 한 몸에 받고 있었다. 하지만 화와 분노로 무섭게 폭발하지 않더라도 거의 매일 의견 불일치로 다툼을 벌였다.

엑스의 재능은 어린 시절에 드러났다. 뉴욕 시 브롱크스에서 태어난 엑스는 맨해튼 남부 지역에 있는 뉴욕 시에서 가장 명성 높은 공립학교인 스타이브센트 고등학교^{Stuyvesant High School}를 다녔다. 이후, 마이크로웨이브 물리학과 레이더 개발 그리고 미국 우즈 프로그램에 크게 기여했던 것으로 알려진 브루클린 공과대학교^{Polytechnic Institute of Brooklyn}를 우등으로 졸업했다.

하지만 엑스는 학문적 성취 과정에서 직접적으로 드러나지 않았던 깊은 상처를 감추고 있었다. 일곱 살이 되던 해 엑스의 아버지가 가족을 버리고 떠나면서 엑스는 절망에 빠졌다. 자라면서는 늘 복통과 피로에 시달렸는데 10대 후반에 이르러서야 의사에게서 크론병^{Crohn's disease}을 진단받고 상태 호전에 도움이 되는 일련의 치료를 곧바로 받았다.

1961년 엑스는 캘리포니아 주립대학교 버클리에서 수학 박사 학위를 받았고 그곳에서 함께 대학원을 다녔던 사이먼스와 친구가 됐다. 사이먼스의 부인 바버라가 첫 아기를 낳았을 때 병원에서 두 사람에게 처음으로 축하했던 이가 엑스였다. 코넬대학교에서 수학 교수로 재직하면서 정수론이라고 하는 순수 수학의 한 분야를 개척하는 데 힘을 보탰다. 그 과정에서 자신보다 선임이자 종신 교수인 수학 논리학자 사이먼 코첸^{Simon Kochen}과 돈독한 관계를 맺었다. 두 교수는 저명한 오스트리아 수학자 에밀 아르틴^{Emil Artin}이 내놓았던 50년 묵은 유명한 추측을 함께 증명하려고 노력하다가 이내 좌절했고, 이 좌절감은 계속 이어졌다. 그에 따른 스트레스를 날려 버리기 위해 엑스와 코첸은 몇몇 동료들과 함께 뉴욕 주 이타카 지역에서 매

시장을 풀어낸 수학자

주 포커 게임을 즐기기 시작했다. 판돈이 50달러를 거의 넘지 않는 우호적인 분위기에서 시작한 모임은 갈수록 분위기가 달아오르다가 급기야 수백 달러의 판돈을 놓고 사람들이 서로 싸움을 벌이는 지경에 이르렀다.

엑스는 포커를 꽤 잘하는 편이었지만, 코첸을 이길 수 없었다. 질 때마다 점점 더 화가 치밀어 오르던 엑스는 코첸이 자신의 얼굴 표정을 읽으며 게임을 유리하게 이끌어 간다는 확신이 들었다. 어떻게든 표정을 숨겨야 했다. 어느 여름날 저녁 사람들이 끔찍한 더위 속에서 포커를 하고 있을 때 엑스는 자신의 얼굴을 가리기 위해 양모로 만든 두꺼운 스키용 마스크를 쓰고 나타났다. 땀을 많이 흘리는 데다 마스크의 좁은 틈 사이로 얼굴이 거의 안 보이는 상태였지만, 엑스는 코첸에게 또다시 졌다. 그는 코첸의 비결을 알아내지 못하고 약만 바짝 오른 채 포커 게임에서 도망치듯 빠져 나왔다.

코첸은 당시를 이렇게 기억한다. "얼굴 표정이 아니었습니다. 패가 좋으면 엑스는 의자에서 자세를 꼿꼿이 세우는 버릇이 있었습니다."

엑스는 새로운 경쟁자들을 찾고 그들을 이길 방법을 고심하며 1970년대를 보냈다. 포커 외에도 골프와 볼링을 계속했고 전국 최고의 백개먼backgammon(주사위를 활용한 일종의 보드게임) 플레이어 중 한 명으로 떠오르기도 했다.

코첸은 엑스를 "늘 초조한 마음으로 가만히 있지 못하는 사람"이라고 묘사한다.

엑스는 자신의 에너지 중 많은 부분을 보통 사람들이 아는 것보다 훨씬 더 경쟁이 심한 수학 분야에 집중했다. 수학자들은 대개의 경우 숫자나 구조 또는 모델을 좋아해 그 분야에 진출하지만, 진정한 황홀감은 뭔가를 처음 발견하거나 발전시킬 때 찾아온다. 페르마 Fermat의 추측을 증명해 유명해진 프린스턴대학교 수학 교수 앤드류 와일즈Andrew Wiles는 수학을 "한 번도 탐사되지 않은 어두운 대저택"을 몇 달 또는 심지어 몇 년 동안 "비틀거리며" 헤쳐 나가는 여정으로 묘사했다. 그 과정에서 압박감이 생긴다. 수학은 젊은 사람의 게임으로 간주된다. 중대한 업적을 20대 또는 30대 초반에 달성하지 못한 사람들은 자신의 기회가 사라지는 것을 보게 된다.[1]

엑스가 자신의 경력에서 진전을 이루는 바로 그 순간에도 불안과 짜증은 쌓여 갔다. 어느 날 그는 코첸에게 자신의 연구실이 수학과 화장실과 너무 가까워 그 안에서 나오는 소리 때문에 집중할 수 없다고 심하게 불평한 뒤 연구실과 화장실 사이에 있는 벽을 발로 차 커다란 구멍을 냈다. 그 벽이 얼마나 얄팍한지 증명하는 데에는 성공했지만, 엑스는 이제 전보다 화장실 물 내리는 소리를 더욱 뚜렷하게 들을 수 있었다. 다른 교수들은 엑스를 비꼬기 위해 벽에 난 구멍을 그대로 두어 그를 더욱 화나게 만들었다.

엑스와 가까이 지내며 그의 어린 시절 고통을 알게 된 코첸은 동료인 엑스를 보다 너그러운 태도로 대했다. 코첸이 다른 사람들에게 주장한 대로 엑스의 분노는 완전히 무자비한 성격 탓이 아니라 뿌리 깊은 불안감에서 비롯됐으며, 그 불만은 보통 곧바로 사라졌다. 코첸과 엑스는 아주 친한 친구 관계로 발전했고 그들의 부인들도 마찬가지였다. 결국 두 수학자는 오랫동안 도전해 온 수학 난제에 대한 명쾌한 해법을 제시하며 엑스-코첸 정리Ax-Kochen theorem로 알려진 큰 성과를 달성했다. 어떤 면에서는 그들의 접근 방식이 성과 자체보다 더 놀라웠다. 당시까지만 하더라도 수학적 논리의 기법을 정수론 문제 풀이에 사용한 사람은 아무도 없었다.

코첸은 "우리가 사용했던 방법은 생각지도 않은 곳에서 나왔다." 고 말한다.

1967년 엑스와 코첸은 세 편의 혁신적인 논문으로 발표한 엑스-코첸 정리로 정수론 부분에서 해당 분야의 최고 명예이자 5년에 단 한 번만 수여하는 프랭크 넬슨 콜 상Frank Nelson Cole Prize을 수상했다. 엑스는 상당히 많은 찬사를 받았으며, 소속 대학교는 1969년 그를 정교수로 승진시켰다. 당시 스물아홉 살이었던 엑스는 그때까지 코넬대학교에서 정교수 자리에 오른 사람들 중 최연소였다.

사이먼스가 엑스에게 전화를 걸어 점점 규모가 확대되는 스토니브룩의 수학과에 합류해 줄 것을 요청한 때가 그해였다. 엑스는 복잡한 뉴욕 시에서 나고 자랐지만, 잔잔한 바다의 매력에 끌렸다. 어린 시절에 겪었던 불안한 상황 탓일 수도 있었다. 동시에 그의 부인 바버라는 이타카의 끔찍한 겨울에 점점 싫증을 내고 있었다.

엑스가 스토니브룩으로 떠난 뒤 코넬대학교는 사이먼스가 코넬 교수진을 한 명이라도 더 스카우트하면 록펠러 뉴욕 주지사에게 항의서를 제출하겠다고 으름장을 놓으며 아이비리그 소속 대학교가 명성 높은 수학자를 빼앗긴 상황에 깜짝 놀랐다는 사실을 드러냈다.

스토니브룩에 온 지 얼마 지나지 않아 엑스는 동료들에게 수학자는 나이 서른에 이를 때까지만 최고의 연구 성과를 낸다고 말했다. 아마도 자신의 초기 성공을 능가해야 한다는 압박감을 느끼는 것 같았다. 동료들은 엑스와 코첸이 함께 진행한 연구가 충분한 찬사를 받지 못해 엑스가 실망하고 있다는 것을 알 수 있었다. 엑스의 논문 발표 비율은 점점 떨어졌고, 엑스는 수학에서 벗어나 기분을 전환할 거리를 찾아 포커와 체스에 몰두했으며, 심지어 낚시에 빠지기도 했다.

명백히 드러나는 우울감과 씨름하던 엑스는 부인 바버라와도 자주 논쟁을 벌였다. 수학과 내에 있는 다른 사람들처럼 엑스도 성적 해방과 실험을 부르짖는 타락의 시대가 시작되기 전에 어린 나이에 결혼했다. 하지만 엑스가 머리를 기르고 타이트한 청바지를 더 좋아하자 그의 불륜에 관한 소문이 돌기 시작했다. 두 명의 자녀가 있는 사람이라면 자녀들을 위해서라도 결혼 생활에 노력을 기울일 테지만, 아버지 노릇은 엑스에게 쉬운 일이 아니었다.

엑스는 몸에 배인 브롱크스 억양으로 이렇게 말했다. "나는 아이들을 좋아합니다. 일단 그들이 대수학을 배울 정도로 자라고 난 뒤에 말입니다."

이혼 과정이 격렬해지면서 두 아들 케빈과 브라이언의 양육권을 잃은 엑스는 아이들과 아무런 연관이 없는 처지에 놓이며 늘 우울감에 빠져 있었다. 수학과 회의에서 엑스가 동료의 발언을 너무나 빈번하게 끊자, 찰랩은 종을 가지고 다니며 엑스가 남의 말을 끊을 때마다 종을 울렸다.

어느 날 종소리를 들은 엑스가 소리를 질렀다.

"도대체 뭐하는 짓입니까?"

찰랩이 종의 목적을 설명하자 엑스는 자리를 박차고 나갔고, 동료들은 웃음을 터뜨렸다.

또 한 번은 엑스가 부교수와 주먹다짐을 벌여 동료들이 그를 젊은 부교수에게서 강제로 떼어 내기도 했다. 젊은 교수는 자신을 끊임없이 깎아내리며 괴롭히는 엑스의 행동을 보고 그가 자신의 승진을 막으려 한다고 확신했고 둘 사이에 긴장감이 촉발됐다.

"당신은 날 죽이려고 했어!" 젊은 부교수가 엑스에게 소리쳤다.

대인 관계에서 일어나는 사건들에도 불구하고 수학 분야에서 엑스의 명성은 마이클 프리드Michael Fried라는 젊은 교수가 시카고대학교의 종신 교수직을 거절하고 스토니브룩대학교에 합류할 정도로 여전히 높았다. 엑스는 프리드의 능력을 존중했고 수학자로서 타고난 그의 매력에 끌렸다. 웨이브 진 적갈색 머리에 옅은 콧수염을 기르고 키 180센티미터에 근육질 몸매를 갖춰 운동선수처럼 보이던 프리드는 수학계 사람들이 1970년대 초 전국을 휩쓸고 다닐 법한 진정한 남자로 상상할 수 있는 모습에 가장 가까웠다. 수학과 파티가 열리면 여성들은 프리드의 매력에 기절할 만큼 황홀해했다. 프리드는 이혼한 지 얼마 안 된 엑스가 이런 상황에 주목하는 것처럼 보였다고 기억하며 덧붙였다.

"엑스는 여자들의 주목을 끌기 위해 나를 파티에 초대하는 것 같았습니다."

하지만 프리드가 자신의 연구 성과를 엑스가 무단으로 도용해 공을 독차지한다고 의심하면서 둘의 관계는 극도로 예민해졌다. 또 엑스의 입장에서는 프리드가 다른 학자들과 있을 때 자신에게 적절한 수준의 존경심을 보이지 않는다고 생각했다. 엑스는 프리드와 사이먼스, 스토니브룩 행정관과 한데 모여 서로의 불만을 들어 보는 자리에서 프리드의 얼굴에 바싹 다가가 입에 거품을 물고 섬뜩한 맹세를 했다.

"난 당신의 경력을 무너뜨리기 위해 공정하든 아니든 수단 방법을 가리지 않고 내가 할 수 있는 모든 일을 다 하겠어!"

너무나 놀라 정신까지 멍해진 프리드는 딱히 반박할 말이 떠오르지 않아 이렇게 대응할 수밖에 없었다.

"더 이상 말을 하지 맙시다."

자리에서 빠져 나온 프리드는 이후로 엑스와 다시는 대화하지 않았다.

1978년 사이먼스가 엑스에게 자신의 트레이딩 벤처에 합류하라고 처음 얘기했을 때 엑스는 금융 시장을 조금 따분한 곳으로 여기고 있었다. 하지만 사이먼스의 사무실을 방문해 바움의 초기 트레이딩 모델을 살펴본 후 생각을 바꿨다. 사이먼스는 투자를 최고의 퍼즐로 묘사하며 만약 엑스가 학계를 떠나 트레이딩에 집중한다면 직접 운영할 수 있는 투자 계정을 제공해 엑스를 지원하겠다고 약속했다. 새로운 경쟁을 열망하며 학계에서 잠시 벗어나는 것도 나쁘지 않은 선택이기는 했지만, 엑스는 자신이 시장에서 성공할 수 있을지 궁금했다.

1979년 엑스는 쇼핑몰 안에 있는 피자 가게와 여성복 가게 근처에 자리 잡은 사이먼스의 사무실에 합류했다. 처음에는 대두에 대한 수요가 증가하는지 또는 혹독한 기상 상황이 밀의 공급에 영향을 미치는지 등과 같은 시장의 기본 요소들에 집중했다. 자신의 투자 수익이 별 볼일 없다는 것을 인식한 엑스는 자신의 수학적 배경을 활용할 수 있는 트레이딩 시스템 개발을 시작했다. 이를 위해 사이먼스와 팀원들이 모은 데이터를 자세히 조사하며 다양한 통화 상품들이 어느 방향으로 나아가는지 예측하는 알고리즘을 세밀하게 공들여 만들었다.

엑스의 초기 조사 방식에는 특별히 독창적이라 할 만한 게 없었다. 몇몇 투자에서 약간 상승하는 트렌드들을 확인한 뒤 지난 10일, 15일, 20일 또는 50일 동안의 평균 가격으로 미래의 움직임을 예측할 수 있는지 테스트하는 식이었다. 이 방식은 종종 '트렌더trender'라 불리며 '이동 평균moving average'을 조사해 시장 트렌드에 올라탄 뒤 트렌드가 약해질 때까지 계속 머무르는 거래자들이 하는 일과 비슷했다.

엑스의 예측 모델은 나름대로 가능성이 있어 보였지만, 상당히 불완전한 수준이었다. 사이먼스와 팀원들이 수집한 데이터들은 대부분 오류와 잘못된 가격들로 가득했기 때문에 활용 가치가 전혀 없는 것으로 판명됐다. 게다가 엑스의 트레이딩 시스템은 어떤 형태로든 자동화된 거래 방식이 아니었다. 엑스의 트레이드는 아침과 거래일이 끝나는 시점에 전화로 이뤄지며 하루에 두 번 실행됐다.

경쟁자를 앞서기 위해 엑스는 곧 드러날 숨겨진 재능을 지닌 한 전임 교수에게 의존하기 시작했다.

필라델피아 출신 산도르 스트라우스Sandor Straus는 1972년 캘리포니아 주립대학교 버클리에서 수학 박사 학위를 받은 뒤 스토니브룩 대학교 수학과 교수직을 맡아 롱아일랜드로 이사했다. 외향적이고 사교적인 성격을 지닌 스트라우스는 강의에서 두드러진 평가를 받으며 수학과 컴퓨터를 향한 열정을 공유하는 동료들 사이에서 크게 성장했다. 그는 한 시대의 성공한 교수처럼 보이기까지 했다. 1968년 유진 매카시Eugene McCarthy의 대통령 선거 유세 과정에서 열린 반전 집회에 적극 참여할 정도로 당당한 진보주의자였으며 심지어 부인 페이Faye도 집회에서 만났다. 당시 캠퍼스 내 다른 많은 사람들 사이에서 유행하던 존 레논 스타일의 동그란 안경을 쓰고 긴 갈색 머리를 뒤로 빗어 넘겨 말총 모양으로 묶고 다녔다.

하지만 시간이 지나면서 스트라우스는 자신의 미래를 염려했다. 자신이 보통 수준 이하의 수학자이며 수학과 내에서 벌어지는 정치에도 서투르다는 사실을 감지했기 때문이다. 관심 있는 프로젝트에 대한 자금 지원을 놓고 동료 수학자들과 다툴 만한 능력이 부족했던 스트라우스는 스토니브룩 또는 명성 높은 수학과를 보유한 다른 대학교에서 종신 교수직을 받을 기회가 거의 없다고 생각했다.

1976년 스트라우스는 스토니브룩의 컴퓨터 센터에 합류해 엑스와 다른 교수들이 하고 있던 컴퓨터 시뮬레이션 개발에 힘을 보탰다. 당시 연봉이 2만 달러가 채 안 됐고 승진 기회가 거의 없던 탓에 미래가 불확실했다.

스트라우스는 "그렇게 행복하지는 않았다."고 말한다.

1980년 봄 헐렌더가 모네메트릭스를 떠날 준비를 하자 엑스는 스트라우스를 새로운 컴퓨터 전문가로 고용할 것을 회사에 건의했다. 스트라우스의 능력과 자격에 깊은 인상을 받은 데다 헐렌더가 떠나며 생긴 틈을 메우는 일이 다소 절박했던 사이먼스는 스트라우스에게 현재 받는 연봉의 두 배를 제시했다. 스트라우스는 어찌 해야 좋을지 몰랐다. 이미 서른다섯 살의 적지 않은 나이에 이르렀고 컴퓨터 센터의 연봉으로는 부인과 한 살 된 아기를 먹여 살리기 어려웠다. 하지만 앞으로 두어 해만 더 버티면 대학교에서 종신 교수직에 맞먹는 대우를 받을 수 있을지도 모른다고 생각했다. 스트라우스의 아버지와 친구들도 같은 조언을 했다. 즉 망할지도 모르는 무명의 트레이딩 기업에 가려고 안정된 직업을 포기할 생각은 아예 하지도 말라는 것이었다.

스트라우스는 그들의 조언을 무시하고 사이먼스의 제안을 받아들였다. 하지만 자신의 모험에 대한 대비책으로 스토니브룩에서 곧바로 사직하는 대신 일 년 동안 휴직하기로 했다. 엑스는 새롭게 합류한 스트라우스를 반갑게 맞이하며 컴퓨터 모델 구축을 도와 달라고 요청했다. 그러고는 과거 시장 데이터를 분석해 앞으로의 시장을 예측하는 아주 오래된 기법인 기술적 분석technical analysis을 기반으로 상품과 외환, 채권 선물에 투자하고 싶다고 말했다. 엑스는 스트라우스에게 예측 모델을 향상하는 데 필요한 모든 과거 데이터를 최대한 찾아내라고 지시했다.

스트라우스는 가격 데이터를 찾던 중 문제에 부딪쳤다. 당시 트레이딩 바닥에서 가장 많이 사용되었던 텔러레이트Telerate라는 기계는 투자자가 정보를 모으고 분석할 수 있는 인터페이스를 제공하지 않았다(몇 년 후 직장에서 해고된 마이클 블룸버그$^{Michael\ Blommberg}$라는 사업가가 이런 기능을 비롯해 훨씬 더 많은 기능을 갖춘 모델을 출시했다).

그들의 필요에 따라 맞춤 제작된 데이터베이스를 완성하기 위해 스트라우스는 마그네틱테이프에 입력된 과거 상품 가격 데이터를 인디애나 주의 던 앤 하지트$^{Dunn\ \&\ Hargitt}$라는 기업에서 구입한 뒤, 다른 동료들이 사내에 이미 축적해 둔 과거 정보들과 한데 합쳤다. 보다 최근 데이터는 거래소의 일별 시가 및 종가와 함께 최고가와 최저가를 포함했다. 결국 스트라우스는 다양한 상품과 선물 거래 가격의 일일 변동 수치를 나타내는 '시세 데이터$^{tick\ data}$'를 포함한 데이터 피드$^{data\ feed}$를 찾아냈다. 그리고 동료들과 함께 애플 II 컴퓨터를 사용해 점점 늘어나는 소중한 데이터들을 수집하고 저장하는 프로그램을 작성했다.

어느 누구도 스트라우스에게 그렇게 많은 정보를 찾아내라고 요구하지 않았다. 사이먼스와 엑스는 시가와 종가만 확인해도 충분하다고 생각했다. 게다가 컴퓨터 처리 능력이 제한돼 있고 크게 나아질 것 같지도 않은 상황에서 스트라우스가 수집한 모든 데이터를 활용할 방법도 없었다. 하지만 스트라우스는 앞으로 쓸모가 있을 때를 대비해 정보를 계속 수집해야겠다고 생각했다.

그는 다른 사람들이 가격 데이터의 잠재적 가치를 인식하기 전부터 이미 그런 데이터를 찾는 일에 어느 정도 집착했다. 심지어 미래의 어느 시점에 사이먼스의 팀이 원할 수도 있다는 생각에서 주식 거래에 관한 데이터도 수집했다. 스트라우스에게 데이터 수집은 이제 개인적 자존심의 문제로 떠올랐다.

하지만 자신이 모아 둔 데이터 더미를 살펴보다 염려스러운 점을 발견했다. 일부 상품 가격은 장시간에 걸쳐 전혀 움직임이 없는 것처럼 보였다. 20분 동안 단 한 번의 거래가 없다고? 그건 말이 안 되는 일이다. 심지어 몇 년 전에는 시카고 거래소에서 이틀 동안 선물 거래가 전혀 이뤄지지 않는 특이한 공백 기간이 있었는데, 같은 시간 다른 시장에서는 거래가 일어났다(알고 보니 대규모 홍수 때문에 시카고 거래소의 거래가 중단됐다).

이처럼 일관성 없는 현상에 신경이 쓰였다. 그는 학생 한 명을 고용해 수집한 가격 데이터에서 보이는 이례적인 상승과 하락, 공백을 감지하는 프로그램을 작성하게 했다. 엑스의 바로 옆이자 사이먼스의 사무실에서 나선형 계단을 내려오면 있는 작고 창문 없는 사무실에서 스트라우스는 자신이 수집한 가격을 상품 거래소의 연감과 선물 가격표, 〈월스트리트저널〉과 다른 신문들을 비롯한 여러 정보원에서 나온 기록들과 비교하는 힘든 작업에 몰두했다. 스트라우스에게 가격 정보에 대해 그렇게까지 걱정하라고 말한 사람은 아무도 없었지만, 스트라우스는 다른 사람들이 조금도 신경 쓰지 않는 데이터들을 찾아다니며 수집하고 정제하며 데이터 지상주의자로 변신했다.

어떤 사람들은 자신의 타고난 재능에 꼭 들어맞는 직업을 파악하는 데 몇 년씩 걸린다. 또 그런 직업을 절대 찾지 못하는 이들도 있다. 그의 탁월한 재능은 이제야 드러났다. 거의 모든 트레이딩 기업이나 예전 시대에서는 정확한 가격 정보에 집착하는 스트라우스의 성격이 부적절하거나 심지어 약간 어리석어 보였을 것이다. 하지만 스트라우스는 자신을 쫓아오는 사람이 거의 없는 상황에서 막대한 부를 찾아 나선 탐험가로 여겼다. 데이터를 수집하고 정제하는 트레이더들도 일부 있었지만, 데이터 전문가 같은 존재가 된 스트라우스만큼 데이터를 많이 모으는 사람은 없었다. 도전과 기회에 한껏 힘을 얻은 스트라우스는 자신의 진로를 놓고 분명히 결정했다.

'난 스토니브룩의 컴퓨터 센터로 절대 돌아가지 않을 거야.'

스트라우스의 데이터는 거래 결과를 개선하는 데 도움을 주었다. 엑스는 자신들의 트레이딩 방식을 점점 더 긍정적으로 생각했다. 그로서는 보기 드문 기분이었다. 그래도 엑스는 여전히 도박을 즐기고 라켓볼 리그에 참가하며 볼링을 치러 다녔다. 또 라스베이거스에서 열린 백개먼 세계 아마추어 챔피언대회에서 3위를 기록했고 그 과정에서 〈뉴욕타임스〉 기사에 언급되기도 했다.

프로그래머 레지 두가드Reggie Dugard는 이렇게 기억한다. "엑스는 경쟁을 해야만 했고, 경쟁을 하면 승리해야 했습니다."

그런데 엑스는 자신이 맞닥뜨린 어떤 도전보다 트레이딩이 자신을 몰입하게 하고 자극한다는 사실을 발견했다. 그와 스트라우스는 미래 가격을 예측하려고 과거의 가격 움직임을 프로그램으로 만들어 트레이딩 모델에 적용했다.

사이먼스는 엑스에게 "여기에 뭔가가 있어."라며 그들의 새로운 접근 방식에 힘을 실어 줬다.

더 많은 도움이 필요했던 사이먼스는 높이 인정받는 스토니브룩의 수학자 헨리 라우퍼Henry Laufer에게 일주일에 하루씩만 와서 도와 달라고 요청했다. 엑스는 정수론 전문가^{a number theorist}이고, 라우퍼는 복소수의 함수를 연구했으므로, 두 사람은 서로를 보완하는 수학적 기술을 지니고 있어 협업이 제대로 이뤄질 것으로 예상했다. 하지만 두 사람의 성격은 완전히 달랐다. 바움이 쓰던 연구실을 넘겨받은 라우퍼는 때로는 자신의 어린 아기를 카시트에 앉혀 사무실로 데려 오기도 했고, 엑스는 이를 의아한 눈빛으로 바라봤다.

라우퍼는 특정 전략을 트레이딩 모델에 추가해야 할지 테스트하는 컴퓨터 시뮬레이션을 만들어 냈다. 보통 그 전략들은 가격이 처음에 상승하거나 하락한 뒤에 다시 복귀하는 경향이 있다는 아이디어에 바탕을 두고 있었다. 라우퍼의 모델은 선물 계약이 전날 종가에 비해 이례적으로 낮은 가격에서 시가가 형성되면 그 계약을 매입하고, 반대로 시가가 전날 종가보다 훨씬 높게 시작되면 파는 식이었다. 사이먼스는 팀원들이 협력하고 모든 공을 나눠야 한다고 주장하며 진화하는 시스템에 대한 자기 나름의 개선점을 제시하기도 했다. 엑스는 이 같은 요청에 때로는 어려움을 느끼며 성과 인정과 보상 문제를 두고 스트레스를 받았다.

어느 날 엑스는 사이먼스에게 "라우퍼가 자신의 역할을 너무 과장하고 있다."라고 불평했다.

"걱정하지 말게. 난 두 사람을 공평하게 대할 테니까."

사이먼스의 대답은 엑스를 달래는 데 전혀 도움이 되지 않았다. 이후 여섯 달 동안 엑스가 라우퍼와 대화하기를 거부했지만, 라우퍼는 자신의 일에 몰두하느라 거의 눈치채지 못했다.

엑스는 사무실 전체에 온갖 음모론을 퍼뜨리고 다녔다. 특히 케네디 대통령 암살과 관련한 내용이 많았다. 또한 직원들에게 자신의 박사 학위에 대한 존경의 표시로 자신을 '엑스 박사님'으로 불러 달라고 요구했다(직원들은 거부했다). 한 번은 사무실 매니저 알버긴에게 사무실 바로 옆 주차장에 있는 차량에 반사된 햇빛이 자신을 방해한다며 그 차주에게 차를 옮길 것을 요청하라고 지시하기도 했다(알버긴은 차주를 찾지 못하는 척했다).

알버긴은 엑스를 두고 이렇게 말한다.

"그는 자신감이 없었으며 모든 일을 늘 기분 나쁘게 받아들였습니다. 나는 내가 그를 화나게 만들거나 짜증나게 하지 않기를 기도했습니다."

엑스와 그의 팀이 수익을 올리고는 있었지만, 그들의 노력이 뭔가 특별한 일로 이어질 것 같은 징조는 거의 없었다. 사이먼스가 트레이딩 사업을 계속할지조차 분명하지 않았다. 한 직원이 그루먼 에어로스페이스에서 일자리를 제안 받고 이직을 결정하자 스트라우스는 그의 결정을 지지했다. 방위 산업체인 그루먼은 안정적인 기업이며 계약 보너스signing bonus로 무료 칠면조를 제공하기도 했다. 이직 결정이 그리 어려워 보이지는 않았다.

1985년 엑스는 자신의 이사 계획을 알리며 사이먼스를 놀라게 했다. 그는 요트와 서핑, 라켓볼을 1년 내내 즐길 수 있는 더 따뜻한 곳으로 가기를 원했다. 스트라우스도 북동부의 추위에서 벗어나고 싶어 했다. 선택의 여지가 거의 없었던 터라 사이먼스는 그들이 서부로 이전하는 데 동의했다.

로스앤젤레스에서 약 60킬로미터 떨어진 헌팅턴 비치Huntington Beach에 자리 잡은 엑스와 스트라우스는 악스콤 리미티드Axcom Limited 라는 새로운 회사를 설립했다. 사이먼스는 신규 회사의 트레이딩 사업을 지원하고 새로운 고객들과의 커뮤니케이션을 맡기로 동의하며 신규 회사의 이익 중 25퍼센트를 받기로 했다. 엑스와 스트라우스는 투자를 관리하며 나머지 75퍼센트 지분을 나눠 가졌다. 서부로 이사할 생각이 없었던 라우퍼는 스토니브룩 교수직으로 돌아갔지만, 남는 시간에는 사이먼스와 거래를 계속했다.

엑스가 이사와 관련해 사이먼스에게 알리지 않은 또 다른 이유가 있었다. 그는 여전히 전 부인의 탓이라고 생각하는 이혼으로 끝없는 슬픔에 빠져 있었다. 일단 뉴욕을 떠나고 나자 엑스는 오래전 자신의 아버지가 자신의 삶에서 사라진 것과 매우 비슷하게 아이들을 더 이상 찾지 않았으며 이후 15년 이상 아이들과 대화조차 나누지 않았다.

거대 석유 기업 셰브론Chevron이 소유한 2층짜리 사무용 빌딩의 2층에 자리 잡은 헌팅턴 사무실은 최첨단 트레이딩 기업이 있을 법한 곳이 아니었다. 주차장에 있는 유정에서는 석유를 퍼 올리는 작업이 한창이고, 원유 냄새는 온 동네로 퍼져 나갔다. 빌딩에 엘리베이터가 없기 때문에 스트라우스와 이삿짐센터 직원들은 300메가바이트의 디스크 저장 공간을 갖춘 거대한 VAX-11/750 대형 컴퓨터를 사무실로 들여놓기 위해 계단 운반용 크롤러stair crawler를 사용했다. 900메가바이트의 저장 공간과 함께 대형 냉장고만 한 엄청난 크기의 굴드Gould 슈퍼미니컴퓨터는 지게차로 트럭에서 내린 뒤 2층 발코니를 통해 사무실로 옮겨야 했다.

1986년까지 악스콤은 영국 파운드화, 스위스 프랑, 독일 마르크화, 유로 달러Eurodollar의 통화와 밀, 옥수수, 설탕 등의 상품을 포함한 21개의 선물 계약을 거래하고 있었다. 비록 몇몇 결정은 엑스의 개인적 판단에 바탕을 두었지만, 엑스와 스트라우스가 개발한 수학 공식이 악스콤의 움직임 대부분을 결정했다. 매일 트레이딩을 시작하기 전과 늦은 오후 끝나기 직전 컴퓨터 프로그램은 외부 기업 소속 거래 중개자 그렉 올슨Greg Olsen에게 주문과 간단한 조건들이 담긴 전자 메시지를 보냈다. 예를 들면 "밀 가격이 4달러 25센트 이상에서 장을 시작하면 36개의 계약을 매도하세요."라는 식이다.

그런데 올슨은 여전히 다양한 상품과 채권을 거래하는 거래소 내 중개자에게 직접 전화를 거는 예전 방식으로 선물 계약을 사고팔았다. 이렇게 부분적으로 자동화된 시스템에 의한 거래 결과가 때로는 인상적이기도 했지만, 대개는 팀원들을 좌절시켰다. 여기서 한 가지 큰 문제는 사이먼스와 헌팅턴 비치 사무실에 있는 팀원들 중 누구도 수익을 내거나 경쟁자가 이미 눈치챈 일부 전략을 포함한 기존 전략들을 개선할 새로운 방법을 찾지 않고 있다는 것이었다.

사이먼스는 태양의 흑점과 달의 위상 변화가 트레이딩에 영향을 미칠 가능성을 고려했지만, 신뢰할 만한 패턴은 거의 없었다. 스트라우스는 날씨 정보를 통해 커피 가격을 예측할 수 있는지 알아보기 위해 기상 예보 기업인 아큐웨더AccuWeather에 근무하는 사촌을 통해 브라질의 과거 날씨를 검토해 봤다. 하지만 시간만 낭비한 또 하나의 쓸데없는 일로 드러났다. 대중의 정서와 다른 선물 거래자가 보유한 선물 계약에 관한 데이터 또한 믿을 만한 연관성이 거의 보이지 않았다.

엑스는 새로운 알고리즘을 찾는 데 많은 시간을 들였지만, 그에 못지않게 라켓볼도 많이 치고 윈드서핑도 배우러 다니며 최근 드러나는 중년의 위기감에 주로 신경 썼다. 넓은 어깨와 근육질 몸매, 웨이브가 멋진 갈색 머리의 엑스는 여유롭게 서핑을 즐기는 사람처럼 보였지만, 느긋함과는 거리가 먼 사람이었으며, 뉴욕이 아닌 캘리포니아에서도 그 성격은 여전했다.

엑스는 사무실 동료들과 치열한 체중 감량 경쟁에 돌입하며 그들의 코를 납작하게 만들겠다고 단단히 결심했다. 이때 최초 체중을 측정하기 직전 멜론을 잔뜩 먹어 몸무게를 몇 파운드 늘리기도 했다. 멜론의 성분은 대부분 물이기 때문에 멜론으로 늘린 최초 체중을 곧바로 감량할 수 있다는 생각이었다. 언젠가는 체중을 빼기 위해 뜨거운 태양 아래에서 사무실까지 자전거로 맹렬하게 달려 왔으며, 사무실에 도착했을 때에는 온몸이 땀에 흠뻑 젖어 속옷을 사무실 전자레인지에 넣어 말리기도 했다. 그리고 나서 몇 분 뒤 전자레인지에서 불길이 치솟았고 결국 한 직원이 소화기를 가지러 달려가야 했다.

사이먼스는 가능성 있는 트레이딩 방식을 논의하기 위해 1년에 몇 차례 캘리포니아로 날아왔지만, 그의 방문은 돌파구보다 고통을 더 많이 만들어 냈다. 일부 직원은 이제 캘리포니아 주에 거주하므로 건강을 의식하는 생활 방식을 택하고 있었는데, 사이먼스는 여전히 하루에 메리트 담배 세 갑씩 줄담배를 피워 댔다.

당시 직원 한 명은 이렇게 기억한다. "사이먼스가 사무실에서 담배를 피우면 어느 누구도 사무실에 있기를 원하지 않았습니다. 그래서 우리는 그와 함께 점심을 먹으러 바깥으로 나가서 가능한 한 사이먼스가 외부에서 일하게 만들려고 애썼죠."

점심 식사가 끝나면 사이먼스는 직원들에게 사무실로 돌아가자고 했다. 하지만 팀원들은 사이먼스의 담배 연기에 갇히는 것이 너무나 두려운 나머지 어떻게든 그에게서 멀리 떨어질 수 있는 핑계를 만들었다.

한번은 동료 한 명이 점심 식사 후 사이먼스에게 말했다.

"그거 아세요? 이렇게 밖에 나와 있으니 너무 좋아요."

또 다른 악스콤 직원이 맞장구를 쳤다.

"맞아요. 우리 그냥 이대로 밖에서 일해요."

사이먼스는 직원들이 사무실 안으로 들어가지 않고 꾸물대는 진짜 이유를 모른 채 그러기로 했다.

마침내 엑스는 좀 더 정교한 방식으로 트레이딩할 필요가 있다고 판단했다. 그들은 지금껏 트레이딩 공식을 구축하기 위해 보다 복잡한 수학 기법을 사용하려고 노력하지 않았는데, 그 부분적인 이유는 컴퓨터의 처리 역량이 충분하지 않다는 것이었다. 이제 엑스는 시도해 볼 때가 왔다고 생각했다.

오래전부터 엑스는 '앞으로 일어날 사건은 과거 사건이 아니라 현재 상태에 의해서만 결정된다.'라고 가정하는 마르코프 체인의 특성과 금융 시장이 비슷하다고 믿었다. 마르코프 체인에서는 앞으로 일어날 각 단계를 확실히 예측하기가 불가능하지만, 유능한 모델을 활용하면 미래 단계를 어느 정도 정확히 예측할 수 있다. 10년 전 엑스와 바움이 IDA에서 가상 트레이딩 모델을 개발했을 때에도 그들은 시장을 마르코프 체인의 과정과 비슷하다고 설명했다.

엑스는 자신들의 예측 모델을 개선하려면 마르코프 체인이 속한 광범위한 방정식 중 하나인 확률론적 방정식stochastic equation 개발 경험이 있는 사람을 영입해야 한다고 결론지었다. 확률론적 방정식은 시간이 지나면서 진화하며, 높은 수준의 불확실성을 수반하기 마련인 '역동적인' 과정들에 대한 모델을 만들 수 있다. 최근 확률론적 방정식에 바탕을 둔 트레이딩 모델이 소중한 도구가 될 수 있다고 제안하는 학술 문헌을 읽었던 스트라우스는 악스콤이 수학 능력자를 추가로 영입하는 데 동의했다.

얼마 뒤 캘리포니아 주립대학교 얼바인Irvine의 르네 카르모나 교수가 한 친구에게서 전화를 받았다.

"확률론적 방정식을 만들려는 수학자 그룹이 도움을 구하고 있다네. 당신, 그 방정식에 대해 얼마나 잘 알고 있어?"

훗날 프린스턴대학교의 교수로도 재직한 프랑스 출신 마흔한 살의 교수 카르모나는 시장이나 투자에 대해 잘 몰랐지만, 확률론적 미분 방정식이 그의 전공 분야였다. 이 방정식은 무작위로 나타나는 데이터를 활용해 예측을 할 수 있다. 예를 들어 기상 예보 모델은 확률론적 방정식을 활용해 상당히 정확한 예보를 한다. 악스콤의 팀원들은 수학이라는 프리즘을 통해 투자 행동을 관찰하며, 최소한 장기간에 걸쳐서는 예측이 어렵고, 복잡해지고, 계속해서 진화하는 금융 시장을 확률적 과정처럼 이해했다.

그들이 확률적 과정과 투자를 비슷하게 본 이유는 쉽게 알 수 있다. 첫째, 사이먼스와 엑스, 스트라우스는 일부 학자와 다른 사람들이 주장하는 것처럼 시장이 정말 '무작위로 움직이거나$^{random\ walk}$' 완전히 예측 불가능하다고 생각하지 않았다. 물론 시장에는 날씨와 매우 비슷하게 무작위적 변동성이 분명히 존재하지만 사이먼스와 엑스 같은 수학자들은 확률 분포를 활용하면 다른 모든 확률적 과정뿐만 아니라 미래 가격도 파악할 수 있다고 주장했다. 엑스가 그런 수학적 개념을 활용하는 것이 자신들의 트레이딩 모델에 도움을 준다고 생각한 이유가 여기에 있었다. 그들은 어쩌면 카르모나 교수를 영입함으로써 자신들의 투자에서 예상되는 다양한 결과를 미리 알려 주며 투자 성과를 개선하는 데 도움을 주는 모델을 개발할 수 있다고 생각했다.

카르모나는 도움을 줄 수 있기를 간절히 바랐다. 당시 지역 내 항공우주산업 기업에 컨설팅을 제공하던 카르모나는 일주일에 며칠씩 악스콤에서 일하며 추가로 돈을 버는 기회가 마음에 들었다. 악스콤의 트레이딩 결과를 개선하는 도전 과제도 그의 호기심을 강하게 자극했다.

카르모나는 말한다. "목표는 수학적 모델을 창조하고 이를 활용해 일부 결과와 최종 판단을 추론하는 것이었습니다. 가장 중요한 본질은 '항상' 옳은 것이 아니라 충분히 자주 옳아야 한다는 것이었습니다."

카르모나는 이 접근 방식이 제대로 작동할지 또는 나아가 당시 대부분의 다른 투자자들이 채택한 덜 계량적인 투자 전략보다 훨씬 나을지 확신하지 못했다.

"내가 심리학 또는 거래소 객장에서 근무하는 거래자를 더 잘 이해했더라면 아마 우리는 그렇게 할 수 있었을 것"이라고 말한다.

초기에 카르모나는 악스콤에서 사용하던 수학 모델을 개선하기 위해 스트라우스의 데이터를 활용했다. 하지만 그의 작업은 유용한 발전으로 이어지지 않았다. 비록 카르모나의 모델이 악스콤의 이전 모델보다 더 정교하기는 했지만, 훨씬 나은 것은 아니었다. 훗날 르네상스 테크놀로지가 위험 관리를 위해 확률론적 미분 방정식을 전면적으로 수용하기는 했지만, 당시에는 이 기법으로 수익을 얻는 방법을 찾지 못해 카르모나는 좌절했다.

1987년에 이르러 카르모나는 죄책감에 시달렸다. 그의 급여는 엑스의 개인 상여금 일부에서 나왔지만, 카르모나가 회사에 기여하는 부분은 거의 없었다. 그해 여름 카르모나는 악스콤에서 풀타임으로 일하기로 결정하며 모델 개발에 더 많은 시간을 투입해 큰 성공을 이루기를 바랐다. 하지만 카르모나는 진전을 거의 이루지 못했고 이 때문에 더욱 화만 났다. 엑스와 스트라우스는 크게 개의치 않는 것처럼 보였지만, 카르모나는 정말 괴로웠다.

그는 당시를 이렇게 기억한다. "그들에게서 돈을 받고 있었지만, 정말 제대로 되는 건 하나도 없었습니다."

어느 날 카르모나에게 한 가지 아이디어가 떠올랐다. 악스콤은 가격 데이터를 트레이딩에 활용하기 위해 브레이크아웃breakout(가격

저항선 돌파) 신호에 의존하는 방식 등을 포함한 다양한 접근 방식을 채택해 왔다. 또한 많은 투자자들이 의존했던 기본적 예측 도구로 데이터 또는 변수의 두 집합 사이에 존재하는 상관관계가 선형을 유지할 것이라는 가정하에서 이들의 상관관계를 분석하는 단순 선형 회귀선simple linear regression을 사용하기도 했다. 원유 가격을 X축에, 휘발유 가격을 Y축에 기입한 뒤 그래프상에 있는 점들을 잇는 선형 회귀 직선을 그리고 그 선을 연장하면 주어진 원유 가격에 대한 휘발유의 주유소 판매 가격을 꽤 괜찮게 예측할 수 있다.

하지만 때로는 시장 가격이 제각각인 경우도 있다. 데이터 점들을 잇는 단순 선형 회귀선에 의존하는 모델은 일반적으로 시장 가격에 혼란을 일으키는 이상 폭설과 공황 매도, 격동하는 지정학적 사건이 일어나는 복잡하고 변동이 심한 시장에서는 미래 가격을 예측하기 어렵다. 게다가 스트라우스가 수집한 많은 데이터 집합들은 다양한 과거 기간에서 얻은 상품들의 종가였다. 카르모나는 시장 데이터에 존재하는 비선형적 관계nonlinear correlation를 포착할 수 있는 회귀선이 그들에게 필요하다는 결론을 내렸다.

이에 따라 카르모나는 다른 접근 방식을 제안했다. 카르모나의 아이디어는 스트라우스가 수집한 데이터의 상관관계를 컴퓨터가 찾게 하는 방식이었다. 그렇게 하면 비슷한 트레이딩 환경의 먼 과거에서 일어난 사례를 발견한 뒤 당시 가격들이 어떻게 반응했는지 알 수 있다고 판단했다. 비슷한 트레이딩 환경을 찾고 결과적으로 가격이 어떻게 변했는지 추적하면 숨겨진 패턴을 감지할 수 있는 정교하고 정확한 예측 모델을 개발할 수 있다고 예상했다.

이 방식을 제대로 작동시키려면 엑스콤은 스트라우스와 다른 사람들이 수집했던 것보다 훨씬 많은 데이터가 필요했다. 이 문제를 해결하기 위해 스트라우스는 단순히 데이터를 수집하는 것이 아니라 데이터를 수집할 '모델'을 만들었다. 달리 말하면, 과거 데이터에서 빠진 부분은 컴퓨터를 활용해 어느 정도 사실과 정보에 바탕을 두고 추측하기로 했다. 예를 들면, 그들에게는 1940년대 목화 가격에 관한 정보가 많이 없었지만, 그에 관한 데이터를 '만드는 것'만으로도 충분했다. 그림 퍼즐 맞추기에서 이미 제자리에 놓인 퍼즐을 관찰해 빠진 퍼즐 조각을 추측하는 것과 같은 방식으로 악스콤 팀은 누락된 정보를 추정한 뒤 이를 데이터베이스에 입력했다.

카르모나는 컴퓨터 모델이 다양한 데이터를 소화하고 매매 결정을 내리며 투자를 운영하도록 하자고 제안했다. 어떤 의미에서는 초기 형태의 머신러닝 시스템을 제안하는 셈이었다. 컴퓨터 모델은 카르모나와 다른 사람들이 스스로 이해하지 못하고 맨눈으로 감지할 수 없는 복잡한 패턴과 데이터 집단, 상관관계를 바탕으로 다양한 상품들에 대한 가격 예측을 만들어 낼 것이다.

다른 분야에서는 통계학자들이 데이터 집합의 패턴을 분석하기 위해 커널 방식kernel method이라는 비슷한 방식을 사용하고 있었다. 롱아일랜드 사무실에서는 헨리 라우퍼가 유사한 머신러닝 방식을 자기 나름대로 연구해 그 결과를 사이먼스를 비롯한 동료들과 공유할 예정이었다. 카르모나는 이런 연구가 진행되고 있었다는 사실을 몰랐으며 단순히 엑스와 스트라우스에게 과거 가격들에 존재하는 패턴과 유사해 보이는 현재 가격들의 패턴을 식별할 수 있는 프레임

워크를 제공할 목적으로 정교한 알고리즘 사용을 제안했다.

"여러분은 이것을 사용해야 합니다." 카르모나는 동료들에게 강력히 권고했다.

이 방식을 사이먼스에게 소개했을 때 사이먼스의 얼굴이 창백해졌다. 자신들이 의지했던 1차 방정식이 이해할 수 있는 수준의 거래 아이디어와 자본 배분 방식을 만들어 냈다면, 이와 대조적으로 카르모나의 프로그램이 어떤 결과를 만들어 낸 이유는 분명하지 않았다. 그의 방법은 사이먼스와 동료들이 한 세트의 표준 방정식으로 줄일 수 있는 모델에 바탕을 두지 않았다. 카르모나의 프로그램이 제시하는 결과는 컴퓨터가 패턴을 자세히 파헤치고 난 뒤 거래 형태를 생성하는 방식이라 프로그램을 몇 시간 동안 돌린 후에야 나왔다. 사이먼스에게 이런 방식은 그저 옳지 않게 '느껴졌다.'

어느 날 사이먼스는 팀원들에게 말했다. "난 이 프로그램이 내게 알려 주는 내용을 편안하게 생각할 수가 없어. 왜 프로그램이 매도가 아니라 매입하라고 하는지 그 이유를 이해하지 못하겠네."

얼마 후 사이먼스는 더 화가 나 짜증 섞인 목소리로 외쳤다.

"이건 블랙박스^{black box}(기능은 알지만 작동 원리를 이해할 수 없는 복잡한 기계 장치—옮긴이)야!"

카르모나는 사이먼스의 평가에 동의하면서도 자신의 주장을 굽히지 않았다. 그는 다시 한 번 사이먼스에게 말했다.

"그냥 데이터를 믿으세요. 내가 아니라 데이터를 말입니다."

카르모나와 점점 더 친해지고 있던 엑스는 카르모나의 방식을 확신하며, 이를 옹호하는 말을 사이먼스에게 했다.

"그의 방식은 제대로 작동합니다. 그리고 이성적으로도 이치에 맞습니다. (……) 인간은 가격을 예측할 수 없습니다."

엑스는 컴퓨터가 예측하도록 하자고 주장했다. 원래 사이먼스가 희망했던 방식도 바로 이것이었다. 하지만 사이먼스는 너무 급진적인 방식에 여전히 확신이 서지 않았다. 머릿속에는 컴퓨터 모델에 의존하는 개념에 전념해야 한다는 생각이 가득했지만, 마음은 아직 거기까지 도달하지 않았다.

스트라우스는 이렇게 기억한다. "사이먼스는 카르모나의 모델이 정확히 무엇을 하는지 파악하고 싶어 했습니다. 커널 방식을 그렇게 좋아한 건 아니었습니다."

시간이 지나면서 스트라우스와 동료들은 과거 가격 데이터를 추가로 찾고 만들며 엑스가 카르모나의 제안을 바탕으로 새로운 예측 모델을 개발하는 데 도움을 줬다. 그들이 나중에 찾아낸 주별 주식 거래 데이터 일부는 무려 1800년대까지 거슬러 올라갔으며, 지금껏 아무도 접근하지 못했던 매우 신뢰할 만한 데이터였다. 당시 팀원들은 데이터로 할 수 있는 것이 많지 않았지만, 과거 데이터를 찾아 시장이 특이한 사건에 어떻게 대응했는지 알아내는 능력은 훗날 사이먼스의 팀이 시장 붕괴를 비롯한 예기치 못한 사건에서 수익을 올리는 모델을 구축하게 했다. 회사는 그런 시기에도 시장에서 완승을 거둘 수 있었다.

악스콤 팀은 예측 모델의 접근 방식에 대한 실험을 시작하고 곧바로 개선된 결과를 얻기 시작했다. 악스콤은 고차원적 커널 회귀분석 방식들을 모델에 포함시켰고, 이런 방식은 트렌드 예측 모델 또는 특정 투자가 한 트렌드에서 얼마나 오랫동안 진행되는지 예측하는 모델에 가장 적합해 보였다.

사이먼스는 자신들이 더 잘할 수 있다고 확신했다. 카르모나의 아이디어가 도움이 되기는 했지만, 충분하지는 않았다. 사이먼스는 악스콤의 성과를 향상시키기 위해 투자자들에게 전화를 걸고 직접 찾아 다녔다. 하지만 주로 신탁 운영자 역할을 하며 펀드에 투자할 부유한 투자자를 찾고 그들을 행복하게 만드는 한편, 당시 자신의 기업이 보유 중이던 1억 달러의 자산 중 약 절반을 차지하는 다양한 기술 분야 투자들에도 신경 썼다.

수학적 능력을 더 끌어올리기 위해 사이먼스는 르네상스가 평판 높은 학자들에게서 컨설팅을 받을 수 있도록 했다. 이 같은 움직임이 마침내 역사적인 돌파구의 기반을 마련했다.

CHAPTER 05

**나는 호기심이 모든 아기들과 상당수의 어른들에게
돈보다 더 큰 동기를 부여한다고 굳게 믿는다.**

엘윈 벌캄프

벌캄프가 금융 세계에 대변혁을 일으켰을지도 모른다는 의견이 그에게는 살아 온 많은 시간동안 누군가가 지어 낸 불쾌한 농담처럼 들렸을 것이다.

켄터키 주 오하이오 리버Ohio River의 강둑에 자리 잡은 포트 토머스Fort Thomas에서 자라는 동안 벌캄프는 교회 생활과 수학 놀이에 몰두하며, 운동은 가능한 한 멀리했다. 벌캄프의 아버지 왈도 벌캄프Waldo Berlekamp는 현재 미국에서 가장 규모가 크고 진보적인 개신교 교파인 연합 그리스도의 교회United Church of Christ로 알려져 있는 복음주의 개혁교회Evangelical and Reformed Church의 성직자였다. 그는 다른 기독교 교회 성도들과 가톨릭 신자들의 연합 예배를 마련하며 교단을 초월하는 온화하고 인정 많은 기독교 지도자로서 마음을 사로잡는 설교와 매력적인 인품 덕분에 헌신적으로 따르는 사람들이 많았다. 벌캄프의 가족이 이사할 때는 450명의 신자가 송별 파티에 모였다. 그들은 벌캄프 목사에게 애정과 감사의 표시로 데소토^{DeSoto} 브랜드의 새 자동차를 선물했다.

노예 폐지론을 주창한 역사를 자랑스럽게 여기며 신시내티 근교에 자리한 인구 1만 명의 포트 토머스에서 소년기를 보낸 엘윈 벌캄프는 반 남부지역 성향과 아무도 알아 주지 않더라도 자신의 관심 분야를 추구하려는 신념이 매우 강했다. 초등학교 시절 다른 아이들이 운동장에서 서로 엉켜 뒹굴고 레슬링을 하며 노는 동안, 마른 체구에 늘 진지했던 벌캄프는 교실에서 다른 방식으로 경쟁을 펼치고 있었다. 벌캄프를 포함한 몇몇 친구들은 종이 위에 연필로 점과 선을 그리며 하는 보드 게임을 좋아했다. 아이들은 차례로 선을 추가하고 점들을 연결하고 사각형을 만들며 '점과 박스$^{dots\ and\ boxes}$'라는 당시 중서부 지역에서 유행했던 백 년 된 전략 게임을 즐겼다. 이 게임을 어린이들의 단순한 놀이로 보는 사람들도 있지만 점과 박스 게임에는 훗날 벌캄프가 인정할 정도의 엄청난 복잡성과 수학적 기초가 담겨 있다.

벌캄프는 그 게임을 하며 놀았던 것이 "게임 이론에 대한 조기 교육이었다."고 말한다.

1954년 포트 토머스 하이랜즈$^{Fort\ Thomas\ Highlands}$ 고등학교에 입학했을 때 180센티미터에 가까운 키와 마르고 단단한 체격을 갖춘 벌캄프는 교실 안팎에서 자신이 무엇을 즐겁게 하는지 잘 알던 청소년이었다. 학교에서는 주로 수학과 과학에 흥미를 느꼈다. 벌캄프에게서 남보다 뛰어난 재능을 발견한 동급생들은 그를 학년 회장으로 선출했다. 벌캄프는 다른 과목에도 호기심을 보였지만, 문학에 대한 열정은 한 학기의 절반을 마거릿 미첼Margaret Mitchell의 소설 《바람과 함께 사라지다Gone With the Wind》를 분석하는 데 허비하는 고집스러운 선생님 때문에 대부분 사그라졌다.

스포츠는 벌캄프의 관심 목록에 들지 못했지만, 참여해야 한다는 압박감을 느꼈다.

"따분한 모범생 스타일은 인기가 없었고 애교심이 크게 강조되던 시절이었습니다. 그래서 대세를 따라 한 팀에 들어가기로 했습니다."

벌캄프는 계산 끝에 자신이 잘할 수 있는 확률이 가장 높은 운동이 수영이라고 생각했다.

"수영 팀은 필요한 인원을 다 채우지 못했기 때문에 최소한 내가 쫓겨나지는 않을 거라고 생각했죠."

매일 저녁 수영 팀원들은 지역 내 YMCA 풀장에서 수영복도 입지 않은 알몸으로 수영했다. 물에 염소 소독약이 너무 많이 들어 있는 탓에 수영 후 몸에서 염소 성분을 씻어내려면 한참 걸렸다. 어쩌면 이 때문에 수영 팀이 그렇게 인기가 없었을 수도 있었다. 아니면 연습 내내 소리를 질러 대는 코치 때문일 수도 있었다. 팀에서 가장 느리고 약한 선수였던 벌캄프는 욕을 가장 많이 들었다.

코치는 "벌캄프! 뭐하는 거야? 바지가 벗겨질 만큼 더 빨리 치고 나가!"라고 소리쳤다.

하지만 그런 식의 표현은 당시 알몸으로 수영하던 소년에게 특히 더 무의미하게 들렸다.

벌캄프는 느렸을 뿐만 아니라 체력도 좋지 않았다. 몇 안 되는 대회에서 어쩌다 2위로 골인하며 메달을 따기도 했지만, 그때는 벌캄프가 참가한 종목에 다른 경쟁자가 한 명밖에 없는 경우였다.

1957년에 열린 주 대회에서 혼돈이 생겨 벌캄프는 어쩔 수 없이 훨씬 강한 선수들로 구성된 팀과 겨루는 계주 종목에 나가야 했다. 운 좋게도 팀 동료가 아무리 벌캄프라고 해도 절대 역전 당하지 않을 만큼 충분한 격차를 다음 주자인 벌캄프에게 넘겨줬고, 결국 팀은 금메달을 땄다. 벌캄프의 운동 역사상 가장 빛나는 순간이었으며 그에게 소중한 인생 교훈을 준 시합이기도 했다.

벌캄프는 "훌륭한 팀에 들어갈 수 있도록 노력하라."는 교훈을 얻었다고 말한다.

(계주 팀의 최종 주자였던 잭 워즈워스 주니어Jack Wadsworth Jr.는 10년 뒤 투자은행가investment banker로 활동하며 당시 급부상하던 신생 기업 애플 컴퓨터의 기업 공개IPO를 이끌었다)

대학에 지원할 때 벌캄프에게는 두 가지 필요조건이 있었다. 바로 세계 수준의 학교와 빈약한 스포츠 프로그램이었다. 그는 스포츠가 사회에서 너무 지나치게 강조된다고 판단했으며 이제 더 이상 스포츠에 관심 있는 척하지 않기로 했다.

MIT가 확실한 선택지로 떠올랐다.

"MIT에 미식축구팀이 없다는 말을 듣고 나는 이 대학교가 내게 맞는 학교라는 것을 알았습니다."

매사추세츠 주 케임브리지에 있는 MIT에 입학한 뒤 벌캄프는 물리학과 경제학, 컴퓨터, 화학도 조금씩 맛보기 시작했다. 신입생 때에는 미적분 상급반에 뽑혀 게임 이론가이자 수학자이며 훗날 실비아 나사르Sylvia Narsar가 쓴 책 《뷰티플 마인드A Beautiful Mind》를 통해 불멸의 존재가 된 존 내시John Nash에게서 수업을 받았다. 1959년 초 어느 날 내시 교수가 칠판에 필기하며 강의하고 있을 때 한 학생이 손을 들고 질문했다. 그러자 내시는 학생을 향해 돌아서서 그를 뚫어지게 쳐다봤다. 몇 분간의 어색한 침묵이 흐른 뒤 내시는 자신의 강의를 중단시키는 뻔뻔스러움을 질책하며 학생을 심하게 비난했다.

벌캄프는 당시 "내시 교수가 미친 사람처럼 보였다."고 말한다.

이는 내시가 정신질환을 앓기 시작했다는 것을 공개적으로 암시한 사건들 중 하나였다. 몇 주 뒤 내시는 조현병 치료를 위해 MIT 교수직을 사직하고 지역 병원에 입원했다.

벌캄프는 수강한 과목 대부분에서 큰 어려움을 겪지 않았다. 어느 해에는 한 학기에 A학점 8개를 받고 인문학 한 과목에서 C학점을 받아 5.0 만점에 평균 평점 4.9를 기록했다. 4학년 때 권위 있는 수학 경진대회에서 우승하며 퍼트남 장학생Putnam Fellow에 선발된 뒤 MIT에서 박사 과정을 시작했고 피터 엘리아스Peter Elias 교수와 클로드 섀넌Claude Shannon 교수의 지도로 전기공학을 전공했다. 엘리아스와 섀넌은 전화 신호와 문자, 사진 등 모든 종류의 정보를 수량화하고, 코드화하고, 전송하며, 컴퓨터와 인터넷을 비롯한 모든 디지털 미디어의 기반을 제공하는 획기적 접근 방식인 정보 이론information theory의 선구자다.

어느 날 오후 벌캄프는 학교 복도에서 자신을 지나쳐 가는 섀넌 교수를 봤다. 180센티미터 키에 마른 체격의 섀넌 교수는 내성적인 성격으로 유명했다. 벌캄프는 그의 관심을 끌기 위해 할 말을 재빨리 생각해야 했다.

"지금 도서관에 가서 교수님의 논문 하나를 검토하려고 합니다." 벌캄프가 불쑥 내뱉었다.

섀넌 교수는 얼굴을 찡그리며 강한 어조로 대답했다. "그러지 말게. 스스로 해결하려 노력해야 더 많이 배울 수 있다네."

그러고는 마치 비밀을 알려 줄 것처럼 벌캄프를 조용한 곳으로 끌어당기며 말했다.

"지금은 시장에서 투자하기에 좋은 시기가 아니야."

다른 많은 사람들에게 말한 적은 없었지만, 섀넌은 주식 시장에서 많은 수익을 올리기 위한 수학 공식을 이미 구축하고 있었다. 벌캄프를 마주쳤던 당시에는 자신의 공식이 주의 신호를 보내고 있었다. 벌캄프는 웃음을 참으려 애썼다. 은행에 모아 둔 돈이 사실상 하나도 없었기 때문에 섀넌의 경고는 그에게 아무런 의미가 없었다. 게다가 당시 벌캄프는 금융을 무시했다.

"내가 받은 인상은 금융이 부자들만의 게임이며 세상에 큰 이로움을 주지는 않는다는 것이었습니다. 지금도 '여전히' 같은 느낌입니다."

자신이 존경하는 사람이 주식 거래를 하고 있다는 사실은 젊은 벌캄프에게 충격으로 다가왔다.

벌캄프는 "정말 놀랄 만한 뉴스거리"였다고 말한다.

1960년과 1962년 여름 동안 벌캄프는 뉴저지 주 머레이 힐^{Murray}

Hill의 권위 있는 벨연구소^{Bell Laboratory} 연구 센터에서 존 래리 켈리 주니어^{John Larry Kelly Jr.}를 돕는 연구 보조원으로 일했다. 켈리는 텍사스 특유의 느린 말투가 심하고 벌캄프가 처음에는 대부분 인식하지 못했던 다양한 취미와 관심사를 지닌 잘생긴 물리학자였다. 제2차 세계대전 동안 미 해군 소속 조종사로 4년간 복무했던 켈리는 거실 벽에 커다란 장총을 걸어 두고 하루 여섯 갑의 담배를 피우며 프로 미식축구와 대학 미식축구에 열정적이었고 경기 스코어를 예측해 베팅하는 신기한 시스템을 소개해 주기도 했다.

하던 일에 짜증이 나면 젊은 연구 보조원이 익히 들어 본 적이 없는 욕을 내뱉었다.

어느 날은 켈리가 "이런 X같은 적분들^{integral}"이라고 소리쳐 벌캄프를 깜짝 놀라게 했다.

때로는 거칠고 상스러운 겉모습에도 불구하고 켈리는 벌캄프가 지금껏 만났던 사람들 중 가장 뛰어난 과학자였다.

벌캄프는 그를 이렇게 기억한다. "놀랍게도 그가 한 모든 계산은 다 정확했습니다. 난 남부지역 사람들이 다 멍청하다고 생각했는데 켈리가 나의 생각을 바꿔 놓았습니다."

몇 년 전 켈리는 네트워크를 통해 전송되는 정보를 분석할 뿐만 아니라 다양한 종류의 베팅 전략으로 활용하기 위해 자신이 개발했던 시스템에 관한 논문을 발표했다. 이 논문에서 그는 경마에서 수익을 내기 위해 고안했던 방법을 통해 자신의 아이디어를 자세히 설명했다. 켈리의 시스템은 만약 충분한 정보를 확보한다면 경마 예상지에 게시된 확률을 무시하고 대신 보다 정확한 확률, 즉 각 경주에 대한 '진짜 확률'들에 의존할 수 있는 이상적인 베팅을 제안했다.

켈리의 공식은 정보 이론에 대한 섀넌의 앞선 연구에서 발달된 것이었다. 켈리의 집에서 브리지 게임을 하고 과학과 수학을 놓고 토론하던 벌캄프는 경마 베팅과 주식 투자에서 승산이 큰 역할을 한다는 점을 고려하면 두 분야가 비슷하다는 사실을 알게 됐다. 그들은 또 정확한 정보와 적당한 크기의 베팅이 어떻게 유리하게 작용할 수 있는지를 논의하기도 했다.

켈리의 시스템은 베팅 규모 결정의 중요성을 강조했으며 벌캄프는 훗날 이 교훈을 활용했다.

"나는 금융에 전혀 관심이 없었지만 켈리는 모든 포트폴리오 이론을 연구했습니다."

벌캄프는 서서히 금융 분야에서 마주치는 지적 도전과 그에 따른 재정적 보상의 진정한 의미를 인식했다.

1964년 벌캄프는 자신이 틀에 박힌 생활을 하고 있다는 사실을 깨달았다. 데이트하던 젊은 연인과는 헤어졌고 자기 연민에 빠져 있었다. 캘리포니아 주립대학교 버클리에서 강사직 인터뷰를 하러 서부로 올 수 있냐고 물었을 때 벌캄프는 이 기회에 곧바로 뛰어들었다.

"눈이 내리는 너무나 추운 시기였고 난 거기서 벗어날 필요가 있었습니다."

벌캄프는 결국 버클리 강사직을 수용했고 그곳에서 박사 학위 논문을 완성한 뒤 전기공학과 조교수가 됐다. 어느 날 아파트에서 저글링을 하면서 시간을 때우던 중 아래층에서 톡톡 치는 소리가 들렸다. 벌캄프가 내는 소음이 아래층에 사는 두 여성을 방해한 것이었다. 벌캄프는 사과하러 내려갔다가 영국에서 온 제니퍼 윌슨Jennifer Wilson이라는 여학생을 소개받기에 이르렀고, 두 사람은 1966년에 결혼했다.[1]

벌캄프는 디지털 정보 해독 전문가로 자리 잡으며 미 항공우주국(NASA)이 화성과 금성 등 태양계의 다른 부분을 탐사하는 위성에서 보내 온 이미지를 판독하는 일을 도왔다. 또한 '점과 박스' 같은 퍼즐과 게임을 연구하며 개발했던 원리를 적용해 '조합 게임 이론'이라는 수학의 한 부류를 공동으로 만들었고 코딩 분야에서 고전으로 불리는《대수적 코딩 이론Algebraic Coding Theory》이라는 책도 썼다. 벌캄프는 유한체finite field에 걸친 다항식의 인수분해를 위한 알고리즘을 구성해 벌캄프 알고리즘이라는 이름을 붙였다. 이 알고리즘은 훗날 암호해독 분야에서 필수적인 도구가 됐다.

벌캄프는 캠퍼스 내 정치를 헤쳐 나가는 데 그리 뛰어나지 못했다. 얼마 지나지 않아 인문과학대학 소속 학과들 사이에서 벌어지는 격렬한 세력 다툼에 휘말린 자신을 발견했다. 당시 "다른 쪽 사람들과 함께 점심을 먹었다는 이유로 비난받기도 했다."고 말한다.

그는 인간의 상호작용 중 많은 부분이 때로는 자신이 분간하기 힘든 회색빛으로 뒤덮여 있다는 사실을 깨닫기에 이르렀다. 그와 반대로 수학은 객관적이고 편견에 치우치지 않은 해답을 이끌며 사람들을 진정시키고 안심시키는 결과를 만든다고 생각했다.

벌캄프는 말한다. "삶 속에서 진실은 그 폭이 넓고 미묘한 차이를 지니고 있습니다. 대통령이나 어떤 사람이 정말 훌륭하다거나 아니면 끔찍하다고 말하는 것처럼 사람들은 온갖 주장을 할 수 있습니다. 하지만 수학에는 분명한 해답이 존재합니다. 이것이 바로 내가 수학을 사랑하는 이유입니다."

1960년대 말에 이르러 코딩 이론에 관한 벌캄프의 연구는 사이먼스가 근무하던 비영리기관인 국방분석연구소[IDA]의 주목을 받았다. 1968년 벌캄프는 IDA의 기밀 업무를 수행하기 시작했고 이후 몇 년간 버클리와 프린스턴에서 다양한 프로젝트를 실행했다. 그때 한 동료가 벌캄프를 사이먼스에게 소개했다. 하지만 두 사람은 수학에 대한 애정을 공유하고 MIT와 버클리, IDA에서 함께 시간을 보냈음에도 불구하고 서로 잘 맞지 않았다.

벌캄프는 이렇게 기억한다. "수학에 대한 그의 생각은 내 생각과 달랐습니다. 사이먼스에게는 금융을 통해 돈을 벌겠다는 끝없는 욕망이 있었습니다. 그는 행동하기를 좋아했습니다. (……) 늘 포커 게임을 즐기며 시장에 대해 떠들어 댔죠. 나는 포커 게임을 항상 야구나 미식축구보다 더 관심을 두지 않는, 그러니까 전혀 관심이 없는 하찮은 일로 여겼습니다."

벌캄프는 사이먼스가 스토니브룩에서 수학과를 만들던 무렵에 전기공학과와 수학과의 교수로 버클리에 돌아왔다. 1973년 암호 해독 기업의 공동 소유자가 된 벌캄프는 사이먼스가 투자를 원할지도 모른다고 생각했다. 하지만 사이먼스는 400만 달러를 투자할 여유가 없었고 대신 그 기업의 이사회 멤버로 참여했다. 벌캄프는 비록 사이먼스가 담배를 피우기 위해 종종 회의를 방해하기는 했지만, 이

사회에서 남의 말에 귀를 잘 기울이고 합리적인 제안을 하는 모습을 봤다.

1985년 이스트만 코닥Eastman Kodak은 벌캄프가 설립해 우주 및 위성의 통신을 위한 블록 코드block codes를 연구했던 기업을 인수했다. 기업 매각으로 수백만 달러에 이르는 뜻밖의 수익이 생기면서 벌캄프의 결혼 생활은 새로운 도전에 부딪치기도 했다.

"아내는 더 큰 집을 원했고 난 여행을 가고 싶었습니다."

새롭게 축적한 부를 보호하기로 굳게 결심한 벌캄프가 최고 등급의 지방채를 매입했지만, 1986년 봄 의회가 채권 투자에 대한 세금 면제 지위를 박탈할지도 모른다는 소문 때문에 지방채의 가치는 폭락했다. 결국 의회가 그런 법을 제정하지는 않았지만, 벌캄프는 그 경험을 통해 투자자들이 비이성적으로 행동하는 경우도 있다는 교훈을 얻었다. 주식 투자도 고려했지만, 대학 시절 룸메이트였던 한 친구는 벌캄프에게 기업 임원들이 "주주들에게 거짓말을 하기" 때문에 대부분의 주식에 위험성이 있다고 경고했다. 그러면서 "원유나 농산품 같은 상품을 검토해야 한다."라고 말했다.

벌캄프는 상품 거래에 복잡한 선물 계약이 따른다는 것을 알던 터라 그 분야에 일가견이 있는 사람으로서 자신이 아는 유일한 인물인 사이먼스에게 전화를 걸어 조언을 청했다.

사이먼스는 전화를 받고 전율을 느끼는 것 같았다.

"마침 당신에게 딱 맞는 기회가 내게 있다네."

사이먼스는 벌캄프에게 한 달에 두어 번씩 헌팅턴 비치로 날아와 트레이딩 방식을 배우고 그의 통계적 정보 이론 분야 전문성이 악스콤에 도움이 될 수 있을지 알아보라고 요청했다.

"당신은 헌팅턴 비치에 가서 짐 엑스와 얘기를 나눠야 하네. 엑스는 분명 당신 같은 사람에게서 도움을 받을 거야." 사이먼스가 벌캄프에게 말했다.

젊은 시절에 벌캄프는 트레이딩 비즈니스를 경멸했지만, 이제는 새로운 도전 아이디어에 강한 호기심을 느꼈다. 1988년에 마침내 큰 기대를 품고 헌팅턴 비치 사무실로 날아갔다. 하지만 벌캄프가 자신의 책상에 채 자리 잡기도 전에 엑스가 짜증 가득한 얼굴로 다가왔다.

"사이먼스가 당신이 우리를 위해 일하기를 바란다면 당연히 그가 당신에게 급여를 지급해야 할 것이오. 나는 그러지 않을 겁니다." 엑스는 벌캄프에게 선수를 쳤다.

벌캄프는 불의의 일격에 기가 찼고, 엑스는 그가 '당장' 사무실에서 나가기를 원했다. 버클리에서 먼 길을 날아왔던 벌캄프는 그렇게 빨리 집으로 돌아가고 싶지 않았다. 조금 더 버티기로 하되, 마치 TV 시트콤 〈사인펠드Seinfeld〉에서 해고당한 뒤 근무지로 돌아온 조지 코스탄자George Costanza처럼 가능한 한 엑스를 피해 다니기로 마음먹었다.

얼마 지나지 않아 벌캄프는 엑스와 사이먼스가 점점 늘어나는 악스콤의 비용을 누가 지불해야 하는지를 두고 오랫동안 심한 불화에 빠져 있다는 사실을 알았다. 사이먼스는 이 다툼을 벌캄프에게 알리지 않았다.

악스콤 팀이 영입한 모든 두뇌들과 카르모나를 비롯한 다른 사

　시장을 풀어낸 수학자

람들에게서 받는 도움에도 불구하고 악스콤의 컴퓨터 모델은 그저 단순하고 아주 흔한 두 가지 트레이딩 전략에 초점을 맞추고 있었다. 때로는 트렌드가 계속될 것이라는 가정하에 가격이 계속 오르거나 낮아지는 다양한 상품을 매입하며 '가격을 뒤쫓아 갔다.' 또 다른 경우에는 가격이 같은 방향으로 움직이는 크기가 줄어들다가 결국 반대의 방향으로 움직인다는 (평균)회귀 전략에 베팅하기도 했다.

엑스는 스트라우스가 프로그램에 적합한 과거 데이터를 점점 많이 수집해 오는 덕분에 경쟁자들보다 훨씬 많은 가격 정보에 접근할 수 있었다. 가격 움직임은 대개 과거 움직임과 비슷하므로 악스콤은 수집한 데이터들을 분석해 트렌드가 언제 계속되고 또 언제 사라질지 정확히 판단할 수 있었다. 컴퓨터 처리 능력이 향상되고 보다 저렴해지면서 악스콤 팀은 사이먼스를 무척 불편하게 만들었던 초기 형태의 머신러닝 전략을 채택한 카르모나의 커널 방식을 포함해 보다 정교한 트레이딩 모델을 만들었다. 이런 이점들을 활용하며 악스콤은 약 20퍼센트의 연간 평균 수익을 올리며 경쟁자 대부분을 능가했다.

하지만 사이먼스는 수익이 더 나아지지 않는 이유를 끊임없이 물었다. 게다가 경쟁자가 크게 늘면서 긴장감은 더욱 고조됐다. 메릴린치의 베테랑 애널리스트 존 머피John Murphy는 쉬운 용어로 가격 트렌드를 추적하고 그에 맞춰 거래하는 방법을 설명하는 책《금융 시장의 기술적 분석Technical Analysis of the Financial Market》을 출판하기도 했다.

투자 상품을 가격이 오를 때 매수하고 떨어질 때 매도하는 방식은 가격이 떨어질 때 매수하고 올랐을 때 자금을 회수하라고 추천하는 학계의 대표적인 이론과 맞지 않다. 워런 버핏$^{Warren\ Buffet}$을 비롯한 유명한 투자가들은 가치를 중시하는 투자 스타일을 채택하고 있었다. 그럼에도 헤지펀드 관리자 폴 튜더 존스$^{Paul\ Tudor\ Jones}$를 포함한 일부 공격적인 투자가들은 사이먼스의 팀이 의존했던 것과 비슷한 '트렌드를 추종하는' 전략을 구사했다. 사이먼스는 경쟁자 무리들보다 한 발 앞서 나가기 위해 새로운 접근 방식이 필요했다.

벌캄프는 자신의 의견을 제시하기 시작했다. 악스콤의 트레이딩 모델이 거래의 규모를 적절히 조정하지 않는 것 같다고 엑스에게 말했다. 그러고는 트레이딩 모델이 수익을 낼 확률이 높다고 제안하면 보다 많은 양을 매매해야 한다고 주장했다. 이 주장은 켈리에게서 배운 인식을 바탕으로 한 것이었다.

"우리는 여기서 투자 비중을 늘려야 합니다." 어느 날 벌캄프가 말했다.

"그렇게 할 거야." 엑스는 건성으로 대답했다.

벌캄프는 악스콤의 운영 방식에서 다른 문제점들을 발견했다. 악스콤은 금과 은, 구리 금속뿐만 아니라 돼지고기를 비롯한 육류와 곡물의 상품을 거래하고 있었다. 하지만 악스콤의 매매 주문은 여전히 이메일을 통해 매일 거래 시장의 개장과 폐장 때 거래 중개인 그렉 올슨에게 전달됐고, 악스콤은 한 번 투자할 때마다 몇 주씩 또는 심지어 몇 달씩 투자 포지션을 유지하는 경우도 종종 있었다.

벌캄프는 시장이 급변할 수 있기 때문에 그런 방식이 위험하다고 주장했다. 느리게 드문드문 이뤄지는 거래는 기업이 새롭게 떠오르는 기회에 곧바로 뛰어들지 못하게 하고, 하락세가 장기화될 때에는 손실로 이어졌다. 벌캄프는 엑스에게 규모가 작은 단기적 기회를 찾아 치고 빠지는 방식을 고려해 보라고 촉구했다. 엑스는 이번에도 빠르고 빈번하게 이뤄지는 거래에 따른 비용을 이유로 다시 한 번 벌캄프를 무시했다. 게다가 스트라우가 수집한 하루 동안의 가격 데이터는 아직 완전히 '정제되지' 못했기 때문에 부정확한 부분이 너무 많아 단기 거래에 적합한 컴퓨터 모델을 만들 수 없었다.

엑스가 벌캄프에게 몇몇 연구 과제를 주는 데 동의했지만, 벌캄프는 엑스콤을 방문할 때마다 엑스가 자신의 권고를 땜질과 같은 단순한 '미봉책'으로 여기며 대부분 무시하거나 제대로 실행하지 않는다는 사실을 깨달았다. 벌캄프가 잠깐씩 나타나 자신의 의견을 공유하는 방식은 엑스의 아이디어가 아니었고, 트레이딩 게임을 이제 막 이해하기 시작한 교수의 이론이나 제안에 신경 쓸 생각도 없었다.

엑스에게는 도움이 크게 필요하지 않은 것처럼 보였다. 그 전해인 1987년 악스콤은 다우존스 산업평균지수Dow Jones Industrial Average가 하루에 22.6퍼센트 급락하는 10월 폭락장을 교묘하게 피하며 두 자릿수 수익률을 기록했다. 엑스가 선견지명으로 유로 달러 선물을 매입하고 주식 폭락과 함께 이 선물 가격이 급등하면서 악스콤의 다른 손실을 상쇄하는 데 도움을 줬기 때문이다.

한편 사이먼스가 수학 마법사들을 고용해 새로운 전략을 시도한다는 소문이 돌기 시작하자 퀀트 거래quantitative trading의 선구자인 에드워드 소프를 포함한 몇몇 개인들이 악스콤에 대한 투자에 관심을 보였다. 소프는 뉴욕에서 사이먼스를 만날 약속까지 잡았지만, 몇 가지 실상을 알아 본 뒤 취소했다. 소프가 가장 염려스러워한 것은 사이먼스의 전략이 아니었다.

캘리포니아 뉴포트 비치에 살고 있던 소프는 이렇게 말했다. "나는 사이먼스가 줄담배를 피우고 그의 사무실을 방문하는 게 거대한 재떨이로 걸어 들어가는 것과 같다는 사실을 알았습니다."

고객들은 악스콤과 관련한 다른 문제들도 제기했다. 일부는 사이먼스의 벤처캐피털 사업을 믿지 못했고 그런 투자들이 포함된 펀드를 원하지 않았다. 회의적인 투자자들을 끌어 모으기 위해 사이먼스는 1988년 3월에 벤처에 투자한 자금을 회수하며 림로이 투자 펀드를 폐쇄한 뒤 엑스와 함께 트레이딩에만 집중하는 역외 헤지 펀드를 시작했다. 그들은 헤지 펀드의 이름을 각자가 수상했던 권위 있는 수학 상을 기념하는 의미로 메달리온으로 지었다.

하지만 6개월도 안 돼 메달리온은 손실을 입기 시작했다. 손실 일부는 엑스의 초점이 전환된 탓일 수도 있었다.

엑스는 캘리포니아로 이사하면서 사무실에서 퍼시픽 코스트 하이웨이를 따라 약 9킬로미터 떨어진 헌팅턴 하버$^{\text{Huntinton Harbor}}$ 근처에 보트 선착장이 딸린 조용한 집을 임대했다. 얼마 지나지 않아 더 외딴 곳을 찾았고 결국 말리부^{Malibu} 해변에 있는 주택을 임대했다.

엑스는 다른 사람들과 함께 있기를 전혀 좋아하지 않았으며, 특히 동료들과는 더욱 그랬다. 이사한 뒤로는 헌팅턴 사무실에 근무하는 거의 십여 명에 이르는 직원들을 원격으로 관리하면서 동료들과 더 멀어졌다. 일주일에 한 번씩만 사무실로 출근했고 벌캄프가 회의를 위해 먼 길을 날아 왔는데도 엑스가 말리부에서 아직 출발도 하지 않은 적도 있었다. 엑스는 프랜시스^{Frances}라는 회계사와 결혼하고 나서 팀원들을 만나러 나오고 싶은 생각이 더욱 줄었다. 때로는 전화를 걸어 팀원들이 연구하는 알고리즘이나 예측 모델과 전혀 관계 없는 것을 요구하기도 했다.

어느 날 한 직원이 전화로 엑스에게 이렇게 말하는 것이 들리기도 했다.

"알겠습니다. 그러면 어떤 종류의 시리얼을 준비할까요?"

엑스가 업무에 관여하는 시간이 줄면서 악스콤의 성과는 악화됐다.

카르모나는 당시 상황을 이렇게 말한다. "연구가 그렇게 적극적으로 이뤄지지는 않았습니다. 상사가 자리에 없으면 직원들의 활력은 달라지기 마련입니다."

벌캄프는 이런 식으로 표현한다. "엑스는 유능한 수학자였지만, 연구 관리자로서 무능했습니다."

더 고립된 생활을 찾던 엑스는 산타모니카 산맥^{Santa Monica Mountains}이 내려다보이는 언덕 꼭대기의 퍼시픽 팰리세이즈^{Pacific Palisades} 절벽 지역에 자리 잡은 화려한 저택을 구입했다. 카르모나는 일주일에 한 번씩 자동차로 그 집을 방문해 엑스에게 음식과 책을 비롯한 생필품을 전달했다. 그들은 패들테니스를 격렬하게 쳤고, 그러는 동안 카르모나는 엑스의 최신판 음모론을 인내심을 발휘하며 들어야 했다. 동료들은 엑스가 최소한 주택의 한 쪽 면에 다른 사람이 거주하지 않도록 하려고 해안에 접한 주택을 계속 선택한다는 이론을 내세우며 엑스를 은둔자 같은 사람으로 여기기 시작했다. 엑스가 사슴과 다른 동물들을 불러 모을 수 있도록 엑스의 마당에 한 직원이 인공 소금 구조물^{salt lick}(야생동물들이 소금을 보충할 수 있게 하는 구조물)을 설치하러 왔을 때 엑스는 창문을 통해 이 장면을 한참 동안 빤히 쳐다보고 있었다.

몇 년 전 바움이 전통적인 트레이딩 방식으로 돌아가고 사이먼스가 처음에 카르모나의 '커널' 방식을 불편하게 여긴 것처럼 엑스는 자신과 스트라우스가 개발한 정교한 모델에 바탕을 둔 트레이딩에서 서서히 벗어나며 포트폴리오를 자신의 본능에 따라 구성했다. 퀀트 투자는 심지어 수학 교수들에게도 쉽지 않았던 것 같다. 엑스는 〈뉴욕타임스〉의 서부 지역 판이 약 65킬로미터 떨어진 토런스^{Torrance} 시에서 인쇄된다는 것을 알아내고는 다음 날 조간신문이 자정을 막 넘긴 시간에 집으로 배달될 수 있게 조치했다. 그러고는 신문에서 읽은 정부 관료와 다른 관계자 들의 발언을 바탕으로 경쟁자보다 한발 앞서기를 바라며 밤새 국제 시장에서 거래를 이어 갔다. 또 집 전체에 엄청나게 많은 TV를 설치해 뉴스를 모니터링하고 직접 설치한 비디오 연결 장치를 통해 동료들과 의견을 주고받았다.

벌캄프는 "당시 엑스가 기술에 푹 빠져 있었다."고 말한다.

엑스는 흰색 재규어 자동차를 몰고 다니며 라켓볼을 자주 치고 근처 언덕에서 산악자전거를 타며 시간을 보냈다. 한번은 자전거에서 거꾸로 떨어져 응급 뇌수술을 받기도 했다. 악스콤의 성과는 1988년 상반기 동안 강세를 유지했지만, 이후 손실이 발생했다. 엑스는 곧 회복될 것이라고 자신했지만, 사이먼스의 염려는 커져만 갔다. 곧이어 엑스와 사이먼스는 또다시 다투기 시작했다. 엑스는 트레이딩 시스템의 속도가 빨라질 수 있도록 컴퓨터 시스템 업그레이드를 원했지만, 컴퓨터 개선에 돈을 쓸 생각은 전혀 없었다. 사이먼스도 비용 지불을 거절했다. 두 사람 사이의 갈등이 커지면서 엑스는 사이먼스가 자기 몫의 책임을 다하지 않는다고 불평하기에 이르렀다.

엑스는 청구서가 도착하자 동료에게 "사이먼스가 모든 비용을 지불하게 하자."라고 말했다.

1989년 봄 즈음에 엑스는 세계적인 수학자이며 자신이 지닌 경쟁력을 공유해 준 동료 학자 벌캄프를 많이 존경하기 시작했다. 물론 엑스는 여전히 벌캄프의 트레이딩 방식 제안을 실행에 옮기지는 않았지만 자신이 곤경에 처해 있으며 사이먼스를 향한 불평을 들어줄 사람이 곁에 거의 없다는 사실을 깨달았다.

엑스는 벌캄프에게 "모든 트레이딩은 내가 다 하고, 사이먼스는 그저 투자자들만 만나고 있다."며 불평을 늘어놓고, 벌캄프는 그의 말에 동조하려 노력했다.

어느 날 벌캄프가 방문했을 때 엑스는 침울해 보였다. 그들이 운용하는 펀드가 지난 몇 달 동안 손실을 보다가 급기야 전년도 중반기 대비 거의 30퍼센트 하락하는 충격적인 상황이 발생했다. 대두 시장을 매점하려는 이탈리아 의회의 시도가 실패로 돌아가자 대두 가격이 급락하면서 악스콤이 보유한 대두 선물의 가치도 함께 폭락했다. 다른 트렌드 추종자들과 벌이는 경쟁이 심화된 것도 영향을 미쳤다.

엑스는 사이먼스의 회계사 마크 실버^{Mark Silver}에게서 받은 편지를 벌캄프에게 보여 줬다. 편지에는 악스콤이 여전히 애를 먹고 있는 장기적 예측 신호에 바탕을 둔 모든 트레이딩을 엑스와 그의 팀이 트레이딩 운영 방식을 개조하고 개선하는 계획을 제시할 때까지 중지하라고 주문하는 내용이 담겨 있었다. 사이먼스는 악스콤에게 단기적 트레이딩만 허용했고, 이런 형태의 트레이딩은 악스콤 전체 거래의 10퍼센트밖에 되지 않았다.

엑스는 분노에 휩싸였다. 그가 맡은 일은 트레이딩이었고, 사이먼스의 일은 투자자를 다루는 것이었다.

"도대체 사이먼스가 어떻게 나의 트레이딩을 중단시킬 수 있지?" 엑스의 목소리는 더 커졌다. "그가 나를 막을 수는 없어!"

엑스는 여전히 펀드의 성과가 회복될 것이라고 확신했다. 트렌드를 쫓아가는 전략이 성공하려면 트렌드가 사그라지거나 트렌드를 파악하기 어려운 시기를 투자자들이 견딜 수 있어야 한다. 대개의 경우 새로운 트렌드가 바로 눈앞에 다가와 있기 때문이다. 사이먼스의 트레이딩 중단 조치는 두 사람의 파트너십 계약 조항을 위반했다. 이에 따라 엑스는 사이먼스를 상대로 소송을 제기할 생각이었다.

"사이먼스가 내게 이래라 저래라 하며 보스 짓을 너무 오랫동안 했어!" 엑스가 크게 외쳤다.

벌캄프는 엑스를 진정시키려 애쓰며 소송이 그렇게 좋은 아이디어가 아니라고 말했다. 비용이 많이 들고, 시간도 오래 걸리며, 결국에는 성공하지 못할 수도 있다. 게다가 사이먼스에게는 꽤 괜찮은 논점이 있었다. 즉 엄밀히 따지면 악스콤은 사이먼스가 지배하는 합명회사(무한책임사원만으로 구성되는 회사—옮긴이)를 위해 트레이딩을 하므로 사이먼스에게 악스콤의 미래를 결정할 권리가 있었다.

엑스는 인식하지 못했지만, 사이먼스는 자기 나름대로 압박에 시달리고 있었다. 옛 친구들과 투자자들이 사이먼스에게 전화해 급격한 손실을 걱정했다. 일부는 고통을 감당할 수 없어 투자 자금을 회수하기도 했다. 사이먼스는 사무실에서 스트라우스와 다른 직원들을 상대할 때 매우 퉁명스러웠다. 그들 모두가 손실이 쌓이는 모습을 볼 수 있었고, 기업 내 분위기는 점점 더 나빠졌다.

사이먼스는 엑스의 전략이 너무 단순하다고 판단했다. 그리고 엑스에게 고객들이 빠져나가는 것을 막고 회사를 살릴 수 있는 유일한 방법은 모든 손실의 원인이었던 장기적 트레이드를 축소하는 한편 개선된 새로운 전략을 개발하겠다는 것을 알려 투자자들을 안심시키는 일이라고 말했다.

엑스는 그런 말을 듣고 싶지 않았다. 동료들의 지지를 이끌어 내기 위해 헌팅턴 비치 사무실로 갔지만, 누구의 지지도 얻지 못했다. 스트라우스는 어느 한쪽 편을 들고 싶지 않고 회사와 자신의 경력 모두를 위태롭게 하며 점점 더 악화되는 싸움의 중간에 끼어 있는 게 몹시 불편하다고 엑스에게 말했다. 엑스는 크게 화내며 스트라우스에게 소리 질렀다.

"당신이 나를 그렇게 배신할 수는 없어!"

스트라우스는 어떻게 대응해야 할지 몰랐다.

당시 그는 "바보가 된 느낌이었다."고 말한다.

사이먼스는 다양한 트레이더들을 지원하고 새로운 투자 방식을 시도하며 십여 년 이상을 보냈다. 하지만 많은 진전을 이루지는 못했다. 바움은 결국 실패했고, 헨리 라우퍼는 그리 오래 머물지 않았다. 이제 엑스와 스트라우스가 운용하는 펀드는 손실이 쌓여 가면서 그 규모가 2,000만 달러 아래로 떨어졌다. 게다가 사이먼스는 트레이딩보다 자신의 부업에 더 많은 시간을 투입했다. 그의 마음이 투자 비즈니스를 떠난 것처럼 보였다. 스트라우스와 동료들은 사이먼스가 회사 문을 닫을 수도 있다고 생각했다.

스트라우스는 당시 분위기를 이렇게 말한다. "사이먼스가 투자에 대한 믿음이 조금이라도 있는지 분명치 않았습니다. 그리고 우리가 생존할지 아니면 비즈니스를 접을지도 확실하지 않았습니다."

밤에 집으로 돌아온 스트라우스는 자신의 어린 두 자녀가 옆방에서 놀고 있는 동안 부인과 함께 최악의 경우를 대비하기 위해 평소 지출을 계산하고 그동안 모아 둔 돈이 얼마인지 확인하며 몇 시간을 보냈다. 만약 사이먼스가 트레이딩을 포기하고 악스콤의 문을 닫으면 어디로 이사 갈 수 있을지 의논하기도 했다.

사무실에서는 사이먼스와 엑스의 다툼이 계속됐다. 스트라우스는 사이먼스와 실버에게 전화하며 소리치는 엑스를 봤다. 이 모든 것을 견디기가 너무 힘들었다.

마침내 스트라우스는 엑스에게 통보했다. "난 휴가를 가겠습니다. 이 일은 여러분이 알아서 해결하십시오."

1989년 여름 엑스는 상자 속에 갇힌 듯한 답답함을 느꼈다. 자신은 성공 사례금을 받는 조건으로 일하는 2류 변호사를 고용한 반면 사이먼스는 뉴욕 최고 변호사를 내세웠다. 사이먼스가 법적 다툼에서 엑스를 능가할 것이 너무나 분명했다.

어느 날 벌캄프는 엑스에게 한 가지 아이디어를 제시했다.

"당신이 보유한 엑스콤의 지분을 내가 사면 어떨까요?"

벌캄프는 개인적으로 자신이 악스콤을 회생시킬 수 있을지도 모른다고 생각했다. 지금껏 매달 하루 내지 이틀만 악스콤에서 근무했지만, 만약에 트레이딩 시스템 개선에 전적으로 집중하면 악스콤이 더 나아지지 않을까 생각했다. 엄청난 수익을 낼 수 있는 컴퓨터 시스템을 구축하는 방법을 파악한 사람은 아무도 없었다. 어쩌면 벌캄프가 해낼 수 있을지도 모를 일이었다.

벌캄프는 당시 "지적 활동에 푹 빠져 있었다."고 말한다.

엑스는 더 나은 옵션이 없다고 판단하고 자신의 악스콤 지분 대부분을 벌캄프에게 팔기로 했다. 매매 거래가 완료된 후 벌캄프는 악스콤의 지분 40퍼센트를 확보했고 스트라우스와 사이먼스가 각각 25퍼센트를 보유했고 엑스는 10퍼센트의 지분을 가졌다.

엑스는 부인을 제외한 다른 사람들과 거의 대화를 하지 않은 채 몇 달 동안 집에만 틀어박혀 있었다. 그리고 마침내 더디지만 놀랄 만한 변신을 시작했다. 엑스는 부인과 함께 샌디에이고로 이사해 그곳에서 시를 쓰고 영화 시나리오 집필 강의에 등록하며 드디어 다소나마 편안히 쉬는 법을 배웠다. 엑스는 《로봇Bots》이라는 SF 스릴러물을 집필하기도 했다.

엑스는 온라인에서 사이먼 코첸이 쓴 양자역학quantum mechanics에 관한 학술 논문을 읽고는 여전히 프린스턴대학교에서 강의하고 있던 옛 동료와 다시 연락하기로 마음먹었다. 얼마 후 그들은 양자역학의 수학적 면에 관한 학술 논문을 공동으로 작성했다.[2]

하지만 엑스의 삶에는 여전히 공허함이 남아 있었다. 작은아들 브라이언이 어디 있는지 알아낸 엑스는 어느 날 로드아일랜드 주 프로비던스^{Providence}에 있는 브라운대학교$^{Brown\ University}$ 기숙사에 살고 있던 브라이언에게 전화를 걸었다. 15년이 넘는 기간 동안 서로 얘기한 적이 한 번도 없었다.

엑스는 머뭇거리다 대화를 시작했다.

"안녕, 아빠야."

그날 밤 두 사람은 몇 시간 동안 통화했고 이후 엑스와 두 아들 사이에 장시간에 걸친 진지한 대화들이 이어졌다. 엑스는 두 아들을 버려두고 떠난 것을 후회한다고 말하며 자신의 분노로 생긴 피해를 인정했다. 아들들은 아버지를 용서하며 아버지가 다시 자신들의 삶 속으로 돌아오기를 간절히 원했다. 시간이 지나면서 엑스와 두 아들의 친밀한 관계는 더욱 굳건해졌다. 2003년에 할아버지가 된 엑스는 전 부인 바버라와 재결합하며 전혀 가능할 것 같지 않았던 그들만의 우정을 쌓아 나갔다.

3년 뒤 엑스는 대장암으로 69세의 나이에 세상을 떠났다. 엑스의 두 아들은 그의 묘비에 엑스-코첸 정리를 대표하는 공식을 새겨 넣었다.

CHAPTER 06

과학자는 인간이며, 종종 너무나 인간적이기도 하다.
욕망과 데이터가 충돌하면 때로는 증거가 감정에 밀리기도 한다.

브라이언 키팅, 《노벨상을 놓치며(Losing the Novel Prize)》에서

벌캄프는 1989년 여름에 투자 비즈니스가 한창 활기를 띠던 바로 그 시기에 메달리온 펀드의 운영권을 확보했다. 당시로부터 10년 전만 하더라도 금융 기업은 미국 전체 수익의 약 10퍼센트를 차지했지만, 이제는 《밝은 조명으로 빛나는 대도시》Bright Lights, Big City》(제이 매킨너니Jay Mcinerney의 베스트셀러 소설로 미국에서 같은 이름으로 영화화된 후 한국에서는 〈재회의 거리〉라는 제목으로 개봉했다—옮긴이) 같은 소설과 마돈나의 '머티리얼 걸Material Girl' 같은 노래에서 표현된 것처럼 탐욕과 방종이 넘쳐나는 시기에 그 수치를 2배 이상 늘리려고 하는 과정에 있었다.

시장을 움직일 만큼 중요하지만, 일반 대중에게는 알려지지 않은 금융 뉴스를 향한 트레이더와 은행가, 투자자들의 끝없는 갈망('정보 우위'로 알려져 있다)은 월스트리트 금융 기업들의 수익을 부채질

하는 원동력이었다. 눈앞에 닥친 기업 인수 제안과 수익, 신제품에 관한 정보는 황혼기에 접어든 레이건 시대의 법정 화폐나 마찬가지였다. 정크본드junk-bond의 제왕 마이클 밀켄Michael Milken은 내부자 거래에 관한 증권 관련 법 위반으로 조사를 받고 교도소에 가기 전인 1983년에서 1987년 사이에 1억 달러 이상의 보수를 받았다. 100달러짜리 지폐로 수십만 달러를 채워 넣은 서류 가방과 기업 인수 정보를 맞바꾼 투자 은행가 마틴 시겔Martin Siegel과 트레이더 이반 보에스키Ivan Boesky를 포함한 다른 이들도 밀켄과 같은 대열에 합류했다.[1] 1989년에 이르러 영화 〈월스트리트〉의 실제 주인공 고든 게코Gordon Gekko는 투자 업계의 공격적이고 지나칠 정도로 자신만만하며 늘 불공정한 우위를 추구하는 투자 전문인의 모습을 분명히 보여 줬다.

군침을 흘릴 만한 소문이나 최신 비밀 정보를 전혀 신뢰하지 않는 학자였던 벌캄프는 공격적 성향이 판을 치던 시기에 예외적인 인물이었다. 다양한 기업이 어떻게 수익을 올리는지 거의 몰랐으며 알려고도 하지 않았다.

당시 나이 마흔아홉을 눈앞에 둔 벌캄프는 월스트리트에서 점점 늘어나는 전리품을 쓸어 담는 업계 거장들을 체력적으로도 전혀 따라가지 못했다. 이에 따라 적절한 신체 건강의 중요성을 인식하며 위험할 정도의 극심한 다이어트를 연속으로 감행했고 지칠 때까지 자전거를 타기도 했다. 한때 체중을 너무 많이 줄인 나머지 쇠약해 보이기까지 해 동료들이 걱정했다. 벗겨지기 시작하는 머리에 안경을 쓰고 희끗희끗한 수염을 단정하게 다듬은 벌캄프는 앞주머니에 여러 색깔의 프랑스산 빅BIC 볼펜을 무려 다섯 개까지 꽂고 다녔다.

시장을 풀어낸 수학자

비즈니스 세계의 곳곳에서 어느 정도 두각을 나타내기 시작한 컴퓨터만 아는 괴짜들 중에서도 벌캄프는 단연 돋보였다. 1989년 기계가 어떻게 보다 나은 예측 모델을 구축하는지 배우기 위해 캘리포니아 주 카멜에서 열린 컨퍼런스에 참가했을 때 벌캄프는 모인 사람들 중에서 가장 얼빠진 교수처럼 보였다.

당시 컨퍼런스에서 벌캄프를 만나 친구가 된 랭든 휠러Langdon Wheeler는 이렇게 말한다. "벌캄프는 셔츠 자락이 구겨진 채로 밖으로 삐져나온 약간 단정치 못한 차림이었고 그가 골똘히 생각할 때면 눈동자를 빠르게 굴렸습니다. 하지만 나는 그의 별난 모습 너머를 보았고 그에게서 배우고 싶었습니다."

악스콤의 사무실을 돌아다닐 때면 벌캄프는 주제와 상관없는 얘기를 장황하게 늘어놓기를 좋아해 직원들을 여러 차례 안절부절못하게 만들었다. 한번은 자신이 대화의 80퍼센트 정도를 차지하고 싶다고 말하기도 했다. 그를 잘 아는 사람들은 그의 추정치가 약간 적다고 생각했다. 하지만 수학자로서 벌캄프의 명성은 그에 대한 존경심을 불러일으켰고, 메달리온이 성과를 개선할 수 있다는 자신감은 낙관론을 만들어 냈다.

벌캄프의 첫 번째 실행 계획은 기업을 버클리에 있는 자신의 집과 더 가까운 곳으로 이전하는 것이었으며 벌캄프의 부인과 스트라우스도 이 결정을 지지했다. 1989년 9월 스트라우스는 UC 버클리 캠퍼스에서 가깝고 도시에서 제일 먼저 생긴 고층빌딩으로 역사적 의미가 있는 12층 웰스파고 빌딩Wells Fargo Building의 9층 사무실을 임대했다. 사무실의 기존 컴퓨터 배선은 정확한 가격 데이터를 충분히 빠른 속도로 전송하기에 적합하지 않아 직원들은 최신 선물 가격을 전송하기 위해 근처 오클랜드 시의 트리뷴 타워^{Tribune Tower} 옥상에 설치된 위성 수신기를 사용하기로 조치했다. 한 달 뒤 로마 프리에 타^{Loma Prieta} 지진이 샌프란시스코 지역을 강타하며 63명이 사망하는 사건이 발생했다. 악스콤의 새 사무실은 심각한 피해를 입지 않았지만, 선반과 책상이 쓰러지고 책과 장비들이 손상되고 위성 수신기가 넘어졌다. 이 사태는 스스로 회생하기 위해 필사적으로 노력하는 트레이딩 기업에 상서롭지 못한 출발이었다.

하지만 악스콤의 팀원들은, 엑스가 무시했지만, 가장 가시성이 높았던 추천 사항들을 실행하는 데 집중하는 벌캄프와 함께 서서히 앞으로 나아갔다. 몇 달 동안 이어진 엑스와의 다툼으로 지쳐 있던 사이먼스도 벌캄프의 아이디어를 지지했다.

벌캄프는 사이먼스에게 "일부 확실한 일부터 먼저 실행에 옮기자."라고 했다.

엑스는 빠른 속도의 단기 거래 방식에서 발생하는 중개 수수료와 다른 비용이 예상 수익을 상쇄할 수도 있다는 부분적인 이유로 보다 빈번하게 이뤄지는 단기적 트레이딩 전략으로 전환하는 것에 반대했었다. 또한 짧은 기간에 신속하게 진행되는 트레이딩이 수익을 줄일 정도로 가격에 영향을 미치며 당시 메달리온이 정확히 측정할 수 없었던 '슬리피지^{slippage}'(매매 주문 시 발생하는 체결오차 현상으로 원하는 가격에 현물, 선물을 매수할 수 없을 때 발생하는 비용. 슬리피지가 발생하면 원하는 가격에 진입할 수 없거나 진입과 청산 시 가격 변동으로 손실을 볼 수 있다—옮긴이) 비용을 발생시킬 수 있다는 점도 염려했었다.

월스트리트에 관한 일종의 불문율로 이어졌던 타당한 염려도 있었다. 즉 너무 많이 거래하지 말라는 것이었다. 비용 문제를 넘어 단기적 거래는 일반적으로 아주 적은 수익만 올리며 투자자를 거의 만족시키지 못한다. 수익이 제한돼 있다면 그렇게 빈번하게 거래하며 열심히 일하는 것이 무슨 의미가 있을까?

벌캄프는 "야구와 모성애와 사과파이에 그러지 않듯, 사람들은 그런 관점에 아무런 의문도 제기하지 않았다."고 말한다.

벌캄프는 월스트리트에서 일한 적이 없으며 매우 정교하게 분석한다고 믿기 힘든 사람들이 만들고 오랫동안 간직해 온 신조에 본능적으로 회의적이었다. 그 대신 보다 단기적인 거래를 지지했다. 악스콤의 장기적 움직임 중 너무나 많은 부분이 제대로 작동하지 않았던 반면, 메달리온의 단기적 거래는 엑스와 카르모나를 비롯한 여러 사람 덕분에 가장 많은 수익을 올린 승자가 됐다. 그런 성공을 기반으로 삼는 것은 타당한 일이었다. 벌캄프의 타이밍도 제법 괜찮았다. 스트라우스가 수집했던 일별 장중 데이터 대부분의 정제 작업이 그즈음 마무리되며 단기적인 거래에 대한 참신한 아이디어를 개발하기가 훨씬 쉬워졌다.

그들의 목표는 변함이 없었다. 즉 투자자들이 미래에 과거와 비슷한 행동을 보일 것이라는 가정하에서 과거 가격 정보를 면밀히 검토해 되풀이될 수 있는 일들의 순서를 발견하는 것이었다. 사이먼스가 이끄는 팀은 이런 접근 방식이 '기술적 트레이딩technical trading'과 일부 유사한 점이 있다고 생각했다. 월스트리트의 기득권층은 이 같은 트레이딩 방식을 일종의 음흉한 마술처럼 여겼지만, 벌캄프와 동료들은 이 방식이 정교하고 과학적인 방법으로 실행되고 장기적 트렌드가 아닌 단기적 변화에만 집중한다면 제대로 작동할 수 있다고 확신했다.

벌캄프는 또 드물게 일어나는 매매가 각 거래의 결과를 지나치게 과장한다고 주장했다. 이런 거래를 두어 번 망치면 포트폴리오 전체가 불행한 결말에 이를 수도 있다. 하지만 많은 거래를 실행하면 각 거래가 차지하는 비중이 덜 중요해지면서 포트폴리오 전체의 위험도는 낮아진다.

벌캄프와 동료들은 메달리온이 카지노와 비슷해질 수 있기를 바랐다. 카지노에서는 매일 엄청나게 많은 베팅이 이뤄지므로, 카지노는 그런 베팅의 절반이 약간 넘는 경우에서만 수익을 올리면 되는 것처럼, 악스콤 팀은 전체 거래 중 절반을 겨우 넘는 거래에서만 이익을 남겨도 큰 수익을 기록할 만큼 자신들의 펀드가 빈번하게 거래되기를 바랐다. 카지노와 마찬가지로 각 거래에서 약간의 통계적 우위만 확보하면 대수의 법칙the law of large numbers(어떤 일을 몇 번이고 되풀이할 경우, 일정 사건이 일어날 비율이 일정한 값에 가까워진다는 경험법칙—옮긴이)은 그들에게 유리하게 작용할 것이다.

벌캄프는 한 동료에게 말했다. "거래 수가 늘면 우리는 전체 거래 중 51퍼센트에서만 적중하면 돼. 우리는 각 거래에서 적은 우위만 확보해도 충분해."

수집한 데이터를 면밀히 검토하며 메달리온의 트레이딩 모델에 추가할 단기적 트레이딩 전략을 찾던 악스콤 팀은 시장에서 어떤 흥미로운 특이점을 확인했다. 일부 투자 상품의 가격은 종종 주요 경제 보고서가 나오기 직전 하락하고 보고서가 나온 후 곧바로 상승했지만, 그렇다고 보고서 발표 전에 '항상' 하락하고 그 이후에 '항상' 상승하는 것은 아니었다. 어떤 이유에서인지 이런 패턴은 미 노동부의 고용 통계와 일부 다른 데이터 발표에 적용되지 않았다. 하지만 이 같은 현상이 언제 발생할 가능성이 높은지 보여 주는 데이터가 충분했고 이에 따라 트레이딩 모델은 경제 통계 수치 발표 직전에 매수를 추천하고 발표가 나면 거의 곧바로 매도를 추천했다.

더 많은 전략을 찾기 위해 벌캄프는 엑스가 떠난 후 메달리온의 성과를 호전시키려 노력하는 사이먼스에게 더 많은 시간을 투입하며 힘을 보태기로 했던 헨리 라우퍼에게 전화를 걸었다. 벌캄프와 스트라우스가 버클리에서 하는 일과 동일하게 라우퍼는 사이먼스의 롱아일랜드 사무실 지하에서 스토니브룩 지역 출신의 연구 보조원 두 명과 함께 메달리온의 트레이딩 모델을 개선하기 위해 노력했다.

스트라우스의 데이터를 꼼꼼하게 살펴보던 라우퍼는 특정 거래 형태들이 한 주의 요일에 따라 반복해 일어난다는 사실을 발견했다. 예를 들면 월요일의 가격 동향은 금요일의 결과를 따르는 한편, 화요일에는 그전의 트렌드로 돌아갔다. 라우퍼는 또 보통 하루 전의 트레이딩 형태로 그다음 날의 움직임을 예측할 수 있는 방법을 알아내며 이를 '24시간 효과'라 일컬었다. 이를테면 확실한 상승 트렌드가 존재하면 메달리온의 트레이딩 모델은 금요일 늦은 시간에 매수하기 시작한 뒤 월요일 이른 시간에 매도해 그들이 일컫는 '주말 효과'의 이점을 활용했다.

사이먼스와 연구원들은 직관적인 거래 방식 아이디어를 제안하고 실험하는 데 많은 시간을 투입하는 것이 옳지 않다고 생각했다. 대신 데이터가 기회를 암시하는 변칙적 사항을 자신들에게 알리게 했다. 또한 이런 현상들이 존재하는 이유에 대해 걱정하는 것은 타당하지 않다고 생각했다. 중요한 사실은 그 현상들이 업데이트된 트레이딩 실험에 포함시킬 만큼 충분히 자주 일어났고 통계상 우연히 일어난 일이 아님을 실험을 통해 분명히 알 수 있다는 것뿐이었다.

그들에게는 분명한 이론이 있었다. 벌캄프와 동료들은 '현장 종사자', 즉 거래소 현장에서 상품과 채권을 매매하며 시장이 기능하도록 만드는 트레이더들이 한 주의 거래를 마감할 때, 주말 동안 나쁜 뉴스가 터져 나와 자신들이 손실을 입을 경우에 대비해 선물 계약을 거의 또는 전혀 보유하지 않은 채 집으로 돌아가기를 원한다는 이론을 정립했다. 이와 비슷하게 상품 거래소 현장의 중개자들도 예상치 못한 뉴스가 자신들의 보유분에 심각한 손상을 주는 사태를 피하기 위해 경제 보고서가 나오기 전에 선물 포지션을 정리하는 것 같았다.

이 트레이더들은 주말 후 또는 뉴스 보도가 나온 뒤 곧바로 원래 포지션으로 돌아가며 가격이 다시 상승하게 만든다. 메달리온의 트레이딩 시스템은 이 트레이더들이 팔 때 매수하고 그들이 위험 요소에 보다 편안하게 느낄 때 그들에게 되파는 방식이었다.

이를 두고 벌캄프는 스트라우스에게 "우리는 보험 비즈니스를 하는 셈"이라고 말했다.

통화 시장의 변칙성도 또 하나의 매력적인 거래 방식을 보여 줬다. 특히 독일 마르크화 거래에서 많은 기회를 볼 수 있었다. 어느 날 마르크화가 오르면 그다음 날에도 오를 가능성이 놀랄 만큼 높았다. 그리고 하락하면 대개의 경우 그다음 날에도 하락했다. 벌캄프의 팀이 월별, 주별, 일별 또는 심지어 시간별 상관관계를 관찰하는 것은 소용없어 보였다. 독일 마르크화는 한 기간에서 다음 기간으로 트렌드가 이어지는 특이한 경향을 드러냈고 이 트렌드들은 생각보다 오래 지속됐다.

동전을 던져 앞면이 두 번 연속 나올 확률은 25퍼센트이지만, 두 번의 던지기 사이에 연관성은 없다. 그와 반대로 스트라우스와 라우퍼와 벌캄프는 이어지는 두 기간 사이에 일어나는 독일 마르크화의 가격 변동에 최대 20퍼센트의 연관성이 있다는 사실을 알아냈으며, 이 말은 같은 순서가 반복되는 경우가 절반이 넘는다는 뜻이다. 그에 비해 다른 통화의 경우 이어지는 기간의 연관성이 10퍼센트이며 금은 7퍼센트, 돼지와 다른 상품들은 4퍼센트, 주식은 겨우 1퍼센트라는 것도 발견했다.

어느 날 벌캄프는 동료에게 놀란 표정을 지으며 말했다. "시간의 크기는 중요하지 않은 것 같아. 우리는 그에 상관없이 동일한 통계적 변칙성을 발견하고 있다네."

한 기간과 이어지는 다음 기간과의 연관성은 최소한 '효율적 시장efficient market' 가설을 수용한 당시 경제학자 대부분에 따르면 어떤 빈도로도 일어나지 않아야 한다. 이런 관점에서는 가격의 변칙적 움직임을 활용해 시장을 선점하는 일이 불가능하다. 그런 변칙성이 존재할 리가 없기 때문이다. 학자들은 일단 변칙성이 발견되면 투자자가 반드시 개입해 그것을 제거한다고 주장했다.

독일 마르크화 거래에서 목격한 일련의 순서와 일본 엔화에서 발견한 더 강력한 연관성을 전혀 예상하지 못했던 벌캄프의 팀은 그런 일이 발생하는 이유를 이해할 필요를 느꼈다. 스트라우스는 전 세계 중앙은행들이 경제를 무너뜨릴 수 있는 갑작스런 통화 가치의 변동을 싫어하기 때문에 어느 방향이든 급격한 변동을 둔화시켜 그런 트렌드가 장기간에 걸쳐 일어나게 만든다고 주장하는 학계 논문을 찾았다. 벌캄프의 관점에서 보면 이스트만 코닥 같은 대기업들처럼 비즈니스 의사 결정을 느린 속도로 내리면 통화 변동의 배경이 되는 경제적 요인들이 긴 시간에 걸쳐 사라지며 쓸모없게 될 가능성이 높았다.

그는 "사람들이 필요 이상으로 오랫동안 자신의 습관을 고집한다."고 말한다.

통화 가치의 변동은 그들이 일컫는 '거래 가능한 효과' 중 하나이며, 메달리온은 이런 효과들을 더 많이 찾아냈다. 벌캄프와 라우퍼, 스트라우스는 오랜 시간 동안 컴퓨터 앞에서 꼼짝 않고 데이터를 자세히 조사하고 시장에서 일어나는 수천 건의 사건에 가격이 어떻게 반응하는지 검토하며 몇 달을 보냈다. 사이먼스는 매일 직접 방문하거나 전화를 걸어 트레이딩 시스템 개선을 위한 아이디어를 전달했고, 다른 사람들이 간과했지만 자신이 이름 붙인 '미묘한 변칙성'을 찾아내는 데 팀원들이 집중하도록 격려했다.

벌캄프와 스트라우스, 라우퍼가 개발한 트레이딩 시스템은 의미가 있는 것처럼 보이는 반복적 순서를 넘어 다양한 시장에서 명백히 설명되지 않고 겨우 감지할 수만 있는 패턴도 찾아냈다. 때로는 이런 트렌드와 특이점들이 너무나 빨리 발생해 투자자 대부분의 눈에 띄지 않았을 수도 있다. 이들의 모습이 너무나 희미해 팀원들이 '유령ghost'으로 부르기도 했지만, 메달리온의 거래 아이디어 목록에 추가할 가치가 있을 만큼 충분한 빈도로 반복해서 나타났다. 이제 사이먼스는 그런 것들이 발생하는 '이유'가 중요하지 않고 제대로 작동하는 거래만 중요하다는 관점을 이해했다.

과거 시장의 행동 방식을 파악한 연구원들 덕분에 경쟁자보다 더 정확한 정보를 확보하며 악스콤은 크게 앞서 나갔다. 몇 년 동안 스트라우스는 투자자 대부분이 그렇게 세세한 정보를 무시하는데도 불구하고 다양한 선물의 일일 장중 거래량과 가격 정보를 포함한 시세 데이터를 수집했었다. 1989년까지 악스콤은 대부분의 다른 투자자들과 마찬가지로 시가와 종가 데이터에만 의존했다. 이런 점에서 볼 때 스트라우스가 수집한 일일 장중 데이터는 거의 쓸모가 없었다. 하지만 새 사무실에 설치한 보다 현대적이고 강력한 MIPSmillion instructions per second(초당 100만 회의 명령을 처리하는 연산 속도) 컴퓨터 덕분에 악스콤은 스트라우스의 모든 가격 데이터를 빠른 속도로 분석해 트레이딩 데이터에서 이전에 감지하지 못했던 가격 패턴을 밝히고 통계적으로 의미 있는 수천 건의 관찰 결과를 만들어 낼 수 있었다.

스트라우스는 당시를 이렇게 말한다. "우리가 일일 장중 데이터를 수집했었다는 사실을 깨달았죠. 물론 완전히 정제된 것도 아니었고 모든 시세가 포함되지도 않았습니다." 하지만 수집한 데이터는 다른 사람들이 사용하는 것보다 신뢰할 수 있고 양도 많았다.

트레이딩 모델 개선 작업을 한 지 6개월 정도 지난 1989년 말에 이르러 벌캄프와 동료들은 새롭게 만든 트레이딩 시스템이 원자재와 통화, 채권 시장을 중심으로 성공할 수 있다는 상당한 확신이 생겼다. 그들이 발견한 변칙성과 트렌드 중 일부는 단 몇 시간 또는 심지어 몇 분 동안만 지속되기도 했지만, 벌캄프와 라우퍼는 개선된 시스템이 그런 것들마저 활용할 수 있다고 확신했다. 벌캄프 팀은 주식 시장에서 신뢰할 만한 트렌드를 정확히 집어내기가 어렵다는 사실을 발견했지만, 그렇게 중요한 문제는 아닌 것 같았다. 다른 시장에서 거래상의 특이점을 충분히 포착했기 때문이다.

그들이 확인한 트레이딩 신호 일부가 특별히 새롭거나 정교하지는 않았다. 대다수 트레이더들은 그런 신호를 무시한다. 그와 같은 현상들이 특정 기간 중 겨우 50퍼센트가 넘는 시점에서만 일어나거나 트레이딩 비용을 상쇄할 만큼 충분한 수익을 만들지 못하는 것처럼 보였기 때문이다. 투자자들은 어부가 더 큰 물고기를 바라며 그물에 잡힌 작은 물고기를 버리는 것처럼 더 매력적인 기회를 찾아 이동한다. 하지만 메달리온 팀은 빈번하게 거래를 실행하면서 자신들이 잡은 모든 작은 물고기도 놓아 주지 않고 보유할 가치가 있다는 사실을 파악했다.

1989년 말 악스콤은 사이먼스가 당시 운용하던 2,700만 달러의 자금으로 새로운 트레이딩 방식을 실행에 옮겼다. 성과는 거의 즉시 나타났고 사무실 직원들은 깜짝 놀랐다. 악스콤은 그 어느 때보다

시장을 풀어낸 수학자

많은 트레이딩을 실행하며 메달리온의 평균 보유 기간을 1주 반에서 하루 반으로 줄였고 거의 매일 수익을 올렸다.

그러던 중 갑자기 문제가 생겼다. 캐나다달러화를 거래할 때마다 메달리온이 손해를 보는 듯했다. 거의 모든 거래가 제대로 작동하지 않았다. 이해할 수 없는 일이었다. 트레이딩 모델은 메달리온이 분명히 이익을 쌓을 것이라고 했지만, 실제로는 매일매일 손해가 늘었다.

어느 오후 벌캄프는 자신의 답답한 마음을 사이먼스에게 털어놓았고, 사이먼스는 시카고 상품거래소 현장에 있는 트레이더에게 전화를 걸어 이 문제에 대한 의견을 물었다.

"그거 모르세요? 그 사람들 사기꾼이에요." 트레이더가 킬킬대며 말했다.

거래소에서 캐나다달러화에 집중하는 트레이더는 단 세 명뿐이었다. 그들은 서로 은밀히 협조하며 자신들과 거래할 만큼 순진한 고객들을 이용했다. 사이먼스의 팀이 매수 주문을 내자 중개인들은 그 정보를 공유했고, 트레이더들은 즉시 캐나다달러 선물 계약을 체결해 가격을 약간 올린 뒤 사이먼스에게 매도하며 차액을 수익으로 챙겼다. 메달리온이 매도하려고 하면 그 반대로 움직였다. 가격 차이가 적었지만, 캐나다달러화 거래를 실패로 돌리기에는 충분했다. 월스트리트의 오래된 수법 중 하나였지만, 벌캄프와 학자 출신 동료들은 이런 수법을 미처 알지 못했다. 사이먼스는 곧바로 메달리온 트레이딩 시스템에서 캐나다달러화 거래를 없애 버렸다.

그로부터 몇 달 뒤인 1990년 초 사이먼스는 벌캄프에게 전화를 걸어 염려 가득한 목소리로 더욱 불안한 소식을 전했다.

"스토틀러 그룹Stotler Group에 문제가 생겼다는 소문이 있네."

벌캄프는 충격에 빠졌다. 메달리온의 모든 선물 포지션이 시카고 상품거래소의 최고위 선출직 관리자인 카르스텐 말만Karsten Mahlmann이 경영하는 상품 거래 기업 스토틀러 그룹Stotler Group의 계좌에 들어 있었다. 벌캄프와 다른 펀드 운영자들은 모두 스토틀러를 시카고에서 가장 안전하고 믿을 수 있는 중개 기업으로 생각했다. 만약 스토틀러가 파산하면 그들의 계좌는 동결될 것이다. 그러면 앞으로 몇 주 내에 계좌 정리에 전념할 가능성이 높고 수천만 달러의 선물 거래가 불확실한 상태에 빠지며 엄청난 손실로 이어질 수 있었다. 스트라우스가 알고 있던 거래소 관계자도 스토틀러가 많은 부채로 어려움을 겪고 있다고 실토하며 벌캄프 팀을 초조하게 만들었다.

하지만 이 모든 것은 아직 소문에 불과했다. 모든 거래와 계좌를 다른 중개 기업으로 옮기는 일은 엄청나게 복잡하며 오래 걸리고 메달리온에 많은 비용을 발생시키며 상황을 바꿔 놓았을 것이다. 스토틀러는 오랫동안 업계에서 가장 영향력이 크고 권위 있는 기업이었으므로 어떠한 어려움에도 살아남을 것처럼 보이기는 했었다. 벌캄프는 사이먼스에게 어떻게 해야 할지 확신이 서지 않는다고 말했다.

사이먼스는 머뭇거리는 벌캄프를 이해할 수 없었다.

"이보게 엘윈, 집에서 연기 냄새가 나면 당장 빠져나와야 해!"

스트라우스는 스토틀러에 있던 중개 계좌를 해지하고 다른 곳으로 옮겼다. 몇 달 후 말만은 스토틀러 그룹과 시카고 거래소 최고위직에서 물러났다. 이틀 뒤 스토틀러는 파산 신청을 했고 규제 당국은 결국 스토틀러를 사기죄로 고발했다.

사이먼스와 그의 기업은 치명타를 맞을 수 있었던 상황을 간신히 벗어났다.

1990년의 많은 기간 동안 사이먼스의 팀은 마치 10년 동안 연구소에서 시행착오를 겪은 뒤 마법의 공식이라도 찾은 것처럼 잘못된 일을 거의 하지 않았다. 벌캄프와 라우퍼, 스트라우스는 매일 개장과 폐장 시간뿐만 아니라 정오 무렵에도 트레이딩을 실행했다. 그들의 트레이딩 시스템은 주로 단기적 거래에만 치중했고, 장기적 거래 비중은 약 10퍼센트에 불과했다.

어느 날 악스콤은 처음으로 100만 달러가 넘는 수익을 올렸다. IDA 직원들이 어려운 문제를 해결한 뒤 샴페인을 돌린 것처럼 사이먼스는 샴페인으로 직원들의 수고에 감사를 표했다. 이후 하루 동안에 엄청난 수익을 올리는 일이 너무나 자주 일어나는 바람에 샴페인 마시는 일이 약간 감당하기 어려운 지경에 이르렀다. 이에 따라 사이먼스는 하루 동안의 수익이 3퍼센트를 넘을 때만 샴페인을 돌리라고 지시했다. 그렇다고 해서 이런 조치가 팀원들의 (샴페인으로 인한) 취기를 약화시키지는 못했다.

이렇게 많은 수익을 올렸는데도 외부에서 악스콤의 접근 방식을 높이 평가하는 이들은 거의 없었다. 벌캄프가 악스콤의 방식을 버클리의 경영대학 학생들에게 설명했을 때 일부는 그를 조롱하기까지 했다.

벌캄프는 자신들이 "터무니없는 아이디어를 내는 괴짜로 여겨졌다."고 말한다.

동료 교수들은 예의상 비난과 회의적인 생각을 최소한 벌캄프가 듣는 데서 드러내지 않았다.

벌캄프는 "동료들이 언급을 꺼리거나 회피했다."고 한다.

사이먼스는 의심하는 사람들을 신경 쓰지 않았다. 자동화된 트레이딩 시스템이 승리할 수 있다는 확신을 모든 수익이 더욱 확고히 해 줬다.

점점 더 뜨거워지는 열정을 느끼며 사이먼스는 벌캄프에게 말했다.

"여기에 진정한 기회가 있어."

1990년 메달리온은 59.9퍼센트의 수익을 기록하며 전년도의 4퍼센트 손실에 비해 극적인 개선을 이뤘다. 게다가 운용자산의 5퍼센트(관리 수수료 5퍼센트는 1988년 스트라우스가 컴퓨터 시스템을 운영하고 여러 다른 운영 비용을 충당하기 위해 약 80만 달러가 필요하다고 사이먼스에게 건의했을 때 결정됐다. 당시 관리하던 자산 총액 1,600만 달러의 5퍼센트가 80만 달러였다. 이 수수료 비율이 적당해 보였던 사이먼스는 기업이 성장해도 이 비율을 계속 유지했다)와 펀드에서 창출한 수익의 20퍼센트에 달하는 성과보수를 제하고도 이런 수익을 냈다는 사실이 특히 더 인상적이었다.

이보다 1년여 앞선 시점에 사이먼스는 헤지펀드에 관여하면서 자신의 부업도 했었다. 하지만 이제는 팀이 마침내 뭔가 특별한 일을 이뤄 낼 가능성이 높다고 확신하며 자신도 크게 기여하기를 원했다. 사이먼스는 거의 매일 수차례에 걸쳐 벌캄프에게 전화를 걸었다.

그해 8월 초 이라크가 쿠웨이트를 침공하며 금과 원유의 가격이

시장을 풀어낸 수학자

급등하자 사이먼스는 벌캄프에게 전화를 걸어 금과 원유의 선물 거래를 트레이딩 시스템 목록에 추가하라고 권유했다.

"금 시세를 봤어?"

사실 사이먼스는 여전히 자체적으로 트레이딩을 하며 다양한 상품의 기술적 패턴을 기록하고 있던 터라 다양한 금 관련 투자 상품에 대해 자신이 터득한 낙관적인 통찰을 공유하고 싶었다.

벌캄프는 평소와 다름없이 사이먼스의 조언을 공손히 경청한 뒤 트레이딩 모델이 스스로 운영하도록 내버려 두고 자신들이 완벽하게 만들려고 그렇게 애썼던 알고리즘을 조정하지 않는 것이 가장 좋겠다고 말했다.

이 말을 듣고 사이먼스는 말했다. "알았어. 하던 일을 마저 하게."

잠시 뒤 금 가격이 더 높이 치솟자 사이먼스는 다시 전화를 걸었다. "벌캄프, 금 가격이 더 올랐어!"

벌캄프는 당황했다. 인간이 개입하지 않는 전산화된 트레이딩 시스템 개발을 밀어붙인 장본인이 사이먼스였고 조잡한 차트나 본능적 직감을 활용하는 대신 과학적인 방법으로 그동안 간과했던 변칙성을 테스트해 보기를 원했던 사람도 바로 사이먼스였기 때문이다. 벌캄프와 라우퍼를 비롯한 팀원들은 트레이딩 고리에서 가능한 한 인간의 개입을 배제하기 위해 열심히 일했었다. 그런데 이제 와서 사이먼스는 금 가격에 대한 자신의 느낌이 좋으니 시스템 수정을 원한다고?

벌캄프는 당시를 이렇게 기억한다. "사이먼스는 펀드가 시스템적으로 관리돼야 한다는 사실을 믿었지만, 시간이 나면 일주일에 다섯 시간에서 열 시간 정도 금이나 구리를 거래하면서 자신이 뭔가를 터득하고 있다고 생각하며 야단법석을 떨었습니다.”

이전에 함께 있던 바움과 엑스와 비슷하게 사이먼스는 뉴스에 반응하지 않을 수 없었다.

벌캄프는 반발했고 어느 날 짜증 섞인 목소리로 사이먼스에게 말했다.

“지난번에도 말했지만, 우리는 우리의 거래 포지션을 조정하지 않을 것입니다.”

벌캄프는 전화를 끊고 동료를 보며 말했다. “우리가 무엇을 트레이드할지는 시스템이 정할 거야.”

사이먼스가 대규모 거래를 지시한 적은 한 번도 없지만, 걸프전쟁이 시작되면서 원유 가격이 계속 오를 경우에 대비해 벌캄프가 원유 콜옵션 일부를 ‘보험’ 삼아 사게 했고, 중동에서 전투가 계속 확대되면서 펀드 전체의 포지션이 약 3분의 1로 축소됐다.

사이먼스는 고객들에게 이런 조정을 설명해야 했다. 그리고 그달에 보낸 편지에서 이렇게 설명했다. “우리는 극단적이고 갑작스런 변화에 대처하기 위해 인간의 판단과 개입에 여전히 의존해야 합니다.”

사이먼스는 계속 벌캄프에게 전화를 걸었고 벌캄프의 짜증은 늘어만 갔다. 벌캄프는 “어느 날 사이먼스가 네 번이나 전화하는 바람에 미칠 지경이었다.”고 한다.

사이먼스는 다시 한 번 전화하며 이번에는 벌캄프에게 연구팀이 롱아일랜드로 오면 좋겠다고 했다. 라우퍼를 꾀어 풀타임 팀원으로 일하게 만들기도 했던 사이먼스는 트레이딩 활동을 운영하는 데 자신이 더 큰 역할을 하고 싶어 했다. 또 롱아일랜드로 이전하면 그들이 모두 함께 일할 수 있다고 주장했지만, 벌캄프와 스트라우스는 이 아이디어에 반대했다.

시간이 흐르면서 사이먼스는 당시 거의 4,000만 달러를 운용하던 펀드가 얼마나 더 나아져야 하는지 설명하기 시작했다. 또한 트레이딩 모델의 가장 최근 수정에 열광하며 메달리온이 놀랄 만한 성공을 이루기 직전에 있다고 확신했다.

어느 날 사이먼스는 "우리 다 같이 트레이딩 시스템 개선에 좀 더 노력하자."라며 "내년에는 수익을 80퍼센트까지 끌어올려야 한다."라고 말했다.

자신이 듣고 있는 말을 믿을 수 없었던 벌캄프는 사이먼스의 흥분을 가라앉힐 수 있기를 바라며 말했다. "어떤 면에서는 우리가 운이 좋았습니다."

전화를 끊은 뒤 벌캄프는 절망으로 머리를 가로저었다. 메달리온의 수익은 이미 비틀거리고 있었고 벌캄프는 헤지펀드가 성과 개선은커녕 지금 정도의 수익을 계속 유지할 수 있을지 의문스러웠다.

사이먼스는 여전히 더 많은 것을 요구했다. 팀을 확대하고 지붕에 위성 수신 안테나를 추가로 설치하며 메달리온의 전산화된 트레이딩 시스템을 업그레이드 할 수 있는 다른 인프라에 더 많이 지출하기를 원했다. 그리고 벌캄프에게 신규 비용 일부를 부담하라고 요청했다.

이런 압박은 벌캄프를 지치게 했다. 벌캄프는 버클리에 여전히 시간제 교수로 남아 있었고 그 어느 때보다 강의를 즐겼다. 아마도 강의할 때에는 어깨 너머로 늘 자신을 지켜보는 사람이 없었기 때문일 수도 있다.

벌캄프는 설명한다. "사이먼스는 수없이 전화를 해 댔고 그럴수록 나는 강의하는 게 더 즐거웠습니다."

하지만 참을 수 있는 한계를 넘어서는 지경에 이르렀고 마침내 사이먼스에게 전화를 걸어 제안했다.

"당신은 우리가 80퍼센트까지 갈 것이라 하고 저는 30퍼센트밖에 못할 거라고 생각한다면, 당신은 이 기업이 내가 생각하는 것보다 훨씬 더 가치가 있다고 여기는 게 분명합니다. 그렇다면 저의 지분을 인수하는 건 어떻습니까?"

사이먼스는 그의 제안을 그대로 받아들였다. 1990년 12월 악스콤은 해체됐다. 사이먼스는 벌캄프의 소유 지분을 현금으로 매입했고 스트라우스와 엑스는 자신들의 악스콤 지분을 메달리온 펀드를 운영하기 시작한 르네상스의 지분과 교환했다. 벌캄프는 버클리로 돌아가 풀타임으로 수학 연구에 전념했으며 보유하던 악스콤 주식을 16개월 전에 샀던 금액보다 6배 많은 가격에 팔았다. 그는 이 거래를 완전한 도둑질과 마찬가지라고 생각했다고 말하며 이렇게 덧붙인다.

"우리 주가가 그렇게 급등할 줄은 생각지도 못했습니다."

훗날 벌캄프는 선물 계약을 거래하는 투자 기업 '버클리 퀀트 Berkeley Quantitative'를 설립했다. 이 기업은 한때 2억 달러 이상의 자금을 운용했으나 2012년 보통 수준의 수익만 올린 후 문을 닫았다.

벌캄프는 당시를 이렇게 말한다. "나는 늘 호기심으로 더 많은 동기를 부여 받았고, 사이먼스는 돈에 집중했습니다."

2019년 봄, 벌캄프는 폐섬유증에 따른 합병증으로 78세의 나이로 세상을 떠났다.

벌캄프와 엑스, 바움이 모두 기업을 떠났지만, 사이먼스는 크게 걱정하지 않았다. 컴퓨터와 알고리즘을 활용해 기술적 트레이딩을 보다 과학적이고 정교하게 업그레이드시킨 방식으로 상품과 채권, 통화를 거래하며 그동안 시장에서 간과했던 패턴을 파악하는 시스템적 투자의 확실한 방법을 개발했다고 확신했기 때문이다.

하지만 사이먼스는 투자의 역사를 완벽히 이해할 수 없는 수학자였다. 그래서 자신의 접근 방식이 자신이 확신했던 것만큼 독창적이지 않다는 사실을 인식하지 못했다. 또한 얼마나 많은 트레이더들이 비슷한 방법을 사용하다 폭삭 망하고 사라졌는지 모르고 있었다. 게다가 유사한 전술을 채택한 트레이더들 중 일부는 사이먼스보다 훨씬 앞서 있었다.

금융 시장을 진짜로 정복하려면, 그 길에 있을 것이라고 생각지도 못한 큰 장애물들을 극복해야 했다.

◆

CHAPTER 07

1990년 말 사이먼스를 크게 흥분시킨 것은 단순한 통찰이었다. 즉 과거 패턴들을 통해 그동안 간과했고 지금 현재 진행 중인 시장 트렌드를 파악해 과거를 바탕으로 미래를 예측할 수 있게 하는 컴퓨터 모델의 토대를 이룰 수 있다는 사실이었다. 사이먼스는 오랫동안 이런 관점을 지녀 오기는 했지만, 최근에 이룬 큰 수익으로 이 방식이 승자라는 확신이 생겼다.

그런데 사이먼스는 금융의 역사를 철저히 조사하는 데 많은 시간을 투입하지 않았다. 그랬더라면 자신의 접근 방식이 특별히 참신한 것이 아니라는 사실을 깨달았을 수도 있었다. 지난 수세기 동안 투자자들은 르네상스가 하던 것과 비슷한 방식에 의존하는 다양한 형태의 패턴 인식 방법을 채택해 왔다. 이렇게 다채로운 인물들 중 많은 사람이 비참하게 실패했거나 명백한 사기꾼으로 확인됐다는 사실은 사이먼스에게 상서로운 전조가 아니었다.

사이먼스 투자 스타일의 뿌리는 초기 상인들이 미래의 동향을 예측할 수 있기를 바라며 보리와 대추 등의 작물 가격을 점토판에 기록하던 바빌로니아 시대까지 거슬러 올라간다. 16세기 중반 독일 뉘른베르크의 상인 크리스토퍼 커츠Christopher Kurz는 계피와 후추를 비롯한 향신료의 향후 20일간 가격을 예측하는 능력으로 찬사를 받았다. 당시 대부분의 사회 구성원들처럼 별자리에 의존하면서도 커츠는 별자리에서 얻었던 과거 신호들도 확인했고 그 과정에서 가격이 종종 오랫동안 지속되는 트렌드를 따라 움직인다는 사실과 같은 신뢰할 만한 특정 원리들을 추론했다.

18세기 일본의 쌀 상인이자 투기꾼이며 '시장의 신'으로 알려진 무네히사 혼마는 일정 기간 동안 일본 쌀 거래소의 개장 및 폐장 가격과 최고가, 최저가를 시각적으로 보여 주는 도표 작성법을 창안했다. 전통적인 '촛대candlestick' 패턴을 포함하는 혼마의 도표는 상당히 정교한 초기 '평균 회귀' 거래 전략으로 이어졌다. 혼마는 시장이 감정의 지배를 받기 때문에 "투기꾼들이 손실을 재빨리 감수하고 이익을 계속 흘러가게 만드는 법을 배워야 한다."라고 주장했으며, 이것이 바로 선물 트레이더들이 채택하는 전술이다.[1]

1830년대 영국 경제학자들은 정교한 가격 차트를 만들어 투자자에게 팔았다. 19세기 후반 다우존스 산업평균을 창안했고 〈월스트리트저널〉의 창간에 힘을 보탰던 미국 기자 찰스 다우Charles Dow는 수학적 정밀함을 다양한 시장 가설에 적용하며 뚜렷한 가격 트렌드와 거래량의 요인을 분석한 차트에 의존하는 현대의 기술적 분석을 탄생시켰다.

20세기 초 윌리엄 D. 갠$^{\text{William D. Gann}}$이라는 금융 예측 전문가는 미덥지 않은 경력에도 불구하고 그를 광적으로 추종하는 이들이 많았다. 전해 오는 소문에 따르면 갠은 텍사스 주 목화 농장에 거주하는 가난한 침례교도 가정에서 태어났다. 농장에서 일하는 가족을 돕기 위해 중학교를 자퇴했고, 금융에 관한 교육은 지역의 목화 창고에서 배운 것이 전부였다. 결국 뉴욕 시까지 오게 된 갠은 1908년 중개 기업을 설립해 가격 차트를 능숙하게 해석하고 가격의 사이클과 전환점을 정확히 집어내고 예측하며 명성을 쌓았다.

성경의 전도서에 나오는 한 구절이 갠의 행동을 인도했다. "이미 있던 것이 후에 다시 있겠고 (……) 해 아래에는 새것이 없나니." 갠에게 이 구절은 과거의 기준점이 트레이딩 수익의 비밀을 알려 주는 열쇠라는 것을 암시했다. 갠의 명성은 단 한 달 만에 130달러를 1만 2,000천 달러로 늘렸다는 주장 등에 힘입어 점점 높아졌다. 갠을 적극적으로 지지하고 따르는 사람들은 갠이 대공황에서 진주만 공습에 이르는 모든 사건을 예측했다고 믿었다.

갠은 삶의 모든 면이 그가 '진동의 법칙$^{\text{Law of Vibration}}$'이라 부르는 보편적 자연 질서의 지배를 받으며 등비수열과 각도가 시장의 행동을 예측하는 데 사용될 수 있다고 판단했다. 이에 따른 '갠의 각도 분석$^{\text{Gann Analysis}}$'은 오늘날까지 상당히 유명한 기술적 트레이딩의 부류로 남아 있다.

하지만 갠의 투자 실적은 전혀 입증되지 않았고, 그를 추종하는 사람들은 갠이 저지른 엄청난 실수를 간과했다. 예를 들면 1936년 갠은 "다우존스 산업평균 지수가 다시 한 번 386에서 거래되는 일은 절대 없다고 확신한다."라고 말하며 다우 지수가 그 수준에 이르지 못할 것이라고 예측했다. 하지만 이 예측은 그리 오래가지 못했다. 갠은 여덟 권의 책을 발간하고 매일 발송하는 투자 정보지에 글을 썼지만, 자신의 트레이딩 방식에 관한 상세한 내용은 거의 남기지 않았다. 들리는 말에 따르면 그가 사망했을 때 가지고 있던 순자산이 10만 달러에 불과했다는 사실은 또 다른 의문을 제기한다.[2]

"그는 신통찮은 금융 점성술사였습니다." MIT 슬론경영대학원 Sloan School of Management 교수 앤드류 로Andrew Lo는 이렇게 결론 내렸다.

몇 십 년 뒤 제럴드 타시 주니어Gerald Tasi Jr.는 여러 투자 전술 중에서도 특히 기술적 분석을 활용해 격동의 1960년대 말 가장 영향력 있는 투자자의 자리에 올랐다. 타시는 피델리티 인베스트먼트Fidelity Investments에서 모멘텀 주식으로 큰 수익을 올리며 최초의 성장 펀드 매니저가 되며 명성을 얻었다. 훗날 타시는 맨해튼 펀드Manhattan Fund라는 자신의 기업을 설립하고 엄청난 광고를 통해 많은 인기를 얻었다. 기업 내에는 수백 가지의 평균과 비율, 진동 발생 요인을 추적하는 차트를 슬라이드로 비추고 주기적으로 순환시키는 전략 사무실을 구축했다. 또 사무실의 온도를 냉랭한 섭씨 13도 정도로 유지해 수치를 업데이트하는 세 명의 풀타임 직원들이 항상 정신을 바짝 차리고 주의를 기울이게 했다.

맨해튼 펀드는 1969~1979년의 하락 장세 때 무너지며 그 성과와 거래 방식이 조롱 받았다. 그때 타시는 펀드를 보험 기업에 완전히 매도한 뒤 금융서비스 기업 프리메리카^{Primerica}를 거물급 은행의 핵심으로 전환시키는 데 도움을 주며 바쁘게 지냈다. 이 기업은 훗날 씨티그룹^{Citigroup}으로 성장했다.[3]

시간이 지나면서 기술적 트레이더들은 그들의 전략이 지나치게 단순하고 아무리 좋게 봐도 성의가 없어 보이며, 최악의 경우에는 주술적인 것으로 여겨지며 조롱의 대상이 됐다. 그럼에도 불구하고 많은 투자자들이 여전히 금융 시장에 대한 차트를 만들어 '머리 어깨$^{head and shoulders}$' 모형(증권의 기술적 분석에서 가격 동향을 나타내는 모형 중 하나다. 상승과 하락이 3회 반복해 일어나며 두 번째 정상이 다른 좌우의 정상보다 높은 형태이다—옮긴이)을 비롯한 일반적 배열과 패턴을 추적한다. 스탠리 드러켄밀러$^{Stanley Druckenmiller}$를 포함한 현대의 최고 트레이더들은 기존 투자 명제를 확인하기 위해 차트를 활용한다. 앤드류 로 교수와 다른 사람들은 기술적 분석이 퀀트 투자의 '선구자' 역할을 했다고 주장한다. 하지만 그들의 방법은 제3자의 철저한 검증을 받은 적이 없으며, 그들 규칙의 대부분은 인간의 패턴 인식과 그럴듯한 경험법칙의 기이한 조합에서 비롯되며 그 효력에 대한 의문을 불러일으켰다.[4]

이전의 다른 기술적 트레이더들과 마찬가지로 사이먼스는 일종의 패턴 분석을 실행하며 시장 데이터에서 분명히 드러나는 일련의 연속적인 움직임과 상관관계를 찾았다. 그러면서 더 과학적인 방식의 트레이딩을 통해 이전 투자자들보다 조금 더 운이 좋기를 바랐다. 사이먼스는 기술적 지표가 장기적 투자보다 단기적 트레이드에 더 적합하다는 벌캄프의 의견에 동의했다. 그래도 눈대중으로 가격

시장을 풀어낸 수학자

차트를 보는 것이 아니라 통계적 분석을 바탕으로 한 철저한 검증과 정교한 예측 모델에 힘입어 차트만 쫓다 실패하고 사라진 차트 신봉자들의 운명에서 자신이 벗어날 수 있기를 원했다.

그런데 사이먼스는 다른 사람들도 비슷한 전략을 정교하게 만드느라 분주하며 일부는 그들만의 고성능 컴퓨터와 수학적 알고리즘을 활용한다는 사실을 인식하지 못했다. 이런 트레이더들 중 몇몇은 이미 엄청난 진전을 이뤘고 사이먼스는 이들을 따라잡으려 애를 쓰는 상황이었다.

실제로 컴퓨터 시대의 동이 트자마자 곧바로 컴퓨터를 활용해 시장을 풀어내는 투자자들이 있었다. 이미 1965년에 투자 주간지 〈배런즈Barron's〉는 투자자가 컴퓨터를 통해 얻을 수 있는 "헤아릴 수 없을 만큼 많은" 보상을 언급하며 컴퓨터가 어떻게 애널리스트를 "따분한 노동에서 벗어나 보다 창의적으로 활동하게" 만들 수 있는지 설명했다. 비슷한 시기에 〈월스트리트저널〉은 컴퓨터가 상당히 많은 수의 주식을 거의 순간적으로 등급을 매기고 걸러낼 수 있는 방법에 관한 기사를 쏟아냈다. 하지만 당시 최고 수준의 금융 서적 《머니 게임Money Game》에서 애덤 스미스Adam Smith라는 필명을 사용한 저자 조지 굿맨George Goodman은 월스트리트에 몰려들기 시작하는 "컴퓨터쟁이"를 비웃기도 했다.

투자의 세계에서 일부는 투자 의사 결정을 하거나 다른 일을 할 때 기계를 사용했지만, 기술은 좀 복잡한 통계 분석조차 할 수 없는 수준이었다. 그뿐만 아니라, 당시에는 금융 자체도 수학적이지 않았기 때문에 그렇게 복잡한 모델이 필요하지도 않았다. 그럼에도 시카고에서 활동하던 트레이더 리처드 데니스$^{Richard\ Dennis}$는 사이먼스가 그렇게 흥분했던 방식과 비슷하게 자신의 거래에서 감정과 비합리성을 제거할 목적으로 미리 설정된 구체적인 규칙에 따라 작동하는 트레이딩 시스템을 어렵사리 구축했다. 1980년대 내내 트레이딩 모델을 개선하는 데 어려움을 겪고 있던 르네상스 펀드 직원들은 데니스가 성공했다는 소식을 계속 들었다. 데니스는 스물여섯 살에 이미 시카고 상품거래소의 중개 현장에서 '거래소 영업장의 왕자'라는 별명이 전혀 어색하지 않을 정도로 눈에 띄는 존재였다. 당시 그를 인터뷰한 사람의 말에 따르면 데니스는 굵은 금테 안경에 허리띠 위로 배가 불쑥 튀어나오고 가는 곱슬머리가 비글 개의 귀처럼 얼굴 주위로 드리워진 모습이었다.

데니스는 시장 트렌드를 추적하는 자신의 시스템을 크게 확신한 터라 시스템 규칙을 문서로 만들어 자신이 '거북이'라고 불렀던 풋내기 트레이더들과 공유했다. 그리고 자신의 전술이 누구나 할 수 있는 쉬운 방식이라 초심자도 시장 전문가로 만들 수 있다고 주장했다. 이를 두고 친구와 오랫동안 이어 온 논쟁에서 이기려고 신참들에게 현금을 쥐어 주고 직접 트레이딩에 나서게 했다. 그 결과 일부 신참 거북이들이 눈에 띄는 성공을 거두기도 했다. 데니스 자신도 1986년에 8,000만 달러의 수익을 올렸고 이후 1년 뒤에 약 1억 달러의 자금을 운용했다고 한다. 하지만 1987년에 시장이 요동치던 시기에 무너지며 사이먼스의 방식과 유사한 방식으로 하다가 망해 사라진 가장 최근의 트레이더가 되었다. 보유한 현금의 약 절반을 날린 데니스는 트레이딩에서 잠시 벗어나 여러 가지 다른 일을 했다.

특히 진보적 정치 조직과 마리화나의 합법화에 집중했다.

당시 인터뷰에서 그는 "인생에는 트레이딩 외에도 더 많은 것이 있다."라고 말했다.[5]

1980년대 내내 응용 수학자와 물리학자 출신이 월스트리트와 런던 금융 시장으로 영입됐다. 그들은 대개 복잡한 파생상품과 모기지 상품에 가치를 매기고 위험을 분석하며 투자 포지션에 대한 대비책을 마련하고 보호하는 훗날 '금융 공학financial engineering'의 형태로 알려진 활동들을 실행하는 트레이딩 모델을 구축하는 임무를 맡았다.

금융 산업이 이 같은 수학 모델을 설계하고 실행하는 사람들에게 붙일 적합한 이름을 찾기까지는 시간이 걸렸다. 월스트리트 기업에 합류하기 전 콜롬비아대학교에서 이론 물리학 박사 학위를 받았던 이매뉴얼 더만Emanuel Derman은 처음에는 로켓 공학이 가장 발전된 과학 분과라고 추정한 사람들이 그들을 '로켓 과학자rocket scientist'(수완 있는 금융가, 머리가 좋은 사람, 수재를 뜻하는 속어로도 쓰인다—옮긴이)로 불렀다고 말한다. 시간이 지나면서 이런 전문가들은 계량 금융quantitative finance 전문가의 영문 단어를 줄인 '퀀트quant'로 불렸다. 이후 몇 년간 은행과 투자 기업에서 일하며 컴퓨터를 무시하는 자신의 모습을 자랑스럽게 여기던 많은 고위 관리자들이 퀀트라는 용어를 경멸적인 뜻으로 사용했다고 더만은 기억한다. 1985년 골드만삭스Goldman Sachs에 합류했을 때의 상황을 더만은 이렇게 말한다. "사람들이 수리적 사고를 창피스럽게 여긴다는 것을 곧바로 눈치챘으며 트레이더와 세일즈맨, 은행가들이 일하는 기업에서 다 큰 어른 두 사람이 수학이나 유닉스Unix 운영 체제 또는 C언어를 얘기하는 것은 좋지 못한 취향으로 여겨졌다."

더만은 자신의 자서전《퀀트―물리와 금융에 관한 회고My Life as a Quant》에 "우리 주위의 사람들이 아예 시선을 회피했다."라고 썼다.**6**

'컴퓨터쟁이'들을 회의적인 시선으로 보는 데에는 그럴 만한 이유가 있었다. 첫째 그들의 정교한 헤징이 항상 그렇게 완벽하게 작동하지는 않았다. 1987년 10월 19일 다우존스 산업평균이 23퍼센트 곤두박질치며 역사상 가장 큰 일일 낙폭을 기록했을 때, 투자자의 컴퓨터가 하락의 첫 번째 신호가 보이면 더 큰 손실을 막기 위해 주가지수 선물을 매도하는 헤징 기법으로 광범위하게 채택된 '포트폴리오 보험portfolio insurance'이 그 원인으로 비난 받았다. 이런 매도는 당연히 가격을 더욱 떨어뜨리며, 컴퓨터에 의한 매도가 더 많이 발생하고, 결국에는 엄청난 폭락으로 이어진다.

그로부터 25년 후 〈뉴욕타임스〉의 전설적인 금융 칼럼니스트 플로이드 노리스Floyd Norris는 이런 사태를 "멍청한 컴퓨터에 의한 시장 파괴의 시작이다. 사실 컴퓨터에 좀 더 공정하게 표현하자면 오류를 범할 수 있는 사람들이 프로그램을 짜고 컴퓨터 프로그램의 한계를 이해하지 못하는 사람들이 신뢰한 컴퓨터에 의해 파괴가 시작됐다. 컴퓨터가 개입하면서 인간의 판단이 사라졌다."라고 말했다.

1980년대에 프랙털fractal이라는 들쭉날쭉한 특정 수학적 형태가 자연에서 발견되는 불규칙성과 닮았다는 사실을 증명했던 브누아 망델브로Benoit Mandelbrot 교수는 금융 시장에도 이런 프랙털 패턴이 존재한다고 주장했다. 이 이론은 시장에서 예상치 못한 사건들이 널리 알려진 것보다 더 많이 일어난다는 것을 시사한다. 이것이 바로 고성능 컴퓨터가 만들어 낸 정교한 트레이딩 모델을 의심하는 또 다른 이유다. 망델브로의 연구 결과는 널리 쓰이는 수학 도구와 위험 관리 모델이 과거 패턴에서 크게 벗어나고 예측하기 어렵고 대부분의 모델이 제시하는 것보다 훨씬 빈번하게 발생하는 편차에 투자자를 충분히 대비시킬 수 없다는 트레이더 출신 작가 나심 니콜라스 탈레브Nassim Nicholas Taleb와 다른 여러 사람의 관점을 더욱 강화했다.

대부분의 은행과 투자 회사는 이런 염려를 부분적인 이유로 삼아 트레이딩 모델과 컴퓨터를 만지작거리는 사람들이 트레이드나 투자 업무를 할 수 없게 했다. 대신 은행과 투자 회사의 트레이더와 다른 중요한 사람들의 일을 보조하는 (그리고 이들의 일에 관여하지 않는) 역할로 채용했다. 버클리대학교 경제학 교수 바 로젠버그Barr Rosenberg는 주가에 영향을 미치는 요인들을 추적하는 계량적 모델을 1970년대에 개발했다. 자신이 직접 트레이딩하며 거액을 버는 대신 로젠버그는 다른 투자자들이 주가의 움직임을 예측하는 데 도움을 주기 위해 이 컴퓨터 프로그램을 판매했다.

에드워드 소프는 상당히 많은 금액의 투자에 퀀트 전략을 처음으로 활용한 현대 수학자다. 그는 정보 이론의 아버지 클로드 섀넌과 함께 연구했고, 벌캄프에게 영향을 미친 텍사스 과학자 존 켈리의 비례적 베팅 시스템을 수용한 학자다. 그는 자신의 재능을 카지노 갬블링 게임에 적용해 많은 돈을 땄을 뿐만 아니라 그의 저서 《딜러를 이겨라Beat the Dealer》가 베스트셀러에 오르며 명성을 얻었다. 이 책은 시스템과 규칙을 바탕으로 한 갬블링 전술에 대한 소프의 확신과 함께 게임 참가자가 확률 게임에서 승산을 바꿀 수 있다는 그의 통찰을 설명했다.

1964년 소프는 규모가 가장 큰 카지노라 할 수 있는 월스트리트에 주목하기 시작했다. 펀더멘털 투자의 초석을 다진 벤저민 그레이엄Benjamin Graham과 데이비드 도드David Dodd의 기념비적 대작《증권분석Security Analysis》을 포함한 기술적 분석에 관한 책을 읽은 뒤 소프는 "너무나 많은 사람들이 알고 있는 것이 거의 없다는 사실에 놀랐고 동시에 고무되기도 했다."라고 그의 자서전《나는 어떻게 시장을 이겼나A Man for All Markets》에 썼다.7

소프는 특정 가격에 주식을 살 수 있는 권리가 보유자에게 주어지는 주식 워런트stock warrant에 초점을 맞췄다. 주식 워런트의 '적절한' 가격을 알아내는 공식을 만들었고 이를 통해 시장에서 잘못 매겨진 가격을 곧바로 감지할 수 있었다. 휴렛팩커드Hewlett Packard 9830 컴퓨터로 프로그램을 실행한 소프는 직접 만든 수학 공식을 활용해 저렴한 워런트를 매입하고 비싼 것은 사지 않는 전술을 구사해 자신의 포트폴리오가 보다 광범위한 시장에서 충격을 받지 않도록 보호했다.

1970년대에 소프는 프린스턴/뉴포트 파트너스Princeton/Newport Partners라는 헤지펀드를 만들어 엄청난 수익을 올리며, 영화배우 폴 뉴먼Paul Newman, 할리우드 영화 제작자 로버트 에반스Robert Evans, 시나리오 작가 찰스 카우프만Charles Kaufman과 같은 유명한 투자자들을 불러 모았다. 소프의 기업이 컴퓨터에서 생성한 알고리즘과 경제 모델로 트레이딩하며 너무나 많은 전기를 사용한 탓에 캘리포니아 주 남부에 있는 그들의 사무실은 늘 푹푹 찌는 듯한 열기로 가득했다.

시장을 풀어낸 수학자

소프의 트레이딩 공식은 꽃가루 입자의 브라운 운동Brownian motion을 설명하기 위해 앨버트 아인슈타인이 적용했던 것과 비슷한 방정식을 사용해 1900년 파리증권거래소의 옵션 가격 결정 이론을 발전시킨 프랑스 수학자 루이 바슐리에Louis Bachelier의 박사 학위 논문에서 영향을 받았다. 주가의 불규칙한 움직임을 설명한 바슐리에의 논문은 수십 년간 주목 받지 못했지만, 소프를 비롯한 여러 사람들은 현대 투자 방식에 연관될 수 있다는 것을 인식했다.

1974년 소프는 "컴퓨터 공식이 한 남자가 시장에서 성공을 거둔 비결이다"라는 제목의 기사로 〈월스트리트저널〉 1면을 장식했다. 1년 뒤 재산이 점점 늘면서 빨간색 포르쉐 911S를 몰고 다녔다. 주식 워런트와 옵션, 전환 사채, 그리고 흔히 말하는 파생상품 증권들을 거래하기 위해 컴퓨터 모델에 의존하는 것은 소프에게 유일한 합리적 투자 방식이었다.

소프는 이렇게 표현한다. "트레이딩 모델은 도시의 한 구역에서 다른 곳으로 어떻게 갈지 알려 주는 지도처럼 현실 상황의 축약판입니다. 모델을 제대로 만들면 그 규칙을 활용해 새로운 상황에서 어떤 일이 일어날지 예측할 수 있습니다."

하지만 회의론자들이 소프의 트레이딩 모델에 콧방귀를 뀌었고, 그들 중 한 사람은 "실제 투자 세계는 너무나 복잡해 하나의 모델로 축약할 수 없다."라고 〈월스트리트저널〉에 썼다. 하지만 1980년대 말 소프의 펀드는 거의 3억 달러에 이르며 당시 2,500만 달러를 운용하던 사이먼스의 메달리온 펀드를 난쟁이처럼 보이게 만들었다. 그러나 프린스턴/뉴포트 헤지펀드는 근처 로스앤젤레스에서 활동하던 정크본드의 제왕 마이클 밀켄을 중심으로 한 트레이딩 스캔들의 덫에 걸려들었고 투자 거물이 되려고 했던 소프의 희망도 물거품이 됐다.

소프는 어떤 위법 사항으로도 기소되지 않았다. 얼마 지나지 않아 정부 당국이 프린스턴/뉴포트의 투자 활동에 관한 모든 고발을 취하했지만, 소프의 펀드는 수사 관련 언론 보도로 심각한 손상을 입고 1988년 말 결국 폐쇄되며 소프의 묘사대로 트라우마로 남을 만한 충격적인 결말을 맞이했다. 19년의 운용 기간 동안 소프의 헤지펀드는 투자자에게 부과한 여러 가지 수수료를 제하고도 연평균 15퍼센트 이상의 수익을 올리며 같은 기간 시장 수익률을 능가했다.

소프는 정부 당국의 그런 고발만 없었더라면 "우리는 억만장자가 됐을 것"이라고 말한다.

게리 뱀버거Gerry Bamberger는 1980년대 초까지만 하더라도 부나 명성에 대한 비전이 거의 없었다. 컴퓨터 공학 전공으로 컬럼비아 대학교를 졸업한 키 크고 날씬한 몸매의 뱀버거는 모건스탠리Morgan Stanley에서 증권 트레이더를 위한 분석 및 기술 지원 서비스 업무를 하며 투자 은행의 거대한 톱니바퀴에서 별로 인정받지 못하는 작은 톱니처럼 근무하고 있었다. 고객들을 위해 대량의 주식을 매매할 때 트레이더는 예를 들어 코카콜라 주식을 몇 백만 달러어치 매수하면 펩시 같은 유사한 주식을 같은 금액만큼 매도한다. 흔히들 일컫는 '페어 트레이딩pair trading' 방식으로 자신들을 보호하는 것이다. 뱀버거는 모건스탠리 트레이더들의 거래 결과를 업데이트하는 소프트

시장을 풀어낸 수학자

웨어를 개발했지만, 대다수 트레이더는 컴퓨터밖에 모르는 괴짜에게서 도움을 받는다는 아이디어에 발끈했다.

뱀버거는 모건스탠리의 트레이더가 주식을 대량 매수하면 누구나 예상하듯이 가격이 오르는 경우가 많다는 것을 관찰했다. 반대로 대량 매도하면 가격은 떨어졌다. 매번 트레이딩이 일어날 때마다 해당 주식과 페어 트레이딩에 사용될 다른 기업 주식 사이의 간극, 즉 '가격차spread'는 시장에 아무런 뉴스가 없을 때에도 달라졌다. 예를 들어 코카콜라 주식을 대량으로 팔겠다는 주문을 내면 펩시 주가가 거의 변동하지 않더라도 코카콜라의 주가는 1퍼센트포인트 또는 심지어 2퍼센트포인트까지 하락하기도 했다. 코카콜라 주식의 매도 효과가 사라지면 두 주식의 가격차는 일반적인 수준으로 돌아왔는데, 이런 현상이 말이 되는 이유는 모건스탠리의 매도 외에는 코카콜라 주식이 하락할 이유가 없기 때문이다.

뱀버거는 여기에 기회가 있다고 생각했다. 만약 페어 트레이딩의 상대로 사용되는 다양한 주식의 과거 가격을 추적하는 데이터베이스를 구축하면 투자 은행은 대량 거래 또는 다른 특이한 거래 후 이런 가격 차이가 예전 가격 수준으로 돌아온다는 사실에 베팅하는 것만으로도 수익을 올릴 수 있다. 뱀버거의 상사는 이 아이디어에 솔깃하며 뱀버거에게 50만 달러의 자금을 마련해 주고 몇몇 직원까지 지원해 줬다. 뱀버거는 페어 트레이딩에 사용된 주식들의 일시적 이상 현상을 활용해 수익을 올리는 컴퓨터 프로그램 개발에 착수했다. 정통파 유대교도이면서도 비꼬는 듯한 유머 감각을 지닌 골초였던 뱀버거는 갈색 봉지에 담긴 참치 샌드위치를 매일 점심으로 가져

왔다. 1985년에 이르자 뱀버거는 3,000만 달러에 이르는 자산을 운용하며 한 번에 여섯 개 내지 일곱 개의 주식에 자신의 전략을 실행했다. 그 결과 모건스탠리에 많은 수익을 안겨 줬다.[8]

관료주의적 거대 기업은 대개의 경우 정말 그에 걸맞게 행동한다. 얼마 지나지 않아 모건스탠리가 눈지오 타르탈리아^{Numzio Tartaglia}를 뱀버거의 새로운 상사로 임명한 것도 그런 이유였다. 뱀버거는 회사를 떠나라는 모욕적인 압박으로 인식했다(이후 뱀버거는 소프의 헤지펀드에 합류했고 그곳에서 비슷한 방식으로 트레이드를 실행한 뒤 마침내 백만장자로 은퇴했다).

작은 키에 마르고 강인한 체격의 천체 물리학자 타르탈리아는 모건스탠리의 트레이딩 그룹을 전임자와 매우 다른 방식으로 관리했다. 브루클린 출신으로 월스트리트 이곳저곳을 떠돌아다녔던 타르탈리아의 모난 성격은 더욱 날카로워져 있었다. 한번은 새로 온 동료가 다가와 자신을 소개하자, 타르탈리아는 곧바로 그의 말을 끊고 말했다.

"나를 이용해 뭔가를 이루려고 하지 말게. 난 저기 출신이니까." 타르탈리아는 손가락으로 옆에 있는 창문을 통해 뉴욕 시 거리를 가리켰다.[9]

타르탈리아는 자신이 관리하는 트레이딩 그룹을 '자동화된 프롭 트레이딩^{Automated Proprietary Trading, ATP}'(프롭 트레이딩은 수익 창출을 위해 금융회사가 자기자본 등으로 거래하는 것이다—옮긴이)으로 개명하고 고층 건물이 늘어선 맨해튼 중심부에 자리 잡은 모건스탠리 본사 19층의 길이 12미터짜리 사무실로 옮겼다. 트레이딩 시스템을 더욱 자동화한 타르탈리아 그룹은 1987년에 이르러 5,000만 달러의 연간 수익을 창출했다. 팀원들은 거래하는 주식에 대해 전혀 아는 바가 없었으며 그럴 필요도 없었다. 그들의 전략은 단순히 주식들 사이에 존재했던 예전의 관계가 다시 나타난다는 사실에 따라 베팅하며 예로부터 전해 내려오는 '쌀 때 사서 비쌀 때 팔라'는 투자 격언을 따르되 이번에는 컴퓨터를 활용해 번개처럼 빠른 속도로 트레이드하는 것이었다.

전 컬럼비아대학교 컴퓨터 공학과 교수 데이비드 쇼[David Shaw]와 수학자 로버트 프레이[Robert Frey]를 포함해 새로 고용한 인재들도 수익 개선에 힘을 보탰다. 모건스탠리 트레이더들은 '통계적 차익 거래statistical arbitrage(약어로 stat arb)' 전략을 처음으로 수용한 자들 중 일부였다. 통계적 차익 거래는 일반적으로 수많은 트레이드를 동시에 진행하지만, 대부분은 시장의 전반적인 상황과 상관관계가 있는 것이 아니라 통계적으로 이례적인 현상 같은 특이한 시장 움직임을 활용하는 전략이다. 예를 들면 모건스탠리 트레이딩 팀의 소프트웨어는 지난 몇 주간의 주가 상승과 하락 폭에 따라 주식의 순위를 매겼다. 그러고 ATP는 이런 트레이딩 패턴이 원래대로 돌아갈 것이라는 기대에 따라 한 산업 내에서 주가 상승 상위 10퍼센트에 해당하는 주식을 공매도하며 주가 하락에 베팅하는 한편, 주가 하락 하위 10퍼센트에 속한 주식은 매수했다. 물론 항상 기대대로 되는 것은 아니었다. 하지만 투자자들이 좋은 소식과 나쁜 소식에 먼저 과잉 반응을 보이며 주식이 회복하는 데 도움을 줄 가능성이 많기 때문에 충분히 많이만 실행하면 연평균 20퍼센트의 수익을 올릴 수 있었다.

1988년에 이르러 ATP는 세계에서 가장 규모가 크고 비밀스러운 트레이딩 팀에 속했고 매일 9억 달러에 달하는 주식을 매매했다. 하지만 그해 큰 손실을 기록했고 모건스탠리 경영진은 ATP 자본의 3분의 2를 줄였다. 고위 경영진은 컴퓨터 모델에 의존하는 투자 방식을 늘 불편하게 여겼고 타르탈리아 팀이 벌어들이는 수익을 시기했다. 얼마 지나지 않아 타르탈리아는 쫓겨났고 팀은 해체됐다. 그 후 오랫동안 분명히 드러난 것은 아니지만, 모건스탠리는 금융의 역사에서 가장 수익성이 좋은 전략 중 일부를 버린 셈이었다.

ATP 그룹이 영업을 중단하기 한참 전부터 프레이는 불안했다. 상사인 타르탈리아가 그의 윗사람들과 사이가 좋지 않았고 만약 ATP 그룹이 손실을 기록하면 경영진이 팀을 해체할지도 모른다는 걱정 때문만은 아니었다. 체격은 건장하지만 젊을 때 높은 곳에서 떨어져 엉덩이뼈와 다리뼈가 부러진 후유증으로 절룩거렸던 프레이는 경쟁자들이 ATP 그룹의 전략을 따라잡고 있다고 확신했다. 소프의 펀드는 비슷한 형태의 트레이딩을 실행하고 있었고 프레이는 다른 이들도 분명히 뒤를 이을 것으로 생각했다. 프레이에게는 새로운 전술이 필요했다.

프레이는 주가 움직임에 원인을 제공하는 독립 변수들을 파악해 다양한 주가의 움직임을 재해석해 보자고 제안했다. 예를 들면 거대 석유 기업 엑손Exxon의 주가 급등은 원유 가격 변동과 미국 달러 가치, 시장 전반에 걸친 모멘텀을 포함한 다수 요인 때문일 수 있다. 미국의 대표적인 생활용품 제조업체 프록터앤갬블Proter & Gamble, P&G의 주가 상승은 투자자들이 부채가 많은 기업을 싫어하면서 P&G의 건전한 재무 구조와 안전한 주식을 찾는 수요가 늘어난 현상이 가장 큰 원인일 수 있다. 그럴 경우 탄탄한 재무 구조를 갖춘 기업과 부채가 많은 기업의 주가 격차가 예전의 한계를 넘어섰다는 것이 데이터로 확인되면, 오히려 탄탄한 재무 구조의 기업 주식을 팔고 부채가 많은 기업의 주식을 매수할 필요도 있다. 비슷한 시기에 소수의 투자자들과 학자들이 수익률에 영향을 줄 수 있는 요인factor만으로 투자를 결정하는 팩터 투자 방식을 두고 깊이 생각하고 있었지만, 전산 통계computational statistics와 여러 수학 기법을 활용해 프레이는 주가 움직임에 영향을 주는 진정한 요인들을 분리한다면 더 좋은 결과를 이룰 수도 있다고 생각했다.

하지만 프레이와 동료들은 진정한 요인을 찾아내는 자신들의 접근 방식으로 모건스탠리 고위 임원들의 관심을 끌어낼 수 없었다.

프레이는 당시 임원들이 자신에게 "괜한 일로 평지풍파를 일으키지 말라."라는 말을 했다고 기억한다.

프레이는 모건스탠리를 그만두고 사이먼스와 접촉해 새로운 기업 케플러 파이낸셜 매니지먼트Kepler Financial Management를 시작할 자금을 지원받았다. 프레이와 몇몇 동료들은 통계적 차익 거래 전략에 따라 트레이딩을 시작하려고 수십 대의 소형 컴퓨터를 설치했다. 거의 동시에 모건스탠리의 변호사에게서 협박 편지가 날아들었다. 프레이가 아무것도 훔치지 않았지만, 그의 트레이딩 방식이 모건스탠리에서 일하는 동안 개발됐다는 사실이 문제였다. 하지만 프레이는 운이 좋았다. 프레이나 그룹 소속 직원 누구라도 모건스탠리의 기밀 유지와 경쟁금지에 관한 동의서에 서명하는 것을 타르탈리아가 허락하지 않았었기 때문이다. 타르탈리아는 자신의 그룹이 받는 상여금이 실망스러우면 팀 전체와 함께 경쟁사로 갈 수 있는 옵션을 마련해 두려고 했다. 결과적으로 모건스탠리는 프레이의 트레이딩을 중지시킬 강력한 법적 근거를 확보하지 못했다. 약간 두렵기는 했지만, 프레이는 모건스탠리의 계속되는 협박을 무시하고 트레이딩을 계속했다.

1990년에 이르러 사이먼스는 프레이와 케플러가 주식 거래로 성공할 수도 있다는 기대에 부풀었다. 또한 메달리온 펀드 자체와 메달리온 펀드가 채권, 상품, 통화 시장에서 구사하는 퀀트 트레이딩 quantitative trading 전략에 더욱 열광했다. 하지만 일부 경쟁자들이 비슷한 트레이딩 전략을 수용하면서 경쟁 체제가 구축되기 시작했다. 사이먼스는 가장 막강한 경쟁 상대가 모건스탠리 ATP 그룹의 또 다른 이탈자 데이비드 쇼라고 판단했다. 1988년 모건스탠리를 떠난 후 스탠퍼드대학교의 박사 학위 소지자였던 서른여섯 살의 쇼는 골드만삭스에게서 영입 제의를 받고 이를 받아들여야 할지 확신이 서지 않았다. 자신의 선택을 의논하기 위해 쇼는 헤지펀드 운영자 도널드 서스먼Donald Sussman을 찾아갔고 서스먼은 쇼와 함께 범선을 타고 롱아일랜드 해협으로 나갔다. 쇼가 무엇을 해야 할지를 두고 두 사람의 격론이 이어지면서 길이 14미터에 이르는 서스맨의 범선에서 하루만 있기로 했던 일정은 사흘로 늘어났다.

쇼는 서스먼에게 "증권 트레이드에 기술을 활용할 수 있다고 생각한다."라고 말했다.

서스먼은 쇼에게 골드만삭스에서 일하지 말고 직접 헤지펀드를 운영해 보라고 제안하며 '초기' 투자 자금으로 2,800만 달러를 제시했다. 쇼는 서스먼의 제안을 받아들여 맨해튼 유니언 스퀘어^{Union Square} 구역의 모래로 뒤덮인 곳에 있던 공산주의 서점 레볼루션 북스^{Revolution Books}의 위층 사무실 공간에서 D .E. 쇼^{Shaw}라는 헤지펀드 기업을 출범시켰다. 쇼가 처음으로 한 일들 중 하나는 값비싼 초고속 썬 마이크로시스템즈^{Sun Microsystems} 컴퓨터 구입이었다.

서스먼은 당시 상황을 이렇게 말한다. "쇼에겐 자동차로 치면 페라리급의 컴퓨터가 필요했고, 우리는 쇼에게 그런 컴퓨터를 마련해 줬습니다."[10]

슈퍼컴퓨터 전문가인 쇼는 자신의 과학적 트레이딩 방식을 수용한 수학 및 과학 전공 박사들을 영입했다. 또한 다양한 배경과 경험을 지닌 아주 영리한 직원들도 채용했다. 그는 영어와 철학 전공자들을 선호했지만, 체스 고수와 스탠드업 코미디언, 단행본 작가, 올림픽 수준의 펜싱 선수, 트롬본 연주자, 폭파 전문가도 채용했다.

쇼의 펀드에서 일했던 초창기 한 임원은 "선입견을 지닌 사람을 원치 않았다."고 말한다.[11]

월스트리트 기업 대부분에서 볼 수 있는 시끌벅적한 트레이딩 룸과 달리 쇼의 사무실은 조용하고 엄숙하기까지 해 방문자들은 직원들이 청바지와 티셔츠를 입고 있는데도 의회 도서관의 연구실에 온 듯했다. 당시는 인터넷 초창기였고 교수들만 이메일을 사용할 정도였지만, 쇼는 새로운 시대에 일어날 수 있는 일들에 관한 자신의 생각을 프로그래머에게 쏟아 냈다.

"나는 앞으로 사람들이 인터넷으로 물건을 구매할 것이라고 생각하네. 쇼핑할 때뿐만 아니라 무언가를 살 때면 (……) 사람들은 '이 파이프가 좋아.' 또는 '이 파이프는 좋지 않아.'라고 말하며 사용 후기를 인터넷에 게시할 거야." 쇼가 동료에게 말했다.

프로그래머 중 한 명인 제프리 베조스Jeffrey Bezos는 쇼와 함께 몇 년간 더 일한 뒤 자신의 물건들을 이삿짐 트럭에 가득 싣고 당시 부인이었던 매켄지Mckenzie와 함께 시애틀로 갔다. 가는 도중 베조스는 노트북 컴퓨터로 자신의 기업 아마존닷컴Amazon.com의 사업 계획서를 작성했다(처음에는 기업 이름을 '카다브라'로 정했으나 너무 많은 사람들이 시체라는 뜻의 영어 단어 'Cadaver'로 오해하는 바람에 그 이름을 포기했다).[12]

쇼가 페라리급의 컴퓨터에 시동을 걸자마자 쇼의 헤지펀드는 돈을 긁어모으기 시작했다. 얼마 지나지 않아 수억 달러의 자금을 운용하며 다수의 주식 연계 투자 상품들을 트레이딩하고 100명이 넘는 직원들을 자랑하는 규모에 이르렀다.

사이먼스는 쇼를 비롯한 몇몇 다른 사람들이 잘나가는 이유를 분명히 알지 못했다. 하지만 자신보다 앞서 있는 그들을 따라잡기 위해 뭔가 특별한 것을 구축하려면 도움이 필요하다는 사실을 알았다. 사이먼스는 쇼가 헤지펀드를 시작하는 데 필요했던 자금을 지원했던 자본가 서스먼에게서 비슷한 후원을 기대하며 그에게 전화를 걸었다.

CHAPTER 08

뉴욕시 6번가에 접어들자 짐(제임스) 사이먼스의 맥박이 빨라졌다.

무더운 여름날 오후였지만, 사이먼스는 깊은 인상을 주기 위해 양복 재킷에 넥타이까지 맸다. 그는 원하는 일을 마무리하는 데 애를 먹고 있었다. 1991년에 이르러 데이비드 쇼를 비롯해 갑자기 잘나가는 몇몇 트레이더들이 컴퓨터를 활용해 주식을 트레이드하고 있었다. 하지만 이 방식을 알고 있던 극소수의 월스트리트 기득권 멤버들조차 이를 비웃었다. 사이먼스가 하려는 이해하기 힘든 알고리즘에 의존하는 방식은 터무니없고 심지어 위험해 보이기까지 했다. 어떤 이들은 설명하기 어렵고 심각한 위험을 가릴 수도 있는 이런 방식을 가리켜, 기능은 알지만 작동 원리를 이해할 수 없는 복잡한 기계 장치에 빗대 '블랙박스' 투자 방식으로 부르기도 했다. 거액의 수익은 여전히 신중한 조사와 예리한 직감을 혼합한 옛날 방식으로 이뤄지고 있었다. 그런 상황에서 과연 누가 사이먼스와 그의 복잡한 컴퓨터를 원했을까?

맨해튼 미드타운에 있는 고층 오피스 건물에서 사이먼스를 기다리던 사람은 마흔다섯 살에 마이애미 출신으로 월스트리트에서 이단자처럼 여겨지던 도널드 서스먼이었다. 그는 이미 20년 전 컬럼비아대학교 학부생 시절에 휴학하고 소규모 증권 중개기업에서 일한 경험이 있었다. 그곳에서 특별히 까다로운 투자 상품인 전환사채를 트레이드하다 그때까지 잘 알려지지 않았던 전략을 우연히 발견했다. 서스먼은 자신의 상사가 2,000달러의 거금을 들여 초기 세대 전자계산기를 구입하도록 설득했다. 이 계산기 덕분에 어떤 사채가 가장 매력적인지 재빨리 결정할 수 있었던 서스먼은 그 기업에 수백만 달러의 수익을 안겼고 이런 뜻밖의 상황은 서스먼이 기술로 이점을 얻을 수 있는 방식에 눈을 뜨게 했다.

190센티미터의 큰 키와 넓은 어깨의 건장한 체격에 콧수염을 기른 서스먼은 이후 팔로마 파트너스Paloma Partners라는 펀드를 운영하며 빠른 속도로 확장하는 D. E. 쇼 헤지펀드를 지원했다. 그는 업계 내에 널리 퍼져 있는 일반적인 신념에도 불구하고 수학자와 과학자가 어느 날 가장 규모가 큰 트레이딩 기업과 경쟁을 펼치거나 심지어 그들을 능가할지 모른다고 생각했다. 서스먼이 컴퓨터 트레이딩 방식에 초점을 맞춘 트레이더에게 추가로 투자할 생각이 있다는 소문이 퍼졌고 사이먼스는 서스먼의 지원을 받을 수 있다는 희망을 품었다.

시장을 풀어낸 수학자

사이먼스는 투자업계에서 뭔가 특별한 일을 하고 싶어서 한창 잘나가던 학계 경력을 포기했다. 하지만 투자업계에서 십 년을 꽉 채운 뒤에도 겨우 4,500만 달러 남짓한 자산을 운용하고 있었으며, 이 규모는 쇼의 기업이 보유한 자산의 4분의 1에 불과했다. 서스먼과의 미팅은 중요했다. 서스먼의 지원이 르네상스가 직원을 채용하고 기술을 업그레이드해 월스트리트에 영향력을 발휘하는 데 도움을 줄 수 있었다.

서스먼은 사이먼스의 초창기 투자자 중 한 명이었지만, 손실을 입은 뒤 자금을 회수했던 경험이 있었다. 이 때문에 자신을 방문하는 사이먼스에 대해 회의적일 수도 있었다. 하지만 사이먼스의 트레이딩 알고리즘은 최근 개선됐고, 사이먼스는 자신감이 넘쳤다. 카네기 홀에서 한 블록 떨어진 서스먼의 빌딩으로 성큼성큼 걸어 들어가 엘리베이터를 타고 31층으로 올라간 사이먼스는 넓은 회의실로 들어갔다. 센트럴 파크 전경이 내려다보이고 방문하는 퀀트 트레이더가 방정식을 휘갈겨 쓸 수 있는 거대한 화이트보드가 있었다.

길고 좁은 원목 테이블 너머에서 사이먼스를 바라보던 서스먼은 미소를 짓지 않을 수 없었다. 수염이 덥수룩하고 머리는 벗겨지기 시작했고 흰머리도 보이는 방문자의 모습이 자신의 사무실을 주기적으로 드나들며 자금을 요청하는 투자자들의 모습과 전혀 달랐기 때문이다. 사이먼스의 넥타이는 약간 삐뚤어져 있었고 간간이 다른 색이 섞인 트위드 천으로 만든 그의 양복 재킷은 월스트리트에서 보기 드문 것이었다. 함께 오는 참모나 자문단 없이 홀로 방문한 사이먼스는 서스먼이 즐겨 도움을 주던 지적인 투자자 유형에 딱 어울리는 인물이었다.

서스먼은 "사이먼스가 교수처럼 보였다."고 기억한다.

사이먼스는 메달리온 펀드가 어떻게 트레이딩 방식을 개선했는지 설명하며 홍보를 시작했다. 확신에 찬 목소리와 솔직한 태도로 한 시간 넘게 르네상스의 성과와 위험, 불확실성의 개요를 서술하며 새로운 단기 모델을 자세히 설명했다.

사이먼스는 열변을 토했다. "이제 정말 다 갖췄습니다. 우리가 돌파구를 마련했습니다."

그러면서 큰 수익을 올려 르네상스를 메이저 투자 기업으로 성장시킬 수 있다는 자신감을 보이며 자신의 헤지펀드에 1,000만 달러를 투자해 달라고 서스먼에게 요청했다.

사이먼스는 덧붙였다. "나는 신의 계시를 받았습니다. 그리고 그것을 대규모로 실행할 수 있습니다."

사이먼스의 말에 진득이 귀 기울이던 서스먼은 깊은 감명을 받았다. 하지만 사이먼스에게 어떤 자금도 지원할 수 없었다. 쇼가 운용하는 헤지펀드의 유일한 자본 공급처가 자신이기 때문에 서스먼은 개인적으로 혹시 생길지도 모를 이해 충돌을 염려했다. 더 나아가 쇼의 기업이 학자들과 트레이더를 영입해 사이먼스와 다른 초보 퀀트 트레이더와의 격차를 벌이는 일에 도움을 주고 있었다. 여유 자금이 생기면 아마도 쇼의 기업에 투자했을 것이다. 게다가 쇼는 연간 40퍼센트의 수익을 올리고 있었다. 르네상스가 그에 맞먹는 수익을 겨냥하고 있는 것 같지는 않아 보였다.

서스먼은 사이먼스에게 말했다. "내가 왜 이론상 경쟁자에게 자금을 지원할 것 같다고 생각합니까? 미안하지만 내겐 이미 데이비드 쇼가 있습니다."

두 사람은 일어나서 악수하며 계속 연락하고 지내기로 했다. 사이먼스가 떠나려고 돌아설 때 서스먼은 그의 얼굴에 언뜻 비치는 실망감을 봤다.

사이먼스는 다른 잠재적 지원자들에게서도 큰 행운을 이끌어 내지 못했다. 투자자들이 그의 면전에서 말하지는 않았지만, 대부분은 컴퓨터 프로그램이 만든 트레이딩 모델에 의존하는 방식이 터무니없다고 생각했다. 사이먼스의 펀드 수수료도 터무니없기는 매한가지였다. 특히 대부분의 헤지펀드가 투자자를 대신해 운용하는 자금의 2퍼센트를 수수료로 부과하는 데 비해 훨씬 높은 5퍼센트의 운용 수수료를 투자자가 매년 지불해야 한다는 사이먼스의 요구는 더욱 그랬다.

사이먼스는 자신 또한 메달리온의 투자자라는 사실을 언급하며 한 잠재적 투자자에게 이렇게 말했다. "나도 수수료를 냅니다. 그런데 당신이 안 내야 할 이유가 있나요?"

사이먼스의 이런 논리는 그리 잘 먹혀들지 않았다. 그가 내는 수수료는 곧바로 자신의 기업으로 들어가므로, 그런 주장은 설득력이 없었다. 또한 사이먼스의 펀드가 인상적인 수익을 올린 해가 2년도 안 된다는 사실은 그를 더욱 힘들게 만들었다.

월스트리트의 베테랑 전문가 아니타 리발Anita Rival이 사이먼스의 맨해튼 사무실에서 그를 만났다. 그녀가 속한 기업에서 르네상스에 투자하는 문제를 논의할 때 리발은 사이먼스의 제안을 거부하며 모욕을 안긴 마지막 주자가 됐다.

리발은 당시를 이렇게 기억한다. "사이먼스는 컴퓨터 모델이 어떻게 작동하는지 설명하려 하지 않았습니다. 그가 무엇을 하는지 전혀 이해할 수 없었습니다."

르네상스 내에서는 폴 튜더 존스와 루이스 베이컨Louis Bacon, 브루스 코브너Bruce Kovner를 포함해 상품에 초점을 맞춘 트레이더들이 운용하는 막강한 헤지펀드를 출범시켜 높이 평가받는 커모더티 코퍼레이션Commodity Corporation도 사이먼스의 펀드에 대한 자금 지원을 포기했다는 소문이 돌았다.

사이먼스의 친구는 이렇게 평가한다. "산업계의 견해는 '컴퓨터를 사용하는 한 무리의 수학자에 불과한데 (……) 그런 사람들이 비즈니스에 대해 무엇을 알까?'라는 것이었습니다. 그들의 성과에 관한 기록은 전혀 없었죠. (……) 위험성은 그들이 스스로 업계를 떠날 것이라는 데 있었습니다."

사이먼스는 여전히 트레이딩 시스템을 작동했고 1991년 39퍼센트에 달하는 수익을 올린 뒤 7,000만 달러가 조금 넘는 자금을 관리했다. 연속해서 수익을 내는 기간을 늘리거나 나아가 메달리온의 수익을 개선하는 방법을 알 수만 있다면 투자자들이 결국에는 몰려들 것으로 확신했다. 하지만 벌캄프와 엑스, 바움은 오래전에 떠났고, 스트라우스가 트레이딩과 데이터 수집, 그 외 많은 일들을 맡아서 하고 있었지만, 그는 숨겨진 트레이딩 신호를 찾아낼 수 있는 연구원이 아니었다. 경쟁이 더욱 심해지면서 메달리온은 수익을 올릴 새로운 방법을 찾아야 했다. 사이먼스는 도움을 구하기 위해 창의적인 해결 방안을 찾는 능력을 이미 증명했던 수학자 라우퍼에게로 향했다.

라우퍼는 사이먼스와 엑스가 받았던 권위 있는 수학 상을 한 번도 받은 적이 없다. 또한 바움이나 벌캄프처럼 자신의 이름을 딴 유명한 알고리즘도 없다. 그럼에도 자기 나름의 업적과 인정을 쌓아왔고 훗날 사이먼스의 그동안 파트너 중 최고임을 증명한다.

라우퍼는 학부를 뉴욕의 시티칼리지City College of New York에서, 대학원은 프린스턴대학교에서 각 2년 동안 마쳤고, 복소수 변수 함수functions of complex variables를 다루는 수학 분야의 까다로운 문제에서 이룬 진전과 다른 수학적 구조 내에 있는 구조를 뜻하는 매장埋葬, embedding의 새로운 예를 발견한 공로로 찬사를 받았다.

1971년 스토니브룩의 수학과에 합류한 라우퍼는 복소수 변수와 대수 기하학에 집중하며 복소수 해석의 고전적 영역에서 벗어나 보다 현대적인 문제에 대한 통찰을 개발했다. 강의실에서는 신나게 강의해 학생들 사이에서 인기가 많았지만, 사생활에서는 매우 소심했다. 고등학교 친구들은 라우퍼가 늘 계산자를 들고 다니며 책을 좋아하는 내성적인 친구였다고 기억한다. 스토니브룩에 합류한 초기에 라우퍼는 결혼을 하고 싶고 자신에게 딱 어울리는 여성을 찾을 수 있는 최적의 자리에 가기를 간절히 원한다고 동료에게 말했다. 언젠가 동료 수학자 레너드 찰랩과 스키 여행을 갔을 때 라우퍼는 찰랩에게 호텔 바로 내려가서 "여자들을 만나보자."고 제안했다.

찰랩은 라우퍼의 얼굴을 쳐다보며 웃음을 터뜨렸다.

라우퍼가 너무나 수줍음을 많이 타 호텔 바에서 여자들에게 말조차 붙이지 못할 것이라는 사실을 알기에 이렇게 말했다. "이봐 헨리, 그런 일은 네게 어울리지 않아."

찰랩은 그를 "정말 착한 유대인 청년"으로 기억한다.

마침내 라우퍼는 스토니브룩의 언어병리학 교수이며 자신처럼 진보적 정치 견해를 지닌 마샤 즐라틴$^{Marsha\ Zlatin}$을 만나 결혼에 성공했다. 즐라틴은 어떤 문제에 처하더라도 "가슴이 벅차오른다."라는 말로 자신의 기분을 표현할 정도로 매우 긍정적인 성격이었다. 연이은 유산으로 고통을 겪은 뒤에도 곧바로 회복하는 낙천적인 성격으로 친구들을 놀라게 했으며, 결국에는 건강한 아이들을 낳았다. 이후 즐라틴은 언어병리학 박사 학위를 받았다.

즐라틴의 인생관은 라우퍼에게도 영향을 미친 듯했다. 결혼 후 라우퍼는 동료들 사이에서 적극적인 협조자로 알려졌다. 동료들은 라우퍼가 투자에 관심을 두고 있다는 것을 알던 터라 1992년 라우퍼가 사이먼스의 기업에 풀타임 직원으로 다시 합류했을 때 실망했지만 놀라지도 않았다.

트레이딩 기업으로 자리를 옮긴 학자들은 시장에서 일어나는 움직임 하나에도 걱정하며 초조하고 불안해하는 경우가 있다. 사이먼스에게 합류한 바움도 늘 이런 염려에 시달렸다. 당시 마흔여섯 살이던 라우퍼의 반응은 달랐다. 친구들은 라우퍼가 높아진 연봉 덕분에 딸아이의 대학 학비에 대한 스트레스를 덜고 수익을 낼 수 있는 트레이딩 공식을 정교하게 만드는 지적 도전을 무척 즐기는 듯 보였다고 말한다.

시장을 풀어낸 수학자

몇 년 동안 바움과 엑스, 벌캄프의 난해한 성격을 겪던 사이먼스에게 라우퍼의 다정다감하고 친절한 성격은 정말 반가운 구세주 같았다. 사이먼스는 스토니브룩의 새 사무실에서 연구를 이끄는 라우퍼와 버클리에서 트레이딩을 운영하는 스트라우스를 중심으로 구성된 르네상스의 팀이 최근의 견고한 수익을 더욱 끌어올릴 수 있도록, 투자자를 모으고 인재를 영입하고 비상 상황 대비 계획과 전략을 수립하며 르네상스의 큰 그림을 그렸다.

라우퍼는 초기에 훗날 엄청나게 가치 있는 것으로 판명된 결정을 내렸다. 즉 메달리온이 여러 투자 상품과 시장 상황에 따라 다양한 트레이딩 모델을 유지하는 것이 아니라 단 하나의 트레이딩 모델만 활용하기로 결정했다. 대부분의 퀀트 트레이딩 기업이 이런 방식을 채택하고 있었다. 라우퍼는 여러 가지 트레이딩 모델을 사용하면 상황에 따라 선택해 트레이딩을 더 간단하고 쉽게 할 수 있다고 인정했다. 하지만 단일 모델은 스트라우스가 수집한 방대한 양의 가격 결정 데이터를 활용해 다양한 자산 종류에 걸쳐 있는 상관관계와 기회, 신호들을 감지할 수 있다고 주장했다. 이와 달리 대상 폭이 좁은 개별 트레이딩 모델은 데이터가 너무 적으면 불리할 수 있다고 했다.

라우퍼는 가격과 시장이 움직이는 방식에 관한 핵심 가정에 바탕을 둔 하나의 안정적인 모델이 나중에 새로운 투자 상품을 추가하기도 쉬우며 이 점이 중요하다고 생각했다. 게다가 트레이딩 데이터가 비교적 적은 투자 상품들의 성격이 메달리온이 많은 데이터를 바탕으로 트레이딩 하는 상품들과 비슷하다고 판단되면 두 그룹을 혼합할 수도 있다. 물론 통화 선물 계약과 미국 1차 상품 선물 계약 같은 다양한 투자 상품들을 한데 합치기가 쉽지 않다는 점은 라우퍼도 인정했다. 하지만 일단 그런 결점을 '해결할' 방법을 파악하기만 하면 단일 모델이 더 나은 결과로 이어질 수 있다고 주장했다.

라우퍼는 오랜 시간 동안 책상에 앉아 트레이딩 모델을 개선하는 일에 몰두했다. 점심시간이 되면 팀원들은 늘 라우퍼의 낡은 링컨타운 카에 우르르 올라타고 허름한 동네 식당으로 향했다. 그곳에서도 열띤 논의를 멈추지 않았다. 시장을 파악하는 새로운 방식이 나올 때까지 그리 오랜 시간이 걸리지 않았다.

스트라우스와 팀원들은 수십 종류의 상품과 채권, 통화에 대한 수십 년의 가격을 추적하는 수많은 파일들을 수집했다. 이들을 더욱 소화하기 쉽도록 그들은 트레이딩이 일어나는 한 주를 10개의 시간대로 구분했다. 즉 해외 시장에서 주식이 거래되는 5개의 야간 시간대와 나머지 5개의 주간 시간대로 분할했다. 사실상 그들은 하루를 절반으로 나누어 팀원들이 다양한 부분에서 반복되는 패턴과 순서를 찾을 수 있게 했다. 그리고 아침과 정오와 하루가 끝나는 시점에 일어나는 트레이드들을 입력했다.

사이먼스는 수집한 데이터를 분석할 더 나은 방법을 알고 싶었다. 어쩌면 하루를 더 세밀한 시간대로 분할하면 팀원들이 장중에 일어나는 가격 결정 정보를 분석해 미처 감지하지 못했던 새로운 패턴을 밝혀 낼 수 있을지도 모른다고 생각했다. 이에 따라 라우퍼는 처음에 하루를 절반으로 나누었고 그다음에는 4분의 1로 나눴고 결국에는 5분 간격으로 나눈 5분봉five-minute bard이 가장 이상적인 분할 방법이라고 판단했다. 게다가 스트라우스가 이제 연산처리 능력이 향상된 컴퓨터를 활용할 수 있어 라우퍼는 예전 데이터를 잘게 나눠 비교하는 일을 더욱 쉽게 할 수 있었다. 예를 들면, "코코아 선물 시장의 188번째 5분봉은 과민하게 반응하는 주간 투자자 탓에 주로 하락했던 반면, 190번째 봉은 일반적으로 반등하는 현상을 보였는가?", "금 선물 시장의 50번째 5분봉은 인플레이션을 우려하는 주간 투자자들에 의한 적극 매수 현상을 보였지만, 63번째 봉은 대개의 경우 약세를 나타냈는가?" 하는 식이었다.

라우퍼의 5분봉은 팀원들에게 새로운 트렌드나 특이점이나 진기한 현상 또는 그들의 용어로 '우연이 아닌 트레이딩 효과nonrandom trading effects'를 확인하는 능력을 제공했다. 스트라우스와 팀원들은 수집한 데이터에 너무 깊이 파고든 나머지 다른 사람의 위조 트레이딩 전략을 발견해 속는 일이 없도록 테스트를 실행했다. 하지만 새로 나타나는 신호 중 다수가 이런 과정을 방해했다.

이는 마치 메달리온 팀원들이 안경을 처음 쓰고 시장을 새롭게 보는 것과 같았다. 초기에 발견한 한 가지를 예로 들면, 특정 금요일 아침에 이뤄진 트레이딩 밴드band(구간)는 장 마감 시간이 가까워지는 같은 날 오후의 트레이딩 밴드를 예보하는 신비한 능력을 지니고 있다. 라우퍼의 조사는 시장이 오후 늦게 상승하면 보통 장 마감 직전 선물 계약을 매입하고 그다음 날 장이 개장할 때 처분하는 것이 이득이 된다는 사실도 발견했다.

라우퍼 팀은 변동성에 관한 예측 효과뿐만 아니라 금과 은 또는 난방유와 원유처럼 쌍을 이룬 투자가 거래일의 다른 시간대에 비해 특정 시간대에 같은 방향으로 움직이는 경향과 같은 일련의 '결합효과combination effects'도 알아냈다. 일부 새로운 신호들이 나타나는 이유가 곧바로 명백하게 드러나지는 않았지만, 확률치를 뜻하는 p값p-values이 0.01 이하(통계적 신기루가 될 확률이 낮고 통계적으로 유의미해 보인다는 의미)면 새로운 신호들을 시스템에 추가했다.

얼마 지나지 않아 사이먼스는 수익을 낼 가능성이 있는 투자 아이디어를 배열하는 것만으로는 충분하지 않다는 사실을 깨달았다.

그러고는 라우퍼와 팀원들에게 물었다. "우리가 어떻게 트레이딩을 실행할 수 있을까?"

사이먼스는 그들에게 아직 해결하지 못한 골치 아픈 문제를 해결하라는 과제를 부여했다. 즉 그들이 찾아낸 실행 가능한 트레이드의 범위와 메달리온이 운용하는 제한된 자금을 감안할 때 각 트레이드에 얼마를 베팅해야 할까? 어떤 움직임을 쫓고 어디에 우선순위를 둬야 할까? 라우퍼는 거래일 내내 최적의 트레이드를 찾는 컴퓨터 프로그램 개발에 착수했고, 사이먼스는 이 프로그램을 자신의 '베팅 알고리즘'으로 불렀다. 라우퍼는 작동 과정 중에 스스로 적응하며 실시간 분석에 의존해 펀드의 투자 상품 조합을 선물 시장의 이동 확률에 따라 조정하는 '동적dynamic' 프로그램을 만들기로 결정했으며, 이는 머신러닝의 초기 형태였다.

친구이자 메달리온 투자자와 함께 스토니브룩으로 차를 몰고 가는 동안 사이먼스는 흥분을 감출 수 없었다.

"우리 시스템은 생명체와 같습니다. 늘 스스로 조정합니다. 우리는 분명히 이 시스템을 발전시킬 수 있습니다."

직원 수가 10여 명에 불과했던 터라 사이먼스는 D. E 쇼를 따라잡고 산업계 내에서 트레이딩의 영향력을 확보하려면 충분한 수의 직원을 채용해야 했다. 어느 날 스토니브룩에서 박사 과정을 밟고 있는 학생 크레시미르 페나빅Kresimir Penavic이 입사 면접을 보러 왔다. 그가 라우퍼를 만나기 위해 기다리고 있을 때 찢어진 바지에 페니 로퍼를 신고 두 손가락 사이에 담배를 끼운 사이먼스가 신입 사원 후보자 평가를 위해 돌아다니고 있었다.

페나빅에게 "스토니브룩에 다니는가?"라고 묻자 페나빅은 고개를 끄덕였다. "무슨 공부를 했지?" 사이먼스가 다시 질문했다.

키가 190센티미터에 이르는 페나빅은 이 모든 질문을 쏟아내는 사람이 누구인지 모른 채 학부 시절 응용 수학 분야에서 했던 연구들을 설명했다.

페나빅의 말에 전혀 감동을 받지 못한 사이먼스는 콧방귀를 뀌며 말했다.

"그건 정말 사소한 것들이야." 이 말은 수학자가 할 수 있는 가장 충격적이고 모욕적인 표현이었다.

이에 굴하지 않고 페나빅은 아직 풀리지 않은 대수 문제에 초점을 맞춰 작성했던 자신의 또 다른 논문을 사이먼스에게 설명하며 주장했다.

"그 문제는 사소한 것이 아닙니다."

"아니야, 사소한 것이 맞아." 사이먼스가 손을 내저으며 말했고 그 탓에 담배 연기가 페나빅의 얼굴을 스치며 퍼졌다.

젊은 신입 사원 후보자가 더 이상 대꾸를 못하자 사이먼스는 마치 페나빅에게 짓궂은 장난이라도 한 것처럼 얼굴 가득 미소를 지으며 말했다.

"하지만 난 자네가 좋아."

잠시 뒤 페나빅은 채용됐다.

비슷한 시기에 연구원으로 팀에 합류했던 패터슨은 일자리 제안을 받고 마냥 좋아할 수가 없었다. 사이먼스가 일종의 사기를 치고 있다는 의심을 떨칠 수가 없었다. 1992년 라우퍼의 단기적 트레이딩 전술이 성공하며 메달리온이 3년 연속 33퍼센트가 넘는 연간 수익을 올려서 그런 의심이 생긴 것은 아니었다. 또한 메달리온 펀드가 고객에게 부과하는 엄청난 수수료나 1억 달러에 달하는 것으로 알려진 운용 규모 때문도 아니었다. 사이먼스와 직원들도 완전히 이해하지 못하는 컴퓨터 모델에 의존해 그 많은 수익을 달성하는 '방식'이 의심스러웠다.

패터슨에게는 그들이 일하는 사무실 자체도 완전히 합법적인 것으로 보이지 않았다. 사이먼스는 앞서 르네상스의 연구실을 스토니브룩 주택가의 가로수가 늘어선 노스 컨츄리 로드North Country Road에 있는 19세기 집의 꼭대기 층으로 옮겼다. 집 안에는 벤처캐피털 투자를 다루는 일부 직원과 아래층에서 주식 트레이딩을 담당하는 두 명을 포함한 아홉 명의 직원들이 사이먼스가 지원하는 다양한 비즈니스를 처리하며 북적대고 있었다. 직원들은 서로 무엇을 하는지 전혀 몰랐고, 사이먼스는 매일 나오지도 않았다.

공간이 너무 좁아 패터슨은 앉을 만한 자리조차 찾지 못했다. 결국 사이먼스가 일하는 사무실의 비어 있는 한쪽 구석에 의자와 책상

시장을 풀어낸 수학자

을 밀어 넣어 자리를 마련했다. 일주일의 절반을 뉴욕 시 사무실에서 근무했던 사이먼스는 패터슨에게 사무실을 같이 사용해도 괜찮다고 말했다.

패터슨은 사이먼스가 수학과 암호 해독 분야에서 이룬 업적을 잘 알고 있었지만, 그런 업적들이 그의 의심을 잠재우지는 못했다.

패터슨은 당시 느낌을 이렇게 말한다. "수학자는 사기꾼도 될 수 있습니다. 헤지펀드에서 돈세탁을 하기는 아주 쉽습니다."

한 달 내내 패터슨은 메달리온이 포트폴리오에 속한 다양한 투자 상품에 활용하는 종가들을 남몰래 기록하며 그 가격들이 〈월스트리트저널〉에서 발표하는 가격들과 일치하는지 한 줄씩 자세히 확인했다(패터슨에게는 자신이 인식한 것보다 더 많은 의심의 이유가 있었다. 그 당시 롱아일랜드의 또 다른 투자자 버너드 매도프Bernard Madoff가 역사상 가장 거대한 폰지 사기를 교묘하게 꾸미고 있었다).

사이먼스의 수치들을 직접 확인한 후에야 의심에서 해방된 패터슨은 수학적 기능을 활용해 그들의 업무에 힘을 보태는 일로 자신의 관심을 완전히 돌렸다. 패터슨은 자신이 실제로 수학을 즐긴다는 사실을 오랜 시간이 지난 뒤에야 깨달았다. 어린 시절에 수학은 패터슨이 자신을 보호하기 위해 사용했던 하나의 도구에 불과했다. 패터슨은 얼굴 왼쪽이 뒤틀리고 왼쪽 눈이 실명하는 희귀한 선천적 장애인 안면 형성 장애facial dysplasia로 고통을 겪었다. 런던 중부의 베이스워터Bayswater 지역에서 독자로 성장하며 가톨릭 기숙학교에 다니던 중에는 심하게 왕따를 당하기도 했다. 부모와 일주일에 한 번만 대화할 수 있던 터라 스스로 영국인 특유의 불굴의 정신을 잃지 않기로 굳게 다짐했다. 그리고 수업 시간에 빛을 발하는 기량을 자신에게 유리한 방향으로 활용했다.

"나는 학교에서 전형적인 영국인 기질을 지닌 두뇌로 진화했습니다. 친구들은 나를 이상하지만 쓸모 있는 존재로 여기며 더 이상 괴롭히지 않았습니다." 패터슨이 기억하는 당시 상황이다.

패터슨은 수학 과목에서 월등히 뛰어났고 자신이 압도할 수 있는 분야를 발견한 것이 너무 흐뭇했기 때문에 주로 수학에 가장 큰 매력을 느꼈다. 하지만 열여섯 살에 이르러서야 자신이 실제로 즐기고 있다는 것을 깨달았다. 그로부터 몇 년 뒤 캠브리지대학교를 졸업한 후 상용 코드를 작성하는 곳에 취직했다. 그곳에서 컴퓨터 프로그래밍을 대부분 못 하는 동료 수학자들을 능가하며 타고난 인재로 증명됐다.

체스 고수였던 패터슨은 여유 시간 대부분을 체스 판을 빌려 주며 손님들끼리 치열한 게임을 하게 해 주는 런던의 커피숍에서 보냈다. 자신보다 나이 많은 사람들과 게임을 해 완승을 거두는 일도 자주 있었다. 얼마 뒤 패터슨은 커피숍이 하나의 위장에 불과하다는 것을 알았다. 커피숍 안에는 지역 폭력배가 운영하는 고액의 불법 포커 게임이 벌어지는 장소로 이어지는 비밀 계단이 있었다. 패터슨은 게임 참가 자격을 얻었고 꽤 많은 현금을 따며 그가 포커에서도 뛰어나다는 것이 곧바로 밝혀졌다. 패터슨의 능력을 알아차린 폭력배는 패터슨이 거부할 리 없는 제안을 했다. 즉 아래층에서 체스로 사기 게임을 벌여 패터슨이 이겨서 딴 돈은 같이 나누고 (일부러) 져서 잃은 돈은 자기가 다 책임지겠다는 제안이었다.

시장을 풀어낸 수학자

손해 볼 일은 전혀 없었지만, 패터슨은 거절했다. 폭력배는 패터 슨이 큰 실수를 하고 있다고 말하며 조롱했다.

"너 지금 제정신이야? 수학으로는 돈을 벌 수 없어!"

이 경험으로 패터슨은 합법적으로 보이는 것을 포함한 대부분의 돈벌이 행위를 신뢰하지 말라는 교훈을 얻었고 몇 년 뒤 사이먼스를 의심했던 이유도 여기에서 비롯됐다.

학교를 졸업하고 패터슨은 제2차 세계대전 당시 앨런 튜링이 독 일군의 암호 코드를 멋지게 풀면서 유명해진 부대에 소속돼 적군의 전문을 해독하고 아군의 비밀 전문을 암호화하는 통계적 모델을 구 축하며 영국 정부의 암호 해독자로서 성장을 거듭했다. 그곳에서 패 터슨은 누구라도 자신의 최초 믿음을 새로운 객관적 정보로 업데이 트하면 보다 향상된 이해에 도달할 수 있다고 주장하는 간결하면서 도 심오한 베이즈의 확률 정리Bayes' theorem of probability를 활용했다.

패터슨은 데이터 안에서 다른 사람들이 놓친 패턴을 판독해 그 분야에서 오랫동안 풀리지 않던 난제를 풀었다. 그렇게 정부에 너무 나 중요한 요원이 됐고 급기야 연합국들과 공유하는 극비 문서 일부 에는 "미국과 닉 패터슨 외에는 대외비"라는 라벨이 붙기도 했다.

그는 "제임스 본드가 하는 일과 비슷했다."고 말한다.

몇 년 후 새로운 급여 체계가 도입되며 부서 내 행정관이 암호 연 구자보다 더 많은 급여를 받자 패터슨은 크게 화를 냈다.

당시 부인에게 그 부서에 남아 있느니 차라리 버스 운전을 하겠 다고 말했던 패터슨은 이렇게 기억한다. "돈이 아니라 모욕감이었습 니다. 나는 더 이상 거기에 머무를 수 없었습니다."

패터슨은 국방분석연구소^{IDA}로 옮겼고 그곳에서 사이먼스와 바움을 만났다. 하지만 그는 자신의 50번째 생일이 다가오면서 초조해졌다.

두 아이들이 대학 입학을 준비하고 있었던 그때를 패터슨은 이렇게 기억한다. "나의 아버지가 50대 말에 어려운 시기를 보냈다는 사실이 떠올라 나 자신도 걱정됐습니다. 돈을 충분히 모아 두지 못했지만, 아버지와 같은 길을 가고 싶지는 않았습니다."

한 선배가 아마추어 무선통신 컨퍼런스에 참가하기 위해 러시아 여행 허가를 받았을 때, 냉전이 곧 끝난다는 것을 인식한 패터슨은 빨리 움직여야 했다.

'내가 곧 실직하겠구나.'

얼마 지나지 않아 전혀 기대도 안 했던 사이먼스가 뜬금없이 전화를 걸어 다급한 목소리로 말했다.

"우리 얘기 좀 하세. 나와 함께 일할 생각 없나?"

르네상스로 가는 것은 패터슨에게 일리가 있는 일이었다. 사이먼스의 그룹은 선물 가격을 예측하기 위해 엄청난 양의 복잡하고 너저분한 가격 결정 데이터를 분석하고 있었다. 패터슨은 자신의 타고난 회의적 태도가 무작위로 변동하는 시장에서 진짜 신호를 포착하는 데 유용하게 쓰일 것으로 생각했다. 자신의 프로그램 작성 기능도 도움이 될 것임을 알았다. 르네상스의 십여 명에 이르는 직원들 대다수와 달리 패터슨은 실제로 신문의 비즈니스 면을 최소한 가끔씩이라도 읽어서 금융을 약간 알고 있었다.

그는 "인덱스 펀드$^{index\ fund}$도 가지고 있었으니 내가 상당히 앞서 있다고 생각했다."고 말한다.

온 세상이 '지극히 수학적인 환경'으로 변하고 있는 모습을 보며 컴퓨터의 영향력이 급속도로 확대된다는 사실을 파악한 패터슨은 높은 수준의 수학과 통계를 적용해 투자 방식에 대변혁을 일으킬 기회가 사이먼스에게 있다고 느꼈다.

"50년 전에는 우리가 아무것도 할 수 없었을 테지만, 그때는 완벽한 타이밍이었습니다."

컴퓨터를 사이먼스의 사무실 구석으로 옮기고 르네상스가 사기꾼이 아닐 가능성이 높다고 결론 내린 패터슨은 라우퍼가 까다로운 문제를 해결하는 데 도움을 주기 시작했다. 수익을 낼 수 있는 트레이드 아이디어는 전체 게임의 절반에 불과하다. 투자 상품을 사고파는 행위 자체가 수익이 줄어들 수 있을 정도로 가격에 영향을 미치기 때문이다. 예를 들어 구리 가격이 한 계약당 3.00달러에서 3.10달러로 오를 것이라는 예측은 거래 전체를 완료할 기회를 잡기도 전에 중개인이 가격을 급히 올리거나 경쟁자가 매입에 뛰어들게 한다. 현재 진행하는 매입 행위 자체만으로도 가격이 3.05달러로 오르며 잠재적 수익이 절반으로 낮아지면 아무런 의미가 없다.

펀드의 초창기부터 사이먼스의 팀은 이런 거래에 따른 비용에 주의를 기울여 왔으며 이런 비용을 '슬리피지slippage'라고 불렀다. 그들은 그런 성가신 거래 비용을 제외하면 얼마나 수익을 올리거나 손실을 입을 수 있는지 추적하는 모델로 트레이드 결과를 주기적으로 비교했다. 사이먼스 팀은 실제로 얻는 가격과 성가신 비용 없이 모델이 실행한 이론적 거래 가격의 편차에 이름을 지어 줬다. '악마The

Devil'라고 불렀다.

한동안 '악마'의 실제 크기는 추측할 수밖에 없었다. 하지만 스트라우스가 더 많은 데이터를 수집하고 사용하는 컴퓨터의 성능이 강력해지면서 라우퍼와 패터슨은 자신들의 트레이드가 거래에 따른 비용이 펀드의 성과에 거의 영향을 미치지 않는 이상적인 상태에서 얼마나 벗어났는지 추적하는 컴퓨터 프로그램을 작성하기 시작했다. 패터슨이 르네상스에 합류할 즈음에 르네상스는 이런 거래 비용을 자신들이 받았던 가격에서 제외시키며 자신들이 얼마를 놓쳤는지 곧바로 파악하는 시뮬레이터를 돌릴 수 있었다.

이 간극을 좁히기 위해 라우퍼와 패터슨은 다양한 선물 거래소에서 트레이딩을 실행하며 각 트레이딩에 미치는 시장의 영향을 줄이는 정교한 방식을 개발했다. 이제 메달리온은 어떤 투자 상품을 추구해야 하는지 보다 잘 결정할 수 있게 됐으며, 이는 새로운 시장과 상품에 투자를 시작할 때 큰 이점으로 작용했다. 이에 따라 독일과 영국, 이탈리아의 채권을 추가했고 이어서 런던의 이자율 계약과 일본 주가지수Nikkei stock average 선물 시장, 일본 국채를 새로운 투자 상품으로 추가했다.

메달리온은 트레이딩을 더 자주 실행하기 시작했다. 처음에는 트레이딩 팀에게 하루에 다섯 번씩 지시하다가 결국 하루에 열여섯 번으로 늘려 가장 거래량이 많은 시기에 집중해 가격에 미치는 영향을 줄였다. 메달리온의 트레이더들은 거래를 하려면 여전히 수화기를 들어야 했지만, 펀드는 더 빠른 트레이딩을 향해 나아가고 있었다.

그때까지만 해도 사이먼스와 동료들은 점점 늘어나는 알고리즘 집합이 그렇게 예지력이 좋은 이유를 크게 궁금해하지 않았다. 그들은 과학자이자 수학자였지 분석가나 경제학자가 아니었다. 특정 신호들이 통계적으로 중요한 결과를 만들면 그 신호들을 트레이딩 모델에 포함시키면 충분했다.

사이먼스는 시장에 패턴들이 존재하는 이유를 파악하는 데 너무 많은 시간을 허비할 필요가 없다고 주장하며 한 동료에게 이렇게 말했다. "나는 행성들이 태양의 궤도를 도는 이유를 모른다. 그렇다고 해서 내가 그것을 예측하지 못한다는 뜻은 아니다."

그럼에도 수익은 빠른 속도로 쌓여 갔고 약간은 터무니없다고 느껴질 정도였다. 메달리온은 1994년 6월에만 25퍼센트 이상 급등했고 결국 그해 71퍼센트까지 치솟으며 사이먼스조차 이 결과를 두고 '그저 놀라울' 따름이라고 설명했다. 더 인상적인 사실은 연방준비제도 이사회가 이자율을 연속적으로 인상해 많은 투자자들을 큰 손실에 빠뜨리며 놀라게 만든 그해에 그런 수익을 달성했다는 것이다.

르네상스 팀은 본능적으로 호기심이 많았고 그들에게 투자한 투자자 대다수도 마찬가지였다. 그들은 도대체 어떤 일이 벌어지고 있는지 궁금해하지 않을 수 없었다. 만약 메달리온이 대부분의 트레이딩에서 큰 수익을 올리는 승자로 떠오르면 반대편에서 한결같이 손해를 입는 패자는 과연 누구일까?

시간이 흐르면서 사이먼스는 투자자들에게도 말했듯이, 패자가 매수 후 보유 전략을 구사하는 개인 투자자나 외화 포트폴리오를 기업의 필요에 따라 어쩌다 한 번씩 조정하는 '다국적기업의 재무 담당자'처럼 트레이드 빈도수가 적은 자들이 아닐 것이라는 결론에 도달했다.

오히려 르네상스가 동종업계 내 크고 작은 투자자들의 약점과 실수를 잘 활용하는 것처럼 보였다.

사이먼스는 "프랑스 채권 시장이 나아가는 방향을 빈번하게 짐작만 하는 글로벌 헤지펀드 운영자가 보다 채산성 있는 참가자일지도 모른다."라고 했다.

라우퍼는 급격한 수익 증가를 두고 약간 다른 설명을 내놓았다. 패터슨이 그에게 와서 엄청나게 늘어나는 수익의 근원을 궁금해했을 때 라우퍼는 과도한 트레이딩과 시장 방향 예측에 대한 지나친 자신감으로 악명 높은 다른 트레이더들을 지목했다.

라우퍼는 이를 농담 삼아 "치과의사[dentist]가 정말 많다."라고 했다.

라우퍼의 설명은 입심 좋은 사람의 말처럼 들리지만, 사이먼스의 견해와 마찬가지로 그의 관점도 심오하고 심지어 보다 근본적인 것으로 볼 수 있다. 당시 대부분의 교수들은 시장이 본질적으로 효율성을 갖추었다고 확신하며 시장에서의 수익을 통제하는 방법을 예측할 수 없고 금융에 관한 개인의 의사 결정 방식이 대체로 합리적이라고 주장했다. 사이먼스와 동료들은 교수들이 틀렸다고 생각했다. 또 투자자들이 공황 상태와 거품, 갑작스런 유행, 폭락으로 이어지는 인지적 편향에 빠지기 쉽다고 믿었다.

사이먼스가 인식하지는 못했지만, 그의 본능을 검증해 줄 만한 새로운 경제학 부류가 부상하고 있었다. 1970년대 이스라엘 심리학자 아모스 트버스키[Amos Tversky]와 대니얼 카너먼[Daniel Kahneman]은 개인의 의사 결정 방식을 분석해 대부분의 사람이 얼마나 비이성적으로 행동하기 쉬운지 증명했다. 이후 경제학자 리처드 탈러Richard Thaler는 투자자의 변칙성을 설명하는 데 심리적 통찰을 활용하며 개인과 투자자의 인지적 편향을 탐구하는 '행동 경제학behavioral economics' 분야의 성장에 박차를 가했다. 확인된 편향 몇 가지를 예로 들면, 일반적으로 투자자가 수익에서 얻는 즐거움보다 손실에서 얻는 고통을 두 배까지 더 많이 느끼는 경향을 나타내는 '손실 회피loss aversion', 판단이 최초 정보와 경험에 의해 왜곡되는 방식을 설명한 '앵커링 효과anchoring(정박 효과)', 자신의 포트폴리오에 이미 소유한 투자 상품들에 과도한 가치를 부여하는 '소유 효과endowment effect' 등이다.

훗날 카너먼과 탈러는 자신들의 연구로 노벨상을 받았다. 투자자들이 예상보다 더 비이성적으로 행동하며 비슷한 실수를 반복적으로 한다는 사실에 대다수가 동의하기 시작했다. 투자자들은 과민 반응을 보이고 감정적으로 의사 결정을 한다. 실제로 금융 시장이 극심하게 요동치는 시기에 메달리온이 가장 큰 수익을 냈던 것은 우연이 아닐 가능성이 높다. 이런 현상은 앞으로 수십 년 동안 계속될 것이다.

대부분의 투자자처럼 사이먼스도 자신의 펀드가 힘든 시기를 겪을 때면 불안에 휩싸인다. 드물지만 기업 전체의 투자 포지션에 페어 트레이딩 방식을 적용해 대응하기도 했다. 하지만 사이먼스는 대체적으로 본능을 이용한 투자가 얼마나 어려웠는지를 기억하며 트레이딩 모델에 대한 믿음을 유지했다. 트레이딩 모델을 무시하지 않겠다고 굳게 마음먹고 메달리온의 수익이나 르네상스 직원의 감정이 펀드의 움직임에 절대 영향을 미치지 않기를 바랐다.

패터슨은 이익과 손실을 뜻하는 트레이딩 용어를 사용해 이렇게 말한다. "우리의 P&L(손익계산서)은 무엇을 입력할 대상이 아닙니다. 우리는 그저 그런 트레이더들이지만, 우리의 시스템은 (감정으로) 여자친구와 절대 싸우지 않습니다. 그런 점이 시장에 영형을 주어 패턴을 만듭니다."

사이먼스는 경제학자나 심리학자의 연구라는 이유로 통계에 바탕을 둔 방식을 수용하지 않았다. 그리고 투자자의 편향성을 피하거나 이용하기 위한 알고리즘을 프로그램화하는 일을 시작하지도 않았다. 하지만 시간이 지나면서 사이먼스와 팀원들은 이러한 실수와 과잉 반응이 최소한 부분적으로라도 자신들의 수익에 영향을 미쳤고 그들이 개발하는 시스템만이 다른 트레이더들의 흔한 실수를 이용할 수 있다고 믿기에 이르렀다.

페나빅 연구원은 당시 상황을 이렇게 설명한다. "우리가 결국 모델로 구축하려는 것은 인간의 행동 방식입니다. 인간이 스트레스를 많이 받을 때 그 행동을 예측하기가 가장 쉽습니다. 즉 본능적으로 행동하며 공황 상태에 빠집니다. 우리가 세운 대전제는 인간이 과거에 했던 방식대로 반응하다는 것이었습니다. (……) 우리는 그것을 이용하는 방법을 터득했습니다."

마침내 투자자들이 메달리온의 수익에 주목하기 시작했다. 런던을 근거로 부자 고객의 자금을 관리하는 투자 회사이며 헤지펀드에 처음 투자한 기관 중 하나인 GAM 홀딩은 1년 전인 1993년 약 2,500

만 달러를 르네상스에 투자했다. 그때까지만 해도 사이먼스와 팀원들은 경쟁자들이 따라오지 못하도록 펀드 운영에 관한 어떤 내용도 공유하지 않으려는 태도를 취했다. 이는 펀드 운영 방식의 세세한 부분까지 충분히 이해하는 것에 익숙한 GAM의 경영진을 곤란하게 만들었다. 그들은 르네상스가 적절한 감사를 받았고 GAM의 고객들이 투자한 자금이 안전하다는 것을 확인했지만, 메달리온이 그렇게 많은 수익을 올리는 방식을 완전히 이해할 수는 없었다. GAM 경영진은 사이먼스의 펀드가 만드는 결과에 짜릿할 정도로 감동했지만, 여느 고객과 마찬가지로 자신들의 투자에 대해 끊임없이 염려했다.

메달리온에 투자한 GAM의 자금을 모니터링했던 데이비드 맥카시David McCarthy는 "뭔가 잘못 될까 봐 늘 두렵고 걱정스러웠다."고 한다.

얼마 지나지 않아 사이먼스가 직면한 도전이 그 모습을 분명히 드러냈다.

사이먼스의 태도가 완전히 바뀌었다. 1993년 말 메달리온의 운용 자금이 2억 8,000만 달러에 이르자 사이먼스는 펀드의 규모가 너무 커져 펀드의 빈번한 거래와 함께 매수로 가격이 높아지거나 매도로 가격이 낮아져 수익에 영향을 미칠까 봐 염려했다. 결국 이 펀드에 투자하는 고객을 더 이상 받지 않기로 결정했다.

사이먼스의 펀드 운영 팀은 고객에게 최근 결과를 알아보려면 맨해튼 사무실에 전화하고 상세한 업데이트가 필요하면 르네상스의 변호사에게 연락하라고 했다. 그렇게 더 비밀스러워졌다. 이런 추가적인 조치를 취한 이유는 경쟁사가 메달리온 펀드의 활동을 알지 못하도록 하기 위해서였다.

사이먼스는 고객에게 보내는 편지에 썼다. "우리가 낸 큰 성과로 우리는 더 잘 알려졌습니다. 어쩌면 이것이 우리에게는 가장 심각한 도전일지도 모릅니다. 가시성은 경쟁을 불러오기 마련입니다. 자유 기업 체제의 원칙을 존중하지만, 덜 알려질수록 좋습니다."

사이먼스는 펀드 운영에 관한 어떠한 상세한 내용도 공유하지 말라고 투자자를 압박하며 "우리의 유일한 방어책은 우리를 드러내지 않는 것"이라고 말했다.

비밀스러운 접근 방식이 때로는 기업에 손실을 입히기도 한다. 1995년 겨울 브룩헤이븐 국립연구소Brookhaven National Laboratory에서 상대론적 중이온 충돌기Relativistic Heavy Ion Collider를 이용해 실험하던 과학자 마이클 보틀로Michael Botlo는 르네상스 임원에게서 함께 일할 생각이 없냐는 전화를 받았다.

보틀로는 눈폭풍을 뚫고 자신의 찌그러진 마쯔다 해치백 자동차를 몰고 르네상스의 새 사무실로 갔다. 스토니브룩 캠퍼스 근처의 병원과 허름한 동네 술집에서 가까운 첨단 기술 기업 인큐베이터 단지였다. 옷에 쌓인 눈을 털고 사무실에 들어가 베이지색과 청록색이 섞인 작고 조잡한 사무실을 본 그는 곧바로 실망했다. 패터슨과 다른 직원들과 함께 얘기를 나눌 때 그들은 자신들의 트레이딩 방식에 관한 어떤 상세한 내용도 설명하려 하지 않고 대신 궂은 날씨 얘기만 하니 보틀로는 화가 났다.

그는 속으로 '잡담은 이제 그만들 하시지!'라고 말했다.

시장을 풀어낸 수학자

르네상스가 대형 월스트리트 트레이딩 기업이 사용하는 C++ 프로그램 언어 대신 펄Pearl이라는 10년 전에 나온 언어를 사용하고 있다는 말을 듣고 보틀로는 더 회의적인 생각이 들었다(사실 르네상스는 트레이딩이 아니라 경리 업무를 비롯한 다른 관리용으로 펄 언어를 채택했지만, 어느 누구도 이 사실을 방문자에게 알리려 하지 않았다).

보틀로는 당시 받았던 느낌을 이렇게 말한다. "마치 차량 정비소에서 네 명이 일하고 있는 것 같았죠. 그들은 컴퓨터 공학에 그리 뛰어나 보이지 않았고 그냥 요행을 바라며 직감에 의존해 일하는 것 같았습니다. 몇몇은 컴퓨터 작업을 재미삼아 하는 듯했습니다. 그렇게 매력적이지는 않았죠."

며칠 뒤 보틀로는 패터슨에게 짧은 편지를 보냈다. "나는 비즈니스를 제대로 배우기 위해 모건스탠리에 합류하기로 결정했습니다."

'어이쿠!' 편지를 받은 패터슨은 마음이 아팠다.

1995년 사이먼스는 메이저 종합 중개 기업인 페인웨버Paine Webber의 대표 경영진으로부터 르네상스 인수에 관심이 있다는 내용의 전화를 받았다. 사이먼스의 펀드가 몇 년간 많은 노력으로 놀랄 만큼 큰 수익을 올리자 마침내 월스트리트의 거물들이 사이먼스의 선구적 트레이딩에 관심을 보인 것이었다. 엄청난 돈을 벌 수 있는 날이 분명 눈앞에 와 있었다.

사이먼스는 패터슨을 지명해 몇몇 페인웨버 경영진을 만나도록 했지만, 페인웨버가 사이먼스의 혁신적인 전략에 확신이 없고 찬사를 받는 그의 직원들에게도 관심이 없다는 사실을 깨닫기까지는 오래 걸리지 않았다. 페인웨버 경영진은 단지 사이먼스가 운영하는 헤지펀드의 고객 리스트만 필요했을 뿐이다. 그들이 사이먼스의 펀드에 투자하기 위해 지불하는 엄청난 수수료에 감탄했기 때문이다. 고객 리스트를 손에 넣으면 페인웨버는 아마도 르네상스의 겉모습만 남긴 채 자신들의 상품을 부유한 르네상스 고객들에게 팔려고 할 것이다. 협상은 아무런 성과 없이 끝났고, 르네상스의 일부 멤버들은 실망했다. 월스트리트의 주류들은 컴퓨터 트레이딩 방식을 그저 위험하고 잘못된 것이라고만 여겼고 여전히 믿지 못했다.

패터슨은 설명한다. "그들은 알고리즘이 기본적으로 말이 안 된다고 생각했습니다."

메달리온은 여전히 연승 행진을 이어 갔고 선물 계약 트레이딩으로 큰 수익을 올리며 6억 달러의 자금을 관리했다. 하지만 사이먼스는 헤지펀드가 심각한 곤경에 처했다고 확신했다. 펀드가 시장에 미치는 영향을 놀라울 정도로 정확히 측정하는 라우퍼의 모델은 메달리온이 더 많은 자금을 운용하면 펀드 수익이 줄어들 것이라고 판단했다. 곡물 같은 일부 상품의 선물 시장은 규모가 너무 작았다. 펀드가 가격에 영향을 미치지 않으면서 매수와 매도를 추가로 할 수 없었다. 메달리온이 규모가 더 큰 채권과 통화 시장에서 얼마나 더 많은 트레이딩을 할 수 있을지도 확실히 알 수 없는 상황이었다.

메달리온이 수익을 내는 베팅에 재능이 있다는 소문이 돌았고 음흉한 트레이더들은 모습을 드러내지 않고 이를 이용하려 들었다. 한 직원은 시카고 거래소를 방문했을 때 누군가가 유로달러 선물 거래 창구가 내려다보이는 곳에 서서 메달리온의 트레이드를 몰래 훔

시장을 풀어낸 수학자

처보고 있는 모습을 봤다. 그 스파이는 메달리온이 매매를 할 때마다 가담자에게 수신호를 보내 메달리온이 트레이딩을 실행하기 직전에 행동을 취하게 했다. 그 결과 메달리온의 수익이 줄었다. 어떤 이들은 메달리온이 하루 중 거래했던 시간들을 기록한 리스트를 갖고 있는 것처럼 보였다. 거래소 현장의 어떤 이들은 일부 상품 시장에서 드러난 사이먼스 팀의 명성을 반영해 그들에게 '추장the Sheiks'이라는 별명까지 붙였다. 르네상스는 자신들의 행동을 더욱 비밀스럽고 예측 불가능한 방향으로 조정해야 했다. 하지만 이는 르네상스가 다양한 금융 시장에서 몸집이 너무 커졌다는 또 하나의 암시였다.

사이먼스는 경쟁자들이 비슷한 전략을 채택하면서 자신이 받는 신호도 점점 약해지는 것을 염려했다.

기자와 처음 한 인터뷰에서 "시스템에 관한 정보는 늘 새 나가기 마련이다. 우리가 게임에서 항상 한 발 앞서 나가는 수밖에 없다."라며 이 사실을 인정했다.[2]

하지만 르네상스의 일부 멤버들은 큰 문제로 여기지 않았다. '그래요. 자본이 제한적이라는 말은 메달리온이 결코 세계에서 가장 크거나 가장 훌륭한 헤지펀드가 될 수 없다는 뜻입니다. 그러면 어때요? 펀드가 현재 규모로만 운영된다면 어쨌든 모두가 굉장한 부자가 되고 성공할 테니까요.'

스트라우스는 사이먼스에게 "우리가 펀드 규모를 6억 달러로 유지하면 어떨까요?"라고 물었다. 그러면 메달리온은 연간 수익을 2억 달러 정도 올릴 수 있으며 이는 모든 직원을 행복하게 해 주고도 남을 액수였다.

사이먼스는 "아니야. 우리는 더 잘할 수 있어."라고 대답했다.

그는 펀드를 더 키울 방법을 찾아야 한다고 주장하며 일부 직원을 짜증나게 만들었다.

한 직원은 동료에게 "황제는 제국을 원한다."라며 불평했다.

전직 모건스탠리 퀀트 트레이더이자 사이먼스가 지원하는 주식 트레이딩 벤처 기업 케플러에서 일하던 로버트 프레이는 메달리온의 성장을 고집스럽게 밀어붙이는 사이먼스의 뜻을 좋은 쪽으로 해석했다. 그는 사이먼스가 뭔가 특별한 일을 이루기로 굳게 마음먹었고 어쩌면 새로운 트레이딩 방식의 선구자가 되려 했는지도 모른다며 덧붙였다.

"사이먼스가 무엇을 하고 싶어 하는지가 중요합니다. 그는 의미 있는 삶을 원했습니다. (……) 펀드를 운영한다면 거기서 최고가 되고 싶어 했습니다."

프레이는 사이먼스가 펀드 확장에 그렇게 몰두하는 이유를 두고 다른 의견도 제시했다.

"사이먼스는 자신이 억만장자가 될 수 있는 기회를 본 것이었습니다."

사이먼스는 늘 존재하는 두 가지 욕구, 즉 자신이 큰 문제를 해결할 수 있다는 것을 증명하고 엄청나게 큰돈을 벌고 싶은 욕구로 오랫동안 조급해했다. 친구들은 더 많은 부를 축적하려는 그의 욕구를 절대로 충분히 이해하지 못했지만, 그 욕구는 끊임없이 늘 존재했다.

사이먼스가 수익에 큰 손상을 입히지 않고 메달리온을 성장시킬 수 있는 유일한 방법은 주식 투자로 확장하는 것이었다. 주식시장은

시장을 풀어낸 수학자

유동성이 풍부하고^{deep}, 거래가 용이하기 때문에 대규모로 거래하더라도 수익에 영향을 주지 않기 때문이다. 문제는 사이먼스와 팀원들이 오랫동안 주식 시장에서 돈을 벌지 못했다는 데 있다. 프레이가 여전히 케플러에서 자신의 트레이딩 전략에 따라 투자하고 있었지만, 결과가 신통치 않았다는 점도 사이먼스를 압박했다.

펀드의 성과를 떨어뜨리지 않고 운영의 효율성을 높이기 위해 사이먼스는 스트라우스를 포함해 북부 캘리포니아에서 오랫동안 근무했던 직원 열 명을 내보내고 모든 업무를 통합해 롱아일랜드로 이전시켰다. 하지만 고등학생 아들이 있던 스트라우스는 이전에 반대했다. 그는 롱아일랜드로 갈 생각이 없었으며 캘리포니아에 거주하는 동료들의 삶을 다른 곳으로 옮기도록 강요하는 사이먼스의 지시가 못마땅했다. 트레이딩을 직접 운영했고 초창기 멤버 중 남은 마지막 멤버이며 사이먼스의 기업이 성공할 수 있었던 핵심 이유이기도 했던 스트라우스는 르네상스의 지분을 보유하고 있었다. 그래서 국토 정반대 쪽으로 재배치하는 문제를 놓고 동료 주주들과 함께 찬반 투표를 하자고 요구했다. 스트라우스는 투표에서 졌고 좌절했다.

1996년 스트라우스는 르네상스 지분을 매각하고 사직했다. 사이먼스에게도 충격이었다. 이후 사이먼스는 스트라우스를 비롯해 르네상스를 떠난 사람들이 메달리온에 투자했던 자금을 회수하게 만들었다. 스트라우스는 그 펀드에 무기한으로 투자할 수 있는 특별한 대우를 요구할 수도 있었지만, 비슷한 전망을 보이는 다른 펀드에 투자하는 편이 낫다고 생각했다.

스트라우스는 당시 상황을 이렇게 말한다. "나는 우리가 그저 많은 펀드 중 하나인 줄 알았습니다. 만약 메달리온에 비법이 있다는 것을 알았다면 메달리온에 계속 머물 방법을 찾았을 것입니다."

팀원들과 함께 새로운 방향을 찾고 스트라우스의 이직에 따른 공백을 메우느라 어려움을 겪으면서도 사이먼스는 수학 분야의 예전 친구들에게서 그리 많은 동정을 얻지 못했다. 그들은 여전히 사이먼스가 왜 그렇게 많은 시간과 에너지를 금융 시장에 쏟아붓는지 이해하지 못했다. 그들의 눈에는 한 세대를 대표할 인재가 바보 같은 짓에 시간을 낭비하고 있는 모습으로만 보였다. 사이먼스가 스토니브룩을 떠난 뒤 어느 주말 오후에 스토니브룩의 유명한 위상 수학자인 데니스 설리번Dennis Sullivan이 사이먼스를 만나러 그의 집을 방문했다. 사이먼스는 부인 바버라 사이에서 태어난 셋째 너새니얼의 생일 파티를 준비하고 있었다. 사이먼스가 물총을 건네고 연이어 크게 떠들며 신나게 노는 모습에 설리번은 너무 놀라 눈이 휘둥그레졌다.

설리번은 당시 느낌을 이렇게 말한다. "나는 그 모습에 화가 났습니다. 수학은 신성한 학문이며 사이먼스는 가장 어려운 문제를 풀어낼 수 있는 최고의 수학자였습니다. (……) 나는 그의 선택에 실망했습니다."

어떤 때는 사이먼스가 마릴린과 낳은 첫 아이이며 아버지처럼 무척 외향적이고 때로는 짓궂기까지 한 유머 감각도 쏙 빼닮은 니콜라스와 장난을 치는 모습이 목격되기도 했다.

설리번은 사이먼스의 집에서 함께 시간을 보내며 그와 점점 가까워졌다. 그리고 보스턴에 살면서 아들 집을 자주 방문하던 부모에게 사이먼스가 헌신하는 모습을 보면서 설리번의 관점도 천천히 바뀌었다. 설리번은 사이먼스가 아이들에게 보이는 관심과 특히 선천적 장애와 여전히 씨름하고 있는 폴을 향한 배려와 보살핌에 감탄했다. 폴은 열일곱 살 때 간질 발작으로 고통 받았고, 그 후로는 약을 복용하고 있었다.

사이먼스와 바버라는 아들 폴에게서 자신감이 생기고 있다는 신호를 봤다. 평생 동안 폴은 거의 매일 턱걸이와 팔굽혀펴기로 몸을 단련했다. 스키에서 뛰어난 기량을 보였고 자전거를 탈 때도 지구력이 대단했다. 자유로운 영혼을 지닌 폴은 수학이나 트레이딩에 전혀 관심을 보이지 않았다. 성인이 되자 하이킹과 스키를 즐기고 기르던 개 아발론과 놀기를 좋아했으며 같은 동네에 살던 젊은 여성과 가깝게 지내는 사이로 발전했다. 특히 스토니브룩의 밀 폰드Mill Pond 저수지 근처의 조용한 곳에서 몇 시간씩 가장 좋아하는 자전거 길에서 사이클을 타며 즐겼다.

1996년 9월 서른네 살이 된 폴은 사이클용 셔츠와 바지를 갖춰 입고 세계 최상급 자전거에 올라 어린 시절에 살던 집에서 가까운 세타우켓Setauket의 올드필드Old Filed 거리를 빠른 속도로 달렸다. 그때 폴이 자전거를 타고 지나가는 것을 몰랐던 한 나이 많은 여성이 주차장 진입로에서 도로 쪽으로 자동차를 갑자기 후진시켰다. 자동차는 폴을 덮쳤고 폴은 그 자리에서 사망했다. 전혀 예상치 못했던 비극적인 사고였다. 그 사고로 트라우마를 겪던 그 여성도 며칠 뒤 심장마비로 세상을 떠났다.

사이먼스와 바버라는 엄청난 충격을 받고 비탄에 빠졌다. 이후 몇 주 동안 사이먼스는 영혼이 날아가고 껍데기만 남은 사람이나 마찬가지였다.

사이먼스는 일과 활동을 접고 회복을 위해 가족에게 의지했다. 동료들은 사이먼스가 고통을 어떻게 극복할지 그리고 그 아픔이 얼마나 오래갈지 몰랐다.

바버라는 말한다. "그 고통에서 절대 벗어날 수 없습니다. 다만 안고 가는 법을 배울 뿐입니다."

사이먼스가 마침내 일에 복귀했을 때 동료들은 그에게 고통을 잊을 수 있는 뭔가 다른 일이 필요하다고 생각했다. 사이먼스는 자신의 기업을 영향력 있는 거대 기업으로 키울 수 있는 마지막 기회인 주식 트레이딩에 여전히 숙달하지 못한 팀의 실망스런 노력에 다시 초점을 맞췄다.

하지만 한동안은 사이먼스가 시간을 허비하고 있는 것처럼 보였다.

시장을 풀어낸 수학자

CHAPTER 09

숫자 때문에 결정을 내리는 사람은 아무도 없다.
그들에게는 스토리가 필요하다.

경제학자 대니얼 카너먼

짐 사이먼스는 상품과 통화, 채권을 거래하는 완벽한 방법을 발견한 것 같았다. 바로 예측을 위한 수학 모델이다. 하지만 사이먼스는 르네상스 테크놀로지가 많은 것을 이루려면 컴퓨터로 주식에서 돈을 벌 수 있어야 한다는 사실을 깨달았다.

사이먼스가 성공할 기회를 잡았다고 생각했던 이유는 분명하지 않다. 1990년대 초는 뭔가 이득이 되는 정보를 얻기 위해 기업들과 메시지를 주고받고 연례 보고서와 재무 보고서와 워런 버핏이 발표하는 성명서를 분석하고 씹어 먹는 '펀더멘털fundamental' 투자자의 황금기였다. 이들은 본능과 교활할 정도의 영리함과 경험을 활용했다. 즉 컴퓨터의 연산 능력이 아니라 인간의 지적 능력에 관한 것이 전부였다. 주식에 관한 한 사이먼스의 능력은 이에 한참 못 미쳐 보였다.

피터 린치는 펀터멘털 투자 방식의 표본이었다. 1977년부터 1990년까지 린치의 예지력 있는 주식 선택은 피델리티 인베스트먼트의 마젤란 뮤추얼펀드^{Magellan mutual fund}가 연평균 29퍼센트의 수익을 올리고 같은 기간 중 11년을 시장 선두를 기록하며 보잘것없던 1억 달러 규모에서 160억 달러의 거대 펀드로 성장하는 데 도움을 줬다. 사이먼스가 집착하는 과거 가격과 간과했던 가격 결정 패턴을 무시하는 린치는 투자자가 단순히 자신이 가장 잘 아는 기업의 주식을 붙들고 있는 것만으로도 시장에서 완승을 거둘 수 있다고 말했다. "소유하고 있는 것이 무엇인지 알아야 한다^{Know what you own.}"가 린치의 만트라^{mantra}, 즉 주문처럼 되뇌는 원칙이었다.

수익이 급등할 것으로 확신하는 화제주^{story stock}를 늘 찾아다니던 린치는 피델리티의 본사가 있는 매사추세츠 주에서 사랑받는 도넛 소매 프랜차이즈인 던킨도너츠^{Dunkin' Donuts}가 "저렴한 한국 수입 제품들을 걱정할 필요가 없는 기업"이라는 부분적인 이유로 그 기업의 주식을 매입해 큰 수익을 올렸다. 언젠가 한번은 린치의 부인 캐럴린^{Carolyn}이 달걀 모양의 독특한 플라스틱 용기에 담겨 슈퍼마켓이나 드럭스토어의 계산대 통로에서 판매하는 레그즈^{L'eggs} 브랜드 팬티스타킹을 사 온 적이 있다. 캐럴린은 레그즈 제품을 정말 좋아했고 린치도 마찬가지였다. 이는 스타킹을 포함한 대부분의 양말 제품이 드럭스토어가 아닌 백화점이나 여성 의류 매장에서 판매되는데도 불구하고 레그즈의 제조 기업 헤인즈^{Hanes}의 주식을 매입한 이유이기도 했다.

이를 두고 린치는 나중에 설명했다. "내가 조사를 좀 해 보니 여성들이 평균 일주일에 한 번 슈퍼마켓이나 드럭스토어를 가는 반면, 여성 용품 전문점이나 백화점은 평균 6주에 한 번 가더라고요. 그리고 정말 좋은 양말 제품이나 팬티스타킹은 백화점에서 판매되고 슈퍼마켓에서는 형편없는 제품만 팔고 있었습니다."

레그즈의 경쟁 브랜드가 팬티스타킹을 출시하자 린치는 마흔여덟 켤레를 구입해 직원들에게 테스트해 보라고 한 뒤 경쟁 제품이 레그즈의 품질에 훨씬 못 미친다는 것을 알아냈다. 시간이 지나면서 린치는 헤인즈의 주식을 통해 자신의 펀드가 처음에 투자한 금액의 열 배에 달하는 수익을 올렸다.

린치의 가장 중요한 도구는 컴퓨터가 아니라 전화기였다. 믿을 만한 경영진에게 주기적으로 전화를 걸고 때로는 직접 찾아가 그들의 비즈니스와 경쟁자, 공급자, 소비자 등에 대한 최근 상황을 물었다. 당시에는 이런 행동이 합법적이었지만, 투자 규모가 작은 투자자는 이런 정보에 접근할 수 없었다.

린치는 말했다. "컴퓨터는 [비즈니스 트렌드가] 한 달이 갈지 1년이 갈지 알려 주지 않습니다."[1]

1990년에 이르러 미국인 백 명 중 한 명은 마젤란 펀드에 투자했으며 린치의 저서 《전설로 떠나는 월가의 영웅One Up on Wall Street》은 백만 부 이상 팔리며 "슈퍼마켓 근로자에서 일반 직장인에 이르는" 주식 투자자들에게 영감을 줬다. 피델리티는 뮤추얼펀드 시장을 장악한 후 젊은 애널리스트들을 보내 매년 수백 개의 기업을 방문하게 했다. 제프리 비닉Jeffrey Vinik을 포함한 린치의 후임자들은 이런 방문을 활용해 완전히 합법적인 자신들만의 정보 우위를 확보해 경쟁자를 압도했다.

당시 피델리티의 애널리스트였던 J. 데니스 장자크^{J. Dennis Jean-Jacques}는 이렇게 기억한다. "비닉은 우리에게 공항을 오가는 동안 택시 기사와 대화를 나누며 지역 경제나 우리가 방문하는 특정 기업에 대해 알아보라고 요청했습니다. 우리는 또 방문 기업의 구내식당에서 식사하거나 (……) 식당 종업원에게 길 건너 기업에 대해 물어 보기 위해 근처 식당에서 식사했습니다."

린치와 비닉이 보스턴에서 엄청난 수익을 쌓는 동안 국토 반대쪽 캘리포니아 주 뉴포트비치의 해안가에서는 빌 그로스가 퍼시픽 인베스트먼트 매니지먼트 컴퍼니^{Pacific Investment Management Company, PIMCO}라는 기업으로 채권 제국을 건설하고 있었다. 소프의 도박에 관한 책을 읽은 뒤 블랙잭 게임에서 딴 돈으로 경영대학 학비 전부를 마련했던 그로스는 글로벌 이자율의 방향을 예측하는 데 특히 뛰어났다. 그는 금융계에서 사려 깊고 다채로운 시장 관측뿐만 아니라 독특한 차림새로도 잘 알려져 있다. 매일 그로스는 주문 제작한 오픈칼라 셔츠에 넥타이를 헐겁게 매 목 주위로 늘어뜨린 차림이었다. 이 스타일은 격렬한 운동과 요가 수업 후에 너무나 더워 일단 사무실에 들어온 뒤에는 넥타이를 매지 않으려는 그의 습성에서 비롯됐다.

비록 그로스의 공식에는 직감과 지능이 많이 혼합돼 있지만, 사이먼스처럼 그로스는 투자 분석에 수학적 접근 방식을 사용했다. 이자율 하락에 대규모로 베팅한 투자 덕분에 1995년 자신이 운용하는 채권 뮤추얼펀드가 20퍼센트의 수익을 올렸다. 그래서 유사한 펀드 중 가장 큰 규모가 됐고 그로스는 시장에서 진정한 천재로 떠올랐다. 투자자들은 그를 '채권의 왕'으로 불렀으며, 이 별명은 그로스가 채권 시장을 장기 집권하면서 그를 계속 따라 다녔다.

비슷한 시기에 흔히들 말하는 매크로 투자자^{macro investor}가 신문의 헤드라인을 장식하며 자기 나름의 독특한 방식으로 세계 정치 지도자들에게 두려움을 줬다. 이 트레이더들은 사이먼스처럼 수천 번에 이르는 베팅을 하는 대신 세계 곳곳의 정치적, 경제적 전환을 겨냥한 한정된 수의 강력한 움직임으로 수익의 대부분을 올렸다.

이런 방식의 투자로 떠오르던 트레이더 한 명이 스탠리 드러켄밀러다. 경제학 박사 과정을 중도에 포기했던 덥수룩한 헤어스타일의 피츠버그 출신 드러켄밀러는 수십억 달러에 이르는 조지 소로스의 헤지펀드인 퀀텀 펀드^{Quantum Fund}에 영입되기 전까지 가장 성과가 뛰어난 뮤추얼펀드 운영자였다. 당시 서른다섯 살이던 그는 대형 글로벌 사건이 일어나기 훨씬 전에 트레이드를 실행하는 것을 목표로 뉴스를 세심히 살피며 경제 통계와 다른 정보를 분석한 뒤에 투자 결정을 내리는 스타일이었다.

하지만 소로스가 드러켄밀러의 영입을 후회할 때까지는 6개월 밖에 걸리지 않았다. 드러켄밀러가 피츠버그로 날아가는 동안 소로스는 드러켄밀러의 채권 포지션이 손실을 입을 것을 염려하며 아무런 경고도 없이 그것들을 모두 팔아치웠다. 피츠버그에 도착한 뒤 이런 움직임을 통보받은 드러켄밀러는 근처 공중전화로 사무실에 전화를 걸어 자신의 사직을 알렸다.[2]

잠시 뒤 사무실에서 흥분을 가라앉히고 사과의 뜻을 전달한 소로스는 드러켄밀러가 초기에 실패를 거듭한 이유가 "사공이 너무 많았던 우리의 탓인지 아니면 그가 능력이 부족해서인지" 잠시 떨어져서 알아보기 위해 6개월간 유럽으로 여행을 떠날 것이라고 말했다.

몇 달 뒤 서독과 동독을 가르는 베를린 장벽이 개방되더니 마침내 무너졌다. 온 세계가 환호했지만 투자자들은 서독 경제와 그들의 통화 마르크화가 훨씬 더 가난한 동독과 통일되면서 제대로 기능하지 못해 큰 손상을 입을까 염려했다. 하지만 드러켄밀러는 그런 관점이 말이 안 된다고 생각했다. 독일 경제가 타격을 입는 것이 아니라 값싼 노동력 유입으로 오히려 더 강화되며 독일 중앙은행이 인플레이션을 억제하기 위해 마르크화 가치를 강화할 가능성이 있어 보였다.

드러켄밀러는 제1차 세계대전 후 발생한 급격한 인플레이션이 아돌프 히틀러Adolf hitler가 부상하는 기틀을 마련해 준 사실을 언급하며 당시 상황을 이렇게 기억한다. "나는 독일이 인플레이션 문제에 집착할 것이라는 강한 확신이 있었습니다. 독일은 절대 마르크의 가치가 떨어지도록 내버려 두지 않을 것이라고 생각했습니다."

소로스가 없는 상태에서 드러켄밀러는 독일 마르크화에 거액을 베팅했고 그 결과 1990년 퀀텀 펀드는 거의 30퍼센트에 가까운 수익을 올렸다. 2년 뒤 소로스가 뉴욕 사무실로 복귀하고 두 사람의 관계가 좋아졌을 때 드러켄밀러는 매우 넓고 전망이 탁 트인 소로소의 사무실로 들어가 자신이 생각하는 다음 번 중대한 움직임을

시장을 풀어낸 수학자

밝혔다. 바로 영국 파운드화의 하락에 대한 기존 베팅을 확대하겠다는 계획이었다. 드러켄밀러는 소로스에게 영국 정부 당국이 유럽 환율 조정 제도European Exchange Rate Mechanism를 탈퇴해 파운드화의 가치 하락을 허용하며 영국을 불황에서 벗어나게 하려고 마음먹었다고 말했다. 드러켄밀러는 자신의 견해가 그리 많은 인기를 얻지 못한다는 사실을 인정하면서도 그 시나리오대로 상황이 전개될 것이라는 자신감을 드러냈다.

소로스는 아무런 말이 없었고 잠시 뒤 무척 당황스러워했다.

드러켄밀러는 소로스가 "마치 자신을 완전히 멍청한 사람으로 여기는 듯한" 표정을 지었다고 기억한다.

소로스는 그에게 "이건 정말 말이 안 된다."라고 말했다.

드러켄밀러가 자신의 논리를 방어할 기회를 갖기도 전에 소로스가 그의 말을 끊었다.

"이런 트레이드는 20여 년에 한 번 있을까 말까 한 일일세."

그러고는 드러켄밀러에게 베팅을 반드시 확대하라고 신신당부했다.

퀀텀 펀드는 약 100억 달러에 달하는 영국 파운드화를 공매도했다. 뒤늦게 무슨 일이 진행되고 있는지 알아차리며 비슷한 결론에 도달한 경쟁자들도 곧 공매도에 뛰어들었다. 그 결과 파운드화 가치는 더욱 떨어지며 영국 정부 당국에 압박을 가했다. 1992년 9월 16일 영국 정부 당국은 파운드화 가치를 떠받치려는 노력을 포기하고 20퍼센트 평가절하했으며 이에 힘입어 드러켄밀러와 소로스는 단 24시간 만에 1억 달러 이상의 수익을 올렸다. 퀀텀 펀드는 1993

년 60퍼센트가 넘는 수익을 달성했고 곧이어 투자자에게서 위탁 받은 운용 자금이 80억 달러를 넘어서며 사이먼스가 운영하고 싶어 했던 어떤 규모의 금액도 적어 보이게 만들었다. 이후 십 년이 넘는 기간 동안 이 트레이드는 실용적인 지식과 용기로 얼마나 많은 돈을 벌 수 있는지를 증명하는 역대 가장 위대한 사건이 됐다.

시장에서 막대한 수익을 기록하는 가장 확실한 방법은 기업 정보 발굴과 경제 트렌드 분석이라는 것이 분명한 사실로 드러났다. 누군가가 컴퓨터를 사용해 이들처럼 경험 많고 노련한 프로들을 이길 수 있다는 아이디어는 터무니없어 보였다.

짐 사이먼스는 주식 트레이딩으로 돈을 버는 데 여전히 어려움을 겪었지만, 서두르지 않았다. 모건스탠리에서 수학 및 컴퓨터 전문가로 근무했던 로버트 프레이가 사이먼스의 지원을 받아 설립한 케플러 파이낸셜은 제 갈 길을 묵묵히 가고 있었다. 이 기업은 주가의 움직임을 가장 잘 설명해 주는 시장 전반에 걸친 요인들의 작은 집합을 찾아냄으로써 프레이와 다른 사람들이 모건스탠리에서 적용했던 통계적 차익 거래 전략을 개선해 나갔다. 예를 들면 유나이티드 에어라인의 주가 움직임은 전체 주식시장 대비 이 회사의 주가가 얼마나 민감하게 움직이는지와 유가와 이자율의 움직임 등의 요인에 따라서 결정된다. 월마트 같은 다른 주식의 방향도 같은 요인에 영향을 받는다. 물론 대형 소매업체인 월마트의 각 요인에 대한 민감도는 매우 다를 수 있다.

케플러의 개선 방안은 이처럼 다양한 근본 요인들에 대한 과거 가격 변동과 비교할 때, 기대되는 것만큼 많이 오르지 않은 주식을

시장을 풀어낸 수학자

매입하는 한편, 기대에 못 미치는 주식은 공매도 하거나 하락에 베팅하는 방식을 통계적 차익 거래에 적용하는 것이었다. 예를 들어 애플 컴퓨터와 스타벅스의 주가가 활황 장세에서 각 10퍼센트씩 올랐지만, 과거 데이터를 보면 상승장일 때 애플이 스타벅스보다 더 많이 올랐다면, 케플러는 애플 주식을 매입하고 스타벅스 주식은 공매도 하는 식이다. 프레이와 동료들은 이처럼 예전 데이터와 다른 양상을 보이는 편차들이 시간이 지나면서 없어진다는 가정하에, 핵심 요인들을 추적하는 과거 데이터로 충분히 설명할 수 없는 '트레이딩 실수trading errors'를 시계열 분석time-series analysis(시간의 흐름에 따른 변동을 관측해 원인을 해명하고 미래를 예측하는 분석—옮긴이)과 다른 통계적 기법을 활용해 탐색했다.

명백히 드러나는 주가의 상승이나 하락이 아니라 주식 그룹들 사이에 존재하는 연관성과 상대적 차이에 베팅한다는 것은 프레이로서는 모든 사람에게 어려운 과제인 주가 방향 예측이 필요 없다는 뜻이었다. 그와 동료들은 전체 시장이 어디로 가고 있는지 별로 신경 쓰지 않았다. 그 결과 케플러의 포트폴리오는 주식 시장의 움직임에 크게 영향 받지 않는 '시장 중립적market neutral' 형태였다. 프레이의 모델은 일반적으로 주식들 사이의 연관성이 과거 표준으로 회복됐는지 여부를 파악하고 평균 회귀reversion-to-mean에 집중하는 전략을 사용했다. 이 같은 투자 상품들로 포트폴리오를 구성하면 펀드의 변동성이 하락하고, 샤프 계수Sharpe ratio는 높아지는 것으로 드러났다. 경제학자 윌리엄 F. 샤프William F. Sharpe의 이름을 딴 샤프 계수는 포트폴리오의 위험도를 감안해 수익을 측정하는 데 흔히 사용된다. 샤프 계수가 높다는 것은 과거의 성과가 안정적이면서도 좋았다는 것을 의미한다.

궁극적으로는 노바^{Nova}라고 이름을 바꾼 케플러의 헤지펀드는 그저 그런 결과를 내며 고객들을 실망시켰고, 일부는 펀드를 환매하고 떠났다. 결국 이 펀드는 메달리온에 편입됐고, 프레이는 계속 노력했지만 대단한 성공을 이루지는 못했다.

문제는 프레이의 시스템이 수익을 낼 수 있는 전략을 찾지 못하는 데 있지 않았다. 시스템은 대개의 경우 수익성 있는 트레이드를 찾고 주식의 움직임을 예측하는 데 뛰어났다. 하지만 시스템이 예상하는 수익과 비교해 볼 때 팀의 수익이 별 볼일 없는 경우가 너무나 자주 있었다. 프레이는 마치 맛있는 레시피로 기억에 남을 만한 음식을 잇달아 요리했지만, 만찬 테이블로 가는 중에 대부분 음식을 떨어뜨린 셰프 같았다.

프레이와 동료들이 계속 실패하는 모습을 보며 일부 르네상스 멤버들은 인내심을 잃었다. 라우퍼와 패터슨을 비롯한 다른 사람들은 원자재를 포함한 다양한 상품과 여러 투자 상품을 매매하는 정교한 시스템을 개발해 보유 자산을 선물 시장 움직임의 확률 범위에 따라 조정하는 베팅 알고리즘을 선보였다. 프레이의 팀은 주식에 대해서는 그런 기능을 전혀 갖고 있지 않았다. 르네상스 멤버들은 프레이의 트레이딩 모델이 아주 작은 시장의 변동에도 너무 예민하게 반응하는 것 같다고 불평했다. 때로는 갑작스런 주가 변동에 지레 겁을 먹고 주가가 오를 기회를 잡기도 전에 주식을 팔고 사는 경우도 있었다. 프레이의 시스템이 제대로 된 시장 신호를 파악하기에는 시장에 소음이 너무 많았다.

사이먼스의 문제를 해결하는 데 도움을 줄 두 명의 괴짜가 필요했다. 한 명은 말을 거의 안 했고 다른 한 명은 가만히 앉아 있지를 않았다.

1990년대 초 라우퍼와 함께 메달리온의 예측 모델을 개선하고 있을 때 패터슨은 미처 보지 못했던 가격 트렌드를 발견하는 일만큼 즐거운 가욋일을 시작했다. 점점 더 필요해지는 르네상스 직원을 채우는 인재 영입이었다. 예를 들면 르네상스의 컴퓨터 시스템 업그레이드를 위해 재클린 로신스키Jacqueline Rosinsky를 첫 번째 시스템 관리자로 채용하는 데 힘을 보냈다. 회계 경력을 박차고 나와 뉴욕 소방국장에 오른 인물을 남편으로 둔 로신스키는 훗날 르네상스에서 정보 기술과 다른 여러 분야를 이끄는 수장 자리까지 올랐다(이후에도 여성이 법률 부서 등을 관리하는 경우가 있었지만, 연구와 데이터 또는 트레이딩 부문에서 중요한 역할을 맡기까지는 꽤 많은 기간이 필요했다. 사실 르네상스가 여성을 고용하는 데 문제가 있었던 것은 아니다. 다른 트레이딩 기업처럼 르네상스도 여성 과학자나 수학자로부터 많은 이력서를 받지 못했다. 물론 사이먼스를 비롯한 경영진이 일부러 여성이나 소수 인종을 고용하려고 특별한 노력을 기울이지 않은 것도 사실이다). 패터슨은 자신이 고용하는 사람에게 몇 가지 요구 조건이 있었다. 무엇보다 되도록이면 르네상스가 하는 일에 도움이 되는 분야의 학술 논문이나 수상 경력 같은 확인 가능한 업적을 갖춘 매우 똑똑한 인재여야 했다. 그리고 패터슨은 월스트리트 유형의 사람은 원치 않았다. 그렇다고 그들에게 본질적으로 악감정을 지니고 있지는 않았다. 단지 다른 곳에서 더 인상적인 인재를 찾을 수 있다고 확신했을 뿐이다.

패터슨은 "우리가 그들에게 돈에 관해 가르칠 수는 있지만, 똑똑함은 가르칠 수 없다."고 설명한다.

그뿐만 아니라 패터슨은 동료에게 은행이나 헤지펀드를 관두고 르네상스에 합류한 사람은 어느 시점에 다른 기회가 생기면 르네상스를 떠나 경쟁 기업으로 갈 가능성이 투자 업계에 익숙하지 않은 사람보다 많다고 주장했다. 이는 매우 중요한 사항이었다. 사이먼스가 모든 직원이 각자의 일을 르네상스 내 다른 직원과 적극적으로 공유해야 한다고 강조했기 때문이다. 사이먼스에게는 직원이 중요한 정보를 들고 경쟁자에게 가지 않을 것이라는 확신이 필요했다.

패터슨을 신명나게 하는 마지막 한 가지는 영입 가능성 있는 인재가 지금 하고 있는 일을 매우 괴로워하며 우울해하는 상황이었다.

패터슨은 "똑똑하지만 현재 행복하지 않은 것 같은 사람을 좋아했다."고 말한다.

어느 날 조간신문에서 IBM이 비용을 크게 줄이려 한다는 기사를 읽은 뒤 패터슨은 강한 흥미가 생겼다. 거대 컴퓨터 기업의 언어 인식 부문이 이룬 실적을 잘 알고 그들의 업무와 르네상스가 하는 일이 비슷하다고 생각했기 때문이다. 1993년 초 패터슨은 그 부문의 2인자로 꼽히는 피터 브라운Peter Brown과 로버트 머서Robert Mercer에게 르네상스를 방문해 잠재적 직위를 논의해 보자고 요청하는 편지를 각각 보냈다. 브라운과 머서는 패터슨의 편지를 가장 가까이 있는 쓰레기통에 버리는 같은 방식으로 대응했다. 하지만 그들은 가족이 큰 어려움을 겪으면서 패터슨의 제안을 다시 고려해야 했고 결국 사이먼스의 기업뿐만 아니라 전 세계에 극적인 변화를 일으키는 기틀을 마련했다.

로버트 머서의 평생 동안의 열정은 아버지에게서 비롯됐다.

천연덕스러운 유머 감각을 지닌 훌륭한 과학자였던 토머스 머서Thomas Mercer는 캐나다 브리티시컬럼비아British Columbia 주 빅토리아Victoria에서 태어났다. 훗날 그는 공기 중에 미세 입자 형태로 떠다니며 대기 오염의 원인이 되고 햇빛을 차단해 지구의 온도를 낮추기도 하는 에어로졸aerosols의 세계적인 전문가가 됐다. 토머스는 로체스터대학교University of Rochester에서 방사선 생물학radiation biology과 생물 물리학biophysics 교수로 십 년 이상 지낸 뒤 뉴멕시코 주 앨버커키Albuquerque의 호흡기 질환 전문 재단의 부서 책임자로 근무했다. 그곳에서 토머스의 세 자녀 중 장남인 로버트가 1964년에 태어났다.

로버트의 어머니 버지니아 머서Virginia Mercer는 연극과 미술에 열성적이었지만, 로버트는 아버지가 대량 생산된 최초 컴퓨터 모델 중 하나인 IBM 650 컴퓨터의 자기 드럼magnetic drum과 펀치 카드punch cards를 보여 준 순간부터 컴퓨터에 푹 빠졌다. 아버지가 컴퓨터의 내부 작동 원리를 설명해 주자 당시 열 살이던 로버트는 아주 큰 노트에 뭔가를 잔뜩 써 넣으며 자기 나름의 프로그램을 창작하기 시작했다. 그는 실제 컴퓨터를 사용하기 전까지 몇 년 동안 이 노트를 늘 가지고 다녔다.

샌디아 고등학교Sandia High School와 뉴멕시코대학교University of New Mexico를 다닐 때 로버트 머서는 안경을 쓰고 큰 키의 호리호리한 체격이었다. 학교 체스 클럽과 자동차 클럽, 러시아 클럽에서 크게 주목받지 못하는 멤버였지만, 수학 시간만 되면 활기를 띠었다. 그와 두 명의 동급생이 1964년 전국 수학 경시대회에서 1위를 차지한 뒤 지역 신문 〈앨버커키저널〉에 실린 사진에서 얼굴 가득 자랑스러움과 매력이 묻어나는 미소를 보여 주기도 했다.³

고등학교를 졸업하고 3주 동안 웨스트버지니아 주의 산속에서 열린 전국 청소년 과학 캠프에 참가했다. 그곳에서 머서는 누군가가 기부한 IBM 1620 단일 보드 컴퓨터single computer를 발견했다. 열 자릿수 50개의 곱셈을 1초 만에 처리하는 컴퓨터였지만, 캠프 참가자 대부분은 이 기계에 관심을 두지 않았다. 여름 날 하루 종일 실내에만 앉아 있는 것은 그들에게 매력적이지 않았으며 머서에게도 마찬가지였다. 그래서 머서는 자신이 원하는 만큼 컴퓨터를 만지작거리며 주로 과학자용으로 개발된 프로그래밍 언어 포트란Fortran으로 프로그램을 만드는 방법을 배웠다. 당시 캠프에는 달에 처음으로 발을 디딘 인간이 되기까지 5년을 앞둔 닐 암스트롱Neil Armstrong이 찾아왔다. 그는 캠프 참가자들에게 우주 비행사들이 최신 컴퓨터 기술을 사용하며 컴퓨터 중에는 크기가 성냥 한 개비만 한 것도 있다고 말했다. 머서는 입을 다물지 못하고 자리에 앉아 암스트롱의 말에 귀 기울였다.

"나는 그게 어떻게 가능한지 짐작조차 할 수 없었습니다." 머서는 당시를 이렇게 기억했다.

머서는 뉴멕시코대학교에서 물리학, 화학, 수학을 공부하는 한편 약 13킬로미터 떨어진 커틀랜드 공군 기지Kirtland Air Force Base의 무기 연구소에서 일자리를 얻어 기지의 슈퍼컴퓨터 프로그래밍을 지원하는 일을 했다. 야구 선수가 막 깎은 외야 잔디에서 나는 풀냄새나 깔끔하게 솔질한 투수 마운드를 정말 좋아하는 것과 비슷하게 머서는 커틀랜드 컴퓨터실의 모습과 냄새를 즐겼다.

머서는 당시의 느낌을 이렇게 설명했다. "나는 컴퓨터에 관한 모든 것을 사랑했습니다. 늦은 밤 컴퓨터실에서 느끼는 고독감이 좋았고 공조장치에서 나오는 냄새도, 디스크의 윙윙거리는 소리도, 프린터의 타닥대는 소리도 좋았습니다."

젊은 청년이 컴퓨터실에 그렇게 마음을 사로잡히는 게 약간은 특이하고 심지어 이상해 보였을지 모르겠지만, 1960년대 중반에 컴퓨터는 미지의 영역과 새로운 가능성을 상징하는 존재였다. 젊은 컴퓨터 전문가와 학자, 컴퓨터를 취미로 하는 사람들 사이에서는 컴퓨터가 문제를 풀거나 특정 자동화된 과업을 실행할 수 있게 밤늦게까지 잠도 안 자며 코딩과 명령 작성에 열중하는 그들만의 독특한 하위문화도 생겨났다. 컴퓨터에 대한 명령은 일련의 논리적인 단계별 과정을 수반하는 알고리즘을 통해 이뤄졌다.

주로 영리한 젊은 남녀들이었던 프로그래머는 같은 또래들이 오늘의 순간적인 쾌락을 좇는 것과 달리 대담하게 미래를 탐구하며 앞으로 수십 년 동안 세상을 바꿔 놓을 정신과 에너지를 구축하는 반문화적 반항아들이었다.

당시 떠오르는 컴퓨터 프로그래머였으며 훗날 퀀트 투자 업계에서 최고 중역 자리까지 오른 애런 브라운Aaron Brown은 자신들이 "옳은 일을 한다는 이유로 사회적, 심리적 고통을 겪었다."고 말한다.

반문화적 집단에 갓 들어온 초년생이었던 머서는 그해 여름을 컴퓨터실에서 핵융합 폭탄에 의해 생성된 전자기장electromagnetic field 을 계산하는 중앙컴퓨터 프로그램을 다시 작성하며 보냈고 마침내 프로그램을 100배 더 빨리 돌리는 방법을 발견했다. 정말 획기적인 성과였다. 머서는 무척 고무되고 열광했지만, 그의 상사들은 머서의 성과에 별 관심을 두지 않는 것처럼 보였다. 그들은 머서에게 예전 규모의 계산을 더 빨리 돌리는 대신, 100배 더 큰 규모의 계산을 돌릴 수 있는 프로그램을 만들라고 지시했다. 머서가 향상시킨 속도는 그들에게 별 의미가 없는 것처럼 보였고, 이런 사고방식은 젊은 머서가 세상을 보는 관점을 형성하는 데 영향을 미쳤다.

머서는 나중에 이렇게 말했다. "나는 이 상황을 보며 정부가 재정을 지원하는 연구의 가장 중요한 목표 중 하나가 해답을 구하기보다 컴퓨터 예산을 소비하는 것이라고 생각했습니다."

그는 냉소적으로 변했고 정부를 오만하고 비효율적인 집단으로 여겼다. 몇 년 뒤에는 각 개인이 자급자족하며 정부 지원을 받지 말아야 한다는 관점까지 수용했다.

머서는 그런 경험을 겪었던 "그해 여름 이후로 줄곧 정부 지원 연구를 곱지 않은 시선으로 봤다."라고 했다.[4]

머서는 일리노이대학교Univesity of Illinois에서 컴퓨터 공학 박사 학위를 받은 후, 비록 IBM 컴퓨터의 품질은 무시했지만, 1972년 IBM에 입사했다. IBM의 다른 부문이 인상적이었기 때문이다. 뉴욕 시 근교 요크타운 하이츠Yorktown Heights에 있는 토머스 J. 왓슨 연구센터 Thomas J. Watson Research Center를 방문한 머서는 그곳에서 기업의 미래를 이끌어 갈 원동력이 될 혁신을 발견하기 위해 넘치는 에너지로 강력히 밀어붙이는 IBM 직원들을 보고 큰 감명을 받았다.

머서는 IBM에서 새롭게 구성한 언어 인식 그룹에 속한 팀에서 일을 시작했다. 곧이어 뭔가 큰일을 서둘러 달성하려는 젊고 활기찬 수학자가 머서의 팀에 합류했다.

피터 브라운은 10대 시절에 자신의 아버지가 매우 힘든 일련의 비즈니스 문제들을 처리하는 모습을 봤다. 1972년 브라운이 열일곱 살일 때 피터의 아버지 헨리 브라운Henry Brown과 그의 동업자는 개인 투자자들의 투자를 대충 끌어모아 비교적 안전하면서도 수익이 높은 채무를 사들이는 단기금융투자신탁money-market mutual fund, MMF을 세계 최초로 도입하는 아이디어를 떠올렸다. 헨리의 펀드는 은행 저축 예금보다 높은 이자를 제시했지만, 잠시나마 관심을 보이는 투자자도 거의 없었다. 아들 피터는 아버지가 봉투에 자료들을 넣고 수백 명의 잠재 고객에게 편지를 보내는 일을 도우며 새로운 펀드에 관한 관심이 생기기를 바랐다. 헨리는 땅콩버터 샌드위치로 끼니를 해결하며 그해 크리스마스를 제외하고 매일 일했으며 비즈니스 자금을 마련하기 위해 주택담보 대출을 추가로 받았고 부인 벳시Betsey는 가족 전문 상담 치료사로 일했다.

"궁핍과 탐욕 그 자체가 한데 어울려 우리를 이끌어 갔습니다." 헨리는 〈월스트리트저널〉에 당시 상황을 설명했다.[5]

헨리의 행운은 이듬해 〈뉴욕타임스〉가 신생 펀드에 관한 기사를 게재하면서 찾아왔다. 고객들의 문의가 시작되고 곧이어 헨리와 동업자는 자신들의 리저브 프라이머리 펀드^{Reserve Primary Fund}에 들어온 자금 1억 달러를 운용했다. 펀드는 성장을 거듭하며 수십억 달러 규모에 이르렀지만, 헨리는 1985년에 사임하고 부인 벳시와 함께 버지니아 주의 아주 작은 마을에 있는 가족 농장으로 이사한 뒤 그곳에 있는 약 200만 제곱미터 목장에서 소를 키웠다. 또한 기계식 투석기 시합에 참여해 약 360킬로그램의 호박을 300미터 이상 날리는 신기한 투석 장치로 우승하기도 했다. 그들의 새로운 이웃들에게 벳시는 시민운동가와 민주당원으로 알려졌다.

하지만 헨리는 여전히 비즈니스에 대한 생각에 사로잡혀 있었다. 그는 자신이 보유하던 50퍼센트 지분을 인수한다는 합의를 어긴 예전 동업자 브루스 벤트^{Bruce Bent}와 십 년 넘게 다툼을 이어 가고 있었다. 마침내 벤트를 상대로 그가 펀드를 운용하는 동안 자신에게 과도한 보상을 했다고 주장하며 소송을 제기했다. 결국 그들은 1999년에 브라운의 50퍼센트 지분을 벤트에게 매각하는 것으로 해결을 보았다(2008년 이 펀드는 여러 문제를 겪었고 특히 금융 시스템 전체에 두려움의 씨를 뿌리며 엄청난 문제를 일으킨 투자은행 리먼 브라더스^{Lehman Brothers}에서 사들였던 채무로 막대한 손실을 입었다).

피터의 친구들은 피터가 부유한 가정에 속해 있으면서도 가끔씩 재정에 대한 불안감을 드러냈다고 말한다. 아마도 그의 아버지가 초창기에 마주한 어려움과 동업자와 오랫동안 이어 온 다툼 때문이었을 것이다. 하지만 피터는 나름대로 과학과 수학에 대한 야망을 품고 있었다. 수학 전공으로 하버드대학교 학부를 졸업한 뒤 언어 인식 기술의 초기 형태인 음성 언어를 컴퓨터 문자로 바꾸는 방법을 개발하는 거대 석유 기업 엑손의 부서에 입사했다. 이후 피츠버그의 카네기멜론대학교Carnegie Mellon University에서 컴퓨터 공학 박사 학위를 받았다.

1984년 스물다섯의 나이로 IBM의 언어 담당 그룹에 합류한 피터 브라운은 머서와 다른 사람들과 함께 음성 문자를 기호로 전환하는 컴퓨터 소프트웨어 개발 업무를 했다. 수십 년 된 분야에 뿌리 박힌 일반적 통념은 컴퓨터에 문장 구성 규칙과 문법을 가르치는 언어학자와 음성학자만 컴퓨터가 언어를 인식하게 만들 수 있다는 것이었다.

브라운과 머서를 비롯한 동료 수학자와 과학자 그리고 직원들을 세차게 몰아붙이는 그룹 리더 프레드 젤리넥Fred Jelinek은 언어에 대해 전통주의자와 매우 다른 견해를 지니고 있었다. 그들에게 언어는 확률 게임과 같은 모델로 만들 수 있는 대상이었다. 한 문장의 어떤 부분에서라도 그다음에 이어질 수 있는 단어에 대한 특정 확률이 존재하며 이는 과거에 흔히 쓰였던 단어를 바탕으로 예측할 수 있다. 예를 들면 '파이Pie'라는 단어는 '그를him' 이나 '그것the'이라는 단어보다 '애플apple'이라는 단어 다음에 올 가능성이 더 많다. IBM 직원들은 비슷한 확률이 발음에도 존재한다고 주장했다.

그들의 목표는 녹음한 음성과 문자 텍스트 데이터를 컴퓨터에 충분히 공급해 음성 순서를 바탕으로 가장 가능성이 높은 단어 순서를 예측하는 확률적, 통계적 모델을 개발하는 것이었다. 컴퓨터 코드는 전환하는 내용을 반드시 '이해'하지 않았지만, 그럼에도 언어를 기호로 전환하는 법을 배우게 된다.

브라운과 머서를 포함한 젤리넥의 팀원들은 수학적 면에서 볼 때 '음성들은 각 단계가 무작위로 이뤄지지만, 앞 단계에 의존하는 순차적 시퀀스' 즉 은닉 마르코프 모델의 결과라고 생각했다. 음성 인식 시스템이 하는 일은 관측된 음성 집합에서 확률을 분석해 그런 음성을 만들 수 있었던 단어들의 '숨은' 시퀀스에 관해 가장 가능성 높은 추측을 하는 것이다. 이를 위해 IBM 연구원들은 사이먼스의 초기 트레이딩 파트너였던 바움이 공동 개발한 바움-웰치 알고리즘을 활용해 다양한 언어의 확률 파악에 초점을 맞췄다. 그들은 언어가 작동하는 방식에 관한 정적 지식에 따라 수동으로 프로그램을 작성하는 대신 데이터를 통해 스스로 '학습하는' 프로그램을 만들었다.

브라운과 머서와 팀원들은 18세기 토머스 베이즈^{Thomas Bayes} 목사가 제안한 통계적 규칙에서 탄생한 베이지안 수학^{Bayesian} ^{mathematics}에 의존했다. 베이지안 수학은 모든 추측에 일정 확률을 부여하고 새로운 정보를 받을 때마다 최상의 추측을 업데이트한다. 베이지안 통계의 천재성은 끊임없이 확률 범위를 좁힌다는 데 있다. 예를 들면 메일이 악성인지 확실히 알지는 못하지만, 예전에 '정크^{junk}'로 분류된 이메일에서 끊임없이 학습하며 얻은 확률을 새로 들어오는 이메일마다 적용함으로써 효과적으로 작동하는 스팸 메일 분류기를 생각해 볼 수 있다(이 방식은 생각만큼 그렇게 낯선 것이 아니었다. 언어학자에 따르면 대화에 참여하는 사람은 다음에 나올 말을 무의식적으로 추정하며 대화 과정에서 자신의 예상을 계속 업데이트한다).

IBM 팀은 방법뿐만 아니라 개인들의 성격도 독특했으며 특히 머서가 더욱 그랬다. 큰 키에 탄탄한 체격의 머서는 건강 유지를 위해 늘 줄넘기를 했다. 더 어렸던 시절에는 언뜻 보면 배우 라이언 레이놀즈Ryan Reynolds를 닮아 보이기도 했다. 하지만 그게 머서가 지닌 화려한 할리우드식 특성의 전부였다. 사람을 대할 때 할 말만 하는 효율적인 스타일로 허투루 하는 말이 거의 없고 정말 필요하다고 생각하지 않으면 말을 하지 않았다. 일부 동료 과학자들은 이런 성격을 기이하게 여겼다. 머서는 어려운 계산을 풀고 나면 가끔씩 "내가 완전히 다 해치웠어!"라는 말을 내뱉기도 했지만, 보통 때에는 하루 종일 혼자서 클래식 선율을 콧노래나 휘파람으로 불며 모든 일에 만족하는 성격이었다. 커피나 차나 술을 마시지 않았고 주로 코카콜라만 마셨다. 드물기는 하지만 화가 나면 "불 트웨들bull-twaddle"이라고 소리 쳤는데 동료들은 이 말을 '엉터리bullshit'와 '헛소리twaddle'의 합성어 또는 별 의미 없이 내뱉는 말쯤으로 이해했다.

머서는 팔이 무척 길어 부인이 셔츠 소매에 천을 덧대 늘리는 바람에 색상과 패턴이 늘 이상했다. 어느 해 핼러윈 파티를 할 때 고약한 성질을 지닌 젤리넥은 소매가 턱없이 긴 셔츠를 입고 와서 머서의 차림새를 흉내 냈다. 이 모습에 머서와 동료들은 웃음을 터트렸다.

머서는 아침 6시에 사무실에 출근해 오전 11시 15분에 브라운과 동료들을 만나 점심을 먹었는데 거의 매일 같은 음식을 먹었다. 그의 점심 메뉴는 타파웨어Tupperware 플라스틱 용기나 여러 번 사용해 구겨진 갈색 종이 봉지에 담긴 땅콩버터 샌드위치 아니면 참치 샌드위치였으며, 동료들은 이를 검소한 성격으로 해석했다. 샌드위치를 먹고 나면 머서는 포테이토칩 봉지를 열어 내용물을 테이블 위에 크기 순서로 펼쳐 놓은 뒤 부서진 것부터 먼저 먹은 후 가장 작은 것에서 큰 것의 순서로 먹었다.

금요일 오후에는 팀원들이 모여 탄산음료와 차, 쿠키, 커피, 케이크 등을 먹으며 대화를 나눴다. 때로는 대화 중에 연구원들이 IBM의 열악한 연봉을 불평하기도 했다. 어떤 때에는 머서가 어원사전에서 자신이 특별히 재미있다고 생각하는 부분을 설명하기도 했다. 한 번은 머서가 자신은 영원히 살 것 같다고 선언하며 함께 점심을 먹는 동료들을 약 올리는 듯한 엉뚱한 발언을 하기도 했다.

짙은 갈색 곱슬머리와 중독성 강한 매력을 지닌 브라운은 활발하고 친근하며 에너지가 넘치는 인물이었다. 머서와 달리 그룹 내에서 다른 동료들과 친하게 지내며 우정을 쌓았고, 그중 몇은 브라운의 엉큼한 유머 감각을 즐겼다.

하지만 IBM의 언어 담당 그룹이 자연언어 처리 부문에서 진전을 이루는 데 어려움을 겪자 브라운은 필 레스닉Phil Resnik이라는 인턴에게 특히 화를 내며 조급함을 드러냈다. 하버드대학교에서 컴퓨터 공학 학사 학위를 받고 당시 펜실베이니아대학교University of Pennsylvania 대학원생이었으며 훗날 존경 받는 학자가 된 레스닉은 수학적 기법을 언어적 원리와 결합하려 했다. 브라운은 레스닉의 방식에 전혀 인내심을 발휘하지 못했고 나이 어린 동료를 비웃고 실수를 비난했다.

어느 날 레스닉이 사무실 화이트보드 위에서 문제를 풀어 나가는 모습을 십여 명의 IBM 직원이 지켜보고 있었다. 이때 브라운이 레스닉에게 달려가 레스닉의 손에 들린 마커를 뺏어 쥐고는 "이건 유치원용 컴퓨터 공학이야!"라고 외치며 그를 조롱했다.

레스닉은 당혹스러워하며 자리에 도로 앉았다.

또 한 번은 브라운이 레스닉을 "쓸모없는 사람", "완전 멍청이"로 부르기도 했다.

당시 IBM 그룹 멤버들은 브라운이 후배 동료들에게 모욕적인 별명을 지어 줬던 것으로 기억한다. 예를 들면 그룹 내 유일한 여성인 메러디스 골드스미스Meredith Goldsmith를 '메리 데스Merry Death(즐거운 죽음)'로 부르거나 예전 멤버의 이름인 '제니퍼'로 지칭하는 식이었다. 브라운이 가장 빈번하게 사용한 골드스미스의 별명은 예일대학교Yale University를 졸업한 지 얼마 되지 않은 그녀를 매우 하찮은 사람으로 보이게 만드는 '리틀 미스 메러디스little Miss Meredith'였다.

머서와 브라운은 골드스미스의 멘토 역할을 했으며 그녀는 이를 매우 고맙게 생각했다. 하지만 머서는 골드스미스에게 '여자는 일터가 아니라 아이를 돌보며 집에 있어야 한다.'는 자신의 의견을 보이기도 했다.

뉴욕 시 공중 보건국장 자리까지 오른 부인을 둔 브라운은 자신이 진보적이라고 생각했다. 그는 골드스미스의 기여를 높이 평가하며 그녀가 자신에게 딸과 같다고 말했다. 하지만 그렇다고 브라운이 그룹 내 야비한 환경 속에서 부적절한 농담이 오가는 것을 막은 것은 아니다.

골드스미스는 "그들이 항상 야한 농담을 했으며 마치 하나의 스포츠를 즐기는 듯했다."고 기억한다.

골드스미스는 결국 그룹 내 불편한 환경을 일부 이유로 삼아 직장을 관뒀다.

그녀는 당시를 이렇게 말한다. "어떤 면에서 보면 그들은 내게 잘해 주면서도 동시에 성차별주의자였습니다. 나를 그런 대상으로 삼으며 진지하게 대하지 않았다는 것을 나는 분명히 느꼈습니다."

브라운은 모욕적인 말에 개인적인 감정이 없었으며, 최소한 그런 말은 그룹 내 다른 멤버들도 다 하는 말이라고 했다. 다른 사람을 호되게 야단치고 조롱하는 것을 즐기는 사람이 브라운만은 아니었다. 그룹 내에는 젤리넥의 고약한 성격에 영향 받아 험악하고 무자비한 문화가 조성돼 있었다. 연구원들은 자신의 아이디어를 당연한 사실로 단정했고, 동료들은 그것들을 제거하기 위해 할 수 있는 모든 일을 했다. 그 과정에서 개인적 공격을 퍼부었다. 그들은 제안된 아이디어의 장점에 모두 동의할 때까지 끝까지 싸웠다. 프린스턴대학교에서 물리학 학사 학위와 하버드대학교에서 물리학 박사 학위를 각각 받았던 그룹 내 쌍둥이 스티븐Stephen과 빈센트 델라 피에트라Vincent Della Pietra는 화이트보드로 달려 나가 서로의 주장이 얼마나 어리석은지 증명하며 서로를 무자비하게 공격했다. 그것은 어떤 수단을 써도 상관없는 지적 전투였다. 연구실 밖에서는 그런 행동이 무례하고 모욕적인 것으로 여겨질지 모르겠지만, 젤리넥의 직원 대다수는 대체로 이런 행동을 개인적인 일로 받아들이지 않았다.

IBM 음성 팀에서 인턴으로 일했던 데이비드 매거맨David Magerman은 당시 분위기를 이렇게 기억한다. "우리는 서로를 마구 헐뜯었죠. 그리고 나서는 함께 테니스를 쳤습니다."

잔인하고 다채로운 별명을 짓는 재주 외에 브라운은 특이한 장

시장을 풀어낸 수학자

사꾼 기질도 있었다. 아마 그의 아버지에게서 받은 영향이었을 것이다. 신용 평가 서비스처럼 팀이 발전시킨 것들을 활용해 소비자에게 신제품을 팔아야 한다고 IBM에 권고했고 더 나아가 자신들이 수십억 달러에 달하는 IBM의 연금 기금을 통계적 접근 방식으로 관리하게 해 달라고 경영진을 설득했지만, 큰 지지를 얻지는 못했다.

한 동료는 IBM 경영자가 브라운에게 "어떤 종류의 투자 경험이 있는지" 물었던 것으로 기억한다. 그 질문에 브라운은 "전혀 없다."라고 답했다.

한때 브라운은 카네기멜론 동창생이 이끄는 체스 게임용 컴퓨터 프로그램을 만드는 컴퓨터 공학자 팀을 알게 된 후 그 팀을 채용하자고 IBM을 설득했다. 어느 겨울 날 IBM 화장실에서 IBM 연구 부문의 최고 중역 에이브 펠레드^{Abe Peled}와 곧 있을 슈퍼볼 경기의 지나치게 비싼 TV 광고 비용을 두고 얘기를 나눌 기회가 있었다. 브라운은 자신에게 IBM을 훨씬 저렴한 비용으로 노출시킬 방안이 있다고 그에게 말했다. 즉 카네기멜론 동창생의 팀을 영입해 그들이 만든 체스 머신이 체스 세계 챔피언을 꺾으면 그 결과로 언론의 주목을 받을 수 있다는 것이었다. 그 팀의 멤버들이 IBM의 연구도 도울 수 있다고 브라운은 주장했다.

IBM 중역은 브라운의 아이디어가 무척 마음에 들었고 그 팀을 영입했다. 그들의 체스 머신 '깊은 생각^{Deep Thought}'도 IBM으로 넘어왔다. 체스 머신이 시합에서 이기며 많은 주목을 끌었지만, 불평도 쏟아졌다. 체스 머신의 이름이 사람들에게 1972년 포르노 황금기 시대의 선봉장이었던 유명 포르노 영화 '딥 스로트^{Deep Throat}(한국에서는 〈목구멍 깊숙이〉라는 제목으로 개봉—옮긴이)'를 떠올리게 했기 때문이다(더 자세한 내용은 나의 다음 책에서 볼 수 있다). 가톨릭계 대학교에서 강의하던 체스 팀 멤버의 부인이 그 대학교의 나이 많은 수녀 총장과 체스 머신에 대한 얘기를 나눴고 이후 수녀 총장이 IBM의 놀라운 "딥 스로트" 프로그램을 계속 언급했다. 그때부터 IBM은 문제가 크다는 사실을 인식했다.

IBM은 체스 머신의 이름 다시 짓는 콘테스트를 열었고 오랫동안 IBM의 별명이었던 빅 블루^{Big Blue}를 떠올리게 하는 브라운의 응모작 딥 블루^{Deep Blue}를 채택했다. 그로부터 몇 년이 지난 1997년에 수백만 명의 사람들이 딥 블루가 체스 세계 챔피언 가리 카스파로프^{Garry Kasparov}를 이기는 장면을 TV로 시청했다. 이는 컴퓨터 시대가 정말 시작됐다는 신호였다.[6]

브라운과 머서와 나머지 팀원들은 컴퓨터가 음성을 기호로 전환하는 데 진전을 이뤘다. 이후 브라운은 확률에 의거한 수학적 모델이 번역에도 사용될 수 있다는 사실을 깨달았다. IBM 팀은 한 문장이 프랑스와 영어로 번갈아 기록돼 있는 수천 장의 캐나다 의회 회의록 데이터를 활용해 언어를 번역하는 일에 착수했다. 여기서 그들이 이룬 진전은 컴퓨터 언어학 분야에서 혁신을 일으키는 부분적인 기틀을 마련하며 아마존의 알렉사^{Alexa}, 애플의 시리^{Siri}, 구글 번역^{Google Translate}과 문자를 음성으로 전환시키는 음성 합성 장치 같은 미래의 음성 인식 발전에 중요한 역할을 했다.

이와 같은 발전에도 불구하고 연구원들은 그동안 이룬 진전을 상업화할 수 있는 분명한 계획을 IBM이 마련하지 않은 것에 불만이 많았다. 패터슨의 편지를 휴지통에 버리고 나서 몇 주가 지난 뒤 브라운과 머서는 삶의 방향을 재검토해야만 했다.

1993년 어느 늦겨울 날 펜실베이니아 주 남동부에서 다른 사람이 몰던 자동차가 눈길에 미끄러지며 머서의 어머니와 누나가 타고 있던 차에 충돌하는 바람에, 어머니는 사망하고, 누나는 부상을 입었다. 그로부터 20일 후 부활절 날 머서의 아버지는 진행성 질환으로 세상을 떠났다. 몇 달 후 패터슨이 전화를 걸어 전에 보냈던 편지에 왜 대답이 없었는지 묻자 머서는 이직을 고려했다. 머서의 셋째 딸이 대학 생활을 시작했고 그의 가족은 보기 흉한 송전선들이 가로지르는 지역의 그저 그런 복층 주택에 살고 있었다. 여러 번 사용한 갈색 종이 봉지에 든 점심을 꺼내 먹는 일도 이제 싫어졌다.

패터슨은 "그냥 와서 얘기만 하자"며 덧붙였다. "뭐 손해 날 일은 아니잖아요?"

머서는 한 동료에게 헤지펀드가 사회에 보탬이 된 게 있는지 매우 의심스럽다고 했다. 다른 IBM 직원은 시장이 너무나 효율적이기 때문에 트레이딩으로 수익을 얻으려는 어떤 노력도 다 "부질없다."라고 했다. 하지만 머서는 패터슨과의 만남에서 깊은 인상을 받고 돌아왔다. 스토니브룩 캠퍼스의 첨단 기술 기업 인큐베이터 단지에 있는 르네상스 사무실은 상당히 단조로웠다. 하지만 그 사무실은 원래 벽 높은 곳에 작은 창문들이 나 있는 화학실험실 용으로 디자인됐으며, 사이먼스의 기업은 과학적인 분위기가 풍기는 배치에 초점을 맞췄고, 머서는 거기에서 매력을 느꼈다.

브라운의 경우에는 사이먼스에 관해 익히 들었지만, 그의 업적은 브라운에게 아무런 의미가 없었다. 사이먼스는 어쨌든 기하학자이며 브라운과 전혀 다른 분야에 속해 있었다. 하지만 사이먼스의 첫 파트너가 IBM 음성 팀이 의존하는 바움-웰치 알고리듬의 공동 발명자 레너드 바움이라는 사실을 알고나서 브라운은 열광적인 태도로 변했다. 그즈음 브라운의 부인 마거릿이 첫째 아이를 출산했고 브라운은 재정적 문제에 직면해 있었다.

"나는 태어난 딸아이를 보며 자녀의 대학교 학비를 대느라 어려움을 겪는 머서를 떠올렸습니다. 그리고 몇 년 동안 투자 부문에서 일하는 것도 실제로는 괜찮을 수 있다고 생각했습니다." 브라운이 훗날 한 무리의 과학자들에게 했던 말이다.

사이먼스는 브라운과 머서가 받던 연봉을 두 배로 올려 주겠다고 제안했고, 결국 그들은 르네상스가 주식 트레이딩 방식을 통달하는 데 계속 실패하며 긴장감이 고조되던 1993년에 합류했다. 일부 연구원과 몇몇 사람들은 사이먼스가 주식 트레이딩을 위한 노력을 그만둬야 한다고 주장했다. 이런 사람들은 프레이와 그의 팀이 충분한 시간을 들였는데도 여전히 보여 줄 만한 결과가 많지 않다는 사실을 비판의 이유로 들었다.

어느 날 누가 르네상스의 구내식당에서 프레이에게 말했다. "우리는 시간만 낭비하고 있을 뿐입니다. 우리가 정말 이 일을 할 필요가 있나요?"

하지만 프레이는 "우리가 진전을 이루고 있다."라고 주장했다.

선물 거래 팀원 일부는 프레이가 주식 트레이딩에 관한 연구를 포기하고 자신들의 프로젝트를 해야 한다고 했다. 사이먼스는 음으로 양으로 프레이의 입장을 방어했다. 그는 라우퍼와 패터슨이 번창하는 선물 트레이딩 비즈니스에서 그랬던 것처럼 프레이의 팀도 엄청난 수익을 올릴 방법을 찾을 것이라고 확신했다.

사이먼스는 회의적인 사람들에게 "조금만 더 기다려 보자."라고 했다.

한편으로는 프레이의 자신감을 높이기 위해 노력하며 프레이에게 "잘했어. 절대 포기하지 마라."라고 격려했다.

브라운과 머서는 주식 트레이딩 팀이 겪는 어려움에 특히 더 관심을 두고 지켜봤다. IBM에서 옮겨 온 직후 머서는 선물 그룹으로 배치됐고, 브라운은 프레이가 주식을 선택하는 일을 도우며, 두 사람은 흩어졌다. 사이먼스는 학교에서 친하게 지내는 두 어린이가 서로하고만 얘기할까 봐 교실에서 떨어뜨려 앉히는 것처럼 머서와 브라운을 따로 배치해 그들이 르네상스에 잘 융합하기를 바랐다. 하지만 여유 시간이 생기면 브라운과 머서는 만나서 사이먼스의 딜레마를 해결할 방법을 찾았다. 그들은 해결 방안을 찾을 수 있다고 생각했다. 하지만 진정한 돌파구를 마련하려면 IBM의 또 다른 특이한 직원의 도움이 필요했다.

1994년 어느 선선한 가을 날 새벽에 데이비드 매거맨은 동이 트기 한참 전에 자신의 보스턴 아파트 문을 닫고 나왔다. 곧바로 은색 토요타 코롤라 자동차에 올라 수동 차창을 조정하고 남쪽으로 향했다. 당시 스물여섯 살이었던 매거맨은 95번 주간^{Interstate} 고속도로를 세 시간 이상 운전한 뒤 롱아일랜드로 향하는 페리를 타고 오전 10시 전에 스토니브룩의 르네상스 테크놀로지 사무실에서 진행되는 면접에 도착했다.

매거맨은 면접을 쉽게 통과할 사람처럼 보였다. 사이먼스, 라우퍼, 패터슨과 다른 직원들이 칭송받는 수학자이자 이론가이기는 하지만, 르네상스는 보다 복잡한 컴퓨터 트레이딩 모델을 개발하기 시작했고, 이 프로그램을 잘 만들 수 있는 직원은 거의 없었다. 매거맨의 전문 분야가 바로 프로그래밍이었다. 그는 IBM에서 생산적인 일을 완수하며 브라운과 머서를 알게 됐고, 이른 아침 면접에 초대하며 매거맨에게 모든 것이 잘될 것이라고 기대할 이유를 제공했던 사람도 브라운이었다.

하지만 면접은 순조롭게 진행되지 않았다. 매거맨은 새벽 일찍부터 출발한 여정 탓에 거의 탈진 상태였다. 보스턴에서 비행기를 타고 오지 않은 자신의 인색한 결정을 후회했다. 거의 동시에 르네상스의 직원들은 수학을 비롯한 관련 분야에 대한 그의 능력을 테스트하기 위해 어려운 문제와 과제를 연속으로 제시하며 매거맨을 괴롭혔다. 사이먼스는 잠시 앉아 있는 동안 별 다른 말이 없었지만, 연구원 한 명이 잘 알려지지 않은 학술 논문에 관해 깐깐하게 캐묻고 매거맨이 큰 화이트보드에서 어려운 문제를 풀게 했다. 공평해 보이지 않는 상황이었다. 사실 그 논문은 질문한 직원이 직접 작성한 박사 학위 논문이었다. 하지만 그는 매거맨이 어떻게 해서든 그 주제에 관한 자신의 전문 지식을 증명해 줄 것으로 생각했다.

매거맨은 이 도전을 약간은 개인적인 것으로 받아들이며 자신을 증명하기 위해 왜 그런 질문을 받아야 하는지 의심스러워했다. 그래서인지 실제로 느끼는 것보다 더 잘난 척하며 자신의 초조함을 감추기 위해 지나칠 정도로 애썼다. 그날이 끝날 무렵 사이먼스의 팀은 매거맨이 그 직책을 맡기에는 너무 미숙하다는 결정을 내렸다. 그의 청소년 같은 외모도 한몫했다. 동안에다 장밋빛 핑크색이 도는 볼과 엷은 갈색 머리, 약간 쉰 목소리의 매거맨은 체격만 큰 소년처럼 보였다.

브라운은 매거맨의 프로그래밍 기능을 보증하며 그를 옹호했고, 머서도 힘을 보탰다. 두 사람 모두 메달리온 컴퓨터 프로그램의 규모와 복잡성이 확대되는 모습을 보며 헤지펀드에 추가 화력이 반드시 필요하다고 결론지었다.

누군가가 브라운에게 "매거맨이 정말 훌륭하다고 확신하느냐?"라고 묻자 이렇게 대답했다.

"우리를 믿으세요."

이후 매거맨이 그 일에 관심을 보이자 브라운은 르네상스가 더이상 그에게 관심이 없는 것처럼 말하며 매거맨을 놀렸다. 매거맨은 이 장난 때문에 며칠 동안 불안에 떨어야 했다. 마침내 브라운이 입사를 정식으로 제안했고 매거맨은 1995년 여름에 르네상스에 합류하며 자신을 의심하는 사람들을 설득하기 위해 할 수 있는 모든 일을 다 하겠다고 굳게 결심했다. 그전에도 삶의 많은 부분에서 막강한 실세들을 만족시키려 노력한 적은 있었지만, 결과는 대체로 복합적이었다.

매거맨은 자라면서 브루클린 출신의 택시기사이며 지독한 불운에 시달렸던 자신의 아버지 멜빈Melvin과 불편한 관계에 있었다. 뉴욕 시에서 택시 영업 허가증을 살 형편이 안 됐던 멜빈은 아들 데이비드의 격렬한 반대를 무시하고 가족과 함께 마이애미에서 남서쪽으로 23킬로미터 떨어진 플로리다 주 켄달Kendall로 이사했다. 이사 전날에 당시 여덟 살이던 데이비드는 너무 화가 난 나머지 집을 뛰쳐나와 길 건너편 이웃집에 가서 부모들이 데리러 올 때까지 오후 내내 그 집에 있었다.

시장을 풀어낸 수학자

몇 년 동안 멜빈은 택시 운전으로 번 현금을 집에 숨겨 둔 맥스웰하우스커피 양철통에 모았다. 그는 부유한 고객의 도움을 받아 처남과 함께 그 지역의 택시 회사를 인수하려는 계획을 세웠다. 인수 거래를 맺기 전날 그 고객이 치명적인 심장마비를 일으키는 바람에 멜빈의 원대한 계획은 수포로 돌아갔다. 사는 내내 우울증에 시달렸던 멜빈은 자신의 감정이 더 침울해지는 것을 느꼈고 더 이상 택시 운전을 할 수 없었다. 그는 처남이 운영하던 이동주택 주차장에서 임대료를 수금하는 일을 했다. 그러는 동안 그의 정신건강 상태는 더 악화됐다. 회계 기업에서 사무실 관리자로 일하던 아내와 사이가 좋았던 자녀들과도 거리가 점점 멀어졌고 서로에게 냉담했다.

매거맨 가족이 사는 곳은 하류 중산층이 사는 지역이었다. 젊은 가족, 범죄자, 밤낮없이 방문자가 드나드는 길 건너편의 마약 거래상, 빈번하게 매거맨의 뒷마당을 찾아오는 새들을 쏘는 총에 미친 자를 포함한 괴짜들이 한데 섞여 있었다.

어린 시절 대부분 기간 동안 데이비드는 심각한 문제에 빠질 뻔했다. 용돈을 마련하기 위해 길에서 꽃을 팔았고 학교에서 사탕과 초콜릿 등을 팔았다. 아버지와 함께 그것들을 동네 드럭스토어에서 구입해 더플백에 담은 뒤 학교에서 친구들에게 조금 더 높은 가격을 받고 팔았다. 허가 받지 않은 비즈니스는 번창했다. 하지만 학교 내에서 판매 경쟁을 펼치던 근육질의 러시아 출신 학생이 적발되었는데 그 녀석이 데이비드를 우두머리로 지목하면서 끝났다. 이미 데이비드를 사고뭉치로 낙인찍었던 교장은 그에게 정학 처분을 내렸다. 영화 〈조찬 클럽The Breakfast Club〉의 한 장면처럼 도서실에서 다른 문제아들과 함께 정학 기간을 보내는 동안 매력적인 여학생 한 명이 데이비드에게 자신이 마이애미에서 하고 있는 코카인 배달 일에 합류하라고 요청했다. 데이비드는 스니커즈와 쓰리머스키티어스[3] Musketeers 초콜릿을 팔다가 걸렸으며, 이런 경험이 코카인을 파는 데 별로 도움이 되지 않는다는 사실을 그 여학생이 아는지는 분명하지 않았다. 데이비드는 자신의 유일한 이동 수단이 자전거라는 현실에 주목하며 여학생의 제의를 정중히 거절했다.

데이비드는 대체로 학업에 집중하며 교사와 부모와 다른 사람들에게서 받는 확실한 칭찬을 즐겼다. 특히 학력 경시 대회에서 트로피를 수상한 뒤에는 더욱더 그랬다. 지역 내 영재 프로그램에 참가하고 커뮤니티 칼리지에서 컴퓨터 프로그래밍을 배우며 7학년을 마친 뒤에는 버스로 45분 거리에 있는 사립 중학교에 장학금을 받고 입학했다. 그곳에서 데이비드는 라틴어를 배웠고 수학 과목에서 두 개 학년을 월반했다.

하지만 교실 밖에서는 소외감이 들었다. 특히 사립 중학교의 새 친구들과 비교했을 때 자기 가족의 경제 상태는 불안해 보였다. 언젠가는 스스로 큰돈을 벌어 부자의 삶을 즐기겠다고 다짐하며 하루 중 대부분의 시간을 학교 컴퓨터실에서 보냈다.

그는 "컴퓨터실이 우리처럼 컴퓨터밖에 모르는 범생이들이 미식축구 선수를 피해 몸을 숨기는 곳"이라고 말한다.

집에서는 수학의 달인이었지만, 한 번도 그 재능을 활용해 보지 못했던 멜빈이 아들에게 화풀이했다. 아버지가 아들의 과체중을 두고 한소리하자 데이비드는 장거리 육상선수가 됐다. 어느 여름에는 아버지에게서 칭찬 받기를 바라며 거식증 직전까지 굶기도 했다. 이후 육상 코치의 가르침을 받아 장거리 경주에 참가했지만, 대개의 경우 그의 몸은 훈련 코스 중 21킬로미터 이상을 버티지 못했다.

데이비드는 "자신이 코치들에게서 동기 부여를 잘 받는 스타일"이었던 것으로 기억한다.

힘 있는 자리에 있는 사람에게서 인정받고 아버지 역할을 해 줄 새로운 존재를 찾으려 끊임없이 노력했고 심지어 아무리 쓸데없더라도 싸움을 해야 할 혼란스러운 상황에 처할 때에도 그랬다.

데이비드 매거맨은 당시 자신의 모습을 이렇게 인정한다. "나는 비록 계란으로 바위 치기라 할지라도 잘못을 바로잡고 정의를 위해 싸워야 했습니다. 내게는 분명히 메시아 콤플렉스messiah complex가 있었습니다."

고등학교 시절 어느 한 해에는 유대인에게 매우 중요한 명절인 유월절Passover 기간의 둘째 날 밤에 육상대회가 열릴 예정이었다. 매거맨은 대회를 취소시키기 위해 지역의 유대교 지도자 랍비들을 동원하기도 했다. 대회 취소에 실망한 팀 동료들은 매거맨이 유월절에 그토록 신경 쓰는 이유를 이해하지 못했다. 사실 자신도 그 이유를 정확히 알지는 못했다.

매거맨은 당시 상황을 이렇게 기억한다. "나는 그저 그런 육상선수였고 그렇게 신앙심이 깊지도 않았습니다. 심지어 둘째 날에 유월절 축제도 하지 않았던 것으로 기억합니다. 정말 멍청한 짓이었죠."

최고 학년 시절 매거맨과 두 명의 친구는 2학기를 이스라엘에 있는 학교에서 공부하며 보낼 것이라고 선언했다. 그렇게 한 이유 중 하나는 그들의 고등학교 교장이 이미 그것에 반대하며 경고했었기 때문이다. 매거맨은 자기 삶의 체계를 갖추고 싶었던 것 같다. 예루살렘에서는 종교 서적을 외우며 역사를 공부하고 종교적 관습을 따르며 교사와 학교 교장에게서 많은 칭찬을 받았다.

이스라엘로 떠나기 전 매거맨은 자기소개서와 대입 원서를 플로리다에 있는 어머니에게 맡겨 어머니가 여러 대학교에 보낼 수 있도록 했다. 그해 봄에 매거맨은 펜실베이니아대학교에서 입학 허가를 받았지만, 나머지 아이비리그 대학교는 모두 떨어져서 많이 놀라고 실망했다. 몇 년 뒤 어머니의 집을 청소하다가 하버드대학교 대입 원서 사본을 우연히 발견한 매거맨은 어머니가 반유대주의 때문에 매거맨이 입학 허가를 받지 못할까 봐 이스라엘과 유대인 관련 내용을 모두 삭제했고 자신의 자기소개서를 고쳤으며 거의 모든 대학교에 보낼 원서도 그렇게 했다는 사실을 알게 됐다. 무슨 이유에서인지 몰라도 어머니는 펜실베이니아대학교가 유대인 대학교라 생각했고, 그 대학에 보낼 자기소개서는 고치지 않았다.

매거맨은 펜실베이니아대학교에서 뛰어난 성적을 올리며 크게 성장했다. 그 부분적인 이유는 다른 대학교가 자신을 입학시키지 않은 것이 실수라는 것을 증명하려는 명분이 생겼기 때문이다. 전공과목인 컴퓨터 공학과 수학에서 뛰어났고 컴퓨터 언어학 과목의 조교로 발탁되며 동급생들과 특히 여학생들에게서 주목과 존경을 한 몸에 받았다. 그리고 4학년 때 쓴 논문도 어느 정도 인정을 받았다. 불안정하기는 했지만, 사랑스러운 테디 베어 같던 소년은 마침내 자신의 진가를 발휘할 수 있는 영역을 찾았다.

매거맨의 스탠퍼드대학교 박사 학위 논문은 브라운과 머서를 비롯한 IBM 연구원들이 어려움을 겪던 바로 그 주제, 즉 컴퓨터가 통계학과 확률을 활용해 언어를 분석하고 번역할 수 있는 방법을 다뤘다. 1992년 IBM은 매거맨에게 인턴직을 제안했다. 매거맨은 다른 사람들과 어느 정도 친밀하게 지내려 노력하며 강하게 밀어붙이는 IBM의 그룹 문화 속에서도 잘 지냈다. 결국 IBM의 정식 직원으로 채용됐지만, 삶의 다른 부분에서는 크게 성공하지 못했다. 자신이 속한 그룹의 제니퍼Jennifer라는 젊은 여성이 마음에 들어 사귀어 보려 했지만, 즉시 거절당했다.

매거맨은 "그녀가 자신과 아무것도 하지 않으려 했다."고 말한다.

어쩌면 그게 오히려 잘된 일일 수도 있었다. 알고 보니 젠지Jenji라는 이름으로 불리던 제니퍼는 머서의 맏딸이었다.

1995년 매거맨이 르네상스에 합류했을 때 사이먼스의 기업은 투자업계의 거물이 될 것 같아 보이지 않았다. 본사가 있는 건물은 첨단 스타트업을 유치할 목적으로 지어졌지만, 병원처럼 보이는 음산한 공간은 쇠퇴하는 보험사에 더 어울려 보였다. 사이먼스의 30명 남짓한 직원은 별 특징 없는 사무실의 칙칙한 칸막이 자리에 앉아 있었다. 약간 회색빛이 감도는 보기 싫은 흰색 벽에는 아무것도 걸려 있지 않았고, 가구는 임대 전문 기업인 렌트어센터Rent-a-Center에서도 취급하지 않을 것 같은 낡은 것들이었다. 더운 날이면 사이먼스는 무릎 바로 위까지 내려오는 버뮤다 반바지에 발가락 부분이 트인 샌들을 신고 사무실을 돌아다니며 자신의 헤지펀드가 전문 기업이 될 준비가 안 됐다는 사실을 강조했다.

하지만 약간은 위협적으로 보이는 면도, 최소한 매거맨에게는 있었다. 그중 한 부분은 동료들의 신체적 특징이었다. 거의 모든 직원이 키가 180센티미터를 훌쩍 넘었다. 165센티미터에 불과한 매거맨을 내려다보며 갓 졸업한 신입 사원에게 또 다른 불안감을 주었다. 매거맨은 그 지역에 친구나 가족이 없던 터라 머서의 부인 다이애나가 가족들과 함께 영화를 보고 프렌들리Friendly's 레스토랑에서 디저트까지 먹는 나들이에 초대했을 때 정말 신이 났다. 매거맨은 다음 날 저녁에도 머서의 가족 모임에 감사한 마음으로 합류하며 정규직 전환에 따른 어색함을 풀어 갔다.

르네상스 내부에 심각한 문제가 있다는 사실을 매거맨이 인식하기까지 오랜 시간이 걸리지 않았다. 프레이의 주식 트레이딩 시스템이 제대로 작동하지 않는 것으로 드러났고 1994년 르네상스는 거의 5퍼센트에 달하는 손실을 입었다. 프레이의 모델에는 분명히 비범한 기능이 있었다. 즉 모델이 채택한 통계적 차익 거래 방식은 이론상으로 매우 훌륭해 보였으며 이에 따라 큰 수익을 '올렸어야' 했다. 하지만 한 번도 그런 적이 없었으며 하다못해 그 모델의 시뮬레이션이 반드시 올릴 것으로 예상했던 수익 수준에도 미치지 못했다. 마치 산속 깊이 금이 묻혀 있다는 분명한 신호를 감지하고도 금을 캐낼 확실한 방법이 없는 것과 마찬가지였다.

회의를 할 때면 사이먼스는 가끔씩 고개를 가로저으며 당시 르네상스에 합병된 프레이의 예전 기업 이름을 따 '노바Nova'라고 불렀던 시스템에 실망하는 모습을 보였다.

어느 날 사이먼스는 "시스템이 그냥 정체 상태에 머물러 있다."

라고 불평했다.

다른 한편에서 별도로 브라운과 함께 계속 작업하며 주식 트레이딩 모델의 버전을 수정하던 머서가 주요 문제를 진단했다. 곧이어 환희에 찬 표정으로 사무실을 돌아다니며 속담 하나를 되뇌었다. "확실하다고 생각되는 일에도 실수가 있기 마련이다."

이 속담을 통해 머서는 프레이의 트레이딩 시스템이 훌륭한 아이디어를 많이 만들어 낸다는 것을 인정했다. 하지만 시스템이 트레이딩을 실행하는 과정에서 뭔가가 잘못돼 큰 수익을 내지 못하고 있었다. 결국 사이먼스와 머서는 프레이를 다른 기업 프로젝트로 옮기는 게 최선의 방안이라고 결정했다.

프레이는 자신이 "기차를 정시에 운행되게 하는 데 가장 적합한 사람이 아니었다."고 인정한다.

비슷한 시기에 머서는 사이먼스에게서 브라운을 주식 연구 분야에 합류시켜도 좋다는 승낙을 받았다. 사이먼스에게는 뭔가 특별한 것을 만들어 기업을 성장시킬 마지막 기회였다.

사이먼스는 주간 회의에서 "여러분, 이제 돈을 벌어 봅시다."라고 말했지만 그의 인내심은 엷어지고 있었다.

브라운과 머서의 재결합은 분명히 다른 성격에도 불구하고 놀랄 만큼 협력이 잘됐던 두 과학자 사이의 보기 드문 파트너십에 새로운 장이 열린다는 의미였다. 브라운은 직설적이고 따지기를 좋아하며 집요하고 목소리가 크며 에너지가 넘쳤다. 이에 반해 머서는 마치 영원히 끝날 것 같지 않은 포커 게임을 하듯 말을 아끼며 감정을 잘 드러내지 않았다. 하지만 두 사람의 결합은 음과 양의 조화처럼 제대로 작동했다.

브라운은 그보다 몇 년 전에 박사 학위 논문을 마무리하면서 수수께끼 같은 동료에게 얼마나 의지했는지 설명했다.

"나는 어떤 아이디어가 떠오르고 나면 그것이 몇 달 전 머서가 나에게 시도해 보라고 강력히 권유했던 아이디어라는 것을 깨닫기를 몇 번이나 반복했습니다." 브라운은 논문 서문에 이렇게 기록했다. "마치 내가 종합 계획을 한 단계씩 알아 나가는 것 같았습니다."

IBM에 재직하는 동안 참가한 업계 컨퍼런스에서 브라운과 머서는 때때로 무대에서 몇 줄 떨어진 곳에 함께 앉아 한창 진행 중인 강의를 무시하고 체스 게임에 몰두하며 자신들의 발표 때까지 시간을 때우기도 했다. 브라운은 그들의 연구에 대한 초안을 재빨리 기록한 뒤 글을 더 잘 쓰는 머서에게 전달했고, 머서는 찬찬히 그리고 신중하게 내용을 다시 작성하며 그들 나름의 확실한 업무 스타일을 구축했다.

브라운과 머서는 프레이의 모델을 개선하는 새로운 과제에 착수하며 밤늦게까지 일하다 함께 퇴근하기도 했다. 주중에는 동네 노파의 집에 있는 다락방 공간을 함께 쓰며 지냈고 주말에는 가족에게 돌아갔다. 시간이 지나면서 브라운과 머서는 사이먼스의 주식 트레이딩 시스템을 개선할 방법을 발견했다. 알고 보니 프레이의 모델이 비현실적인 트레이드 또는 심지어 불가능한 트레이드를 제안하는 것으로 드러났다. 예를 들면 노바 펀드Nova fund가 활용할 수 있는 레버리지leverage, 즉 융자 금액이 거래 중개인이 설정한 한도에 직면하기도 했다. 그에 따라 노바 펀드의 레버리지 금액이 특정 한도를 넘

시장을 풀어낸 수학자

어서면 프레이와 직원들은 모델의 추천 사항을 무시하고 불가피한 한도를 벗어나지 않도록 포트폴리오를 수작업으로 축소해야 했다.

또 다른 때에는 매력적으로 보이지만, 실제로는 실행 불가능한 트레이드를 프레이의 모델이 선택하기도 했다. 예를 들면 실제로는 매도할 물량이 없는 특정 주식을 노바 펀드가 공매도하거나 하락에 베팅할 것을 제안했고 프레이는 그 추천을 무시할 수밖에 없었다.

바라던 트레이드를 완료하지 못하는 상황은 단순한 실적 부진보다 더 많은 문제로 이어졌다. 수익률에 영향을 줄 수 있는 요인factor에 기반을 둔 팩터 트레이딩factor-trading 시스템은 일련의 복잡하고 서로 얽힌 트레이드들을 실행하고 각 트레이드를 활용해 위험을 합당한 수준으로 유지하면서 수익을 올린다. 이와 달리 선물 트레이딩은 매운 단순하다. 트레이드 하나를 이루지 못하면 그에 따른 결과도 거의 없다. 프레이의 주식 거래 시스템의 경우 단 몇 개의 트레이딩만 완료하지 못하더라도 포트폴리오 전체가 시장의 움직임에 더욱 민감해지는 위험에 처하며 포트폴리오 전체의 건전성을 위태롭게 했다. 때로는 실행하지 못한 트레이드가 모델 전체의 정확성에 손상을 입혀 보다 큰 시스템상의 문제로 이어지기도 했다. 아주 사소한 잘못도 1990년대 중반의 기술과 보통 수준 이하의 소프트웨어 엔지니어링 기술을 지닌 프레이와 팀원들로서는 다룰 수 없는 큰 문제를 일으켰다.

프레이는 "마치 수백 개의 방정식을 동시에 풀 수 있는 공통 솔루션을 찾는 것 같았다."고 말한다.

브라운과 머서는 다른 접근 방식을 채택했다. 그들은 필요한 제한 사항과 자격 요건을 단일 트레이딩 시스템으로 프로그래밍해서 그 시스템이 모든 잠재적 문제를 자동적으로 다룰 수 있게 만들기로 결정했다. 두 사람은 컴퓨터 공학자이며 오랫동안 IBM과 다른 곳에서 대규모 소프트웨어 프로젝트 개발에 참여했다. 그들에게는 주식 거래를 실행하기 위한 자동화된 단일 시스템을 구축할 코딩 능력이 있었다. 그에 반해 프레이가 만든 시스템의 코딩은 한 부분씩 단편적으로 이뤄졌기 때문에 포트폴리오가 모든 트레이딩 조건을 충족할 수 있는 방식으로 포트폴리오 전체를 통합하기가 어려웠다.

훗날 머서는 당시 상황을 이렇게 설명했다. "르네상스에 있는 사람들은 (……) 대규모 시스템을 구축하는 방법을 잘 몰랐습니다."[1]

브라운과 머서는 IBM에서 언어 인식 문제를 대할 때와 마찬가지로 자신들에게 주어진 도전을 수학 문제처럼 다뤘다. 그들이 입력한 요인은 펀드의 트레이딩 비용과 다양한 레버리지, 위험 매개 변수, 여러 가지 제한 사항과 요구 조건들이었다. 이 모든 요인을 고려해 문제를 해결하고 이상적인 포트폴리오를 구성하며 하루 종일 최적의 결정을 내리며 수익을 극대화하는 시스템을 구축했다.

이런 접근 방식의 장점은 모든 트레이딩 신호와 포트폴리오 조건을 하나로 통제하는 단일 트레이딩 모델에 통합함으로써 르네상스가 새로운 신호를 쉽게 테스트하고 추가하며 잠재적 신규 전략에서 얻는 수익이 비용을 넘어설 가능성이 있는지 곧바로 알 수 있다는 것이었다. 그들은 트레이딩 시스템을 '적응 가능한' 형태, 즉 라우퍼의 선물 트레이딩 시스템과 매우 비슷하게 자체적으로 학습하고 조정할 수 있는 형태로 만들었다. 만약 어떠한 이유에서든지 트레이

시장을 풀어낸 수학자

딩 모델이 추천한 트레이드가 실행되지 않으면 모델은 스스로 수정하며 포트폴리오를 원래 있어야 했던 포지션으로 회복시키기 위한 매매 오더를 자동으로 찾았다. 이를 통해 프레이의 모델을 괴롭혔던 문제를 해결했다. 그들이 만든 시스템은 이런 과정을 한 시간에 몇 번씩 반복하며 전자 트레이드 지시를 내리기 전에 수천 건에 달하는 잠재적 트레이드를 저울질하는 최적화 과정을 실행했다. 경쟁자들에게는 이 같은 자가 개선 모델이 없었다. 르네상스는 이제 펀드의 미래 성공에 결정적인 요소로 판명될 비밀 병기를 갖췄다.

마침내 브라운과 머서는 수만 개의 코드 라인lines of code으로 구성된 프레이의 예전 모델보다 훨씬 많은 50만 개의 코드 라인을 갖춘 정교한 주식 트레이딩 시스템을 개발했다. 새로운 시스템은 필요한 모든 제한 사항과 요구 조건을 시스템 내에 포함시켰다. 이 시스템은 많은 면에서 사이먼스가 몇 년 전부터 꿈꾸던 바로 그런 종류의 자동화된 트레이딩 시스템이었다. 이 덕분에 노바 펀드의 주식 트레이딩이 시장의 변동에 덜 민감해졌고 노바 펀드는 주식을 평균적으로 하루 이틀 더 오래 보유하기 시작했다.

결정적인 사항은 프레이가 모건스탠리 시절의 경험을 살려 개발한 예측 모델을 브라운과 머서가 유지했다는 점이다. 여전히 이 모델은 곤경에서 벗어난 주식이 대개의 경우 원래대로 회귀한다는 데 베팅하는 식으로 큰 수익을 올리는 트레이드들을 충분히 찾아냈다. 지난 몇 년 동안 르네상스는 이런 기반 전략에 변형을 가했지만, 10년 넘게 그런 변형은 단지 르네상스의 평균회귀 예측 핵심 신호를 보완하는 '2차 주문'에 그쳤다.

한 직원은 간결하게 요약했다. "우리는 가격 움직임에 대한 사람들의 반응으로 수익을 올립니다."

브라운과 머서의 개선된 트레이딩 시스템이 1995년 실행되었고 사이먼스와 르네상스 멤버들은 기쁜 마음으로 안도할 수 있었다. 곧이어 사이먼스는 브라운과 머서를 르네상스의 파트너로 임명했고 그들은 관리자 자리에 올라 다른 고위 임원들과 마찬가지로 '포인트', 즉 르네상스가 올리는 수익의 일정 퍼센티지를 받았다.

하지만 사이먼스가 새로운 시스템에 관해 너무 성급하게 행동한 것으로 드러났다. 얼마 지나지 않아 새로운 주식 트레이딩 시스템이 많은 액수의 자금을 처리할 수 없다는 것이 명백해지며 주식 시장에 강하게 진입하려던 사이먼스의 원래 목적이 이뤄지지 않았다. 르네상스가 주식에 투자한 액수는 단 3,500만 달러에 불과했다. 더 많은 자금이 거래되면 몇 년 전 프레이의 시스템을 사용하던 때와 마찬가지로 수익이 사라져 버렸다. 게다가 브라운과 머서는 그들의 시스템이 왜 그렇게 많은 문제를 일으키는지 파악조차 할 수 없었다.

도움을 구하기 위해 그들은 델라 피에트라 쌍둥이 형제와 시스템을 구하는 사람이 되고 싶어 하는 매거맨을 포함한 새로운 인재들을 영입하며 IBM 출신들로 팀을 새롭게 구성했다.

매거맨은 르네상스에 합류하자마자 문제를 해결하고 새로운 동료들에게서 인정받는 일에 집중했다. 어떤 때는 헤지펀드가 사용하는 C와 다른 컴퓨터 언어보다 훨씬 낫다고 자신이 주장하는 다목적 컴퓨터 언어 C++를 동료들이 배워야 한다고 설득하기도 했다.

시장을 풀어낸 수학자

매거맨은 동료들에게 "C 언어는 너무나 1980년 식"이라고 했다.

C++가 훨씬 나은 컴퓨터 언어인 것은 사실이지만, 언어 전환이 매거맨이 주장하는 것만큼 그렇게 필요하지는 않았으며, 특히 당시에는 더욱 그랬다. 하지만 C++ 전문가인 매거맨에게는 자신이 사무실 동료들에게 없어서는 안 될 중요한 존재가 되려는 숨은 동기가 있었다. 그의 술책은 먹혀들었다. 르네상스는 C++로 전환했고 곧 이어 수학자를 비롯한 동료들은 매거맨에게 밤낮없이 도움을 요청했다.

매거맨은 자신이 "동료들의 총애를 한 몸에 받는 존재"였다고 기억한다.

그는 여가 시간이 생길 때마다 르네상스의 주식 트레이딩 시스템을 배우는 데 매달리며 아주 작은 정보라도 모두 흡수하려 했다. 아랫사람의 욕구를 이해하는 데 타고난 능력을 지닌 브라운은 자기 방식대로 칭찬하며 매거맨에게 더 열심히 일할 동기를 부여했다. 그는 매거맨의 노력에 감동을 느낀 것처럼 행동했다.

어느 날 자부심에 가득 차 있는 매거맨에게 브라운이 말했다. "주식 트레이딩 시스템을 그 정도까지 깊이 이해하려면 자네에게 좀 더 많은 시간이 필요하다고 생각했다네."

매거맨은 브라운이 자신을 조정하려 한다는 것을 알아차렸지만, 칭찬을 있는 그대로 받아들이며 즐겼고 도움을 줄 수 있는 또 다른 방법을 열정적으로 찾아 나섰다. 그는 IBM 시절 동료들과 함께 고위 임원들의 강력하지만 충분히 활용되지 않는 컴퓨터들을 찾아낸 뒤 이들을 활용해 외부의 코딩 대회에 참가하거나 다른 승인받지 않은 활동을 하고자 기업 컴퓨터의 메모리와 리소스를 모니터링하는 '스크립트script', 즉 명령들을 모은 짧은 프로그램을 개발했었다. 자신이 한 행동의 흔적을 지우는 기발한 방법을 찾아낸 매거맨은 그 프로그램을 해커를 주제로 한 1983년 영화 〈위험한 게임WarGames〉에 등장하는 인공 지능을 장착한 컴퓨터의 이름을 따 조슈아Joshua라 불렀다.

결국 매거맨의 행동은 한 IBM 임원에게 발각됐다. 그는 자신의 컴퓨터가 정부와의 1급 비밀 계약으로 구입됐기 때문에 기밀 자료를 포함하고 있을 수 있다며 불같이 화를 냈다. 매거맨을 연방법 위반 범죄자로 고발하겠다고 협박하기도 했다.

매거맨은 "자신이 그걸 어떻게 알겠느냐."라는 말로 대응하며 IBM과 정부의 비밀스런 관계 탓으로 돌렸다.

물론 매거맨의 해킹은 계속됐지만, 그와 동료들은 보다 강한 컴퓨터 연산 능력이 필요할 때면 화가 잔뜩 난 그 임원의 컴퓨터를 제쳐두고 다른 이들의 컴퓨터를 활용했다.

르네상스에서 매거맨은 그것과 동일한 모니터링 도구를 재작성했다. 사실 헤지펀드 기업에는 IBM과 달리 충분히 사용되지 않는 컴퓨터가 없었다. 하지만 자신의 프로그램이 최소한 어느 시점에서는 유용하게 쓰일 것으로 생각했다. 무엇보다 자신을 주체할 수 없었다.

그는 "르네상스에서 없어서는 안 될 가장 중요한 사람이 되고 싶었다."고 설명한다.

매거맨은 르네상스의 시스템 관리자 몰래 자신의 모니터링 시스템을 설치하는 비밀스런 경로를 만들었다. 그리고 나서 뿌듯한 마음으로 의자에 편히 앉아 밀려들어 올 동료들의 칭찬을 기다렸다. 하지만 매거맨의 좋은 기분은 순식간에 사라졌다. 갑자기 겁에 질린 한 동료가 내지르는 고함 소리가 들렸다. 그의 컴퓨터 화면을 응시하던 매거맨은 너무 놀라 입이 딱 벌어졌다. 허가받지 않은 자신의 모니터링 프로그램이 한창 장이 진행되는 중간에 르네상스 컴퓨터에 바이러스를 퍼트려서 다른 컴퓨터에서 진행되던 모든 리서치를 위태롭게 했다. 직원들이 달려들어 이 위기를 극복하려고 애쓰는 동안 당혹감으로 얼굴까지 벌게진 매거맨은 이 모든 혼돈의 책임이 자신에게 있다고 자백했다.

직원들은 멍청한 주식 팀이 돈을 벌지 못하고 있는 것도 모자라 이제는 컴퓨터 네트워크까지 망가뜨렸다며 분노했다.

몹시 화가 난 브라운은 매거맨에게 달려가 얼굴에다 대고 크게 소리쳤다.

"여긴 IBM이 아냐! 여기서는 실제 돈을 트레이딩하고 있어! 인기를 끌기 위한 당신의 그 멍청한 행동이 일을 방해하면 당신은 우리의 모든 것을 망치는 거야!"

매거맨은 정식 직원으로 근무한 지 몇 주 지나지 않아 갑자기 따돌림을 받는 신세가 됐다. 자신의 일자리에 대해 초조해하며 르네상스에 과연 자신의 미래가 있을지 의문스러웠다.

매거맨은 "사람들과의 관계에서 볼 때 큰 실수를 저질렀다."고 말한다.

그의 실수는 브라운과 머서의 새로운 주식 거래 시스템이 고통스럽고 도저히 설명할 수 없는 손실을 연속적으로 입으며 어려움을 겪고 있던 가장 안 좋은 시점에 일어났다. 뭔가가 잘못됐지만, 어느 누구도 뭐가 잘못인지 파악하지 못했다. 계속 수익을 쌓고 있던 선물 팀의 팀원들은 새롭게 채용한 '컴퓨터쟁이'들 때문에 문제가 생겼다며 수군거렸다. 알고 보면 르네상스에서도 그 말은 엄청난 경멸일 수 있었다.

사이먼스는 자신의 팀이 어려움을 견디며 계속 노력하도록 독려하며, 공개적으로는 자신감을 내비쳤다.

1995년 여름의 그룹 회의에서 사이먼스는 반바지와 샌들 차림에도 불구하고 여전히 위압적인 자세로 말했다. "우리는 계속 시도해야 합니다."

하지만 개인적으로는 시간을 낭비하고 있는 건 아닌지 의문스러웠다. 어쩌면 자신의 팀들이 앞으로도 주식을 제대로 파악하지 못해 르네상스가 비교적 규모가 작은 선물 트레이딩 기업으로 남을 운명일지도 모를 일이었다. 이는 라우퍼와 패터슨을 비롯한 선물 그룹 소속 멤버들이 이미 내린 결론이기도 했다.

패터슨은 당시 상황을 이렇게 말한다. "우리는 이미 몇 년 동안 시도했습니다. 만약 내가 지휘자였다면 당연히 중단시켰을 것입니다."

사이먼스는 여전히 고집스런 낙관론자였지만, 그런 그조차 더 이상 이대로 둘 수는 없다고 결정했고 브라운과 머서에게 최후통첩을 했다. 즉 그들의 시스템이 앞으로 6개월 안에 제대로 작동하지 않으면 중단하겠다고 했다. 브라운은 해결 방안을 찾으려 밤늦게까지 일하며 사무실에 놓인 접이식 간이침대에서 잠을 잤다. 머서의 일하는 시간은 그만큼 길지 않았지만, 치열함은 똑같았다. 하지만 여전히 문제점을 찾아낼 수 없었다. 트레이딩 시스템은 적은 금액을 관리할 때는 상당한 수익을 올렸지만, 사이먼스가 레버리지를 투입해 트레이드 규모가 커지면 수익은 사라졌다. 브라운과 머서의 시뮬레이션 결과를 보면 그들이 여전히 큰 액수로도 수익을 올릴 수 있어야 했지만, 프레이가 몇 년 전 직접 했던 트레이드와 다르지 않게 시스템의 실제 움직임은 손실을 기록했다.

머서는 침착하고 동요하지 않는 것처럼 보였다. 하지만 브라운은 주위에 있는 사람들이 염려하자 신경이 매우 날카로워졌다.

한 팀원은 "이틀 또는 사흘간 연속으로 손실이 날 때마다 종말이 시작된 것 같았다."고 한다.

매거맨은 점점 쌓여만 가는 좌절감을 보며 그들의 노력에 어떻게든 도움을 주고 싶었다. 만약 그들을 곤경에서 벗어나게 해 줄 수만 있다면 자신이 전에 저지른 값비싼 실수를 만회하고 윗사람들에게서 신뢰를 회복할 수 있을 것 같았다. 하지만 그 시점에서는 나서지 않는 것이 좋다는 것을 충분히 알고 있었다. 그래도 밤낮없이 혼자서 프로그램 코드를 자세히 들여다봤다. 당시 제대로 작동하는 난로도 없고 냉장고에 먹을 것이 거의 없는 완전히 엉망인 상태의 아파트에 살던 터라 사실상 사무실에서 살다시피 하며 도울 방법을 찾았다.

어느 날 이른 저녁 컴퓨터 화면을 몇 시간 동안 응시하느라 눈이 침침해질 무렵 뭔가 이상한 점을 발견했다. 브라운과 머서의 트레이딩 시스템에 사용된 시뮬레이션 프로그램의 코드 중 한 행이 스탠다드 앤 푸어스 500$^{\text{Standard \& Poor's 500}}$ 지수를 매우 낮은 수준으로 나타내고 있었다. 이 테스트 코드는 현재 지수의 거의 절반밖에 안 되는 1991년도 수치를 사용하는 것처럼 보였다. 머서가 이 지수를 시장이 움직일 때마다 업데이트되는 변수가 아닌 고정값으로 작성했기 때문이다.

매거맨이 이 오류를 수정하고 수치를 업데이트하자 다른 프로그램 코드에서 두 번째 문제인 대수 관련 오류가 드러났다. 이 문제를 해결하려고 거의 밤을 새기는 했지만, 해결 방법을 찾았다고 생각했다. 이제 시뮬레이션 프로그램의 알고리즘은 마침내 노바 펀드 시스템이 실행할 이상적인 포트폴리오와 그 보유 주식을 늘리기 위해 얼마나 많은 융자를 활용해야 할지 추천할 수 있는 상태에 이르렀다. 추천 결과에 따른 포트폴리오는 최소한 매거맨의 계산에 의하면 큰 수익을 올릴 것 같았다.

흥분을 억누르고 매거맨은 브라운에게 달려가 발견한 내용을 설명했다. 브라운은 숨을 헐떡이는 동료를 강하게 의심하는 표정으로 쳐다보면서도 그의 설명을 끝까지 들어 보기로 했다. 설명이 끝난 후에도 브라운은 여전히 열광적이지 않았다. 어쨌든 시스템을 코딩한 사람은 머서였으며, 그가 특히 수학적인 부분에서 좀처럼 실수하지 않는다는 것은 모든 사람이 아는 사실이었다. 브라운의 반응에 힘이 빠진 매거맨은 조용히 물러났다. 예전에 저지른 실수 때문에 그에게는 어떤 형태로든 잠재적 구세주가 아니라 골칫덩어리라는 낙인이 찍혀 있었다.

별로 잃을 것이 없었던 매거맨은 발견한 내용을 머서에게 가져갔

시장을 풀어낸 수학자

고, 머서도 한번 보겠다고는 했다. 의자에 앉아 컴퓨터에 몸을 기울인 채 머서는 자신이 쓴 코드를 매거맨이 작성한 새로운 코드와 한 줄씩 비교하며 찬찬히 검토했다. 그의 얼굴에 서서히 미소가 떠오르기 시작했다. 머서는 책상에서 종이와 연필을 집어 들고 공식을 써내려갔다. 매거맨이 작성한 내용을 체크하려는 것이었다. 약 15분 동안 뭔가를 휘갈겨 쓰던 머서는 연필을 내려놓고 고개를 들었다.

그러고는 매거맨에게 "당신의 코드가 맞다."라고 했다.

이후 머서는 매거맨이 뭔가를 이뤄낼 것 같다며 브라운을 설득했다. 하지만 브라운과 머서가 매거맨이 알아낸 문제점과 수정 내용을 다른 직원들에게 말하자 그들은 쉽사리 믿지 않으려 했다. 심지어 '후배 프로그래머가 문제를 해결했다고? 채용된 지 단 몇 주 만에 시스템을 망가뜨린 바로 그 친구가?'라며 웃음을 터트리기까지 했다.

브라운과 머서는 다른 직원들의 의심을 무시하며 개선 사항과 수정 사항을 결합한 뒤 사이먼스의 지원을 받아 시스템을 재가동했다. 곧바로 수익을 내는 결과에 이르며 회의론을 물리쳤다. 오랫동안 지속적으로 일어났던 손실이 멈췄다. 매거맨은 브라운에게서 소중한 칭찬과 격려의 말을 들으며 그렇게 바랐던 인정을 마침내 받아냈다.

사이먼스는 주간 회의에서 우렁찬 목소리로 "대단한 일입니다. 계속 나아갑시다."라고 말했다. 매거맨과 르네상스 모두를 위한 새로운 시대가 눈앞에 와 있는 듯했다.

CHAPTER 11

◆

사이먼스는 잔뜩 긴장한 채 복도를 걸었다.

1997년 여름 뭔가 특별한 것에 아주 가까이 이른 것 같은 느낌이 들었다. 메달리온 헤지펀드는 이제 9억 달러 이상의 자금을 운용하고 있었으며, 이 중 대부분은 상품과 통화, 채권, 주가 지수에 관한 선물 계약들이었다. 이 모든 투자 상품을 트레이드하는 라우퍼 그룹은 승승장구했다. 일주일 중 가장 유리한 날들뿐만 아니라 하루 중 이상적인 순간에 매수하는 방법을 포함한 라우퍼의 핵심 전략은 여전히 승리를 거두고 있었다. 사이먼스가 이끄는 팀도 다양한 투자 상품의 이틀간에 걸친 궤적을 차트로 만드는 기술을 완벽하게 터득했다.

당시 사이먼스는 열 명으로 구성된 브라운과 머서의 팀이 통계

시장을 풀어낸 수학자

적 차익 거래 전략에 힘입어 한 고비를 넘겼다고 확신했다. 그 덕분에 1년 전 아들의 죽음 후 계속된 슬픔에서 잠시나마 벗어날 수 있었다. 주식 트레이딩의 수익이 한 달에 겨우 몇 백만 달러밖에 되지 않지만, 그래도 사이먼스가 노바 펀드를 메달리온에 편입시켜 거의 모든 투자 상품을 트레이딩 하는 단일 헤지펀드를 추진할 정도는 됐다.

하지만 사이먼스와 그의 팀이 시장이라는 문제를 완전히 풀어낸 것은 아니었다. 메달리온은 1997년 21퍼센트의 수익률을 기록하며 1년 전의 32퍼센트보다 조금 낮아졌으나 1995년의 38퍼센트가 넘는 수익률과 1994년의 어마어마한 71퍼센트에 비해서는 많이 떨어졌다. 사이먼스의 트레이딩 시스템은 여전히 심각한 문제에 직면해 있었다. 하루는 데이터 입력 실수 때문에 펀드가 원래 의도했던 것보다 다섯 배 많은 밀 선물 계약을 매수하는 바람에 가격을 높이는 일이 벌어졌다. 초조한 마음으로 다음 날 아침 〈월스트리트저널〉을 집어 든 직원들은 애널리스트들이 밀 가격의 급등을 르네상스의 실수가 아니라 밀 흉작에 따른 두려움 탓으로 돌리는 기사를 읽고 안도하기도 했다.

얼마 뒤 패터슨이 주식 옵션 트레이드를 위한 새로운 모델을 선보였지만, 이 모델은 그저 그런 수익만 올리며 사이먼스를 실망시켰다.

사이먼스는 한 회의에서 패터슨에게 "옵션 시스템이 좀 더 나은 방향으로 보완돼야 한다."라고 말했다.

그리고는 계속 성장하고 있는 버너드 L. 매도프 인베스트먼트 시큐리티즈Bernard L. Madoff Investment Securities라는 기업을 설립해 주식 옵션 트레이딩으로 엄청난 수익을 꾸준히 올리고 있는 또 다른 투자자를 언급했다.

사이먼스는 패터슨에게 매도프가 어떻게 하고 있는지 보라고 했다.

이런 비난이 귀에 거슬렸던 패터슨은 사이먼스에게 곧바로 쏘아붙였다. "그러면 매도프를 영입하시죠." (몇 년 뒤 매도프의 기이할 정도로 큰 수익에 의심을 품기 시작한 사이먼스는 매도프의 펀드에 투자한 돈을 회수했다. 2008년 매도프는 역사상 가장 규모가 큰 폰지 다단계 금융사기를 저지른 사실을 인정했다.)

점점 줄어드는 수익으로 초조해진 사이먼스는 새로운 아이디어를 제안했다. 매년 경제학과 금융학, 심리학을 포함한 여러 학문 분야에서 학계의 검증을 받은 논문 수만 건이 발표되는데, 이들 중 많은 논문이 금융 시장 내 작동 원리를 파헤치며 수익을 올릴 방법을 제시한다. 하지만 그저 쓰레기통에 버려지는 상황이었다. 사이먼스는 브라운과 머서와 다른 고위 임원들이 매주 세 편의 논문을 배정받아 읽고 완전히 이해한 후 프레젠테이션까지 하게 했다. 섹스나 살인이 아니라 돈에 대한 열정을 지닌 금융 시장 분석가를 위한 북클럽을 결성한 셈이다.

하지만 논문 몇 백 페이지를 읽은 뒤 사이먼스와 동료들은 포기했다. 논문에 나온 전략이 사람들을 감질나게는 하지만, 메달리온 연구원들이 학계에서 제안한 전략의 효능을 직접 테스트해보면 추천한 트레이드 방식은 널리 사용될 수 없는 것들이었다. 이렇게 실망스러운 논문을 많이 읽은 탓에 르네상스 내에서는 금융 시장의 움

시장을 풀어낸 수학자

직임을 예측하는 능력에 관한 냉소주의가 더 심해졌다.

브라운은 훗날 이를 두고 말했다. "금융 전문가라는 사람들이 시장이 상승하는 이러 저러한 이유를 설명하는 것을 들을 때마다 그건 모두 터무니없는 소리라는 사실을 기억해야 합니다."

주간 회의를 주재하며 직원들과 담소를 나누거나 라우퍼와 브라운, 머서와 스토니브룩의 첨단 기술 기업 인큐베이터 단지 내 비좁은 사무실에 둘러 앉아 중요한 얘기를 나눌 때면, 사이먼스는 예전에 IDA에서 암호 해독을 하던 초년생 시절과 스토니브룩대학교에서 뛰어난 수학자들과 함께 일하던 시절에 세웠고 그 후로도 오랫동안 지켜온 원칙 몇 가지를 강조했다. 사이먼스는 당시 그 원칙들을 르네상스에 완전히 적용하고 있었다.

그중 핵심 원칙 하나를 소개하면 과학자와 수학자는 이상적인 결과를 만들기 위해 서로 소통하며 상호 작용하고 토론하며 아이디어를 공유해야 한다는 것이다. 사이먼스의 원칙이 너무나 당연한 것으로 보일지 모르겠지만, 어떤 면에서는 매우 급진적이었다. 르네상스에서 가장 뛰어난 직원들 대다수는 경력 초창기 때부터 다른 사람과 팀을 이뤄 함께하는 연구가 아니라 각자 개인 연구에 엄청난 노력을 기울인 끝에 성과를 이루고 인정 받았다. 실제로 재능이 뛰어난 금융 분석가들은 다른 이들과 함께 일하는 것이 가장 불편한 사람들일 수 있다. 산업계에 전해 내려오는 고전적인 농담 중에 '대화하는 동안 자신의 신발이 아니라 상대방의 신발을 응시할 정도면 외향적인 수학자라 할 수 있다.'라는 농담이 있다. 그들이 그 정도로 외향적이지 않다는 뜻이다.

트레이딩 업계의 경쟁 기업들은 종종 이 문제를 다루기 위해 연구원들이 고립된 환경에서 일할 수 있게 하고, 때로는 서로 경쟁하게 만든다. 이와 달리 사이먼스는 메달리온이 단일 트레이딩 시스템을 사용하는 다른 접근 방식을 고집했다. 모든 직원은 수익을 올리기 위한 알고리즘을 뒷받침하는 모든 소스 코드 하나하나를 언제나 접할 수 있으며 기업 내부 네트워크를 통해 누구나 이해하는 일반 문장으로 읽을 수 있다. 코드에 최고 경영진만 접근할 수 있는 비밀스런 부분은 전혀 없었다. 트레이딩 시스템 개선을 위해 누구라도 변경 실험을 할 수 있었다. 사이먼스는 연구원들이 비공개 프로젝트를 채택하는 대신 아이디어를 서로 교환하기를 바랐다(한동안 기업 내 비서들도 소스 코드에 접근할 수 있었지만, 이는 궁극적으로 통제하기 힘든 상황을 초래하는 것으로 판명됐다).

사이먼스는 흔치 않은 개방형 문화를 조성했다. 직원들은 동료의 사무실을 돌아다니며 의견을 제시하고 협업을 추진했다. 업무에 차질이 생기면 과학자들은 새로운 프로젝트로 옮겨 가는 대신 하던 일을 동료들과 나누고 도움을 요청했다. 사이먼스의 표현처럼 유망한 아이디어가 "헛되이 버려지는" 일이 절대로 생기지 않게 했다. 여러 그룹들은 정기적으로 만나 자신들의 진전 사항을 놓고 세세한 부분까지 토의했고 사이먼스가 던진 꼼꼼한 질문들을 처리했다. 대부분의 직원은 작은 구내식당에 옹기종기 모여 동네 식당에서 주문한 음식으로 점심을 함께 먹었다. 사이먼스는 1년에 한 번씩 직원들과 배우자들을 이국적인 휴양지로 초대해 동지애를 강화했다.

시장을 풀어낸 수학자

동료들에게서 받는 긴장감과 압박감이 매우 중요한 동기 부여 도구로 작용했다. 연구원과 프로그래머는 프레젠테이션을 준비하는 데 많은 시간을 들였다. 그들은 스스로 박차를 가하며 도전적인 문제를 끈기 있게 풀어 나가고 독창적인 방식을 개발해 서로에게 깊은 인상을 남길 수 있기를 열망했다. 최소한 동료들 앞에서 창피 당하는 일은 없기를 바랐다.

프레이는 말한다. "많은 진전을 이루지 못하면 압박을 느낍니다. 그것이 바로 자신의 가치와 자존감을 결정하는 방식이었습니다."

사이먼스는 직원들이 기업 전체의 성공에 집중하도록 만들기 위해 보상을 활용했다. 직원들은 6개월마다 보너스를 받았는데, 메달리온이 특정 수익 수준을 넘었을 때만 받을 수 있었다. 르네상스는 보너스 중 일부를 몇 년간에 걸쳐 지급하며 인재들이 더 오래 머무르게 했다. 직원들이 새로운 신호를 발견했든 데이터를 정제했든 아니면 특별히 주목받지 못하는 과제를 했든 상관없었다. 맡은 일을 잘해내고 메달리온이 많은 수익을 내기만 하면 그들은 보너스 포인트를 받았고 이 포인트는 르네상스의 수익 풀profit pool의 일정 퍼센티지에 해당하며 명백하고 이해하기 쉬운 공식에 따라 주어졌다.

르네상스의 하부 조직 최고 관리자였던 글렌 휘트니Glen Whitney는 당시 상황을 이렇게 설명한다. "직원들은 자신에게 적용될 공식을 새해 첫날부터 알고 있습니다. 자신의 지위에 따라 달라지는 두어 가지 계수를 제외하면 다른 모든 사람들의 공식과 동일합니다. 더 많은 보너스를 받고 싶다고요? 그러면 무슨 수를 써서라도 펀드가 더 많은 수익을 올릴 수 있게 하면 됩니다. 즉 새로운 예측 소스를 발견하고 프로그램 오류를 수정하며 프로그램의 속도를 높이며 훌륭한 아이디어를 지닌 건너편 사무실 여성 직원에게 커피를 가져다주는 등 (……) 보너스는 상사가 당신이 맨 넥타이를 좋아하는지 여부가 아니라 펀드가 얼마나 좋은 성과를 내는지에 달려 있습니다."

사이먼스는 기업 지분의 10퍼센트를 라우퍼에게 넘겼다. 이후 브라운과 머서, 그리고 당시 최고 재무 책임자였던 마크 실버를 비롯한 다른 멤버들에게 꽤 많은 지분을 주며 르네상스의 지분을 공유하기 시작했고 이 과정을 통해 그가 소유한 지분은 50퍼센트가 약간 넘는 수준으로 줄었다. 성과가 뛰어난 다른 직원들은 르네상스 주식을 사서 지분을 소유할 수 있었다. 또한 메달리온 펀드에 투자할 수도 있었는데 이는 아마도 직원들이 누릴 수 있는 가장 큰 특전이었을 것이다.

사이먼스는 엄청난 위험을 감수했다. 아주 뛰어난 연구원은 관대함이 널리 퍼져 있는 수평적인 조직에서 사람들의 눈에 띌 만큼 자신이 두드러지기 어려우면 좌절하는 경향이 있다. 시스템 코드를 직원들에게 완전히 개방한 탓에 직원들은 퇴사 후 경쟁 기업에 입사해 르네상스의 비밀을 활용할 수도 있었다. 하지만 직원 중 대다수가 월스트리트에 별로 익숙하지 않은 학계 출신의 박사들이라 사이먼스는 그들이 변절할 확률이 비교적 낮다고 믿었다. 유난히 부담스러운 평생 비밀 유지 합의서와 비경쟁 계약서도 이런 위험을 낮추는 데 한몫했다(훗날 그들은 그런 합의서가 직원들이 기업의 지적 재산권을 빼내가는 위험을 없애지 못한다는 사실을 알았다).

거래를 마무리 짓는 몇몇 전형적인 트레이더를 제외하면 르네상스의 많은 직원은 부를 우선순위에 두지 않는 것 같았다. 유명한 컴퓨터 공학자 피터 웨인버거Peter Weinberger가 1996년에 면접을 보러 갔을 때, 그는 주차장에 서서 곧 만날지도 모르는 연구원들의 재산 정도를 가늠하다가 웃음을 참지 못했다.

웨인버거는 "새턴, 코롤라, 캠리 등 오래된 형편없는 차들만 주차장에 가득했던 것"으로 기억한다.

일부 직원은 메달리온 펀드가 수익을 내는지 아니면 손실을 입는지 몰랐다. 심지어 몇몇은 르네상스의 웹페이지에서 월별 성과 수치를 어떻게 찾는지도 몰랐다. 메달리온이 연속으로 손실을 내는 기간에도 이를 의식하지 못한 직원들이 태평스럽게 사무실을 돌아다녀 문제의 심각성을 잘 아는 다른 직원들을 짜증나게 만들기도 했다.

늘어난 재산에 당황스러워하는 듯한 직원들도 있었다. 1997년 한 그룹 소속 연구원들이 구내식당에서 수다를 떨고 있을 때, 어느 연구원이 동료들 중에 비행기 일등석을 타 본 사람이 있느냐고 물었다. 그 자리에는 침묵만 흘렀다. 어느 누구도 그랬던 적이 없는 것 같았다. 마침내 당혹스러워하던 한 수학자가 입을 열었다.

자신은 그런 경험이 있다고 말하며 뭔가 설명해야 할 것 같은 표정으로 덧붙였다. "아내가 고집을 피워서 말이야."

메달리온의 인상적인 수익에도 불구하고 채용은 여전히 어려울 수 있었다. 잠재적 채용 후보들 중에 르네상스를 아는 사람은 거의 없었고, 그런 기업에 합류한다는 것은 지금껏 쌓아 온 개인적인 인정을 포기하고 대중의 관심이나 찬사를 결코 얻지 못하며 대부분의 학자들에게 생소한 개념의 프로젝트에 몰두해야 한다는 의미였다. 사이먼스와 패터슨 등은 인재들의 관심을 끌기 위해 르네상스에서 하는 일의 긍정적인 면을 강조했다. 예를 들어 많은 과학자와 수학자는 타고난 문제 해결사이므로, 르네상스 경영진은 어려운 트레이딩 문제를 해결하면 받을 수 있는 보상을 언급했다. 조직 내 동지애와 헤지펀드의 빠른 진행 속도에 매력을 느끼는 후보자들도 있었다. 학자들은 학술 논문을 쓰기 위해 몇 년 동안 묵묵히 노력해야 할 수도 있지만, 사이먼스는 며칠 또는 몇 주 만에 결과를 내라고 요구했고 이런 긴급성이 학자들에게 매력으로 작용했다. 분위기는 격식을 따지지 않으면서도 학술적이었고 동시에 열정적이며 진지했다. 르네상스의 한 방문자는 이런 분위기를 "끊임없이 이어지는 시험 주간"에 비유했다.[1]

IBM에 근무할 때 머서는 과학자들이 사교장에서나 통할 법한 술수에 의존하며 진전을 이룬 척하는 음성 인식 부문에 크게 실망했다. 르네상스에서 그와 동료들은 어느 누구에게도 속임수를 쓸 수 없었다.

머서는 과학 전문 작가 샤론 맥그레인Sharon McGrayne에게 말했다. "하루가 끝나면 은행에 돈이 있거나 없거나 둘 중 하나입니다. 오늘 하루도 성공했는지 궁금해할 필요가 없습니다. (……) (결과가 뚜렷이 드러나는) 매우 만족스러운 일입니다."[2]

면접 과정은 어느 정도 특별한 주제에 한정돼 있었다. 후보자가 이룬 성과를 논하고 확률 이론을 포함한 어려운 문제를 직접 다루게 하며 기업에 적합한 부분이 있는지 확인하는 식이었다. 후보자는 보

　　　　　　　　시장을 풀어낸 수학자

통 6명 정도의 직원들에게서 각 45분씩 질문을 받으며 진땀을 뺐다. 그러고 나서는 자신의 과학적 연구에 대해 기업 전체를 상대로 강의를 해야 했다. 일반적으로 사이먼스와 패터슨은 일련의 업적을 이룬 경험 많은 학자나 논리가 확고한 논문으로 이제 막 박사 학위를 받은 자들에게 초점을 맞췄다. 아무리 유명한 후보자라도 코딩 테스트를 통과해야 했고, 이러한 자격 요건은 누구나 컴퓨터 프로그램을 할 줄 알아야 하며, 다른 기업에서는 하찮아 보이는 과제도 해야 한다는 메시지를 보냈다. 또한 다른 직원들과 서로 잘 어울려야 했다.

르네상스의 현재 임원은 이렇게 설명한다. "서로 간의 화합이 매우 중요합니다. 한 가족의 일원이 되는 것과 같기 때문입니다."

1997년까지 메달리온의 직원들은 통계적으로 중요한 수익 창출 전략(그들의 용어로는 트레이딩 '신호')을 발견하는 3단계 과정을 정착시켰다. 과거 가격 데이터에서 이례적인 패턴을 찾아내고, 이 특이점이 통계적으로 의미가 있는지, 일정 기간 지속적으로 일어나는지, 비 임의적인지 확인하며, 찾아낸 가격 결정 행태가 합리적인 방식으로 설명될 수 있는지 파악했다.

한동안 그들이 베팅한 패턴은 주로 르네상스 연구원들이 이해할 수 있는 것들이었다. 이 패턴들 대부분은 가격과 거래량, 다른 시장의 데이터 사이에 존재하는 상관관계에서 비롯된 것으로 과거 투자자들의 행동 방식이나 다른 요인들에 바탕을 두고 있었다. 지속적으로 성공할 수 있었던 하나의 전략은 되돌림retracements에 베팅하는 것이었다. 큰 폭의 가격 급등이나 급락을 겪었던 투자 상품의 약 60퍼센트는 최소한 부분적으로라도 곧바로 회복했던 것으로 드러났다. 이런 전략으로 이룬 수익 덕분에 메달리온은 가격이 요동치는 변덕스러운 시장에서 가격이 원래대로 돌아가기 전에 특히 더 잘할 수 있었다.

하지만 1997년에 이르러 사이먼스의 팀이 발견한 트레이딩 신호의 절반 이상이 비직관적, 즉 그들이 완전히 이해할 수 없는 것들이었다. 퀀트 투자를 하는 기업 대부분은 설명 가능한 타당한 가설을 세울 수 없는 신호들을 무시하지만, 사이먼스와 동료들은 시장 현상의 원인을 찾는 데 많은 시간을 투입하는 방식을 결코 좋아하지 않았다. 발견한 신호들이 통계적 강도의 다양한 측정 기준을 충족하면 편안한 마음으로 그 신호들에 따라 베팅했다. 다만 가장 터무니없는 아이디어는 피해 갔다.

한 르네상스 임원은 이렇게 설명한다. "거래량을 가격으로 나눈 수치가 사흘 전에 바뀌었다면 우리는 당연히 이 변화를 포함시킵니다. 하지만 뛰어난 실적을 뜻하며 알파벳 A로 시작하는 주식 시세표처럼 무의미한 신호는 포함시키지 않습니다."

그렇다고 해서 전혀 말이 안 되는 트레이드들을 원한 것이 아니라 그들이 발견한 통계적으로 유효한 전략에 따른 트레이드들을 원했다. 설명할 만한 명백한 논리도 없이 반복되는 패턴은 더 좋은 신호들이었다. 경쟁 기업들이 이런 신호를 발견하고 채택할 가능성은 매우 낮았고 대부분 이런 형태의 트레이드를 취급하지 않으려 했기 때문이다.

브라운은 이를 두고 이렇게 설명했다. "정말 말이 되는 신호가 강력하게 발생했다면 그 신호는 이미 오래전에 트레이드가 이뤄진 것들입니다. 이해할 수 없지만 실제로 존재하고 게다가 비교적 강한 신호들이 있습니다."[3]

말이 안 되는 전략을 채택하는 데에는 분명 위험이 따른다. 이런 전략을 뒷받침하는 패턴들이 의미 없는 우연에서 비롯될 수도 있기 때문이다. 데이터 분류에 충분한 시간을 쓰면, 뛰어난 수익을 창출하지만 우연히 생성된 트레이드를 어렵지 않게 확인할 수 있다. 퀀트 투자가들은 이처럼 결함이 있는 방식을 데이터 과적합data overfitting이라 부른다. 뒷받침할 논리가 거의 없는 신호에 의존하는 어리석음을 강조하기 위해 퀀트 투자가 데이비드 라인베버David Leinweber는 훗날 미국 주식 수익률이 방글라데시의 연간 버터 생산량과 미국의 치즈 생산량, 방글라데시와 미국의 양 개체수 데이터를 결합함으로써 99퍼센트의 정확성으로 예측될 수 있다고 밝혔다.[4]

르네상스 연구원들이 종종 제시하는 해결 방안은 정확히 이해하기 힘든 신호들을 트레이딩 시스템에 포함시키되, 이례적인 현상이 나타난 이유를 분명히 이해할 때까지 그런 신호에 배당하는 자금을 최소한 초기에는 제한하는 것이었다. 시간이 지나면서 연구원들은 타당한 근거를 자주 찾았다. 이는 그런 현상을 무시하는 경쟁사들을 메달리온이 따돌리는 데 힘을 보탰다. 궁극적으로는 합리적인 신호와 강력한 통계적 결과를 지닌 놀라운 트레이드와 몇몇 특이하지만 너무나 신뢰할 수 있어 무시하지 못하는 신호들을 혼합하는 방식에 이르렀다.

그로부터 몇 년 뒤 사이먼스는 이렇게 설명했다. "우리는 '이 신

호가 합리적인 것으로 보이는 행동 방식과 관련 있는가?'라는 질문을 합니다."⁵

천문학자가 은하계에서 일어나는 특이한 현상을 지속적으로 살펴보려고 강력한 기계를 설치하는 것처럼 르네상스의 과학자들은 미처 못 보고 넘어간 패턴과 특이점을 찾을 때까지 자신들의 컴퓨터가 금융 시장을 자세히 파고들며 모니터링할 수 있게 프로그램했다. 그런 신호들이 일단 유용한 것으로 판명되고 르네상스가 그에 따른 트레이드에 얼마의 자금을 투입할지 결정하면, 그 신호들은 시스템에 입력되고 어떠한 방해도 받지 않고 나름의 역할을 하게 내버려 둔다. 당시 메달리온은 시스템이 스스로 학습하는 일종의 머신러닝 형태의 전략에 점점 더 의존했다. 충분한 데이터가 공급된 컴퓨터는 자체적으로 해답을 내도록 훈련돼 있었다. 예를 들어 지속적으로 수익을 내는 트레이드에는 누구의 승인도 받지 않고 심지어 아무도 모르는 상태에서 자동으로 더 많은 자금이 투입됐다.

비록 르네상스의 통계적 차익 거래 팀이 관리하는 자금은 여전히 적었지만, 그들의 전망에 대해 사이먼스는 더욱더 관심을 보였다. 르네상스의 미래에 점점 더 자신감이 생기면서 근처에 있는 목재와 유리가 혼합된 단층 건물로 이전했다. 그곳의 각 사무실에서는 근처 숲의 편안한 전원 풍경을 즐길 수 있었다. 이제 르네상스 본사는 체육관과 조명 시설이 설치된 테니스장, 벽난로가 있는 도서실, 미적 감각을 살리는 노출 기둥, 사이먼스가 2주에 한 번 학자들을 초대해 금융과 별 관련 없는 주제로 세미나를 개최하는 대형 강당을 갖췄다. 이십여 명의 직원들이 근무하는 트레이딩 룸은 회의실보다 크지 않았지만, 직원들이 화이트보드를 공식과 도면으로 가득 채우며 의논하고 토론할 수 있도록 구내식당과 공용 구역은 꽤 넓었다.

통계적 차익 거래에 의한 주식 트레이딩의 결과가 좋아지자 브라운과 머서는 사무실 전체에 새로운 확신감을 불어넣으며 예전에 함께 근무했던 IBM 동료들을 트레이딩 팀에 합류시키기 위한 설득에 나섰다. 브라운은 한 IBM 동료에게 보내는 이메일에 이렇게 썼다. "IBM을 떠나 우리의 기술적 트레이딩 기업으로 오는 게 어때요?"

얼마 지나지 않아 델라 피에트라 쌍둥이 형제를 포함한 여섯 명의 IBM 전 동료들이 르네상스에 합류했다. 엄청나게 많이 수집한 호두까기인형과 동료들이 그룹 이메일을 보낼 때 자기 이름이 동생 빈센트의 이름보다 반드시 앞에 와야 한다는 스티븐의 고집으로 잘 알려진 쌍둥이 형제는 많은 컴퓨터와 네트워크에 연결돼 있고 수십만 개의 코드 라인으로 구성된 주식 거래 시스템의 속도를 끌어올리는 일을 맡았다.

열정적이며 에너지가 넘치는 브라운은 외발 자전거를 타고 동료들과 거의 부딪칠 정도의 **빠른 속도**로 복도를 달리며 연속되는 회의에 참석했다. 밤 시간 대부분을 사무실에 있는 접이식 침대 옆 컴퓨터에서 일하며 보내다 지치면 잠깐씩 눈을 붙였다. 한번은 복잡한 프로젝트에 밤늦게까지 몰두하다가 그 시간에도 넘쳐나는 에너지를 주체 못 하고 집에서 쉬고 있는 부하 직원에게 긴급한 질문을 하려고 수화기를 들었다. 이를 본 동료가 브라운이 다이얼을 돌리기 전에 막으며 말했다.

"이봐 피터, 전화하지 마. 지금 새벽 두 시야!"

브라운은 당황한 표정을 지었고, 동료는 이유를 굳이 말해 줘야 했다. "그 친구가 새벽 두 시에 답을 해야 할 만큼 많은 연봉을 받지는 않아."

"좋아. 그러면 그의 연봉을 인상하면 되겠네. 어쨌든 '지금 반드시' 전화해야 해!" 브라운의 대답이었다.

브라운의 아내 마거릿 함부르크Margaret Hamburg는 뉴욕 시 보건국장으로 6년간 일하며 여러 사업을 추진했다. 특히 HIV(인간 면역결핍 바이러스) 전염을 막기 위해 주사기 교환 프로그램을 도입한 것으로 잘 알려져 있다. 1997년 함부르크와 자녀들은 워싱턴 DC로 이사했고 그곳에서 함부르크는 미국 보건복지부의 고위직을 맡았다. 이후 미국 식품의약국Food and Drug Administration, FDA의 국장 자리까지 올랐다. 브라운은 주말에 가족들과 시간을 보내기 위해 워싱턴 DC로 가기도 했지만, 일에 점점 더 많은 시간을 보내며 그룹 내 동료들에게 브라운의 집중력을 따라가야 한다는 압박감을 불러일으켰다.

저녁을 겸한 회의를 하느라 몇 주 동안 힘겹게 돌아다닌 후 브라운은 친구에게 "가족과 떨어져 있을 때에는 그냥 일하는 게 좋다."라고 설명했다.

분석적이며 감정을 드러내지 않는 머서는 늘 초조한 파트너에게 천연 진정제 역할을 했다. 그도 열심히 일하지만 대략 6시쯤에는 퇴근하기를 좋아하며, 사무실 밖에서는 드라마에 더 많은 관심을 보였다. 몇 년 전 머서의 막내딸 헤더 수Heather Sue는 플레이스킥을 연습할 수 있도록 집 근처 미식축구장에 함께 가서 장난감 미식축구공을

　　　　　　　　시장을 풀어낸 수학자

잡아 달라고 아버지에게 부탁했다.

머서는 한 기자에게 "나는 막내딸이 그냥 심심풀이로 킥을 하는 줄 알았다."라고 했다.[6]

헤더 수는 공을 하늘 높이 똑바로 차올려 아버지를 깜짝 놀라게 했다. 그녀는 고등학교의 선발 키커kicker로 활약했고 졸업 후에는 듀크대학교Duke University에 입학해 미식축구 대표팀 선수로 뽑혔다. 미국 대학리그 1부 소속 미식축구 팀 선수 명단에 이름을 올린 첫 번째 여성이 됐다. 이듬해 미식축구 팀 코치는 헤더 수를 팀에서 제외시켰는데, 경쟁 학교 코치가 여성 키커를 둔 자신을 놀린 탓에 당혹감을 느껴 그랬다는 사실을 이후에 인정했다. 1998년 대학 졸업 후 헤더 수는 듀크대학교의 차별 행위에 소송을 제기했고 징벌적 손해배상금으로 200만 달러를 받아 냈다.

사무실에서 머서는 성격의 새로운 단면을 드러내기 시작했다. 함께 점심을 먹을 때 직원들은 논란이 많은 주제를 피한다. 하지만 머서는 달랐다. 일 관련 회의에서는 거의 발언을 안 하지만, 식사를 함께할 때면 이상하게도 말이 많아졌다. 금본위제를 지지하고 총기 소유자가 많아지면 범죄가 줄어든다고 주장하는 존 R. 로트 주니어 John R. Lott Jr.의 저서《늘어나는 총기, 줄어드는 범죄More Guns, Less Crime》에 강한 애착을 보이는 등 그의 일부 견해는 보수적인 신념을 반영했다. 보다 인습 타파적인 견해들도 있었다.

그는 "휘발유 값이 오르고 있어. (……) 우리는 정말 이런 문제점을 해결해야 해."라고 말하기도 했다.

머서는 대다수가 자유주의자 또는 자유의지론자인 동료들을 점점 더 과격해지는 자신의 관점으로 놀라게 하며 자극하는 행동을 즐겼다.

어느 날 점심 식사 자리에서 머서는 백악관 인턴 모니카 르윈스키Monica Lewinsky와의 부적절한 관계에 관련된 위증죄와 사법 방해죄로 1998년 기소된 빌 클린턴 대통령을 언급하며 "클린턴이 교도소에 가야 한다."라고 말했다. 그는 클린턴을 "강간범"과 "살인범"이라 부르며 대통령이 CIA와 함께 마약 밀반입 책략에 연루돼 있다는 음모론을 반복해 언급했다.

머서의 동료 대부분은 격렬한 논쟁에 말려드는 것이 싫어 서서히 멀어져 갔다. 다만 패터슨처럼 정치 중독자인 동료들은 여전히 점심 식사 자리에서 머서와 논쟁을 이어 갔다. 패터슨은 머서처럼 뛰어난 과학자가 그렇게 설득력 없는 의견을 펼친다는 사실에 매우 놀랐다.

시간이 지나면서 머서의 동료들에게는 놀랄 이유가 더 많이 생겼다.

1990년대 중반에 이르자 인터넷 시대가 본격적으로 열렸고 실리콘밸리의 움직임은 점점 뜨거워졌다. 월스트리트의 투자 은행과 트레이딩 기업은 자체적으로 컴퓨터 전문가와 영재 수준의 과학자, 수학 박사들을 영입하며 퀀트 전략을 통해 큰 수익을 올릴 수 있다는 사실을 마침내 인정했다. 하지만 사이먼스와 그의 팀은 여전히 산업계의 레이더망에 잘 드러나지 않았다. 이는 부분적으로 의도한 일이기도 했다. 사이먼스는 경쟁 기업이 자신들의 가장 성공한 방식을 채택할까 봐 염려했다. 팀원들에게 르네상스의 전술을 남에게 절대 알리지 말라고 지시했다.

"나사에서 기밀을 누설하면 25년 징역형에 처해집니다. 불행히도 우리가 할 수 있는 처벌은 해고뿐입니다." 사이먼스는 직원들에게 약간은 위협적으로 말하기를 좋아했다.

브라운은 직원들과 투자자들을 침묵시키는 것에 관해서는 거의 광적인 수준에 이르렀다. 한번은 일본의 대형 보험사를 대표하는 방문자가 회의에서 오간 대화를 나중에 다시 듣고 통역 과정에서 빠진 내용이 없는지 확인하기 위해 녹음기를 회의실 테이블에 올려놓았다. 회의실에 들어와 녹음기를 본 브라운은 거의 신경 쇠약에 걸릴 지경이었다.

그러고는 "테이블 위에 녹음기가 있어!"라고 말하며 방문자와 르네상스 고객 대리인을 깜짝 놀라게 했다.

화가 나 몸을 부들부들 떨기 직전까지 간 브라운은 동료들을 회의실에서 철수시켰다.

"나는 어느 누구라도 우리의 말을 녹음하는 것을 원치 않아!"라고 크게 소리치며 약간은 두려워하는 듯한 모습을 비췄다.

당혹스러운 대리인은 방문자에게 녹음기를 꺼 달라고 정중히 요청했다.

그들은 약간 흥분 상태였던 것 같다. 그때만 해도 사이먼스와 팀원들이 앞으로 어떤 일을 당할지 아무도 크게 신경 쓰지 않았다. 사이먼스의 최대 경쟁 기업인 롱텀 캐피털 매니지먼트Long-Term Capital Management, LTCM와 D. E. 쇼는 당시 투자자들에게서 많은 관심을 받고 있었다.

수학 강사 출신인 존 메리웨더[John Meriwether]가 설립한 롱텀 캐피털 매니지먼트도 구성원을 MIT에서 공부한 금융학 박사이자 컴퓨터 열성 애호가인 에릭 로젠펠드[Eric Rosenfeld]와 훗날 노벨상을 수상한 하버드대학교의 로버트 C. 머턴[Robert C. Meton]과 마이런 숄즈[Myron Scholes]를 포함한 교수들로 채웠다. 대부분 내성적이고 모두가 지적인 LTCM 팀은 과거 채권 가격들을 다운로드하고 그 자료에서 그동안 간과된 연관성을 추출해 미래의 움직임을 예측하는 컴퓨터 모델을 구축했다.

르네상스와 마찬가지로 메리웨더의 팀은 전체 시장이나 심지어 개별 투자 상품이 어디로 움직이는지 신경 쓰지 않았다. LTCM의 모델이 보통 비슷한 투자 상품 사이에서 발생했던 이례적인 가격 결정 요인을 찾아내면 코네티컷 주 그리니치에 있는 헤지펀드가 그런 변칙성이 한 곳으로 수렴되며 소멸된다는 예측에 베팅했다. LTCM이 선호하는 트레이드 중 일부에는 과거 가격 수준 이하로 하락한 채권을 매입하는 한편 과도하게 상승한 것처럼 보이는 비슷한 채권을 공매도하거나 하락에 베팅하는 방식이 포함돼 있었다. 그러고 나서 LTCM은 채권 가격이 한 곳으로 수렴되기를 기다렸고 실제로 그렇게 되는 시점에 수익을 올렸다. 수익을 더욱 확대하기 위해 LTCM은 차입금을 레버리지로 많이 활용했다. 은행들은 앞 다투어 돈을 빌려주려고 했는데, 부분적인 이유는 LTCM 헤지펀드가 천여 개의 안전해 보이는 소규모 베팅을 하며 대규모의 위험한 트레이드를 회피했기 때문이다.

영재에 가까운 사람들로 구성된 LTCM의 올스타 팀에 완전히 매료된 투자자들은 LTCM 헤지펀드에 자금을 쏟아부었다. 1994년 설립한 이후 LTCM은 처음 3년간 거의 50퍼센트에 이르는 평균 수익률을 올렸고 1997년 여름에는 70억 달러에 가까운 자금을 운용하며 사이먼스의 메달리온 펀드를 보잘것없게 만들었다. 경쟁 기업들이 차익 거래 방식의 트레이드를 확대하자 메리웨더 팀은 합병 주식 트레이딩과 덴마크형 모기지Danish mortgage처럼 비록 팀이 경험하지 못했다 하더라도 보다 새로운 전략으로 전환했다.

1997년 여름 연례 골프 대회가 끝난 뒤 LTCM의 경영진은 시장에서 기회가 줄고 있다는 판단에 따라 투자자들이 절반 가까운 자금을 펀드에서 회수해야 한다고 발표했다. 고객들은 크게 당황하며 메리웨더와 그의 동료들에게 자신들의 자금을 계속 맡아 달라고 사정사정했다.

하지만 LTCM의 모델은 러시아의 실질적인 채무 불이행 선언과 그에 따른 글로벌 시장의 공황 상태를 포함해 1998년 여름에 일어난 몇몇 충격적인 사건에 대비가 안 돼 있었다. 투자자들이 위험이 수반되는 투자 상품을 회피하면서 모든 종류의 자산 가격이 예상치 못한 방향으로 움직였다. LTCM은 스스로 하루 동안 3,500만 달러 이상의 손실을 기록하는 것은 확률적으로 매우 낮다고 계산했다. 하지만 어찌된 일인지 그해 8월의 어느 금요일 하루에만 5억 5,300만 달러의 손실을 입었다. 수십억 달러가 단 몇 주 만에 사라졌다.

메리웨더와 동료들은 자신들의 모델이 예측한 대로 가격이 예전 수준으로 돌아올 것으로 자신하며 투자자들에게 전화를 걸어 투자를 더 유치하려 했다. 하지만 몸무게가 약 135킬로그램에 이르고 검은색 실크 셔츠를 즐겨 입으며 금목걸이와 애끼반지를 하고 다니는 베테랑 트레이더이자 친구인 비니 마톤Vinny Mattone을 방문하고는 메리웨더는 현실을 인식하게 되었다.

"지금 상황이 어때?" 마톤이 퉁명스럽게 물었다.

"반 토막 났어." 메리웨더가 말했다.

이에 마톤은 "자네는 이제 끝났네."라고 대답해 메리웨더를 충격에 빠뜨렸다.

"절반으로 떨어지면 사람들은 자네가 바닥까지 떨어질 수 있다고 생각하지. 그들은 자네의 예상과 다른 쪽으로 시장을 밀어붙일 걸세. (……) 자네는 끝났어." 마톤이 덧붙여 설명했다.[7]

실제로 그렇게 됐다. LTCM의 자산이 10억 달러 밑으로 떨어지고 레버리지 규모가 급등하자 이 펀드의 붕괴로 금융 시스템 전체도 붕괴되지 않을까 두려워한 연방준비은행이 개입했다. 이들의 촉구로 구성된 은행 컨소시엄이 펀드를 관리하기 시작했다. 단 몇 달 만에 메리웨더와 동료들은 거의 20억 달러에 이르는 개인 재산을 잃으며 자신들의 경력에 절대 지울 수 없는 오점을 남겼다.

이와 같은 대실패로 투자자들은 컴퓨터 모델을 사용해 시스템적 방식으로 트레이드하는 아이디어 전체를 싫어했다.

〈비즈니스위크〉는 한 달 뒤 "퀀트 투자의 명성이 장기간에 걸쳐 훼손될 상황에 처했다."라고 판단하며 덧붙였다. "퀀트 투자자들이 오는 가을에 되살아난다 해도 그들 중 대다수는 안정적인 수익을 확실하게 만들 수 있다고 주장할 수 없을 것이다."[8]

D. E. 쇼 헤지펀드는 이 문제들로 그렇게 많은 충격을 받지 않은 것처럼 보였다. 전 컬럼비아대학교 컴퓨터 공학 교수 데이비드 쇼가 도널드 서스먼의 도움을 받아 설립한 이 헤지펀드는 1998년까지 직원 수가 몇 백 명에 이르는 규모로 성장했다. 쇼가 모건스탠리에서 개발했던 주식의 통계적 차익 거래 전략을 바탕으로 쇼의 기업은 출범 후 연평균 18퍼센트의 수익을 달성했다. 어떤 날에는 뉴욕증권거래소 전체 거래량의 5퍼센트를 차지하기도 했다. 이 펀드의 포트폴리오는 전체 주식 시장의 상승과 하락에 크게 영향 받지 않는 시장 중립적이었다.

D. E. 쇼는 르네상스와 다른 고용 형태를 택했다. 후보자의 전문 분야에 관해 구체적이고 기술적인 질문을 할 뿐만 아니라 수수께끼처럼 머리를 많이 써야 하는 문제와 상황별 수학 문제, 그리고 옛날 TV 게임 프로그램 〈렛츠 메이크 어 딜Let's Make a Deal〉에서 나왔던 유명한 몬티 홀Monty Hall 문제(세 개의 문이 있고 그중 하나에는 자동차가 나머지 두 개에는 양이 숨겨져 있을 때, 출연자가 하나의 문을 선택하면 사회자는 나머지 두 개의 문 중에 양이 들어 있는 문을 열어 보여 준다. 이때 출연자는 처음 선택을 바꾸는 게 유리할지 아니면 안 바꾸는 게 유리할지 확률적으로 따지는 문제—옮긴이) 같은 확률에 관한 퍼즐도 후보자에게 제시했다. 직원들 중에는 영국 SF 시리즈 〈닥터 후Doctor Who〉를 좋아하는 팬들이 많았으며 옷차림도 격식을 따지지 않아 월스트리트의 딱딱한 분위기가 아니었다.

1996년에 〈포춘Fortune〉은 D. E. 쇼를 "월스트리트에서 가장 흥미롭고 신비한 세력, (……) 최고의 퀀트 투자 기업이자 수학자와 컴퓨터 공학자, 계량적 분석 추종자의 본거지"로 표지기사에 실렸다. D. E. 쇼와 여러 퀀트 투자 기업들이 확장하면서 뉴욕증권거래소는 자동화할 수밖에 없었고, 이에 따라 전자 주식 거래 시스템이 생기고, 결국에는 주식이 페니 단위로 거래되며 모든 투자자들의 거래 비용이 줄었다.

쇼는 사무실을 벗어나 앨 고어 부통령과 빌 클린턴 대통령에게 기술 정책에 관한 조언을 시작했다. 쇼의 기업도 최초의 무료 이메일 서비스 주노Juno를 출범시키고 뱅크아메리카 코퍼레이션BankAmerica Corporation과 조인트 벤처를 만들어 14억 달러의 대출을 받는 등 새로운 일을 추진했다. D. E. 쇼 헤지펀드는 이 대출금 중 일부를 200억 달러 규모의 채권 포트폴리오에 투입하는 한편 인터넷 은행과 같은 신규 비즈니스를 더 많이 추진했다.[9] 현금 자산이 두둑해진 D. E. 쇼는 600명이 넘는 직원을 고용해 뉴욕과 도쿄, 런던, 샌프란시스코, 보스턴 그리고 조각품으로 가득한 아트리움이 특색인 인도 하이데라바드Hyderabad 지역에 배치했다.

그러고 나서 1998년 가을 시장에 대혼란이 찾아왔다. 단 몇 달 만에 D. E. 쇼는 채권 포트폴리오에서 2억 달러 이상의 손해를 입으며 25퍼센트의 직원들을 해고하고 운영 규모를 축소했다. 이후 D. E. 쇼는 회복하고 트레이딩계의 거물로 다시 떠오르지만, 그들이 겪은 어려움은 LTCM의 엄청난 손실과 함께 사이먼스와 르네상스에 오랫동안 영향을 미치는 교훈을 남겼다.

패터슨과 동료들은 경쟁 기업의 갑작스런 실패와 좌절을 세밀히

시장을 풀어낸 수학자

분석했다. 1998년 메달리온은 그해 가을 다른 투자자들이 공황 상태에 빠진 틈을 활용해 42퍼센트의 수익을 올렸다. 하지만 패터슨은 르네상스가 LTCM과 같은 실수를 하지 않도록 단단히 대비해야 했다. 르네상스가 메리웨더의 기업처럼 차입금이 많은 것도 아니고, LTCM의 트레이드는 사이먼스가 선호하는 방식과 달리 일정 시간 내에서만 이뤄져야 했다는 것을 패터슨은 알고 있었다. 르네상스는 수학자와 컴퓨터 공학자를 영입했지만, 경제학자를 영입하지는 않았으며 이 또한 LTCM과 다른 요소다.

그래도 보다 심오한 교훈을 찾아야 할 만큼 서로 유사한 점들은 충분히 많았다. 패터슨과 동료들에게 LTCM의 붕괴는 주문처럼 되뇌는 르네상스의 기존 만트라를 더 강화해야 할 계기가 됐다. 즉 트레이딩 모델을 과도하게 믿지 말라는 것이었다. 물론 르네상스의 시스템이 잘 작동되고 있었지만, 모든 공식에는 오류가 있을 수 있다. 이 결론에 따라 펀드의 위기관리 방식이 더욱 강화됐다. 전략이 제대로 먹히지 않거나 시장의 변동성이 갑자기 높아지면 르네상스 시스템은 자동으로 투자 포지션과 위험을 줄이려 한다. 예를 들면 1998년 가을에 시장이 혼란에 빠졌을 때 메달리온은 선물 트레이딩을 25퍼센트 줄였다. 이에 반해 LTCM은 전략대로 되지 않아 허둥대며 갈피를 못 잡고 있는 동안에도 규모를 줄이는 대신 오히려 더 키웠다.

패터슨은 설명한다. "LTCM의 근본적인 실수는 자신들의 모델이 진리라고 믿은 것이었습니다. 우리는 우리 시스템이 현실을 있는 그대로 반영한다고 생각하지 않습니다. 다만 현실의 일부만 반영할 뿐입니다."

또한 D. E. 쇼와 LTCM은 충분히 이해하지 못하거나 전혀 경험이 없는 시장에 빠져들었다. 바로 덴마크 모기지 시장과 온라인 뱅킹이었다. 이는 사이먼스 팀에게 신규 비즈니스 진출이 아니라 기존 방식을 더욱 다듬고 개선해야 할 필요성을 상기시켜 줬다.

브라운과 머서 등이 연구한 모든 결과를 시스템에 입력했는데도 1998년 르네상스의 주식 트레이딩이 기업 전체 이익에 기여하는 비율은 여전히 10퍼센트에 머물렀다. 사이먼스가 주식 팀이 성과를 개선하도록 계속 독려했지만, 르네상스를 이끌고 가는 동력은 라우퍼의 선물 트레이딩이었다. 늘 그렇듯이 매거맨은 이 모든 상황을 바꿔 놓을 영웅이 되기를 원했다.

매거맨은 브라운과 머서의 주식 트레이딩 시스템이 수익을 내지 못하게 만든 컴퓨터 오류를 힘들게 찾고 수정했던 장본인이었다. 그 결과 메달리온의 투자 상품이나 주식 트레이드에 사용하는 소프트웨어의 설계자로 떠오르며 더 많은 임무를 맡았다. 이제 그는 시스템의 모든 변경에 대한 감시자로서 시스템을 개선하는 데 중요한 역할을 하며 십여 명의 박사들에게 지시하는 위치에 올랐다.

매거맨은 분명히 승승장구하고 있었으며 연봉도 꽤 많았다. 자신의 업무로 브라운과 머서, 사이먼스에게서 귀중한 칭찬을 받는 일은 그를 더욱 기쁘게 했다. 매거맨은 늘어난 연봉으로 옷차림을 업그레이드했고 심지어 멜빵까지 착용하며 머서처럼 보이려고 했다. 지배적 위치에 있는 남성에게서 인정받겠다는 생각은 오래전부터

　　　　　　　　　　　　시장을 풀어낸 수학자

매거맨에게 동기를 부여해 왔고, 실제로 인정을 받으면 매거맨은 전율을 느꼈다.

하지만 점점 더 크게 성공하는데도 불구하고 머서의 가족과 특히 르네상스에 입사해 자신의 밑에서 일하던 머서의 둘째딸 레베카 Rebekah에게서 약간의 냉담함을 느꼈다. 머서의 가족과 함께 레스토랑에 가거나 머서의 집으로 초대받는 일은 더 이상 없었으며 이 때문에 매거맨은 당혹스러웠다. 어떤 때에는 친밀함을 회복하려고 5페이지에 이르는 편지를 써서 보내기도 했지만, 답장은 없었다. 도대체 무슨 영문인지 알 수 없었던 매거맨은 그럴 만한 가능성이 있었던 일을 생각해 보았다. 어쩌면 상사의 딸인 레베카를 트레이딩 그룹 내 업무와 관련해 공개적으로 질책하고 새로운 동료들 앞에서 그녀를 당황하게 만들었던 일일 수도 있었다.

매거맨은 "레베카가 질책 받을 만한 상황이었다."고 말한다.

르네상스의 여름 야유회 때 매거맨이 머서의 막내딸 헤더 수와 함께 카누를 타고 낭만적인 모습을 보이며 레베카의 질투심을 유발한 일에서 균열이 비롯됐을 수도 있었다. 이유야 어떻든 머서의 딸들과 아내 다이애나는 이제 매거맨에게 말조차 하지 않으려 했다.

매거맨은 당시 느낌을 이렇게 말한다. "나는 그들의 집과 그들이 주최하는 가족 행사에서 환영 받지 못하는 사람이었습니다."

머서의 호의와 인정을 계속 받기 위해 매거맨은 일에 집중하기로 마음먹었다. 1999년에는 르네상스의 주식 트레이딩을 관장하는 컴퓨터 프로그램을 수정해 시스템을 더욱 효율적으로 만들 수 있는 방법을 개발했다. 하지만 그와 거의 동시에 메달리온의 선물 트레이딩이 승자에서 패자로 전락했다. 직원들은 곧바로 무슨 일이 일어났는지 파악하려고 바삐 움직였지만, 매거맨은 자신이 부주의하여 실수를 저질렀고 기업 전체를 다시 한 번 오염시키는 강력한 오류를 만들어 냈음을 알았다.

'내가 이 사태를 일으켰어!'

그로부터 몇 주 동안 매거맨은 자신을 자책하며 어떻게 그런 명청한 실수를 저지를 수 있었는지 의문스러워했다. 사실 매거맨의 주식 트레이딩 그룹은 라우퍼의 선물 트레이딩 직원들과 공유하는 컴퓨터 프로그램이 많지 않았다. 하지만 매거맨은 자신이 범인인 것이 분명하다고 생각했다. 이번에는 자신의 실수를 인정할 생각이 없었던 매거맨은 밤새 노력했지만 오류를 찾지 못했다.

분기가 끝났을 때 메달리온은, 많지는 않지만, 예상치 못한 손실을 입었고 10년 만에 처음으로 분기별 하락을 기록했다고 고객들에게 알렸다. 걱정에 시달리며 해고되기만을 기다리던 매거맨은 잠을 이룰 수 없었다.

그는 "미칠 것 같았다."라고 했다.

매거맨은 심리 치료사를 찾아가 일반화된 불안장애라는 진단을 받았고 신경을 안정시키기 위해 매주 한 번씩 치료를 받았다. 이후 메달리온의 수익이 서서히 반등했고 매거맨은 그제야 진정할 수 있었다. 어쩌면 그 손실에 대한 책임이 결국 자신에게 있지 않았을지도 모른다고 생각했다.

2000년 1월 메달리온의 수익이 10.5퍼센트로 급등하며 지난 몇 년간의 월별 수익 중 최고를 기록했다. 나스닥 종합주가 지수^{Nasdaq}

시장을 풀어낸 수학자

Composite index가 기술 기업들과 특히 인터넷 관련 기업들을 향한 열광의 물결 속에서 사상 최고치에 오르는 데 힘입어 메달리온 펀드는 그해 3월 초까지 7억 달러가 넘는 수익을 올렸다.

그러고 나서 매거맨과 동료들에게 진짜 문제가 생겼다. 3월 10일 기술주 관련 버블이 붕괴되며 주가가 곤두박질쳤다. 투자자들의 심리를 전환시킬 만한 뉴스는 거의 없었다. 그로부터 한 달 뒤 나스닥은 25퍼센트 하락하며 최종적으로 최고 정점에서 78퍼센트까지 떨어지는 지경으로 나아가고 있었다. 메달리온은 이해할 수 없는 손실에 직면했다. 3월 어느 날에는 단 하루 만에 9,000만 달러를 손해 봤고 다음 날은 8,000만 달러를 더 잃기도 했다. 직원들의 신경이 날카로워지기 시작했다. 그전까지만 해도 메달리온은 하루에 500만 달러 이상의 손실을 기록한 적이 없었다.

모든 이들을 염려하게 만든 것은 점점 늘어 가는 손실뿐만이 아니었다. 상황이 그렇게 나빠지는 '이유'에 대한 불확실성이 더 문제였다. 메달리온의 포트폴리오는 상품과 통화, 채권 선물을 포함하고 있었으며 주식 포트폴리오는 광범위한 시장의 움직임에서 한 발 비켜 가는 것을 목표로 한 상계 포지션offsetting position(반대매매 포지션)으로 대부분 구성돼 있었다. 그러므로 그와 같은 손실은 '결코 일어나지 말았어야' 했다. 하지만 시스템의 너무나 많은 트레이딩 신호들이 머신러닝의 형태를 통해 스스로 발생하기 때문에 문제의 정확한 원인이나 문제가 사라질 시기를 정확히 찾기가 어려웠다. 기계들이 통제를 벗어난 것 같았다.

대량 매도가 일어나고 있는 가운데 패터슨과 몇몇 동료들은 롱아일랜드 사무실을 방문한 한 영입 후보자에 대한 면접을 실시했다. 다음 날 모여 후보자의 자격을 놓고 논의할 때 어느 누구도 그 후보자를 만났던 사실조차 기억하지 못했다. 엄청난 손실 때문에 연구원들은 완전히 멍한 상태였다.

머서는 마치 아무 일도 없었던 것처럼 동료들과 어울리며 냉정함을 유지했다. 하지만 브라운은 그렇지 않았다. 그렇게 큰 손실을 갑자기 당해 본 적이 없었고, 그의 행동과 태도를 보더라도 그건 사실이었다. 매우 예민하고 감정적인 브라운은 쌓여 가는 두려움을 감출 수 없었다. 밤에도 잠을 이루지 못하고 현재 상황을 체크하기 위해 컴퓨터 앞에 앉아 있었다. 수면이 부족한 탓에 사무실에서는 창백한 모습으로 돌아다니며 동료들을 놀라게 했다. 친구들은 손실이 브라운의 주식 트레이딩 시스템에서 비롯됐기 때문에 그가 손실에 대한 책임을 느낀다고 말했다.

주식 시장이 붕괴된 지 사흘째 되던 날 매거맨은 사무실로 출근해 컴퓨터로 주식 선물을 점검하다 새로운 충격에 휩싸였다. 또 한 번 정말 끔찍한 하루가 예상됐기 때문이다. 매거맨은 속이 약간 메스꺼워졌다. 브라운과 머서는 이미 사이먼스와 다른 최고 경영진들과 함께 긴급 비상 회의를 하고 있었지만, 매거맨은 점점 악화되는 문제의 심각성을 알려야 한다고 생각했다. 십여 명의 경영진이 모여 있고 화상 회의 화면에는 전 세계 임원들의 얼굴이 띄워져 있는 작고 비좁은 회의실의 무거운 문을 천천히 열고 들어갔다. 긴 테이블의 상석에는 사이먼스가 침울한 모습으로 회의에 집중하며 앉아 있었다. 매거맨은 몸을 낮춰 브라운에게 귓속말을 했다. "우리 손실이

시장을 풀어낸 수학자

9,000만 달러 더 늘었습니다."

브라운은 그 자리에서 얼어붙었다. 메달리온의 손실이 3억 달러에 육박했다. 브라운은 완전 제정신이 아니었으며 두렵기까지 했다. 도움을 간절히 바라는 표정으로 사이먼스를 바라보며 말했다.

"이제 어떻게 해야 합니까?"

사이먼스는 자신들의 운명이 점점 나아질 것이라는 자신감을 드러내며 브라운과 다른 경영진을 안심시키려 했다.

"모델을 믿읍시다. 시스템이 계속 돌아가도록 해야 합니다. 공황 상태에 빠져 있을 수만은 없습니다."

이후 사이먼스는 직원들에게 르네상스의 트레이딩 시스템이 힘든 시기에 대한 대비가 돼 있다는 사실을 상기시켰다. 게다가 그들이 할 수 있는 일은 사실상 거의 없었다. 메달리온이 트레이드하는 주식 종류만 약 8,000가지에 이르기 때문에 포트폴리오를 신속히 재편성할 수 있는 방법은 없었다.

며칠 더 밤을 새워 연구한 끝에 연구원 두 명이 문제를 일으키는 원인에 관한 이론을 전개했다. 한때 신뢰했던 전략을 통해 돈이 빠져나가고 있다는 이론이었다. 그 전략은 상당히 단순했다. 즉 특정 주식이 앞선 몇 주 동안 반등했다면 메달리온 시스템은 자체 학습을 통해 상승세가 지속된다고 가정하며 그 주식을 더 많이 매입하는 전략이었다. 몇 년 동안 메달리온 펀드가 계속 상승세에 있는 나스닥 주식들을 자동으로 매수하면서 이처럼 추세를 따라가는 신호들은 제대로 작동했다. 시스템의 알고리즘은 극심한 약세 시장의 시작에도 불구하고 메달리온 펀드에 주식을 더 많이 매수하라는 명령을 내리고 있었다.

사이먼스는 자신들의 트레이딩 시스템을 무시하지 않는 태도의 중요성을 종종 강조했지만, 기존 프로그램을 절대 수정하지 않으려는 연구원들을 안타깝게 여기며 시장이 위기에 처한 상황에서는 특정 신호에 의존하지 않으려는 경향이 있었다. 하지만 그런 직원들도 이제는 잘못된 신호를 버리는 데 아무런 문제가 없었다. 특히 그들의 트레이딩 시스템이 잘못된 신호가 집중돼 있는 장기적 동향이 아니라 단기적 동향에 대한 예측을 더 잘하기 시작한 후로는 더욱 그랬다. 그들은 곧바로 모멘텀 전략을 버리고 손실을 막으려 애썼다. 얼마 지나지 않아 수익이 다시 쌓이기 시작했다.

하지만 브라운은 여전히 동요하고 있었다. 르네상스가 입은 깊은 상처에 책임을 느끼며 사직하려 했다. 사이먼스는 브라운이 이제 "트레이딩 모델을 절대로 완전히 신뢰하지 말라."라는 교훈을 얻었기 때문에 더욱 중요한 위치에 있다고 말하며 그의 사직 제안을 거절했다.[10]

2000년 가을에 이르자 메달리온이 성공했다는 소문이 돌았다. 그해 메달리온의 수익은 99퍼센트 급등했다. 심지어 고객들에게 메달리온이 올린 수익의 20퍼센트와 사이먼스에게 투자한 자금의 5퍼센트를 수수료로 부과한 금액을 제하고 남은 수익이 그 정도였다. 당시 르네상스가 관리하는 자금은 거의 40억 달러에 이르렀다. 앞선 10년 동안 메달리온과 직원 140명은 조지 소로스와 줄리안 로버트슨Julian Robertson, 폴 튜더 존스를 비롯한 투자 거물들이 운영하던 펀드보다 더 나은 성과를 누렸다. 메달리온이 최근 5년 동안 샤프 계수 2.5를 기록하며 메달리온 펀드가 다른 많은 경쟁자들의 수익에 비해 낮은 변동성과 위험으로 수익을 올렸다는 사실도 매우 인상적이었다.

이제 한시름 놓은 사이먼스는 〈기관 투자자Institutional Investor〉라는 잡지의 작가 할 룩스Hal Lux가 진행하는 인터뷰에 응했다. 뉴욕 사무실에서 커피를 마시고 이후 르네상스의 롱아일랜드 본사에서 진토닉 칵테일을 함께 들며 사이먼스는 르네상스의 수익 행진이 계속될 것이라는 자신감을 내비치며 룩스에게 말했다.

"우리가 지금 하고 있는 일은 결코 없어지지 않을 것입니다. 안 좋은 해도 있었고 끔직한 해도 있었을지 모르겠지만, 우리가 발견한 원칙은 여전히 유효합니다."

브라운과 머서, 라우퍼도 흔치 않고 심지어 역사적인 기회가 바로 눈앞에 있다고 확신했다. 그들은 이 기회를 활용하기 위해 새로운 직원들을 고용하는 데 앞장섰다.

한 선임 직원은 동료에게 이렇게 말했다. "시장에는 비효율성이 넘쳐 나고 있어. 그러므로 우리에게는 수익을 낼 기회가 더 많이 남아 있어."

새로 채용된 직원들은 사이먼스와 동료들이 결코 기대하지 못했던 방식으로 기업을 변환시킨다.

PART

II

돈이 모든 것을 바꾼다
Money Changes Everything

THE MAN
WHO SOLVED
THE MARKET

CHAPTER 12

2001년 사이먼스의 헤지펀드에 뭔가 특이한 일이 일어나고 있었다.

르네상스가 새로운 종류의 정보를 소화하기 시작하면서 수익은 계속 쌓여 갔다. 팀원들은 완료되지 않은 주문을 포함한 모든 주식 트레이드 주문 데이터와 함께 연간 및 분기별 수익 보고서와 기업 경영진의 주식 거래 기록, 정부 보고서, 경제 전망과 논문들을 수집했다.

사이먼스는 더 많은 정보를 원하며 그룹 회의에서 물었다. "뉴스 속보로 뭔가를 할 수는 없나요?"

얼마 지나지 않아 연구원들은 신문과 뉴스 제공 서비스의 기사와 인터넷 게시물, 더 나아가 해외 보험금 클레임처럼 잘 알려지지 않은 데이터까지 추적하며 예측 가치를 얻기 위해 수량화할 수 있고 면밀히 조사할 수 있는 거의 모든 정보를 입수하려고 바삐 움직였다. 메달리온 펀드는 마치 데이터 스펀지라도 된 것처럼 연간 테라바이트^{terabyte}, 즉 1조 바이트에 달하는 정보를 수집했고 이 모두를 소화하고 저장하며 분석하기 위한 값비싼 디스크 드라이브와 프로세서를 구입하며 신뢰할 만한 패턴을 찾았다.

머서는 동료에게 "더 많은 데이터만큼 좋은 데이터는 없다."라고 했으며 이 표현은 르네상스 직원들이 주문처럼 되뇌는 만트라가 됐다.

머서는 훗날 르네상스의 목표가 "미래 모든 시점에서의" 주식 또는 다른 투자 상품의 가격을 예측하는 것이었다고 설명하며 덧붙였다. "우리는 3초 뒤, 3일 뒤, 3주 뒤, 3개월 뒤의 가격을 알고 싶었습니다."

머서는 한 가지 예를 들었다. 만약 세르비아에 빵이 부족하다는 신문 기사가 나오면 르네상스의 컴퓨터는 과거 빵 부족으로 밀가루 가격이 상승한 사례들을 꼼꼼히 살피며 다양한 투자 상품들이 어떻게 반응했는지 파악했다.[1]

기업의 분기별 수익 보고서 같은 일부 새로운 정보들은 그렇게 많은 이점을 제공하지 못했다. 하지만 주식 분석가의 수익 예측과 기업에 관한 관점의 변화를 보여 주는 데이터는 도움이 되기도 했다. 기업의 실적발표와 기업 현금흐름, R&D 투자, 주식 발행 및 다른 요인 이후의 주가 패턴을 관찰하는 것도 중요한 활동이었다. 르네상스 팀원들은 한 기업이 긍정적이든 부정적이든 또는 그저 루머 수준이든 뉴스 피드에서 얼마나 많이 언급됐는지 측정하는 단순한

시장을 풀어낸 수학자

방법도 개발하며 예측 알고리즘을 개선했다.

머서와 동료들은 주식 트레이딩이 음성 인식과 비슷하다는 사실을 분명히 이해했다. 이것이 르네상스가 IBM 컴퓨터 언어 팀의 인재를 지속적으로 노리는 부분적인 이유였다. 두 부문의 목표는 불안정한 형태로 뒤섞인 정보들을 소화하고 앞으로 일어날 일을 신뢰할만한 수준으로 예측하는 모델을 만들어 데이터에 기반을 두지 않는 전통적인 분석 방식에서 벗어나는 것이었다.

컴퓨터로 이뤄지는 트레이딩이 점점 늘고 이에 따라 인간이 주도하는 투자전문기관과 중개인들이 업계에서 밀려나기 시작하자 메달리온은 더 많은 전산 네트워크로 활동 범위를 넓혀 매수와 매도를 보다 쉽고 효율적으로 했다. 마침내 사이먼스는 인간의 개입이 거의 없는 완전히 자동화된 시스템을 구축하려는 원래 목표의 달성에 가까워졌다.

직원들은 단 몇 초 또는 그보다 짧은 시간에 거래가 이뤄지는 초단기 신호 개발에 크게 기뻐하며 흥분했다. 이 방식은 훗날 '초단타매매high-frequency trading'라는 이름으로 널리 알려진다. 하지만 르네상스의 컴퓨터가 시장에서 다른 경쟁자들을 앞서가기에는 너무 느린 것으로 드러났다. 메달리온은 하루에 15만 건에서 30만 건에 이르는 트레이드를 했지만, 대다수 트레이드는 다른 투자자들보다 한 발 앞서 실행되며 수익을 올리면서도 시장 가격에 크게 영향을 미치지 않도록 소규모로 매매하는 형태였다. 사이먼스와 그의 팀이 하고 있던 일을 완벽한 형태의 투자로 볼 수는 없었지만, 그렇다고 해서 그들이 섬광처럼 나타났다 사라지는 초단타거래자도 아니었다.

그들의 방식을 뭐라고 부르든 결과는 엄청났다. 2000년 수익률이 98.5퍼센트로 급등했던 메달리온 펀드는 2001년에는 33퍼센트를 기록했다. 비교를 하자면, 주식 시장의 지표로 흔히 사용하는 S&P 500은 같은 2년 동안 거우 0.2퍼센트에 불과한 평균 수익률을 달성하는 데 그쳤고, 메달리온과 경쟁하는 헤지펀드들은 평균 7.3퍼센트를 기록했다.

사이먼스 팀의 움직임은 여전히 투자 업계 대부분의 레이더망에 걸리지 않았다. 2000년 〈기관투자자〉에 실린 기사 내용처럼 "짐 사이먼스에 대해 아직 들어 보지 못했을 가능성이 높지만, 괜찮다. 당신만 못 들은 게 아니다."[2]

여전히 브라운과 머서의 시스템이 너무나 잘 작동해서 연구원들은 새로운 알고리즘들을 테스트하고 개발하며 이들을 기존의 단일 시스템에 쉽게 적용할 수 있었다. 새로 채용한 직원들은 캐나다, 일본, 영국, 프랑스, 독일, 홍콩 시장뿐만 아니라 핀란드, 네덜란드, 스위스처럼 규모가 작은 시장에서 발생하는 예측 신호들도 확인하기 시작했다. 해외 시장은 일반적으로 미국 시장을 따라가지만, 정확히 같은 방식으로 움직이지는 않는다. 주요 트레이딩 시스템에 있던 기존의 예측 알고리즘에 새로운 시장에서 나오는 시그널을 결합했더니 놀랄 만한 일들이 일어났다. 즉 메달리온 펀드가 하는 거래들 간의 상관관계가 줄어들기 시작하면서 수익률이 안정화되었다. 그리고 주요 금융시장이 어떻게 움직이는지와 관계없이 메달리온 펀드의 수익률은 좀 더 독립적으로 움직이게 되었다.

투자 전문가들은 일반적으로 포트폴리오의 위험성을 변동성 대비 수익을 측정하는 샤프 계수로 판단한다. 샤프 계수가 높을수록 더 좋다. 1990년대 대부분의 기간 동안 메달리온의 샤프 계수는 약 2.0을 유지하며 S&P 500의 평균보다 2배 높은 수준이었다. 하지만 해외 시장 알고리즘을 추가로 적용해 트레이딩 기법을 개선하면서 메달리온의 샤프 계수는 2003년 초 6.0으로 크게 높아지며 가장 규모가 큰 퀀트 투자 기업의 계수보다 2배를 기록했다. 이 수치는 메달리온 펀드가 1년 넘는 기간 동안 손실을 입을 위험이 거의 없다는 뜻이었다.

사이먼스의 팀은 투자에서 성배와 비슷한 것을 발견한 것처럼 보였다. 즉 비교적 낮은 수준의 변동성과 전체 시장과의 연관성을 만드는 위험 분산형 포트폴리오를 통해 엄청난 수익을 올렸다. 과거 이와 비슷한 특징을 지닌 투자 수단을 개발했던 사람은 단 몇 명뿐이었다. 하지만 그들의 포트폴리오는 대체로 보잘것없었다. 어느 누구도 사이먼스와 그의 팀처럼 믿기 힘든 성과를 달성하는 50억 달러 규모의 거대한 포트폴리오를 구성하지는 못했다.

이런 업적은 새로운 가능성에 이르는 문을 열었다.

브라운은 초조한 마음으로 사무실을 서성거리다 메달리온 헤지펀드의 주식 투자를 확대할 방법을 찾기로 결심했다. 하지만 2000년 초 고통스런 손실을 입었고 당시 어찌할 바를 몰라 무척 당황스러워했던 기억에 여전히 사로잡혀 있던 브라운은 그보다 심한 시장 붕괴가 일어나더라도 르네상스를 보호할 수 있는 방법을 알아내려 했다.

브라운은 운이 좋았다. 은행이 기회를 감지하며 르네상스에 우호적인 태도를 취했다. 사이먼스의 성과가 매우 컸을 뿐만 아니라 안정적이었으며 시장의 범위를 넓혀도 상관관계가 낮았기 때문에 많은 면에서 르네상스는 이상적인 대출자였다. 사이먼스는 더 많은 대출 자금을 레버리지로 활용하며 르네상스를 공격적인 대출자로 만들어 수익을 확대하겠다는 브라운의 계획을 승인했다(주택 소유주가 자신이 모아 둔 돈으로 살 수 있는 집보다 더 비싼 집을 구입하기 위해 주택 담보 대출을 받는 것과 마찬가지로 메달리온 같은 헤지펀드도 자신의 자본이 허용하는 것보다 규모가 큰 포트폴리오를 구성해 수익을 확대하기 위한 방편으로 대출을 활용한다).

은행들은 대출 한도를 높이고 대출 기준은 낮추며 편의를 제공했다. 당시는 전 세계에서 이자율이 떨어지고 주택 시장이 활기를 띠면서 은행들이 신용 상태에 문제가 있거나 신용 기록이 아예 없는 대출자에게까지 대출을 실행하는 공격적인 자세를 취하던 시기였다. 그에 비해 르네상스는 안전한 대출자였고 특히 장기적, 단기적 트레이드의 수를 동일하게 유지하며 폭락 장세에서도 잠재적 위험을 줄이고 있으니 더욱 그랬다. 이것이 바로 도이치뱅크Deutsche Bank와 바클레이스뱅크Barclays Bank가 헤지펀드에 '바스켓 옵션basket option'이라고 부르는 신규 상품을 판매하는 부분적 이유였다. 이 상품은 브라운이 추진하려는 계획에 완벽한 해결 방안처럼 보였다.

바스켓 옵션은 금융 상품의 하나이며 그 가치는 특정 주식들로 구성된 바스켓의 성과에 따라 결정된다. 대부분 옵션의 가치는 단일 종목이나 단일 금융상품에 따라 결정되지만, 바스켓 옵션의 가치는 주식 그룹의 성과에 따라 결정된다. 바스켓을 구성하는 주식들의 가치가 상승하면 바스켓 옵션의 가치도 상승한다. 실제로 그 주식들을 소유하지 않고도 소유한 것과 같은 효과를 낸다. 바스켓에 들어 있는 주식들의 법적 소유자는 은행이지만, 사실상 메달리온이 그 주식들을 자신의 자산처럼 운용할 수 있었다. 메달리온 펀드의 컴퓨터는 어떤 주식을 바스켓에 넣고 어떻게 트레이드해야 할지 은행에 지시했다. 브라운은 이 모든 것이 가능하도록 프로그램을 만드는 데 직접 힘을 보탰다. 메달리온의 컴퓨터는 하루 종일 자동으로 만들어진 지시를 내보냈으며 때로는 1분 또는 심지어 1초에 한 번씩 보내기도 했다. 1년 정도 지난 뒤 메달리온은 옵션을 행사했고 그 주식들이 창출한 수익 중 일부 관련된 비용을 제외하고 남은 전부를 청구했다.[3]

    바스켓 옵션은 메달리온의 수익을 한층 더 증대할 수 있는 교묘한 방법이었다. 증권 중개업과 다른 규제 사항들은 헤지펀드가 전통적인 대출을 통해 차입할 수 있는 금액에 제한을 두지만, 옵션을 통해 메달리온은 옵션이 없을 때 빌릴 수 있는 금액보다 훨씬 많은 금액을 빌릴 수 있었다. 경쟁자들은 일반적으로 현금 1달러당 약 7달러의 금융 상품을 보유했다. 그에 비해 메달리온은 옵션 전략을 통해 현금 1달러당 12.5달러에 달하는 금융 상품을 보유할 수 있었고, 이 덕분에 수익을 낼 수 있는 트레이드를 계속 찾기만 하면 경쟁자에게 완승을 거둘 수 있었다. 2000년의 시장 하락세와 같이 특히 매력적인 기회를 포착하면 메달리온 펀드는 레버리지를 크게 늘리며 현금 1달러당 20달러에 육박하는 자산을 보유하며 실질적으로 포트폴리오를 더욱 강력하게 구성할 수 있었다. 2002년 메달리온은 50억 달러가 넘는 자금을 관리했지만, 광범위한 시장에서 어려운 시기를 보내고 있던 중에도 메달리온 펀드가 28.5퍼센트의 수익을 기록할 수 있게 해 준 옵션 덕분에 실제로는 600억 달러가 넘는 투자 포지션을 운용했다(인터넷 기업들의 파산과 트레이딩 및 에너지 전문 기업 엔론Enron과 거대 통신 기업 월드컴WorldCom의 붕괴에 따른 여파로 얼룩진 2002년에 S&P 500은 22.1퍼센트의 손실을 입었다).

또한 옵션은 엄청난 위험을 르네상스에서 은행으로 옮기는 방법이기도 했다. 바스켓 옵션거래에서 옵션을 구성하는 주식의 실질적인 소유자는 은행이기 때문에 시장이 갑자기 붕괴하더라도 메달리온이 입는 손해는 기껏해야 옵션을 매입할 때 지불했던 프리미엄과 은행이 잡고 있는 담보들이며 이들의 총액은 몇 억 달러에 불과했다. 반면에 메달리온이 심각한 문제에 빠지면 은행은 수십억 달러의 잠재적 손실에 직면할 수밖에 없었다. 당시 대출을 처리했던 은행원의 말에 따르면 이 옵션 덕분에 메달리온은 펀드 내 주식 포트폴리오에 단단한 울타리를 둘러 보호하고 라우퍼의 여전히 번창하는 선물 트레이딩을 포함한 르네상스의 다른 부분까지 보호하며 예상치 못한 일이 일어나더라도 르네상스가 반드시 생존하도록 만들 수 있었다. 르네상스의 한 직원은 옵션의 금융 조건을 보고 깜짝 놀라며 자신이 모아 둔 돈 대부분을 메달리온 펀드로 옮겼다. 뭔가 잘못돼 손해를 입더라도 자신이 투입한 돈의 최대 20퍼센트만 손해 본다는 사실을 깨달았기 때문이다.

은행은 과감하게도 이런 심각한 위험을 수용했지만, 사실 조심

시장을 풀어낸 수학자

했어야 할 이유는 충분히 있었다. 우선 한 가지 이유를 들면, 은행은 메달리온의 전략이 왜 제대로 작동하는지 전혀 몰랐다. 그리고 메달리온 펀드가 인상적인 수익을 올린 기간은 단 10년이었다. 게다가 LTCM이 불과 몇 년 전에 붕괴하며 확실하지 않은 모델에 의존하는 위험성에 관한 냉혹한 교훈을 남겼던 시기였다.

브라운은 바스켓 옵션에 또 다른 큰 혜택이 있다는 사실을 인식했다. 즉 옵션을 통해 메달리온에서 실행하는 트레이드가 더 유리한 세율을 적용받는 장기 자본 이득세long-term capital gains tax 부과 대상이 될 수 있었다. 메달리온 트레이드의 대다수는 단 며칠 또는 심지어 단 몇 시간 안에 이뤄지지만, 옵션은 1년이 지난 뒤에 행사되기 때문에, 르네상스는 이 트레이드들이 사실상 장기에 해당한다고 주장할 수 있었다(단기적 이득에 대한 세율이 39.5퍼센트인 반면 장기적 이득에 대한 세율은 20퍼센트였다).

일부 직원들이 이와 같은 술수가 "위법은 아니지만, 잘못된 것"이라며 불편함을 느끼기도 했지만, 브라운과 다른 이들은 그들의 법률 고문에게서 이미 확인을 받고 안심했다. 하지만 몇 년 뒤 미국 국세청Internal Revenue Service, IRS은 메달리온이 바스켓 옵션을 장기적 이득이라고 주장하며 부적절한 이득을 취했다고 판정했다. IRS에 따르면 이 옵션거래를 승인했던 사이먼스와 르네상스 경영진들은 실제로 납부했어야 할 금액보다 무려 68억 달러나 적은 세금을 냈다고 한다. 2014년 상원의 한 분과위원회는 르네상스가 복잡한 금융 상품 구조를 "악용해 정당하지 못한 방법으로 수십억 달러에 이르는 세금을 덜 냈다."라고 주장했다. 르네상스는 IRS의 판정에 이의를 제기했고 이 분쟁은 2019년 여름 현재에도 계속 진행 중이다.

다른 헤지펀드들도 그들 나름의 교묘한 방법으로 세금을 줄였고 일부는 다양한 형태의 바스켓 옵션 계약을 활용했다. 하지만 르네상스만큼 그 옵션에 의존한 펀드는 없었다. 2000년대 초 바스켓 옵션이 르네상스의 너무나 중요한 비밀 병기로 떠올라 르네상스는 몇몇 컴퓨터 프로그래머와 50여 명의 직원들이 은행과의 협력을 원활하게 조율하는 업무에 전념하도록 했다.

돈은 과학자와 수학자에게도 매혹적인 존재다. 그렇게 많은 돈을 벌어들이는 것을 한때 부끄러워했던 직원들까지 포함해 르네상스 직원들은 서서히 자신들의 승리를 즐기기 시작했다. 한 직원은 컴퓨터 화면 한쪽 구석에 설치해 실시간 수익 기록(그리고 어쩌다 한 번씩 일어나는 손실)을 파악할 수 있는 위젯widget을 개발하기도 했다. 수익을 나타내는 숫자가 바뀌면서 분위기도 바뀌기 시작했다.

한 직원은 당시 분위기를 이렇게 말한다. "모든 것이 급하게 이뤄졌고, 한편으로는 산만하기도 했습니다."

직원들의 씀씀이는 수익을 따라 늘어났다. 너무나 많은 르네상스 소속 과학자들이 근처 올드 필드Old Field 지역의 저택을 구입하는 바람에 그 지역이 프랑스 지중해 연한의 유명한 피한지 리비에라Riviera 지방의 이름을 따 '르네상스 리비에라'로 알려지기 시작했다. 사이먼스는 롱아일랜드 해협이 내려다보이는 이스트 세타우켓East Setauket의 약 5만 7,000제곱미터에 달하는 사유지에 자리 잡은 대저택을 소유했고 전망창을 통해 컨셔스 베이Conscious Bay에 왜가리가 집단으로 서식하는 장관을 볼 수 있었다. 라우퍼는 4만 500제곱미터 넓이의 사유지에 지어진 침실 5개, 화장실 6개 반의 지중해 양식 저택을 200만 달러 가까이 지불하고 구입했는데 사유지의 약 120미터 이상이 해협에 접해 있었다. 라우퍼는 또 80만 달러를 들여 인접 땅 1만 2,000제곱미터를 매입하고 기존 땅과 합쳐 초대형 사유지를 조성했다. 메달리온 헤지펀드에서 고위직을 맡기 위해 학계를 떠났던 사이먼스의 사촌 로버트 로리Robert Laurie는 같은 지역에 딸을 위한 승마 경기장을 지었는데, 여기에 설치할 아치형 구조물이 너무 거대해 롱아일랜드로 옮길 때 뉴욕 시로 들어가는 다리를 폐쇄해야 할 정도였다.[4]

머서의 저택은 양쪽으로 모래사장이 펼쳐져 있는 긴 흙길을 따라 내려가 스토니브룩 항구를 내려다보는 곳에 있었다. 머서와 다이애나는 거실을 세 딸 헤더 수와 레베카, 젠지의 전신 인물화로 도배를 하다시피 했다.[5] 머서 가족이 헤더 수의 거창한 결혼식을 열었을 때 손님들은 결혼식 전날 밤 그들의 쾌적함을 위해 잡은 수천 마리의 벌레 사체를 피해 걸어 다니면서 엄청나게 큰 분수대와 화려한 장미 정원을 넋이 빠진 듯 바라보았다(그날 머서와 딸 헤더 수가 함께 너무나 많은 사진과 비디오를 찍어 일부 손님들은 누가 신랑이지 모르겠다고 농담하기도 했다).

르네상스의 주차장에는 여전히 토러스와 캠리 같은 자동차가 많기는 했지만, 포르쉐와 메르세데스 벤츠 등의 고급 자동차가 더 많은 자리를 차지했다. 일부 경영진은 뉴욕 시에서 열리는 만찬에 참석할 때 헬리콥터를 이용하기도 했다.[6] 누군가는 구내식당에 있는 사무실용 냉장고에 자신이 받은 보상의 가장 최근 연간 상승 비율을 퍼센트로 표시한 숫자를 붙여 놓았다. 그러고는 친구에게 그 수치가 떨어지면 퇴사할 것이라고 말했다.

어느 날 몇몇 연구원이 둘러앉아 자신들이 내는 세금이 너무 많다는 불평을 늘어놓고 있었는데 그들 곁을 지나가던 사이먼스가 곧바로 얼굴을 찡그리며 이런 말을 툭 던지고 갈 길을 계속 갔다. "여러분이 엄청나게 많은 돈을 벌지 않았다면 세금을 그렇게 많이 내지 않았을 겁니다."

연구원을 비롯한 주요 직원들은 매년 수백만 달러 또는 심지어 수천만 달러에 이르는 연봉을 받았고 메달리온 펀드에 직접 투자해 또 그만큼의 수익을 올리며 너무나 많은 재산을 모은 나머지 어떤 이들은 그런 수익을 정당화할 필요성까지 느끼기도 했다. 결국 르네상스 직원들은 대부분 학자 출신이었던 터라 일부는 지나치게 커져 버린 보상의 타당성에 의문을 제기하기도 했다.

'내가 정말 이 많은 돈을 받을 자격이 있을까?'

대부분의 직원은 자신들이 하는 활발한 트레이딩이 시장의 유동성liquidity을 좋게 해서 금융 시스템에 도움을 준다고 생각했다. 유동성이 좋은 시장일수록 투자자들이 큰 규모의 포지션을 쉽게 사고 팔수 있는 거래를 할 수 있다. 하지만 르네상스가 금융 시스템 전체에 얼마나 많은 영향을 미치는지 분명하지 않았기 때문에 이런 주장은 약간 지나친 면이 있었다. 또 다른 직원들은 충분한 부를 축적한 뒤에는 버는 돈을 기부하겠다고 마음먹는 한편, 자신들의 수익이 늘어나는 것이 필연적으로 치과의사나 다른 투자자들이 그들의 트레이딩에서 손해를 입었다는 것을 의미한다는 사실에는 주목하지 않으려 애썼다.

르네상스의 연구가 잘 진행되도록 도움을 줬던 고위 중역 휘트니는 "내면적인 갈등이 있었다."고 말한다.

브라운은 점점 쌓이는 자신의 부를 두고 복잡한 감정을 느꼈다. 동료들은 그가 오랫동안 돈에 대한 불안함과 씨름했었기 때문에 많은 돈을 벌었다는 것을 좋아하고 즐겼다고 말한다. 하지만 브라운은 토요타의 소형 하이브리드 자동차 프리우스를 몰고 다니고, 때로는 구멍 난 옷을 입으며 자신이 쌓은 부의 규모에 따른 부작용으로부터 아이들을 보호하려고 노력했다. 핵무기의 위협을 줄이는 데 전념하는 한 재단에서 과학자로 일하고 있던 브라운의 아내는 자신에게 돈을 거의 쓰지 않았다. 그럼에도 돈이 많다는 사실을 감추기가 점점 더 어려워졌다. 동료들도 다 아는 스토리가 하나 있다. 한번은 브라운 가족이 머서의 저택을 방문했을 때 당시 초등학생이던 브라운의 아들이 머서의 저택 규모를 보고는 혼란스러운 표정을 지으며 브라운에게 물었다.

"아빠와 머서 아저씨는 같은 일을 하지 않나요?"

주식 트레이딩 비즈니스가 번창하면서 브라운과 머서는 르네상스에서 더 많은 영향력을 발휘한 반면 라우퍼의 영향력은 줄어들었다. 두 그룹은 리더들의 성향대로 완전히 다른 수준의 긴박감 속에서 비즈니스를 운영했다. 라우퍼는 시장 상황에 상관없이 늘 침착하고 신중했다. 그의 팀원들은 사무실에 와서 커피 한두 잔을 마시며

〈파이낸셜타임스Financail Times〉를 정독한 뒤 업무를 시작했다. 그들이 사용하는 소프트웨어는 가끔 문제를 일으켜 트레이딩 아이디어를 신속히 테스트하고 실행할 수 없거나 새로운 연관성과 패턴을 발견하지 못하는 경우도 생겼다. 하지만 정체되는 구간이 있어도 성과는 계속 좋았다. 라우퍼의 팀원들은 왜 사이먼스가 펀드를 성장시키려 하는지 전혀 이해하지 못했다. 그들은 모두 매년 수백만 달러의 돈을 벌고 있던 터라 도대체 중대한 문제라고 할 만한 게 뭐가 있을지 의문스러워했다.

브라운과 머서의 직원들은 보통 밤늦게까지 컴퓨터 프로그래밍하며 누가 사무실에 가장 늦게까지 머무를 수 있는지 경쟁하고 다음 날 아침이면 사무실로 달려와 자신들이 수정한 프로그램이 얼마나 효과적이었는지 확인했다. 만약 브라운이 하루 종일 자신을 채찍질하고 밤에는 키보드 옆에서 잠들면, 부하 직원들도 그렇게 해야 할 것처럼 느꼈다. 브라운은 머서를 제외한 그룹 내 모든 직원을 모욕적인 별명으로 부르며 비하하고 더 열심히 하라고 재촉했다. 하지만 직원들은 브라운의 무례한 언행을 다룰 수 있다는 것에 어느 정도 자부심을 느끼며 브라운이 주로 동기 부여를 위한 도구로 그런 말을 한다고 짐작했다. 종종 브라운 자신도 마치 세상의 모든 짐을 혼자 짊어진 듯 힘들어 하는 모습을 보이며 어느 누구 못지않게 일에 신경을 많이 쓴다는 사실을 드러냈다. 또한 그는 활기차고 남들에게 즐거움을 주는 면도 있었다. 18세기 프랑스 계몽주의 철학자 볼테르의 소설《캉디드Candide》의 열렬한 팬인 브라운은 프레젠테이션을 할 때 프랑스식 풍자에 빗대 언급하기를 좋아했고, 이를 들은 직원들은 웃음을 터트렸다.

주식 트레이딩 팀원들은 선물 팀에서 사용하던 모델을 대체할 수 있는 보다 성능이 좋은 트레이딩 모델 개발에 은밀히 집중했다. 사이먼스에게 새로운 모델을 제시했을 때 사이먼스는 그들이 트레이딩 모델을 다른 팀도 모르게 비밀스럽게 만들었다는 사실이 불만이었지만, 새로운 트레이딩 모델이 라우퍼 팀이 사용하던 모델을 대체해야 한다는 것에는 동의했다.

2003년 브라운과 머서의 주식 트레이딩 그룹이 올린 수익은 라우퍼의 선물 팀 수익의 두 배에 이르며 단 몇 년 만에 두 팀의 상황이 뒤바뀌는 놀랄 만한 일이 일어났다. 사이먼스는 브라운과 머서가 르네상스 전체의 부사장 직위에 올라 르네상스의 모든 트레이딩과 연구, 기술적 업무를 함께 관리할 것이라고 발표하며 떠오르는 스타들의 업적에 보답했다. 한때는 라우퍼가 사이먼스의 확실한 후계자로 예상됐지만, 이제 그에게는 수석 과학자라는 직함과 함께 다른 무엇보다 특히 르네상스의 골치 아픈 분야를 다루는 과제가 주어졌다. 브라운과 머서는 르네상스의 미래로 떠오르고, 라우퍼는 르네상스의 과거로 전락한 셈이었다.

포트 제퍼슨 근처에 있는 목재 패널로 꾸며진 빌리즈 1890Billie's 1890 식당에서 치즈버거로 점심을 함께하며 사이먼스는 브라운과 머서에게 자신이 은퇴를 생각하고 있다고 말했다.

"앞으로 당신들이 맡아 주게." 사이먼스는 이 말과 함께 두 사람이 공동 CEO 자리에 오르기를 바란다고 했다.[7]

이 말이 새나가면서 일부 직원은 공황 상태에 빠졌다. 브라운의 팀원들은 그의 독설을 감당할 수 있지만, 다른 사람들은 브라운의 언행을 견디기 힘들어 했다. 한번은 르네상스의 회계와 투자자 홍보를 담당하는 뉴욕 사무실의 직원과 통화하면서 브라운이 크게 화를 내며 폭언을 한 적도 있다.

"당신은 정말 멍청해!"

머서의 경우, 브라운과 일상적인 대화를 나누기는 하지만, 여러 사람들이 함께 모인 자리에서는 거의 말을 하지 않았다. 만약 한다면 대개의 경우 상대방을 자극하고 흥분시키는 말이었다. 머서는 오래전부터 부하 직원들과 논쟁을 벌이는 것을 즐겼다. 하지만 이제는 주로 르네상스의 구내식당에 모여 있을 때 드러내 놓고 직원들에게 싸움을 거는 것처럼 보였다. 대개의 경우 머서는 좌편향적인 직원들을 겨냥하며 패터슨을 주 타깃으로 삼았다. 이런 습성을 직원들은 닉 패터슨의 이름에서 따 "닉 괴롭히기"라는 은어로 불렀다.

패터슨은 보통 결론 없이 여러 이야기가 오가는 논쟁을 좋아했다. 하지만 때로는 너무 열중한 나머지 흥분하기도 했다. 어느 날 머서는 생화학자 아서 로빈슨Arthur Robinson 등이 쓴 연구 논문을 패터슨에게 건네주며 기후 변화에 대한 우려가 지나치게 과장됐다고 주장했다. 패터슨은 이 논문을 집으로 가져가 자세히 살펴봤다. 그 결과 로빈슨 자신도 "우리의 건강과 행복, 번영 그리고 나아가 학생들의 학업 성과를 향상시키기 위해" 양 목장을 운영하며 양들의 오줌이 담긴 수천 개의 유리병을 모아 분석하는 프로젝트를 공동으로 시작했던 것으로 드러났다.[8] 논문을 다 읽은 뒤 패터슨은 "이 논문이 어쩌면 잘못된 것일지도 모르며 정치적인 성향은 분명히 없다."라는

시장을 풀어낸 수학자

메모를 머서에게 보냈다. 머서는 대꾸조차 하지 않았다.

머서는 사물을 수량화하는 것을 특히 좋아했으며 마치 사회에서 이뤄지는 성과와 비용과 그 외의 많은 것들을 측정하는 유일한 방법이 주로 통화와 같은 숫자를 사용하는 것이라 생각하는 듯했다.

"사람들에게 벌을 줄 때 벌금 이상의 것이 필요한 이유가 뭔가요? 벌금이면 충분하지 않나요?" 머서가 공격하기를 좋아하는 또 다른 대상인 컴퓨터 담당 고위 임원 휘트니에게 물었다.

휘트니는 "도대체 무슨 말을 하고 있냐?"라고 되물었다.

머서의 발언 중 일부는 매우 혐오스러웠다. 매거맨의 기억에 따르면 머서는 한때 정부가 아프리카계 미국인을 대상으로 한 범죄 기소와 학교 교육, 복지 수당에 지급하는 액수를 측정하고 이 돈이 그런 곳에 쓰이는 대신 그들이 아프리카로 돌아가도록 촉구하는 데 쓰일 수 있는지 파악해 보겠다고 말했다(훗날 머서는 그런 말을 한 적이 없다고 했다).

특이하게도 머서는 사무실에서 일할 때면 활발하게 논쟁을 벌이며 결정적인 증거를 요구하는 과학자이지만, 개인적인 견해에 관해서는 설득력이 없는 조잡한 데이터에 의존했다. 어느 날 머서는 미국이 히로시마와 나가사키에 원자탄을 투하한 후 방사선 노출이 당시 두 도시 외부에 살던 사람들의 수명을 연장했다고 주장하는 연구 논문을 가져와서는 핵전쟁이 많은 사람들이 생각하는 것만큼 그렇게 걱정할 일이 아니라는 의견을 제시했다. 머서의 연구원들은 그 논문을 설득력이 전혀 없는 사이비과학으로 여겼다.

머서는 구내식당에 모인 사람들 중에서 가장 높은 지위에 있었고 일부 직원들은 상사에게 도전할 생각이 없어 아예 입을 다물고 있었다. 한번은 머서가 무신론자라고 공언한 젊은 연구원에게 자신은 진화론을 믿지 않는다고 말하며 천지창조론을 옹호하는 책을 건넨 적이 있었는데 사실 머서 자신도 신을 믿는 사람은 아니었다.

머서는 그 연구원에게 진화론의 정확성을 판단하기에는 아직 "진화의 시간이 충분하지 않다."라고 말했다.

대부분의 직원과 심지어 머서의 괴롭힘 대상인 사람들에게도 머서는 그냥 선동가처럼 보였다. 때로는 재미있기도 하고 종종 화나게 만들기도 하지만, 대개의 경우 악의는 없었다. 하지만 그들의 관점은 바뀌게 된다.

사이먼스는 브라운과 머서에게 바통을 넘겨 줄 준비가 되지 않았지만, 그들에게 더 많은 책임을 부여하고, 때로는 두 사람을 일상적인 트레이딩 업무에서 벗어나도록 했다. 새로운 직원들이 적극적으로 나서며 기업에 근본적인 변화가 일어나기 시작했다.

1990년대 말과 2000년대 초 확장을 간절히 원했던 르네상스는 통상적인 관행에서 벗어나 경쟁 기업에 있던 직원들을 영입하기도 했으며, 이들 중 대다수는 러시아와 동유럽 출신이었다. 그들 중에는 퀀트 헤지펀드 D. E. 쇼의 한 부서에서 근무했던 알렉산더 베로폴스키Alexander Belopolsky가 있었는데, 패터슨은 이 사람을 영입하려는 결정에 반대했다. 단지 베로폴스키가 월스트리트에서 일했기 때문만은 아니었다. 패터슨은 그가 르네상스에서 면접할 때 마치 사전에 훈련을 받은 것처럼 어려운 질문을 너무 순조로울 정도로 잘 받아

넘긴다는 느낌을 받았다.

다른 외국 출신 과학자들도 일반적으로 면접에 나선 후보자들을 당황하게 만드는 어려운 질문에 완벽한 답변을 제시하는 기묘한 능력을 보여 줬다. 휘트니가 가장 선호하는 문제를 후보자들에게 제시하면 그들은 똑같은 방식으로 반응했다. 즉 잠시 생각하는 듯한 과장된 몸짓과 분명히 혼돈에 빠진 표정을 보이다가 갑자기 재치를 발휘하며 완벽하게 멋진 해답을 내놓았다.

"아, 답을 알았습니다!"

얼마 뒤 휘트니는 누군가가 해외 출신 후보자들에게 답을 제공했다는 사실을 알아냈다.

그는 "후보자들이 진짜 배우 같았으며, 자신은 그들의 상대역이었다."고 말한다.

메달리온 직원들이 분명히 많은 돈을 벌고 있었지만, 2003년에 펀드 규모가 약 50억 달러에서 더 이상 확대되지 않고 정점에 이르자 직원들은 자신이 받는 보상액을 늘리기가 어려울 때도 생기면서 어느 정도 긴장감이 조성됐다. 월스트리트의 트레이더들은 끔찍한 실적이 아니라 엄청난 실적을 올린 뒤에도 억울함을 느끼며 우울한 경우가 종종 있다. "물론 내가 많이 벌기는 했지만, 전혀 그럴 자격도 없는 사람이 나보다 더 '많이' 벌었어!"라는 생각이 들기 때문이었다.

르네상스에 새로 영입된 직원들은 전설적인 컴퓨터 공학자 피터 웨인버거를 비롯해 보상을 많이 받는 동료들을 상대로 나쁜 소문을 은밀히 퍼뜨리며 공격했다. 웨인버거는 라우퍼와 함께 선물 트레이딩 부문에서 일할 수 있도록 1996년에 사이먼스가 영입했던 인물이었다. 벨연구소에서 컴퓨터 공학 연구 부문을 이끌던 웨인버거는 프로그래밍 언어 AWK를 개발하는 데 기여한 것으로 유명했다(AWK의 W는 그의 성 Weinberger에서 따온 것이다). 신입 직원들은 웨인버거의 등 뒤에서 그의 기술이 너무 구식이라 전혀 기여를 못하고 있다며 능력에 의문을 제기했다.

한 직원은 "그래요, 그가 유명한 건 인정해요. 그래서 지금 무엇을 하고 있는데요?"라며 콧방귀를 뀌었다(웨인버거는 2003년에 르네상스를 떠난다).

일부 선임 멤버들은 새로 온 직원들의 거칠고 조잡한 언행에도 불구하고 그들을 동정했다. 그들을 옹호하는 자들은 그들 중 대다수가 인격 형성 시기를 공산주의자 통치하에서 보낸 탓에 다소 폐쇄적이며 잘 믿지 못하는 성격을 가질 수밖에 없다고 주장했다. 때로는 외국 출신 과학자들이 어린 시절에 견디기 힘든 어려움을 겪었던 얘기를 들려주기도 했다. 그리고 새로 영입한 과학자들 모두가 나이 많은 선배 동료들을 무시하는 것은 아니었다.

하지만 기업의 대의와 분위기가 바뀌면서 모두가 점점 더 예민해졌다.

매거맨은 또다시 불만스러웠다. 자신의 의견을 속에 담아 두는 성격은 절대 아니지만, 이번에는 먼저 드러내 놓지 않을 생각이었다.

우선 사이먼스의 흡연 문제였다. 사이먼스가 퀀트 투자의 선구자이며 억만장자이고 자신의 기업을 창업한 대주주인 것은 분명한 사실이었다. 하지만 아무리 그렇다 해도 그의 흡연 행태는 심해도

시장을 풀어낸 수학자

너무 심했다! 매거맨은 사이먼스의 흡연이 자신의 천식을 악화시켜 회의만 하고 나면 늘 기침을 한다고 생각했다. 뭔가 조치가 필요하다고 생각했다.

'이건 너무 심해!'

"제가 직업안전위생관리국OSHA, Occupational Safety and Health Administration에 민원을 제기하려고 인사부에 연락을 했습니다."

어느 날 매거맨은 사이먼스에게 이렇게 말하며 직장 내 위법 사항을 관장하는 연방 기관을 언급했다. "이건 불법입니다."

매거맨은 사이먼스가 회의할 때 계속 담배를 피우면 더 이상 회의에 참석하지 않겠다고 했다. 사이먼스는 매거맨의 뜻을 이해하고 공기 중에 뿜어져 나온 담배 연기를 빨아들이는 기계를 구입했다. 매거맨은 이 정도 선에서 회의에 불참하겠다는 작은 저항의 몸짓을 멈췄다.

사이먼스가 여전히 구세대 트레이더들을 영입하고 있다는 사실은 매거맨을 불편하게 만드는 또 다른 이유였다. 사이먼스는 컴퓨터를 활용한 트레이딩을 믿으면서도 불안정한 시장에서 자동화된 트레이딩 시스템을 완전히 신뢰하지 않았고, 매거맨은 이런 태도를 이해할 수 없었다. 때로는 매거맨이 자신의 분노를 드러내기 위해 물건을 집어 던지기도 했는데 주로 다이어트콜라 캔이었으며 컴퓨터 모니터를 던진 적도 있었다. 결국에는 브라운이 나서서 그 문제가 싸울 만한 가치도 없다고 말하며 매거맨을 설득했다.

기업 내 다른 직원들도 아주 사소한 문제에 적극적으로 나서기 시작했다. 르네상스의 이스트 세타우켓 본사 건물에서 몇 킬로미터

밖에 떨어져 있지 않고 플로리다 주 북방 지역에서 가장 긴 공공 해수욕장인 웨스트 메도 비치에서 가까운 곳에 방갈로 형태의 작은 오두막집 90채가 일렬로 늘어서 있었다. 곧 무너질 듯 낡았지만 스토니브룩 항구 전망이 괜찮았던 이 목재 방갈로들 중 일부는 르네상스 직원들이 소유했고 르네상스도 한 채를 소유했다. 하지만 이 오두막들은 불법적으로 취득한 공유지 위에 지어진 건축물이었으며 시 당국은 이들을 철거하는 계획을 수립했다. 르네상스 직원들이 지원하는 한 그룹의 사람들이 오두막을 계속 개인의 소유로 남겨 두기 위해 들고 일어나자 전직 수학 교수이며 1997년 르네상스에 합류했던 휘트니는 크게 화를 냈다. 그는 곧바로 시 당국의 철거 계획을 지지하는 웹사이트를 열었고, 매거맨은 "낡은 판잣집을 철거하라!"는 문구가 담긴 차량 범퍼용 스티커를 프린트해 나눠 줬다.

휘트니는 구내식당에서 점심을 먹으며 이렇게 주장했다. "정말 잘못된 일이야. 거긴 일반 시민을 위한 공원이야!"

머서는 당연히 반대 입장을 취했고 "그게 무슨 큰 문제냐?"고 되물으며 휘트니와 다른 사람들의 신경을 건드렸다.

갈등은 점점 깊어 갔다. 한때 일부 르네상스 직원들은 자신의 아이들이 휘트니의 아이들과 놀지 못하게 했다. 조잡한 오두막집을 넘어서는 갈등이 생겼다. 휘트니를 비롯한 다른 직원들은 르네상스가 새로운 직원들의 영입으로 점점 더 배려와 협력이 줄어드는 곳으로 변하고 있음을 느꼈다. 낡은 판잣집은 철거됐지만, 분노는 계속 남았다.

2002년 사이먼스는 메달리온의 성과보수를 매년 수익의 36퍼센트로 올리며 일부 고객들의 분노를 샀다. 얼마 뒤 르네상스는 성과 보수를 44퍼센트로 더 올렸다. 그리고 나서 2003년에 사이먼스는 모든 투자자들을 펀드에서 내보내기 시작했다. 메달리온 펀드의 규모가 너무 커지면 실적이 줄어들 것을 염려했고 자신과 직원들이 모든 수익을 가져가는 것을 더 선호했기 때문이다. 일부 투자자들은 어려운 시기에도 메달리온과 함께했었지만, 결국 무참하게 부서지며 쫓겨나는 꼴이 됐다.

휘트니와 매거맨을 비롯한 일부 직원은 사이먼스의 이러한 움직임에 반대했다. 그들에게 이런 행태는 기업의 우선순위가 바뀌고 있다는 또 하나의 암시였다.

새로 합류한 직원들 중 가장 야심적인 인물들 가운데 우크라이나 출신 수학자 알렉시 코노넨코Alexey Kononenko가 있었다. 열여섯 살 때 저명한 모스크바 국립 대학교에 입학할 자격을 얻어 모스크바로 이사한 뒤 그 대학교에서 순수 수학을 전공했다. 하지만 1991년 학업을 다 마치지 못한 채 코노넨코와 가족들은 전국적으로 걷잡을 수 없이 퍼지는 반유대주의에 영향을 받은 이민자 물결에 합류해 당시 소련USSR을 탈출했다.

1996년 코노넨코는 같은 러시아 이민자 출신으로 존경 받는 기하학자 아나톨 카톡Antole Katok의 지도로 공부했던 펜실베이니아주립대학교에서 박사 학위를 받았다. 이후 펜실베이니아대학교에서 박사 후 과정을 거쳤다. 이 과정에서 동료들과 함께 십여 편의 연구 논문을 발표했으며 이들 중 당구공의 궤적을 다룬 논문을 포함한 일부는 영향력이 큰 논문으로 평가됐다.

자신감이 넘치고 외향적인 코노넨코는 캘리포니아 주 버클리에 있는 유명한 수리 과학 연구소Mathematical Sciences Research Institute에서 누구나 탐을 내는 박사 후 과정의 일자리를 제안 받았다. 하지만 한 동료가 축하를 건네자 젊은 코노넨코는 기뻐하는 대신 실망한 것처럼 보였다.

동료 학자는 이렇게 기억한다. "당시 코노넨코는 프린스턴이나 하버드 또는 시카고대학교에서 언젠가는 종신직 지위를 받을 수 있는 교수직을 원했지만, 사실 그 시점에서 현실적이지 않은 일이었죠. 그가 정말 많은 업적을 달성했지만, 좀 더 멀리 내다보며 인내심을 가질 필요도 있었습니다."

코노넨코는 동료들보다 훨씬 많이 돈에 우선순위를 두고 있는 것 같았다. 아마도 소련에서 힘든 상황을 겪었던 터라 재정적 안정을 달성하는 데 초점을 맞추기 때문일 수도 있었다. 동료들은 코노넨코가 학계를 떠나 르네상스에 합류했을 때 크게 놀라지 않았다. 코노넨코는 르네상스의 해외 주식 트레이딩 부문에서 다양한 돌파구를 마련하는 데 핵심 역할을 하며 빠르게 승진을 거듭했다. 2002년에 이르러 당시 날씬한 체격에 수염을 말끔히 깎은 잘생긴 외모에다 관자놀이 부분의 머리가 희끗희끗해지기 시작한 코노넨코는 동료들의 추측에 따르면 매년 4,000만 달러 이상의 돈을 벌었는데, 그중 절반은 연봉이고 나머지 절반은 메달리온에 투자한 수익이었다. 그는 수익금 중 일부를 인상적인 예술품 수집에 사용했다.

부가 점점 많이 쌓여 가는데도 코노넨코와 새로 들어온 동료 일부는 불만이 늘었다. 기업 내에 자신의 임무는 다하지 않고 연봉만

시장을 풀어낸 수학자

엄청나게 받아가는 '쓸모없는' 직원들이 너무나 많다고 생각했기 때문이다.

새로 온 직원 한 명이 르네상스의 고위 중역들을 두고 "그들이 기업에 기여하는 것이 도대체 무엇인가?"라고 물어 보는 말이 들리기도 했다.

브라운과 머서를 사용 기한이 지난 소모품으로 보는 이들도 있었다. 그즈음 맹렬한 속도로 쉬지 않고 컴퓨터 자판을 두드리는 브라운의 스타일이 결국 문제를 일으켰다. 브라운은 손목터널증후군에 시달렸고 그 때문에 예전만큼 컴퓨터 작업을 오래하지 못해서 그런지 가끔씩 의기소침해 보이기도 했다. 머서는 관절통으로 고통 받았고 때때로 사무실에 못 나올 때도 있었다. 선임 직원 중 한 사람은 코노넨코가 브라운과 머서를 험담하는 말을 했다고 기억한다. 주식 포트폴리오 구성에서 한 가지 실수를 발견한 코노넨코는 브라운과 머서가 르네상스를 운영해야 하는지를 두고 의문을 제기했다. 당시 브라운은 이런 코노넨코의 행태를 최소한 한 사람에게는 알렸다. 사이먼스는 두 경영진을 옹호했지만, 코노넨코의 대담함에 관한 소문이 퍼져 나갔다.

사무실에 나오는 시간이 줄었지만, 여전히 기업 전체 수익의 약 절반을 받았던 사이먼스에 대한 불만도 생기기 시작했다.

어느 날 한 직원이 복도에서 매거맨에게 불평을 늘어놓았다. "사이먼스는 이제 더 이상 하는 일이 없어요. 우리를 '착취'하고 있을 뿐입니다."

매거맨은 그 말에 너무 놀라 자신의 귀를 의심했다.

"사이먼스에게는 엄청난 수익을 가져갈 권리가 있습니다." 매거맨이 그 직원에게 한 답변이었다.

얼마 지나지 않아 코노넨코는 수익을 받을 수 있는 포인트를 사이먼스와 오래된 멤버들에게서 받을 만한 자격이 있는 신규 영입 멤버들에게로 옮기는 계획을 밀어붙였다. 이 아이디어로 기업 구성원들이 두 편으로 갈라졌지만, 사이먼스는 수익의 재분배를 실행하는 데 동의했다. 그럼에도 불평은 잦아들지 않았다.

르네상스는 바뀌고 있었다. 오랫동안 일했던 직원들이 떠나고 있다는 것도 이유 중 하나였다. 거의 10년 동안 시장 패턴을 면밀히 조사했던 패터슨은 르네상스를 떠나 매사추세츠 주 캠브리지에 있는 연구소에 합류한 뒤 인간 생물학을 깊이 이해하기 위해 또 다른 종류의 복잡한 데이터인 인간 유전체human genome를 분석하는 일에 몰두했다.

곧이어 르네상스 내에 윌리엄 골딩William Golding의 소설 《파리 대왕Lord of the Flies》에 나오는 상황이 전개되는 느낌이 들었다. 오래 근무한 선임 직원들은 새로 들어온 직원들이 수익 배분 포인트가 많거나 자사 주식을 보유한 직원들의 수익을 차지하려 한다고 염려했다. 당시 직원들의 말에 따르면 동유럽 출신 직원 일부는 밤늦게까지 사무실에 남아 사이먼스를 비롯한 오래된 직원들이 그렇게 많은 돈을 받는 이유를 두고 토론을 벌이며 먹은 저녁 비용을 회사에 청구했다고 한다. 다음 날 아침 그들은 또 다시 한데 모여 주식 그룹에서 한 연구를 조롱하기도 했다.

브라운과 머서의 주식 팀 소속 선임 과학자이며 D. E. 쇼 임원이었던 베로폴스키와 그의 동료 파벨 볼프베인Pavel Volfbeyn은 은밀하고 조용히 사직을 논의하기 시작했다. 그에 앞서 르네상스의 인사 부문 직원이 결정적인 실수를 저질렀다. 베로폴스키와 볼프베인이 르네상스의 중심인물이 됐을 때 그들에게 비밀 유지와 비경쟁에 관한 합의서가 주어졌다. 하지만 두 사람은 비경쟁 합의서에 서명하지 않았고 이 사실을 아무도 몰랐다. 이 때문에 그들에게는 어디든 갈 수 있는 좋은 기회가 생겼다.

2003년 7월 베로폴스키와 볼프베인은 폭탄선언을 했다. 자신들에게 보다 많은 재산을 만들 수 있는 기회를 주겠다고 약속한 억만장자 이즈라엘 잉글랜더Israel Englander가 운영하는 경쟁 헤지펀드 밀레니엄 매니지먼트Millenium Management로 옮긴다는 선언이었다.

사이먼스는 베로폴스키와 볼프베인이 메달리온 트레이딩 시스템의 소스 코드 라인 수백만 개를 알고 있다는 사실을 염려하며 공포에 휩싸였다. 자신의 비결이 곧 드러나며 메달리온 펀드에 심각한 손상을 입힐 것이 분명했다.

그는 분노에 찬 목소리로 동료에게 말했다. "그들이 우리 코드를 훔쳐갔어!"

사이먼스는 이들의 이탈을 해결할 기회를 채 마련하기도 전에 진정한 비극에 직면했다.

사이먼스의 셋째 아들 닉 사이먼스는 모험을 향한 아버지의 열정을 물려받았다. 2002년 대학을 갓 졸업한 젊은 닉은 네팔의 수도 카트만두에 있는 네팔 정부 수력발전소에서 미국 컨설팅 기업의 하청업체 소속으로 일하며 장관을 이루는 히말라야 산맥의 관문이자 트레킹을 좋아하는 사람들의 천국인 그 도시에 푹 빠졌다.

하이킹에 대한 아버지의 열정까지 빼닮은 닉은 롱아일랜드로 돌아온 뒤 부모에게 제3세계 국가에서 일하고 싶다는 뜻을 밝히며 어쩌면 그 일이 네팔에 진료소를 열어 빈곤한 지역 주민들을 돕는 것일 수도 있다고 했다. 그는 친구와 함께 전 세계를 둘러보는 모험을 하고 돌아와서는 유기화학을 공부하고 의과대학에 지원한다는 계획을 갖고 있었다.

여행에서 집으로 돌아오기 일주일 전 닉은 발리^{Bali} 동부의 길게 뻗은 해안가 어촌 마을이자 스쿠버 장비 없이 물속으로 다이빙해서 수면 위로 다시 나올 때까지 숨을 참는 아주 신나는 수중 스포츠인 프리 다이빙$^{free\ diving}$의 중심지인 아메드^{Amed}에 들렀다. 7월의 어느 따뜻한 날 닉과 친구는 차례로 100피트 깊이까지 다이빙을 하며 맑고 잔잔한 바다를 즐겼다. 두 친구는 한 명이 수면 아래로 내려가면 한 명은 수면 위에서 지켜보며 서로를 확인했고 프리 다이빙에서 이런 규칙은 압력 변화에 따른 위험과 깊은 곳에서 발생할지도 모르는 심각한 위협을 최소화하기 위해 필수적이었다.

그러다가 수경에 자꾸 김이 서린 친구가 해변으로 나가 장비를 정비했다. 해변으로 간 지 5분 만에 다이빙하던 곳으로 돌아왔지만, 어디에서도 닉을 찾을 수 없었다. 결국 닉은 바다 밑바닥에서 발견됐다. 물 밖으로 끌어 올렸을 때는 이미 숨을 거둔 뒤였다. 한밤중에 사이먼스 부부는 아들 친구에게서 걸려온 전화벨 소리에 잠을 깼다.

친구는 부부에게 "닉이 익사했다."는 소식을 알렸다.

장례식에서 사이먼스는 창백하고 퀭한 모습으로 슬픔을 가누지 못했다. 조문객들의 암울함은 그날 밤 쏟아진 폭풍우와 한 친구의 표현대로 "세상의 종말을 고하는 듯한" 천둥 번개로 더욱 짙어졌다.

사이먼스는 논리와 합리성, 과학에 대한 확고한 믿음이 있었다. 매일 확률과 씨름하며 트레이딩에 베팅했고 대개의 경우 승리했다. 하지만 사이먼스는 전혀 예측할 수 없는 사고로 두 번의 비극을 겪었다. 그 사고들은 확률이 아주 낮은 특이한 경우이며 전혀 기대하지 않았으며 거의 상상도 할 수 없는 일이었다. 사이먼스가 무작위성randomness에 무너진 것이었다.

사이먼스는 전문가로 살면서 그렇게 많은 행운을 잡았지만, 개인적인 삶에서는 왜 그리도 불운한지 이해하려고 안간힘을 썼다. 사이먼스가 뉴욕 시에 있는 집에서 시바shiva(유대교의 장례 후 문화로 보통 7일 동안 조문객을 맞는 일 외에는 아무것도 하지 않고 깊이 애도한다—옮긴이)를 보내고 있을 때 르네상스의 경영진 중 한 명인 프레이가 찾아와 그를 꼭 껴안으며 위로했다.

사이먼스는 프레이에게 이렇게 말했다. "이보게 프레이, 내 인생은 최고의 축복 아니면 재앙일세. 도저히 이해할 수가 없네."

7년 전 큰아들 폴의 죽음은 엄청난 충격이었다. 닉의 죽음도 그에 못지않게 고통스러웠다. 하지만 친구의 말에 따르면 당시 사이먼스의 슬픔은 이전까지 그에게서 거의 보지 못했던 분노와 뒤섞여 있었다. 그는 동료와 다른 사람들에게 화를 잘 내고 성미 고약한 인물로 변했다.

한 친구는 "사이먼스가 죽음을 배신으로 생각했다."고 말한다.

극심한 고통에 대처하기 위해 사이먼스 부부는 미국령 버진 아일랜드의 세인트존$^{St. John}$ 지역의 대규모 대지를 구입해 그 섬으로 거처를 옮겨 고통에서 벗어나는 방안을 의논하기 시작했다. 아주 가끔씩이기는 하지만, 부부는 자신들의 허탈함을 달래기도 했다. 그해 9월 두 사람과 다른 가족들은 닉의 유산을 계속 이어 가는 방법을 찾아 나선 닉의 친구 몇 명과 함께 처음으로 네팔을 방문했다. 닉이 카트만두를 정말 좋아했고 의학에도 관심이 있었던 터라 사이먼스 부부는 카트만두의 한 병원에 속한 산부인과 병동에 기금을 전달했다. 훗날 두 사람은 기본적인 응급 의료서비스를 갖추지 못한 네팔의 시골 지역 주민들에게 의료 지원을 제공하는 비영리단체 닉 사이먼스 인스티튜트$^{Nick Simons Institute}$를 설립했다.

사이먼스는 여전히 사임을 통보한 상태였지만, 실제로 사임하지는 않았고, 그렇다고 업무에 관여하는 상태도 아니었다. 한동안 그는 은퇴를 고려했고 현실에서 벗어날 탈출구를 찾으려고 친구 데니스 설리번과 함께 수학 문제를 풀며 시간을 보냈다.

사이먼스는 당시 상황을 이렇게 표현했다. "내 머릿속에 평온함을 주는 수학 문제 풀이가 나의 피난처였어요."[9]

르네상스 경영진이 사이먼스의 관심을 이끌어낼 수 없었던 터라 기업 내 생긴 균열이 점점 커지면서 리더십 공백이 생겼다. 결국 오랫동안 고조돼 왔던 긴장이 표출되기 직전의 상황에 이르렀다.

브라운과 머서는 사이먼스의 집 정문으로 걸어 들어가 만찬용 식당의 긴 테이블 한쪽에 앉았다. 잠시 뒤 휘트니와 다른 중역들도 합류해 테이블 주위에 자리 잡았고 사이먼스는 상석에 앉았다.

2004년 봄 르네상스의 최고 경영진 13명은 롱아일랜드 이스트 세타우켓의 약 8만 9,000제곱미터 대지 위에 있는 사이먼스의 저택에 만찬을 위해 모였다. 이들 중 어느 누구도 그날 저녁 모임에 참석하고 싶지 않았지만, 그들은 코노넨코 문제를 어떻게 처리할지 결정해야 했다.

그즈음 코노넨코의 행동은 사람들을 미치게 만들 정도로 심해졌다. 그는 브라운과 머서가 지시한 과제를 수시로 무시했다. 그들이 코노넨코의 비협조적인 태도를 논의하기 위해 회의를 소집하면 그는 나타나지 않았다(코노넨코와 가까이 지낸 한 사람은 코노넨코의 동료들이 묘사한 그의 모습과 행동에 이의를 제기한다).

사이먼스와 경영진은 어려운 상황에 처해 있었다. 만약 르네상스 경영진이 코노넨코와 그의 지시를 받는 대여섯 명의 동료를 해고하거나 징계하면 베로폴스키와 볼프베인처럼 그들도 다른 경쟁사로 가 버릴 가능성이 높았다. 그들이 서명한 비밀 유지 합의서는 강제하기가 쉽지 않았고, 비경쟁 계약서는 그들이 미국에서 트레이딩을 못하게 할 수는 있지만, 미국 법이 적용되지 않는 동유럽 본국으로 돌아가서 하는 트레이딩까지 막지는 못한다.

중역들은 반짝반짝 윤이 나는 세련된 포크와 나이프를 사용해 육즙이 풍부한 스테이크를 맛있는 레드와인과 함께 먹고 있었다. 이때 사이먼스가 심각한 얘기를 꺼내면서 중역들 사이에 오가던 잡담이 사라졌다.

그는 "우리가 결정해야 할 일이 있다."라고 했고 그 자리에 있던 중역들은 사이먼스가 코노넨코의 '비협조적인' 행동을 언급하고 있음을 알았다.

브라운은 열정적이며 단호한 목소리로 코노넨코와 그의 그룹을 붙잡아야 한다고 주장했다. 그들이 주식을 분석하는 전체 연구원의 3분의 1에 해당하며 내보내기에는 그들의 역할이 너무나 중요했다. 게다가 그들을 훈련시키는 데 많은 시간과 노력을 들였기에 그들이 떠나면 손실이 너무 컸다.

브라운은 자신 있게 말했다. "코노넨코는 르네상스에 가치를 더해 줍니다. 그리고 그의 그룹은 생산적입니다."

브라운의 견해는 코노넨코가 다른 사람들의 심기를 불편하게 만들고 보기 드물게 직설적이지만, 그의 행동 방식이 오랫동안 익숙해 있던 러시아 문화에서 비롯됐을 가능성이 높다고 생각하는 일부 르네상스 직원들의 느낌을 반영하고 있었다.

머서는 당연히 별말이 없었지만, 코노넨코의 잘못된 행동을 무시하자는 의견에 동의하는 브라운과 그 자리에 있던 다른 중역들과 같은 생각이었다. 사이먼스도 코노넨코 그룹을 그대로 두는 데 동의하는 것 같았다.

사이먼스는 이렇게 결론지었다. "우리는 그들을 해고할 수 있습니다. 하지만 그렇게 하면 그들은 우리와 경쟁을 펼치며 우리를 더 힘들게 할 것입니다."

코노넨코의 행동을 인정하는 것은 아니었지만, 사이먼스는 그가 팀 플레이어로 다듬어질 수 있으며 더 나아가 유능한 관리자가 될 수 있을 것으로 생각했다.

　　　　　　　　　　　시장을 풀어낸 수학자

사이먼스는 훗날 한 친구에게 "코노넨코가 눈엣가시 같은 존재라서 정말 어려운 결정"이었지만, 그래도 최소한 "그가 도둑질은 하지 않았다."라고 말하며 그런 혐의가 있는 것으로 알려진 베로폴스키와 볼프베인의 행동을 넌지시 언급했다.

매거맨은 중역들의 논의를 듣는 동안 신경이 곤두서는 느낌을 받았다. 지금 듣고 있는 말을 도저히 믿을 수가 없었기 때문이다. 코노넨코 그룹은 브라운과 머서를 쫓아내려 애썼던 사람들이다. 사이먼스가 자신의 연봉을 깎게 만들었고 르네상스가 번창하는 원동력이었던 협력적이며 협조적인 문화를 무너뜨리며 모든 사람들을 힘들게 했다. 그런데 사이먼스가 코노넨코의 잠재력을 봤다고? 매거맨은 그의 생각에 동의하지 않았다.

사이먼스와 브라운을 잇달아 바라보며 매거맨이 입을 열었다. "정말 역겹네요! 우리가 그들을 업무에서 배제시키거나 해고하지 않는다면, 제가 관두겠습니다."

매거맨은 뭔가 지지하는 발언을 기대하며 휘트니를 바라봤지만, 아무 말도 들리지 않았다. 휘트니는 자신들이 수적으로 열세라는 사실을 알고 있었다. 개인적으로는 사이먼스에게 코노넨코가 해고되지 않으면 자신이 르네상스를 떠나겠다고 이미 말을 했었다. 사이먼스와 다른 중역들은 매거맨과 휘트니가 엄포를 놓는 것이라고 확신했다. 그들은 어디 다른 데 갈 사람들이 아니었기 때문이다. 결국 코노넨코와 그의 무리들이 그대로 남는 것으로 합의가 이뤄졌다. 얼마 지나지 않아 코노넨코는 승진까지 했다.

브라운은 매거맨에게 이렇게 말했다. "조금만 더 시간을 주면 우리가 해결하겠네."

이에 덧붙여 사이먼스는 "우리에게 계획이 있다."라며 매거맨을 안심시키려 했다.

매거맨과 휘트니는 침통하고 괴로운 심정으로 만찬장을 나왔다. 곧이어 그들 나름의 계획을 세웠다.

자정이 다 돼서 중역들이 떠난 후 사이먼스의 저택은 평온함을 되찾았다. 그의 기업은 둘로 분열돼 있었다. 선임 직원들은 메달리온의 가장 소중한 비결을 유출할 태세였다. 셋째 아들 닉의 죽음은 여전히 사이먼스의 뇌리에서 떠나지 않으며 그를 괴롭혔다. 사이먼스는 이 모든 일에 대처할 방법을 찾아야 했다.

CHAPTER 13

맞는 모형은 하나도 없지만 일부 모형은 유용하다.

통계학자 조지 박스

사이먼스가 맞닥뜨린 문제는 점점 늘어났다. 그래도 문제를 해결할 수 있는 한 가지 방법은 있었다.

직원들은 서로 다투고 있고, 핵심 과학자 두 명은 떠났다. 어쩌면 메달리온의 비결도 함께 가져갔을 수도 있었다. 사이먼스는 남아 있는 직원들도 마찬가지로 염려스러웠다. 물론 50억 달러가 넘는 자금을 운용하는 메달리온 헤지펀드가 수수료 25퍼센트를 제하고도 여전히 막대한 수익을 올리고 있었다. 2004년 메달리온의 샤프 계수는 경쟁자들이 입을 다물지 못할 만큼 압도적으로 높은 7.5를 기록했다. 하지만 사이먼스는 직원들이 느슨해지고 있다는 점을 염려했다. 르네상스는 지난 몇 년 동안 수십 명의 수학자와 과학자를 영입했다. 사이먼스는 이들이 바쁘게 움직이며 생산적인 활동을 하도록 만들어야 한다는 압박감을 느꼈다. 즉 그들에게 새롭게 도전할 만한 일거리를 찾아 줘야 했다.

사이먼스는 한 동료에게 이렇게 말했다. "우리가 영입한 모든 과학자들은 자신들이 상상도 못 했을 만큼 많은 돈을 벌었다. 그런 그들에게 어떻게 하면 동기를 부여할 수 있을까?"

사이먼스에게는 새로운 프로젝트를 찾아야 할 보다 개인적인 또 다른 이유가 있었다. 셋째 아들 닉의 갑작스런 죽음으로 여전히 격심한 정서적 고통을 겪고 있었다. 앞서 몇 년 전만 하더라도 사이먼스는 트레이딩 비즈니스에서 정말 은퇴하고 싶어 했던 것처럼 보였다. 하지만 지금은 고통에서 벗어나 집중할 수 있는 일을 간절히 원했다.

그렇다고 해서 메달리온의 운영을 흔들어 놓을 생각은 전혀 없었다. 메달리온 펀드는 펀드 규모가 너무 커지지 않도록 1년에 한 번 르네상스 직원들이 대다수인 투자자들에게 수익을 배당했다. 사이먼스와 라우퍼를 비롯한 경영진은 메달리온이 더 많은 자금을 운용하면, 여전히 다양한 단기 가격 변동에 영향을 받기 때문에 펀드 성과가 부진할 것이라고 확신했다.

규모를 제한한다는 말은 메달리온이 때때로 활용할 수 있는 것보다 더 많은 시장의 특이한 상황을 찾아낸다는 뜻이기도 했다. 이렇게 버려진 트레이딩 신호들은 보통 장기적 기회와 관련이 있었다. 사이먼스의 과학자들은 단기적 신호에 더 많은 자신감을 보였는데 이런 신호들을 확인하는 데 도움이 되는 데이터가 더 많다는 부분적인 이유에서였다. 이를테면 1일 트레이딩 신호는 1년 중 트레이

시장을 풀어낸 수학자

딩이 일어나는 모든 날의 데이터 포인트를 포함할 수 있는 반면 1년 트레이딩 신호는 연간 데이터 포인트 하나에만 의존한다. 그럼에도 연구원들은 보다 장기적 보유 기간에 초점을 맞춘 알고리즘을 개발할 기회가 주어지면 견고한 수익을 올릴 수 있다고 확신했다.

여기서 사이먼스는 한 가지 아이디어를 떠올렸다. 즉 지금껏 관심을 두지 않았던 장기적 예측 신호들을 활용하는 헤지펀드를 시작하면 어떨까? 당시 르네상스가 더 많이 신뢰하던 단기적 트레이드의 이점을 새로운 펀드가 활용할 수 없다는 상황을 감안할 때 장기적 트레이딩 펀드의 수익이 메달리온 펀드만큼 좋지 않을 가능성이 높다는 것을 사이먼스도 알고 있었지만, 장기적 트레이딩 펀드가 메달리온 펀드보다 훨씬 많은 자금을 운용할 수 있을 것으로 생각했다. 예를 들면 투자 상품을 장기간 보유하는 대형 펀드는 비슷한 규모로 빠르게 트레이딩하는 펀드에 비해 비용이 많이 발생하지 않을 것이다. 장기 트레이드에 집중하는 신규 펀드 때문에 단기적 트레이드에 치중하는 메달리온의 수익이 감소할 우려도 없었다.

사이먼스는 연구를 진행하고 새로운 펀드를 출범시키는 일이 르네상스에 활기를 불어넣는 참신한 도전이 될 것이라고 판단했다. 이 아이디어에는 또 다른 이점도 있었다. 사이먼스는 르네상스를 인수할 사람을 찾고 있었다. 기업 전체가 아니라 일부여도 상관없었다. 70세에 접어든 사이먼스는 자신의 르네상스 지분 일부를 매각하는 것도 그리 나쁜 아이디어는 아니라고 생각했다. 하지만 아직은 아무에게도 그런 사실을 알리고 싶지 않았다. 그리고 수수료와 트레이딩 수익을 통해 확실하고 지속적인 수입을 창출하는 대형 신규 헤지펀드가 잠재적 인수자에게 분명 특별한 매력을 발산할 것으로 예상했다.

르네상스의 일부 멤버들은 그런 사업을 진행하는 이유를 이해하지 못했다. 새로운 사업은 분명 자신들의 일에 지장을 주며 이것저것 물어 보며 복도를 오가는 투자자들이 몰려드는 결과로 이어질 가능성이 높았다. 하지만 사이먼스는 새로운 펀드를 시작하기로 마음을 굳혔다. 사이먼스의 연구원들은 메달리온의 트레이딩 모델처럼 인간의 개입이 거의 없지만, 투자 상품을 한 달 또는 그보다 더 오래 보유하는 모델을 만들기로 결정했다. 새로운 모델에는 가격들의 연관성과 패턴을 파악하는 것과 같은 르네상스의 일반적인 전술은 물론이고 주가 수익률과 대차대조표 데이터의 정보를 바탕으로 저평가된 주식을 매수하는 전략과 보다 기본적인 전략까지 포함될 예정이었다.

철저한 검증을 거친 후 과학자들은 새로운 헤지펀드의 수익률이 주가지수를 단 몇 퍼센트포인트 정도만 상회하겠지만, 전체 시장보다 변동성은 낮을 것으로 판단했다. 또한 연기금을 비롯한 대형 기관에 특히 매력적인 요소인 안정적인 수익을 만들어 낼 것으로 예상했다. 더욱 매력적인 요소는 연구원들의 계산에 따르면 새로운 펀드가 역사상 가장 큰 헤지펀드 규모인 1,000억 달러에 달하는 자금을 운용하더라도 그런 수익을 낼 수 있다는 점이었다.

새롭게 고용된 판매 팀은 '르네상스 인스티튜셔널 에쿼티 펀드 Reanissance Institutional Equities Fund, RIEF'로 명명한 신규 펀드의 홍보와 판매를 시작하면서 이 펀드가 메달리온과 다르다는 점을 분명히 강조

시장을 풀어낸 수학자

했다. 일부 투자자들은 그 말을 의례적인 말로 여기며 무시했다. 그저 같은 기업과 같은 연구원들, 동일한 위험 수준과 트레이딩 모델, 비슷한 성과 정도로 생각했다. 2005년에 이르는 지난 15년 동안 메달리온은 엄청난 수수료를 제하고도 연평균 38.4퍼센트에 달하는 수익을 자랑했으며 이는 RIEF의 판매 권유 문서에 반드시 기록돼야 할 성과였다. 투자자들은 신규 펀드의 수익률이 메달리온의 성과에 '어느 정도' 근접할 것으로 예상할 것이기 때문이었다. 여기에 더해 RIEF는 메달리온보다 엄청나게 저렴한 1퍼센트의 운용 수수료와 모든 수익에 대한 10퍼센트 수수료만 부과했다.

RIEF는 2005년 여름 출범했다. 1년 뒤 신규 펀드가 주식 시장 전체 수익률을 몇 퍼센트포인트 앞서 나가면서 투자자들이 이 펀드에 자금을 투자하기 위해 줄을 섰다. 얼마 지나지 않아 RIEF에 투입된 자금은 140억 달러에 이르렀다.

일부 잠재적 투자자들은 명성 높은 투자가인 사이먼스나 마법과 같은 트레이딩 능력으로 축복받은 듯한 그의 비밀스러운 직원들과의 만남을 가장 기대하는 것 같았다. 판매 담당 고위 임원인 데이비드 드와이어David Dwyer는 잠재적 고객들을 위한 르네상스 캠퍼스 방문 프로그램을 안내할 때면 일상 업무를 막 시작하려는 르네상스의 과학자와 수학자 들이 이국적이며 자연 서식지에서 보기 드문 존재라도 되는 양 잠시 멈춰 서서 그들을 가리키며 방문객들에게 설명했다.

"저 회의실에서 우리의 과학자들이 최근에 발생한 예측 신호들을 검토합니다."

'오우!'

"저기가 바로 중요한 상호 검증 과정이 이뤄지는 곳입니다."

'아!'

"저곳에서 짐 사이먼스가 최고 경영진과 함께 전략을 수립합니다."

'와우!'

구내식당을 지날 때 베이글을 토스터에 넣고 굽거나 머핀을 가지러 오가는 수학자들이 보이면 방문객들은 그 모습을 보라며 옆 사람을 팔꿈치로 쿡쿡 찌르며 신나 했다. 외부인이 자신을 쳐다보는 모습에 익숙하지 않은 직원은 놀라는 표정을 드러내기도 했다.

그러고 나서 드와이어는 방문객들을 아래층으로 안내해 르네상스의 데이터 그룹이 근무하는 곳을 소개했다. 그곳에는 중국 국적의 과학자와 최근에 채용한 몇몇 여성 과학자들을 포함해 30명 이상의 박사들이 주로 복잡한 공식들로 가득한 화이트보드 근처에서 깊은 생각에 빠져 있는 모습을 볼 수 있었다. 드와이어는 이 과학자들이 르네상스에 쉴 새 없이 공급되는 외부 데이터를 받아서 데이터에 담긴 오류와 불규칙적인 요소를 깨끗이 정제해 위층에 있는 수학자들이 가격 패턴을 밝혀낼 수 있도록 도움을 준다고 방문자들에게 설명했다.

드와이어가 이끄는 방문 프로그램은 대개의 경우 테니스 코트 두 면의 크기와 비슷한 르네상스의 컴퓨터실이 있는 2층에서 끝이 났다. 그곳에는 일렬로 쭉 늘어선 높이 2.4미터의 금속케이지 안에 쌓여 있는 서버들이 서로 연결돼 불빛을 깜빡거리며 방문객들이 보고 있는 바로 그 순간에도 수천 가지의 트레이드를 조용히 처리하고 있었다. 컴퓨터실의 공기는 느낌과 냄새가 달랐다. 마치 흐르는 전류의 전압을 느끼는 것처럼 귀에 거슬리고 건조했다. 컴퓨터실은 수학적 모델과 과학적 접근 방식이 르네상스의 중추라는 드와이어의 메시지를 확실하게 증명했다.

드와이어는 "잠재적 투자자들이 르네상스를 방문하고 나서 투자하지 않는 경우는 거의 없었다."고 말한다.

때로는 사이먼스나 브라운이 고객을 위한 프레젠테이션에 참석해 인사말을 하고 고객들의 질문에 재치 있게 답하기도 했다. 이런 미팅이 예상치 못한 방향으로 흘러가는 경우도 가끔씩 있었다. 한번은 RIEF 판매 담당이 공중 보건 활동에 기금을 지원하는 재단 중 가장 규모가 큰 로버트 우드 존슨 재단Robert Wood Johnson Foundation을 위한 점심 식사 자리를 르네상스의 롱아일랜드 사무실에 마련한 적이 있었다. 재단의 투자 팀은 대형 회의실에 들어와 RIEF 판매 담당자들과 악수한 뒤, "건강 문화를 조성한다."라는 우드 존슨 재단의 신조가 새겨진 명함을 건넸다.

점심 식사는 순조롭게 진행됐고, 재단은 RIEF에 거액을 투자할 것처럼 보였다. 점심 식사의 마무리로 두툼한 바닐라 아이스케이크가 테이블 한가운데에 놓여 있었다. 모든 사람들이 맛을 볼 준비를 하며 디저트를 바라보고 있을 때 갑자기 사이먼스가 회의실로 들어와 분위기가 후끈 달아올랐다.

건강을 중시하는 우드 존슨 재단에 소속된 투자 전문가 한 사람이 사이먼스에게 함께 사진을 찍자고 요청했다.

가벼운 대화가 오가는 동안 사이먼스는 오른손으로 이상한 동작을 하기 시작했다. 재단 임원들은 무슨 일인지 영문을 몰랐지만,

RIEF 직원들은 그 움직임을 아는 터라 긴장했다. 사이먼스가 담배를 피우고 싶을 때에는 메리츠 담배를 넣어 둔 상의 왼쪽 윗주머니를 뒤졌다. 하지만 그날 윗주머니에는 담배가 없었다. 사이먼스는 인터폰으로 비서에게 연락해 담배를 갖다 달라고 요청했다.

그리고 방문객들에게 물었다. "제가 담배 한 대 피워도 될까요?"

그들이 채 알아차리기도 전에 사이먼스는 이미 담배에 불을 붙이고 있었다. 곧이어 담배 연기가 회의실에 가득 찼다. 건강 문화 조성에 여전히 전념하고 있던 로버트 우드 존슨 재단의 대표자들은 경악을 금치 못했다. 사이먼스는 이를 알아차리지 못했거나 전혀 신경 쓰지 않는 듯했다. 어색한 잡담이 잠시 오간 뒤 그는 아랫부분까지 타 들어간 담배를 끄려 했지만 재떨이가 눈에 보이지 않았다. RIEF 직원들은 진땀을 흘렸다. 사이먼스가 아랫사람의 책상이나 커피잔 등 사무실 아무 곳에나 담뱃재를 떠는 것으로 알려져 있었기 때문이다. 하지만 그는 르네상스에서 가장 호화스러운 회의실에 있었고 담배를 끄기에 적당한 용기를 찾을 수 없었다.

마침 아이스케이크가 사이먼스의 눈에 띄었다. 그는 자리에서 일어나 테이블 위로 팔을 뻗어 케이크 속에 담배를 쑤셔 넣었다. 아이스케이크에서 지글거리는 소리가 나는 동안 사이먼스는 회의실을 나갔고 방문객들은 충격으로 벌어진 입을 다물지 못했다. 르네상스의 판매 담당자는 수익성이 좋은 판매 계약을 놓쳤다고 확신하며 의기소침했다. 하지만 재단 대표자들은 곧바로 평정심을 되찾고 대규모 계약에 서명했다. 신규 펀드에 그들을 참여시키지 못했으면 담배 연기에 숨이 막히고 바닐라 아이스케이크를 망쳐 놓은 것 이상의 손실이 있었을 것이다.

가끔씩 저지르는 실수를 제외하면 사이먼스는 유능한 세일즈맨이고 확률적 미분 방정식을 이해 못 하는 사람들과도 관계를 구축하는 보기 드문 능력을 지닌 세계적인 수학자였다. 재미있는 얘기를 많이 하고 천연덕스러운 유머 감각을 지녔으며 과학과 돈벌이와 동떨어진 분야에도 관심을 보였다. 또한 다른 사람들을 향한 보기 드문 의리와 배려를 보였으며 이런 특성을 투자자들도 인지했을 것이다. 한번은 프랑스에서 20여 년을 보낸 뒤 스토니브룩으로 돌아오는 설리번이 르네상스의 주차장에서 사이먼스를 만나 얘기를 나눴다. 두 사람은 몇 시간 동안 수학 공식에 관한 대화를 나누고 있었는데 사이먼스는 설리번이 다른 문제로 고통 받고 있다는 사실을 감지했다. 여러 차례 결혼을 반복하며 여섯 명의 자녀를 둔 설리번은 자녀들의 재정 지원 요청에 골머리를 앓았고 각 자녀에게 어떻게 해야타당할지 결정하지 못하고 있었다.

아무 말 없이 앉아 잠시 딜레마에 빠져 있던 사이먼스는 이윽고 솔로몬의 선택과 같은 해답을 두 단어로 제시했다.

"최종적으로는 동일하게."

해답에 만족한 설리번은 안도감을 느끼며 자리를 떴다. 이 만남은 두 사람의 우정을 더욱 돈독하게 했고, 두 사람은 수학 연구 논문을 함께 작성하는 데 더 많은 시간을 보냈다.

사이먼스는 자신의 개인적인 삶에 대해 솔직했고 이 또한 투자자와 친구 들이 그를 높이 평가하는 이유였다. 과학에 그렇게 몰두하는 사람이 담배의 폐해에 관한 통계적 확률까지 무시하며 어떻게 담배를 그 정도로 많이 피울 수 있는지 물어 보는 질문을 받으면 사이먼스는 자신의 유전자를 검사해 보니 대부분의 사람들에게 나쁜 것으로 증명된 습관을 아무 문제없이 다룰 수 있는 독특한 능력이 자신에게 있는 것으로 드러났다고 대답했다.

그러면서 "특정 나이를 넘어서면 분명히 알 수 있다."라고 했다.

브라운도 그에 못지않게 투자자와 원만한 관계를 유지할 수 있는 특성을 갖췄지만, 머서는 달랐다. RIEF의 마케팅 담당자는 머서가 대화 도중 예상치 못한 엉뚱한 시점에서 웃음을 터트리거나 상대방을 화나게 하는 행동을 할까 봐 가능하면 머서를 고객에게서 떨어뜨려 놓으려 애썼다.

언젠가 사이먼스와 브라운이 모두 사무실에 없어 머서가 서부 지역에서 온 어느 기금 대표자들과 만나는 자리에 합류한 적이 있다. 대표자들이 르네상스가 어떻게 그 많은 수익을 올리는지 질문하자 머서가 설명에 나섰다.

머서는 "그러니까 우리에게는 신호가 있습니다"는 말로 설명을 시작했고 동료들은 초초한 심정으로 고개를 끄덕였다. 그러고는 머서가 이렇게 덧붙여 설명했다. "신호가 때로는 크라이슬러를 매수하라고 하며, 또 어떤 때는 매도하라고 합니다."

모여 있던 사람들이 갑자기 조용해지며 눈썹을 치켜 올렸다. 크라이슬러가 1998년 독일 자동차 생산 기업 다임러^{Daimler}에 인수되었고 당시에는 기업으로 존재하지 않던 상황이었다. 머서는 그 사실을 모르는 듯했다. 그는 퀀트 투자자였기에 어쩌면 자신이 트레이드하는 기업이 어떤 기업인지 크게 신경 쓰지 않았을 수도 있다. 다행히 기금 대표자들은 그런 실수를 못 본 체하며 RIEF의 새로운 투자자가 됐다.

2007년 봄에 이르자 몰려드는 투자자들을 물리치기가 어려워졌다. 350억 달러에 이르는 자금이 몰려든 RIEF는 세계에서 가장 규모가 큰 헤지펀드 중 하나가 됐다. 결국 르네상스는 신규 투자를 매달 20억 달러로 제한했다. RIEF가 1,000억 달러를 운용할 수 있도록 설계된 것은 분명하지만, 그렇게 한꺼번에 몰려드는 자금을 감당할 수는 없었다. 사이먼스는 채권과 통화 등의 선물 계약을 장기적 형태로 트레이드하는 새로운 헤지펀드를 출범시킬 계획을 세우고 '르네상스 인스티튜셔널 퓨처스 펀드Renaissance Institutional Futures Fund, RIFF'를 만드는 일에 착수했다. 새로운 과학자 그룹을 영입하는 한편 다른 부문의 직원들도 힘을 보태며, 직원들에게 활기를 불어넣고 그들을 하나로 뭉치게 만들려는 사이먼스의 목표를 달성해 나갔다.[1]

하지만 사이먼스에게는 긴급히 해결해야 할 또 다른 문제가 있었다.

2007년 늦은 봄 사이먼스는 뉴욕 시 중심의 그랜드 센트럴 기차역 가까이에 있는 유리와 철골 구조의 41층 빌딩 내 자신의 사무실에서 흰머리에 껍질 문양의 독특한 안경으로 잘 알려진 쉰일곱 살의 억만장자 이즈라엘 잉글랜더를 노려보며 앉아 있었다. 긴장감이 흐르는 가운데 두 사람은 신경이 날카로워져 있었고 서로에게 화가 나 있었다. 이렇게 맞닥뜨린 건 이때가 처음이 아니었다.

4년 전 연구원 볼프베인과 베로폴스키가 르네상스를 떠나 잉글랜더의 헤지펀드 밀레니엄 매니지먼트에서 주식을 트레이드하는 자리로 옮겼을 때, 몹시 화가 난 사이먼스가 어느 날 잉글랜더의 사무실로 달려 들어가 그들을 해고할 것을 요구했고 잉글랜더는 이 요구에 불쾌함을 느꼈던 적이 있다.

잉글랜더는 사이먼스에게 "증명해 보라"고 하며 볼프베인과 베로폴스키가 르네상스의 독점적 정보를 빼내 갔다는 증거를 요구했다.

잉글랜더는 사이먼스가 진정으로 두려워하는 것이 정보 탈취가 아니라 르네상스 직원들의 추가 이직이라고 속으로 생각했다. 사이먼스는 경쟁자에게 속내를 비치지 않았다. 그러고는 자신과 르네상스의 이름으로 잉글랜더의 기업과 볼프베인과 베로폴스키에 대한 소송을 제기했고 두 트레이더들은 르네상스를 맞고소했다.

이렇게 적대적인 소송이 오가는 가운데 볼프베인과 베로폴스키는 그들 나름의 퀀트 트레이딩 시스템을 구축해 약 1억 달러의 수익을 올리며 잉글랜더가 동료에게 말한 대로 지금껏 만났던 트레이더들 중에서 가장 성공적인 트레이더의 자리에 올랐다. 르네상스에 재직할 때 볼프베인과 베로폴스키는 메달리온의 비법을 사용하거나 공유하는 행위를 금하는 비밀 유지 합의서에 서명했었다. 하지만 한 동료의 말에 따르면 그들은 서명해야 할 서류 더미 속에 비경쟁 합의서를 슬쩍 끼워 넣는 르네상스의 행동이 불공정하다고 여기며 비경쟁 합의서에 대한 서명은 거부했다. 이를 빌미로 잉글랜더는 두 연구원이 르네상스의 비법을 활용하지 않는 한 그들을 고용할 권리가 있다고 생각했다.

2007년 봄 사이먼스를 마주보며 고급스런 안락한 의자에 앉아

시장을 풀어낸 수학자

있던 잉글랜더는 자신이 영입한 두 사람의 트레이딩 방식에 전혀 관여하지 않았다고 말했다. 볼프베인과 베로폴스키는 르네상스가 지적 재산권을 보유한 프로그램이 아니라 소스 프로그램이 공개된 소프트웨어와 학계 논문과 재무 서적에 제시된 통찰에 의존한다고 잉글랜더와 다른 사람들에게 설명했었다. 그렇다면 잉글랜더가 그들을 해고할 이유가 없었다.

사이먼스는 크게 화를 내는 동시에 염려스럽기도 했다. 볼프베인과 베로폴스키를 멈추게 하지 않으면 그들의 트레이딩이 메달리온의 수익을 잠식할 수도 있었다. 게다가 그들의 이탈이 다른 사람들이 떠날 수 있는 길을 여는 상황이 될 수도 있었다. 또한 사이먼스가 느끼는 본질적인 문제가 하나 있었다.

'바로 그들이 자신의 비결을 훔쳐 갔다는 사실이다.'

볼프베인과 베로폴스키가 실제로 메달리온의 지적 재산권을 침해했다는 증거가 쌓이기 시작했다. 독립적 위치에 있는 한 전문가는 두 사람이 메달리온이 사용하는 것과 같은 소스 코드를 많이 쓰고 있다고 판단했다. 그들은 또 자신들의 트레이드가 시장에 미치는 영향을 측정하기 위해 메달리온과 비슷한 수학적 모델을 활용했다. 전문가 증인들 중 최소한 한 명은 볼프베인과 베로폴스키의 설명이 너무나 의심스러워 그들의 입장에서 증언하기를 거부했다. 심지어 그들이 채택한 한 전략에는 "헨리의 신호"라는 이름까지 붙어 있었다. 사이먼스의 오랜 파트너였던 헨리 라우퍼가 개발해 같은 이름으로 불렀던 비슷한 전략을 르네상스가 사용하고 있었다는 사실을 우연이라고만 할 수는 없었다.

그날 사이먼스와 잉글랜더의 다툼이 크게 심해지지는 않았고, 몇 달 뒤 두 사람은 합의에 이르렀다. 잉글랜더의 기업이 볼프베인과 베로폴스키를 해고하고 르네상스에 2,000만 달러를 지불하는 데 동의했다. 르네상스의 일부 멤버들은 이 합의에 격분했다. 자신들을 배반한 두 연구원이 잉글랜더를 위해 트레이딩을 하면서 2,000만 달러 이상의 수익을 올렸고 몇 년 동안 조용히 지낸 뒤에 언제든지 자유롭게 활동을 재개할 수 있기 때문이었다. 하지만 사이먼스는 이 분쟁을 끝냈다는 사실과 제멋대로 날뛰는 연구원의 발자취를 따라갈 생각을 하고 있을지도 모를 르네상스 직원들에게 경고 메시지를 보냈다는 것에 안도했다.

이제 그 어떤 것도 사이먼스와 르네상스를 막을 수 없을 것 같았다.

RIEF는 출발부터 아주 좋은 성과를 냈고, 메달리온은 여전히 돈을 찍어 내듯 엄청난 수익을 올리고 있었다. 너무나 자신만만했던 브라운은 동료와 내기를 했다. 만약 메달리온이 2007년에 100퍼센트 수익률을 기록하면 자신이 동료의 신형 메르세데스 벤츠 E-Class 자동차를 갖겠다는 내기였다. 브라운의 경쟁적인 성향은 삶의 다른 부분에서도 이어졌다. 날씬한 체격에 키가 183센티미터인 브라운은 스쿼시 게임을 하고 사내 체육관에서 힘을 겨루며 동료들에게 도전했다. 사이먼스가 직원들과 그들 가족을 버뮤다의 휴양지로 불러 휴가를 보내도록 했을 때 많은 사람들이 무릎까지 오는 검은색 양말에 샌들을 신고 수영장 주위에 느긋하게 앉아 다른 직원들이 하는 수중 배구 게임을 보고 있었다. 그때 갑자기 한바탕 소동이 벌어지며 평

시장을 풀어낸 수학자

화롭던 분위기가 깨졌다. 수영장에서 배구를 하던 누군가가 공을 향해 맹렬히 돌진하더니 같은 팀 동료의 눈에 물보라를 뿌렸고 그가 휘두르는 팔꿈치가 옆에 있던 아이의 얼굴을 위험할 정도로 가까이 스쳐 지나갔다.

깜짝 놀란 아이의 엄마가 수영장 쪽으로 다가가며 "저 미치광이는 도대체 누구냐?"고 물었다. 곁에 있던 직원이 대답했다. "오, 브라운이 아니면 누구겠어요?"

브라운과 머서는 둘 다 느낌이 아니라 논리를 중요시했다. 자신들이 고용한 과학자와 수학자 대다수도 재능이 뛰어나고 의욕이 넘치며 인간의 감정과 분리된 것처럼 보였다. 버뮤다 여행에서 집으로 돌아오는 길에 직원들이 비행기를 타려고 줄을 서 있을 때 누군가가 임산부가 먼저 탈 수 있게 순서를 양보하자고 제안했다. 르네상스 과학자 일부는 이 제안을 거부했다. 그 여성에 대해 악감정을 가진 것은 아니었지만, 정말 빨리 탑승하고 싶었다면 그녀가 더 일찍 왔어야 한다는 게 그들의 논리였다.

여행을 함께 갔던 한 외부 인사는 TV 시트콤 시리즈 〈빅뱅이론 The Big Bang Theory〉에서 천재 물리학 박사로 등장하는 셸던Sheldon을 언급하며 "마치 여러 명의 셸던을 보는 듯했다."고 말한다.

더 많은 업무를 책임지게 된 브라운은 자신의 무뚝뚝하고 변덕스러운 스타일을 겪어 보지 못한 마케팅 담당 임원 등과 업무를 처리하는 데 많은 시간을 보냈다. 사춘기에 접어든 청소년처럼 브라운은 종종 빈정대거나 심지어 짓궂기까지 했으며 펀드의 성과가 좋을 때면 특히 더 그랬다. 심지어 비교적 사소한 일에도 불같이 화를 냈다. 한번은 회의를 할 때 부하 직원이 무심코 핸드폰을 끄지 않고 진동 모드로 둔 적이 있었다. 브라운이 얘기하고 있는 동안 책 더미 위에 놓인 그 전화기가 진동했다. 브라운은 눈을 크게 뜨고 전화기와 직원을 잇달아 노려봤다. 곧바로 미친 듯이 크게 소리 질렀다.

"그 빌어먹을 전화기를 당장 여기서 치워!"

그러자 최고 재무책임자 마크 실버가 브라운을 말렸다. "브라운, 진정하게. 모든 게 다 괜찮아질 걸세."

머서에게도 브라운을 진정시키는 능력이 있었다. 브라운은 머서 곁에만 있어도 기분이 좋은 것처럼 보였다. 머서는 근무 시간 중에 가끔씩 혼자 휘파람을 불며 대부분의 동료들과 거의 교류하지 않았지만, 브라운과는 자주 머리를 맞대고 트레이딩 모델을 개선할 아이디어를 짜내곤 했다. 한 사람은 감정적이고 외향적이고 다른 한 사람은 과묵하고 신중했다. 이런 조합은 2인조 코미디언 펜과 텔러Penn & Teller와 약간 비슷했다(하지만 재미는 훨씬 덜했다).

2007년 7월 RIEF가 약간의 손실을 기록했지만, 메달리온 펀드가 그 시기까지 50퍼센트 오르며 브라운이 동료의 메르세데스 벤츠 자동차를 차지할 자격을 얻을 것 같았다. 경제의 다른 부분에서는 공격적인 대출 기관들이 신용 상태가 안 좋거나 제한적인 미국 대출자들에게 높은 이자율로 주택담보대출을 남발했던, 소위 말하는 서브프라임 모기지subprime home mortgage 사태로 인해 문제들이 발생하고 있었다. 지나치게 걱정이 많은 사람들은 이 어려움이 널리 확산될 수 있다고 예상했지만, 모기지 시장의 한 부분이 광범위한 주식이나 채권 시장에 심각한 손상을 줄 수 있다고 생각한 사람은 거의 없었다. 브라운과 머서의 주식에 대한 통계적 차익거래는 시장 중립이므로, 어느 경우이든 사람들의 초조함이 메달리온의 수익에 영향을 미칠 가능성은 낮았다.

그해 8월 3일 금요일 다우존스 산업평균은 베어스턴스Bear Stearns 투자 은행의 재무 건전성에 대한 염려 때문에 281포인트 급락했다. 하지만 이 하락이 그렇게 큰 문제로 보이지는 않았다. 당시 대부분의 고위직 투자자들이 어차피 휴가를 떠난 뒤라 하락의 원인을 파헤치고 그 의미를 해석할 만한 가치는 없어 보였다.

그해 여름 퀀트 투자 방식을 추구하는 헤지펀드 그룹들이 다수 등장했다. 그들 대부분은 사이먼스의 성공에서 영감을 받아 컴퓨터 모델과 자동화된 트레이딩 방식을 활용해 자신들 나름의 시장 중립적 전략을 구사했다. 뉴욕 시 중심지에 있는 모건스탠리의 맨해튼 본사에서는 여가 시간에 동네 클럽에서 피아노를 연주하는 푸른 눈의 퀀트 투자가 피터 밀러Peter Muller가 모건스탠리의 PDT 부문 소속으로서 60억 달러의 자금을 운용하는 팀을 이끌었다. 코네티컷 주 그리니치에서는 시카고대학교 박사 출신인 클리포드 애스네스 Clifford Assness가 AQR 캐피털 매니지먼트라는 퀀트 투자 기업에서 390억 달러에 이르는 헤지펀드를 운영했다. 그리고 시카고에서는 1980년대 말 하버드대학교 재학 시절 최신 주식 시세를 알기 위해 기숙사 지붕에 위성 안테나까지 설치했던 켄 그리핀Ken Griffin이 130억 달러 규모 기업 시타델Citadel에서 고성능 컴퓨터를 활용해 통계적 차익거래를 비롯한 여러 거래들을 하고 있었다.

8월 6일 월요일 오후 퀀트 트레이더들 모두가 갑작스럽고 심각한 손실을 입었다. AQR의 애스네스는 건물 구석에 자리 잡은 자신의 사무실 유리 칸막이에 블라인드를 급히 내리고 무슨 일이 벌어지고 있는지 알아보려고 여러 사람에게 전화를 돌렸다. 티케 캐피털 Tykhe Capital이라는 규모가 다소 작은 퀀트 펀드가 곤경에 처했으며 시스템적 방식으로 투자하던 골드만삭스의 한 부문도 어려움을 겪고 있다는 소문이 돌았다. 누가 매도를 주도하고 있는지, 그리고 그런 매도 행위가 자신들의 전략이 독특하다고 여기는 그 많은 기업들에 영향을 주는지 분명하지 않았다. 훗날 학자들과 다른 관계자들은 최소한 퀀트 펀드 한 곳의 급매와 투자를 위해 받았던 대출금을 낮추려는 다른 이들, 그리고 어쩌면 어려움을 겪는 모기지 투자에 대처할 현금을 마련하려는 해당 펀드 투자자들의 갑작스런 움직임이 '퀀트 지진quant quake'으로 알려진 잔인한 폭락 사태를 촉발했다고 단정했다.

1987년 주식 시장이 폭락할 때 투자자들은 복잡한 모델 탓에 실패했다. 1998년 롱텀 캐피털은 역대급 손실을 입었다. 이를 거울삼아 알고리즘 트레이더들은 최근에 일어나는 대실패 상황에 대비했다.

AQR에서 글로벌 트레이딩을 이끌던 마이클 멘델슨Michael Mendelson은 애스네스에게 말했다. "정말 상황이 좋지 않아요. 청산해야 할 것 같은 느낌이 듭니다."[2]

사이먼스는 그 월요일에 주식 트레이딩에 거의 집중하지 않았다. 가족들과 함께 보스턴에서 자신의 어머니 마르시아 사이먼스의 장례를 치르고 있었기 때문이다. 그날 오후 사이먼스와 그의 사촌이자 르네상스의 선물 트레이딩 비즈니스를 운영하던 로버트 로리가 사이먼스의 개인 제트기 걸프스트림 G450을 타고 롱아일랜드로 돌아오던 중 메달리온과 RIEF가 폭락하고 있다는 소식을 들었다. 사이먼스는 로리에게 걱정하지 말라고 했다.

어려운 날을 겪은 뒤에는 "우리에게 항상 아주 좋은 날들이 온다."라고 했다.

하지만 화요일에 상황은 더욱 악화됐다. 사이먼스와 동료들은 뚜렷한 이유도 없이 붉은 빛만 반짝거리는 컴퓨터 화면을 주시했다. 암울한 기분에 빠진 브라운이 누군가에게 말했다.

"도대체 무슨 일이 일어나고 있는지 알 수 없지만, 좋은 일은 분명 아니야."

수요일이 되자 상황은 두려운 지경에 이르렀다. 사이먼스와 브라운, 머서 그리고 다른 대여섯 명의 임원들이 중앙 회의실로 급히 달려와 테이블 주위에 앉았다. 곧바로 벽에 걸린 일련의 차트에 집중했다. 이 차트들에는 현재 손실 규모와 메달리온의 대출 은행들이 메달리온 펀드의 주식 포지션을 팔지 않게 하려면 어느 시점에서 추가 담보와 추가 증거금을 납입해야 하는지 자세히 설명돼 있었다. 한 무리의 주식들은 이미 너무 많이 떨어져 매도를 방지하기 위해 르네상스가 추가 담보를 마련해야 했다. 그 주식이 더 많이 하락하면 메달리온은 막대한 주식 매도와 그에 따른 더 심각하고 극적인 손실을 막기 위해 대출 은행에 더 많은 담보를 제공해야 했다.

회의실은 연구원들이 모여 일하는 개방된 아트리움 가까이에 있었다. 회의가 계속되는 동안 초조한 연구원들은 회의실을 드나드는 임원들의 표정을 자세히 살피며 절박함의 수준을 가늠했다.

회의실 안에서는 논쟁이 벌어졌다. 7년 전인 2000년도에 기술 주식들이 폭락했을 때 브라운은 무엇을 해야 할지 몰랐다. 하지만 이번에는 확신했다. 대량 매도 사태가 오래가지 않을 것이라고 주장했다. 그러면서 르네상스가 기존 트레이딩 시스템을 고수해야 한다고 말했다. 어쩌면 투자 포지션을 추가해야 할지도 모른다고 했다. 스스로 매도와 매수를 결정하도록 프로그램된 트레이딩 시스템은 혼돈 상황을 포착하고 포지션을 확대하며 이미 그렇게 하고 있었다.

브라운은 "지금이 기회"라고 주장했다.

머서도 동의하는 것 같았다.

라우퍼도 힘을 보탰다. "트레이딩 모델을 믿읍시다. 모델이 작동하도록 놔둡시다."

사이먼스는 고개를 가로저었다. 르네상스가 더 이상의 고통을 견딜 수 있을지 확신이 서지 않았다. 그리고 두려웠다. 손실이 점점 늘고 르네상스가 추가 담보를 충분히 마련하지 못하면 은행은 엄청난 손실을 입더라도 메달리온의 투자 포지션을 매도하려 할 것이다. 그렇게 되면 어느 누구도 사이먼스의 펀드를 다시는 취급하지 않으려 할 것이다. 그럴 경우 비록 르네상스가 은행보다 재무적 손실을 덜 입더라도 치명적인 타격이 될 가능성이 높았다.

사이먼스는 동료들에게 메달리온이 필요한 것은 추가 매수가 아니라 매도라고 말했다.

"우리가 해야 할 일은 생존입니다. 우리가 틀렸다면 나중에 언제라도 (투자 포지션을) 추가할 수 있습니다."

시장을 풀어낸 수학자

브라운은 자신이 듣고 있는 말에 충격을 받은 것 같았다. 자신과 동료 과학자들이 개발했던 알고리즘을 절대적으로 신뢰했던 브라운은 사이먼스가 자신의 의견을 공개적으로 반대하며 트레이딩 시스템 자체에 문제가 있다고 말하는 것처럼 보였다.

목요일이 되자 메달리온은 현금을 확보하기 위해 주식 포지션을 줄이기 시작했다. 회의실에 다시 모인 사이먼스와 브라운, 머서는 르네상스의 현재 수익과 손실을 나타내는 컴퓨터 모니터 하나를 주시했다. 자신들의 매도가 시장에 어떤 영향을 미치는지 알고 싶었다. 한 무리의 주식들에 대한 첫 번째 일괄 매도가 진행되자 시장은 충격을 받아 더욱 하락하며 르네상스에 더 많은 손실을 안겼다. 이후에도 동일한 과정이 반복됐다. 침묵이 흐르는 가운데 사이먼스는 자리에서 일어나 화면을 주시했다.

퀀트 투자의 선두 기업들 모두가 심각한 문제에 빠졌다. PDT는 단 이틀 만에 모건스탠리의 자금 6억 달러를 손해 봤다. 이제 매도는 시장 전체로 확산되고 있었다. 목요일에 S&P 500 지수는 3퍼센트 하락했고 다우 지수는 387포인트 떨어졌다. 메달리온은 이미 전체 운용 자금의 20퍼센트에 이르는 10억 달러 이상의 손해를 보며 충격에 휩싸였다. RIEF도 약 10퍼센트에 해당하는 30억 달러 가까이 떨어졌다. 르네상스 구내식당에는 연구원들과 직원들이 아무런 말없이 앉아 기업이 생존할 수 있을지 염려했고 섬뜩한 분위기를 자아내는 침묵만 가득했다. 연구원들은 자정이 넘도록 잠을 이루지 못하며 문제를 이해하려고 노력했다.

'우리의 트레이딩 모델이 망가진 것일까?'

알고 보니 경쟁자들이 르네상스 투자 포지션의 4분의 1과 같은 포지션을 공유하고 있는 것으로 드러났다. 결국 많은 다른 기업들을 감염시키는 동일한 병으로 르네상스가 고통 받고 있는 셈이었다. 선임 과학자들은 손실 자체가 아니라 사이먼스가 트레이딩 시스템이 제대로 작동하는 것을 방해하며 포지션을 줄였다는 사실에 분노했다. 일부는 사이먼스의 결정을 자신들의 노력을 이념적으로 확신하지 못하는 신호로 여겼고 개인적인 모욕으로 받아들이기도 했다.

한 선임 연구원은 사이먼스에게 보내는 이메일에 "당신이 정말 틀렸다."라고 썼다.

또 다른 과학자는 사이먼스에게 "당신이 시스템을 믿는지, 아니면 안 믿는지 모르겠다."라고 말하며 넌더리를 쳤다.

사이먼스는 트레이딩 시스템을 정말 믿었지만, 시장에서 입은 손실이 매우 특이한 현상이었다고 말했다. 즉 평균에서 벗어나는 표준편차 수치가 20 이상을 기록했으며 이런 수준의 손실은 대부분의 사람이 경험조차 해 본 적이 없었다는 설명이었다.

사이먼스는 "이런 상황이 얼마나 더 지속될 수 있을지" 의문스러웠다.

르네상스의 대출 은행들은 더 큰 두려움에 빠졌다. 만일 메달리온이 계속 손실을 입는다면 도이치뱅크와 바클레이스뱅크는 수십억 달러에 이르는 손실에 직면할 것으로 예상됐다. 심지어 바스켓 옵션을 판매했다는 사실을 아는 사람도 은행 내에 거의 없었다. 그렇게 급작스럽고 심각한 손실은 은행의 경영 상태와 전반적인 재무 건전성에 의문을 제기하며 투자자와 규제 기관에 충격을 줄 것이

　　　　　　　　시장을 풀어낸 수학자

다. 바클레이스뱅크의 중역으로 르네상스와 가장 밀접한 관계인 마틴 말로이^{Martin Malloy}는 어느 정도 안심할 수 있는 대답을 바라며 브라운에게 전화를 걸었다. 브라운은 매우 시달리고 있지만, 그래도 평정심을 잃지는 않은 것 같았다.

다른 이들은 공황 상태에 빠지기 시작했다. RIEF를 기관에 판매하기 위해 2년 전에 영입된 고위 임원 드와이어는 그 주 금요일에 재보험사 대표자들에게 RIEF를 권유하려고 사무실을 나섰다. RIEF가 그해 전체 주식 시장이 올랐는데도 약 10퍼센트 하락한 상태라 고객들은 들고 일어날 태세였다. 하지만 드와이어에게는 더 중요한 문제가 있었다. 그는 르네상스에 합류하면서 집을 팔았고 그 돈을 메달리온에 투자했다. 또 기업 내 다른 사람들과 마찬가지로 펀드에 투자하기 위해 도이치뱅크에서 대출도 받았다. 이제 드와이어는 거의 100만 달러에 이르는 손해를 봤다. 젊은 시절에 크론병으로 고생했지만, 지금은 증상이 거의 사라진 상태였다. 그런데 극심한 통증과 고열, 지독한 복부 경련이 다시 시작됐다. 스트레스로 병이 재발한 것이었다.

미팅을 마친 뒤 드와이어는 가족들과 함께 주말을 보내려고 매사추세츠 주로 가는 페리 선착장이 있는 롱아일랜드 해협으로 차를 몰았다. 자동차를 주차하고 주차 요원에게 자동차 키를 건네기 위해 기다리면서 자신의 극심한 고통이 끝나는 상상을 했다.

'그냥 브레이크가 파열되게 놔둘까?'

드와이어는 감정적으로 한없이 추락하는 상태에 빠졌다. 하지만 주말을 보내고 사무실로 돌아왔을 때 메달리온이 안정을 되찾고 있다는 조짐이 보였다. 그날 아침 메달리온 펀드가 다시 포지션을 매도하자 시장은 약세로 돌아서지 않고 그 트레이드들을 소화하는 것처럼 보였다. 일부 사람들은 이와 같은 시장의 전환이 그날 AQR의 애스네스가 매수 주문을 한 덕분이라고 생각했다.

"나는 우리가 이 상황을 극복할 것으로 생각합니다. 이제 덜어 내는 것은 여기서 멈추도록 합시다." 사이먼스는 이렇게 말하며 매도를 중단하라고 지시했다.

월요일 아침에 이르자 마치 열이 내린 것처럼 메달리온과 RIEF는 다시 수익을 냈고 대부분의 대형 퀀트 트레이드 기업들도 마찬가지였다. 드와이어는 깊은 안도감을 느꼈다. 이후 르네상스의 일부 멤버들은 사이먼스가 르네상스의 트레이딩 시스템을 무시하지 않았더라면 더 많은 수익을 올렸을 것이라며 불평했다.

한 멤버는 사이먼스에게 "우리가 훨씬 더 많은 수익을 올릴 수 있었는데 포기한 셈"이라고 말했다.

이 말에 사이먼스는 "나는 그런 상황이 또다시 와도 같은 결정을 내릴 것"이라고 대답했다.

얼마 지나지 않아 르네상스는 다시 일어섰다. 글로벌 시장이 더욱 격변하면서 메달리온이 감지하는 신호들이 빛을 발했고 메달리온 펀드는 2007년에 86퍼센트의 수익률을 기록했다. 이는 브라운이 메르세데스 벤츠 자동차를 받을 수 있는 수익률에 거의 근접했다는 뜻이었다. 새롭게 구성한 RIEF 펀드가 그해 약간의 손실을 입었지만, 그리 큰 문제는 아닌 것처럼 보였다.

2008년 초에 이르자 서브프라임 모기지 문제가 미국과 전 세계의 거의 모든 주식 및 채권에 악영향을 미쳤지만, 메달리온은 늘 그렇듯이 이런 혼돈 속에서 오히려 번창하며 그해 초 몇 달간 20퍼센트 이상 상승했다. 사이먼스는 르네상스의 지분 중 최대 20퍼센트를 매각하겠다는 아이디어를 되살렸다.

2008년 5월 사이먼스와 브라운을 비롯한 르네상스의 몇몇 중역들은 카타르의 국부 펀드 대표자들을 만나 르네상스 지분 매각을 논의하기 위해 카타르로 날아갔다. 이슬람교도의 기도일인 금요일에 도착했기 때문에 미팅은 다음 날에야 할 수 있었다. 호텔의 고객 서비스 담당 직원은 그들에게 4륜구동 자동차로 모래 언덕을 오른 뒤 마치 롤러코스터를 타는 것처럼 빠른 속도와 위험한 각도로 가파른 모래 언덕을 미끄러지듯 달려 내려오는 유명한 오프로드 자동차 주행 체험을 추천했다. 끔찍하게 더운 날이라 브라운과 다른 사람들은 호텔 수영장을 선택했다. 하지만 사이먼스는 업계 내 베테랑이며 투자 전문 기업 오펜하이머Oppenheimer에서 최고 경영자를 역임한 인물이자 르네상스의 마케팅과 전략적 방향을 설정하는 업무를 위해 영입한 스티븐 로버트Stephen Robert와 함께 사막으로 향했다.

얼마 후 그들은 산처럼 높아 보이는 모래 언덕을 자동차가 거의 뒤집어질 것 같은 맹렬한 속도로 달렸다. 사이먼스는 창백해졌다.

로버트는 요란한 자동차 엔진 소리 속에서 사이먼스에게 괜찮으냐고 소리쳤다.

사이먼스는 공포에 질린 목소리로 로버트에게 크게 소리 질렀다. "우리가 죽을 수도 있어!"

로버트는 사이먼스에게 말했다. "안심해요. 그들이 늘 하는 일이라 안전해요."

사이먼스가 대답했다. "만약 자동차가 뒤집어지면 어떡하지? 사람들이 나를 꽤 똑똑하다고 생각하는데 나는 가장 멍청한 방식으로 죽을 수도 있다고."

그로부터 5분 더 사이먼스는 공포에 떨었다. 그러고 나서 갑자기 얼굴에 화색이 돌며 안정을 되찾았다.

사이먼스는 로버트에게 외쳤다. "아, 알았다! 물리학의 원칙이야. 타이어에 마찰력이 생기지 않는 한 우리는 뒤집어질 수가 없어! 우리가 지금 모래 속에 있으니 타이어에 마찰을 일으킬 만한 게 아무것도 없어!"

사이먼스는 미소를 지으며 가장 적절한 과학 문제를 생각해 낸 자신을 뿌듯해했다.

휘트니는 전혀 안심하지 못했다.

코노넨코가 그의 행동에 따른 징계를 받지 않는 것으로 결정 난 사이먼스 저택에서의 만찬 후 휘트니는 실의에 빠졌다. 그와 매거맨은 르네상스를 떠나기로 약속했지만, 르네상스에서 그들의 말을 믿는 사람은 거의 없었다. 짜증나게 하는 동료와 기업 문화에 대한 염려 때문에 1년에 수천만 달러씩 들어오는 수익을 포기할 사람이 과연 있을까?

하지만 휘트니는 심각하게 생각하고 있었다. 코노넨코에 관한 결정을 참을 수 있는 마지막 한계로 여겼다. 예전에 메달리온 펀드에서 비종업원 투자자들을 내보내려는 사이먼스의 결정에 휘트니가 반대한 적이 있다. 만일 헤지펀드가 직원들에게만 돈을 벌어다주면 사회에 도대체 어떤 기여를 할 수 있을지 의문스러웠다. 한때는 르네상스가 굳게 단결된 대학교 학과처럼 보이기도 했다. 이제 남을 밀쳐 내는 예리한 팔꿈치가 그를 향하고 있었다.

2008년 여름 휘트니는 북미 최초의 수학 전문 박물관인 국립 수학 박물관National Museum of Mathematics, MoMath에서 대표자 역할을 맡기로 했다고 발표했다. 동료들은 그를 조롱했다. 일부는 휘트니에게 정말 사회를 개선하고 싶으면 르네상스에 계속 머무르며 더 많은 부를 쌓은 뒤 만년에 기부하라고 했다.

한 동료는 그에게 "당신은 자기만족을 위해 떠난다."라고 했다.

휘트니는 "내게는 개인적인 행복을 찾을 권리가 있다."라고 대답했다.

동료는 콧방귀를 뀌며 "그건 이기적"이라고 했다.

휘트니는 르네상스를 떠났다.

매거맨도 견딜 만큼 견뎠다. 몇 년 전 9월 11일 테러 공격 때문에 중년의 위기를 겪었을 때는 삶에서 더 많은 의미를 찾으려고 이스라엘을 여행했고 유대교에 더욱 심취해 돌아오기도 했었다. 코노넨코가 여전히 르네상스에 남아 있을 뿐만 아니라 주식 비즈니스 전체를 그와 공동 운영하고 있었다. 매거맨은 더 이상 견딜 수가 없었다.

그는 아내와 세 자녀와 함께 보다 평온하고 영적인 라이프스타일을 찾아 롱아일랜드에서 펜실베이니아 주 필라델피아 외곽의 글래드와인Gladwyne으로 이사했다.

2008년 내내 글로벌 경제가 계속 악화되며 금융 시장이 폭락하면서 르네상스 지분 인수에 대한 관심도 사라졌다. 하지만 메달리온 펀드는 혼돈 속에서 번창하며 그해 82퍼센트 급등했고 이 덕분에 사이먼스는 20억 달러가 넘는 개인 소득을 올렸다. 이런 엄청난 수익 탓에 하원의 청문회에서 금융 붕괴의 원인에 대한 조사의 한 부분으로 사이먼스의 증언을 요청하기에 이르렀다. 사이먼스는 대민 관계 고문인 조나단 가스탈터^{Jonathan Gasthalter}와 함께 열심히 준비했다. 헤지펀드 운영자인 조지 소로스가 우측에, 존 폴슨^{John Paulson}이 좌측에 앉았고 그 가운데에 자리 잡은 사이먼스는 헤지펀드가 규제 기관과 정보를 공유하도록 강제하는 조치와 헤지펀드 운영자에게 높은 세금을 부과하는 방안을 지지한다고 의회에서 증언했다.

하지만 사이먼스는 청문회뿐만 아니라 산업계 자체에서도 제일 먼저 떠올리는 사람이 아니라 한참 뒤에 생각나는 그런 인물이었다. 모든 시선이 사이먼스와 달리 금융 붕괴를 예측하는 데 성공했던 폴슨과 소로스를 비롯한 몇몇 다른 투자가들에게 집중됐다. 그들은 예전 방식의 투자 조사로 이런 사태를 정확히 예측했으며 이를 통해 전통적인 방식의 지속적인 잠재력과 매력이 다시 한 번 부각됐다.

폴슨은 2005년에 동료 파올로 펠레그리니^{Paolo Pellegrini}가 주택 공급 시장의 가격이 40퍼센트 부풀려져 있다는 사실을 보여 주는 가격 차트를 개발했을 당시 통제가 안 되는 주택 공급 시장에 먼저 관심을 보였다. 기회가 눈앞에 와 있다는 감을 잡았기 때문이다.

"이건 우리가 활용해야 할 버블이야. 확실해." 폴슨이 펠리그리니에게 한 말이었다.

두 사람은 가장 위험도가 높은 주택담보대출의 부도에 대비하는 금융파생상품인 신용부도스와프credit default swap(대출이나 채권의 형태로 자금을 조달한 채무자의 신용위험만을 별도로 분리해 이를 시장에서 사고파는 금융파생상품의 일종—옮긴이)를 매입해 2007년과 2008년에 걸쳐 200억 달러에 이르는 뜻밖의 소득을 올렸다. 노련하고 경험 많은 헤지펀드 투자가 조지 소로스도 신용부도스와프에 투자해 수십억 달러를 벌었다.[3] 서른아홉 살에 여전히 동안인 데이비드 아인혼David Einhorn은 2008년 5월에 산업계 컨퍼런스에서 리먼 브라더스 투자 은행이 부동산과 관련된 수십억 달러의 손실을 모면하기 위해 회계 부정을 저질렀다고 비난해 찬사를 받았다. 훗날 자신의 성공을 "비판적 사고 기능" 덕분이라고 했던 아인혼은 그해 후반부에 리먼 브라더스가 파산을 선언하면서 자신의 정당성을 입증 받았다.[4]

폴슨과 소로스의 경우에서 얻는 교훈은 분명했다. 즉 시장을 능가하며 한 수 앞서 나갈 수 있는 투자가가 있다는 사실이다. 성실함과 뛰어난 지능과 상황 대처 능력만 있으면 가능했다. 사이먼스의 퀀트 투자 모델과 머리는 좋으나 세상 물정을 모르는 수학자와 괴짜 과학자들이 효과적이기는 하지만, 이해하기가 너무 힘들기 때문에 대부분의 사람은 그들의 방법을 소화하기 어렵다고 판단했다.

2008년 RIEF가 17퍼센트 하락한 후 르네상스의 연구원들은 이 손실을 대수롭지 않게 여겼다. 이미 실행한 시뮬레이션 결과 내에 있었으며 그해 S&P 500이 배당금을 포함해 37퍼센트 폭락한 것과 비교하면 아주 적어 보였다. 하지만 2009년 RIEF가 6퍼센트 이상 하락하고 S&P 500이 26.5퍼센트 급등하자 그들은 염려하기 시작했다.

RIEF가 메달리온과 같은 수익을 창출할 것으로 확신했던 모든 투자자들은 RIEF가 메달리온과 전혀 다른 형태의 펀드라고 르네상스가 말했을 때를 불현듯 떠올렸다. 또 다른 투자자들은 메달리온이 여전히 많은 수익을 올리며 잘나가고 있는 반면 RIEF는 어려움을 겪고 있는 모습을 보며 뭔가 불공평한 일이 벌어지고 있다고 확신하며 불평했다.

그러면서 이제 더 이상 사이먼스를 경외하지 않았다. RIEF 투자자들은 2009년 5월에 열린 전화 회의에서 일흔한 살의 사이먼스에게 어려운 질문들을 퍼부었다. 사이먼스는 투자자들에게 "극심한 활황 장세"에서 RIEF 펀드의 "성과가 맹공격을 받았다."라는 편지를 보냈다.

그는 "고객들의 불쾌함을 분명히 이해한다."라고도 했다.[5]

투자자들은 RIEF를 떠나기 시작했고, 곧이어 펀드 규모는 50억 달러 이하로 줄어들었다. 사이먼스가 주식 선물을 트레이드할 목적으로 출범시킨 두 번째 펀드도 가라앉으며 투자자들이 떠났고 신규 고객은 나타나지 않았다.

판매 담당 고위 임원인 드와이어는 "우리에게 관심을 보이는 고객은 이 세상 어디에도 없다."라고 했다.

1년 뒤 RIEF가 몇 번 더 실망스런 성과를 내자 당시 일흔두 살에 이른 사이먼스는 기업의 경영권을 브라운과 머서에게 넘겨 줄 때가 됐다고 판단했다. 메달리온은 여전히 훌륭한 성과를 내며 운영 규모가 100억 달러에 이르렀고 1998년 이래로 수수료를 제외하고도 연평균 45퍼센트의 수익률을 기록하며 워런 버핏과 다른 모든 투자 거물들의 수익을 앞질렀다(당시 버핏이 경영하던 버크셔 해서웨이^{Berkshire} Hathaway는 그가 1965년에 인수한 이후 연간 20퍼센트의 평균 수익률을 기록했다).

하지만 브라운은 한 기자에게 르네상스가 RIEF나 RIFF를 계속 운용할지 확실하지 않다고 말했으며 이는 투자자들이 퀀트 투자 방식에 관심을 잃었다는 또 하나의 최신 신호였다.

브라운은 이렇게 말했다. "만약 우리가 그 상품이 잘 팔리지 않을 것으로 평가한다면 그 비즈니스를 계속하지 않는 게 좋다고 결정할 것입니다."

사이먼스는 20년 넘게 노력하며 엄청난 부를 축적했다. 이제 그 부를 사용할 때가 됐다.

CHAPTER 14

사이먼스는 돈 버는 일을 좋아했다. 그리고 돈을 쓰는 것도 즐겼다.

당시 약 110억 달러의 재산을 보유하던 사이먼스는 르네상스에서 물러난 뒤 길이 67미터에 이르는 자신의 요트 '아르키메데스Archimedes'를 타는 시간이 늘어났다. 그리스 수학자이자 발명가의 이름을 따서 명명한 1억 달러짜리 요트는 20명이 앉을 수 있는 정식 만찬장과 나무 장작을 때는 벽난로, 널찍한 자쿠지Jaccuzi(기포가 나오는 욕조 브랜드—편집자), 그랜드피아노까지 갖추고 있었다. 때로는 친구들을 자가용 제트기 걸프스트림 G450으로 외국의 어느 지역으로 오게 한 뒤 그곳에서 자신과 부인이 타고 있는 화려한 요트에 합류하게 했다.

요트가 나타나면 지역 언론들이 관심을 보이며 나이 들고 여전히 비밀스러운 수학자를 생각지도 못한 국제적 타블로이드판 신문의 기사거리로 삼았다.

사이먼스가 몇몇 게스트와 함께 하루짜리 관광을 위해 스코틀랜드의 스토노웨이Stornoway에 정박했을 때 케니 맥레이Keeny Macrae라는 택시 기사는 지역 신문인 〈스코티시 선Scottish Sun〉에 "사이먼스가 매우 견실하고 현실적인 인물"이라며 "자신에게 팁도 꽤 많이 줬다."라고 말했다.[1]

몇 년 뒤 사이먼스가 영국 브리스톨을 방문했을 때(당시 BBC 방송은 그가 영국 축구팀을 매입하러 왔을지도 모른다는 추측 보도를 했다), 아르키메데스 요트는 브리스톨을 방문한 가장 큰 선박 중 하나였다. 사이먼스는 맨해튼 5번가의 전쟁 전 석회암으로 지어진 빌딩에 있으며 엄청난 센트럴파크 전망을 자랑하는 5,000만 달러짜리 아파트에 거주했고 같은 빌딩에 사는 조지 소로스를 아침 무렵에 가끔씩 마주치기도 했다.

그보다 몇 년 전에 사이먼스의 부인 마릴린은 가족 재단을 출범시키기 위해 자신의 드레스룸에 공간을 마련했다. 오랜 기간 동안 사이먼스와 마릴린은 다양한 기관들에 기부했고 특히 스토니브룩대학교에 3억 달러 이상을 기부했다. 르네상스에서 물러난 뒤 사이먼스는 개인적으로 자선 활동에 더 많이 관여했다. 무엇보다 큰 어려움을 다루기를 좋아했다. 얼마 지나지 않아 사이먼스는 부인과 함께 문제 해결이 시급한 두 분야를 대상으로 삼았다. 바로 자폐증 연구와 수학 교육이었다.

가족 중 자폐증을 진단 받은 환자가 있던 사이먼스는 발육 과정에서 생기는 병을 논의하기 위해 2003년에 일류 과학자들로 구성한 원탁회의를 열었다. 신규 연구에 1억 달러의 기금을 기부하며 이 분야에서 가장 많은 돈을 기부한 개인 기부자가 됐다. 3년 뒤 컬럼비아대학교 신경생리학자 제럴드 피시바치Gerald Fischbach를 접촉하며 자신의 기부 활동을 더욱 확대했다. 새로운 연구 팀은 몇 년간에 걸쳐 자폐증을 앓는 수천 명의 개인과 그 가족들에게서 확보한 유전자 정보를 보관하는 데이터베이스를 구축해 사이먼스 심플렉스 컬렉션Simons Simplex Collection이라는 이름을 붙였다. 이 프로젝트는 과학자들이 자폐증에 관련된 100개 이상의 유전자를 찾아내 이 질병의 생태를 보다 잘 이해하는데 도움을 줬다. 사이먼스의 재단이 주도한 연구는 훗날 장애 발생에 중요한 역할을 하는 것으로 판단되는 유전자 돌연변이를 발견하기에 이르렀다.

이와 별도로 기술 기업과 금융 기업이 탄탄한 수학적 경력을 지닌 자들을 대거 영입하면서 많은 미국 공립학교 수학 교사들의 실력이 떨어진다는 사실에 신경이 쓰였다. 2000년대 초 워싱턴 DC에서 사이먼스는 최고 수학 교사들에게 별도의 장려금을 지급해 민간 기업에 합류하려는 교사들의 욕구를 줄이자는 아이디어를 제시했다. 그 결과 단 몇 분 만에 뉴욕 주 출신의 민주당 소속 상원 의원으로 영향력 있는 척 슈머Chuck Schumer를 설득해 이 제안에 대한 지지를 이끌어 내는 데 성공했다.

슈머 의원은 큰 목소리로 대답했다. "정말 훌륭한 아이디어입니다. 우리가 그 일에 곧바로 착수하겠습니다."

사이먼스와 동료들은 너무나 기뻐하며 슈머 의원 사무실 밖에 있는 소파에 앉아 한숨을 돌렸다. 이때 또 다른 한 그룹이 소파에서 일어나 슈머의 사무실로 들어갔고 사이먼스는 그들의 제안과 슈머 의원의 반응을 들을 수 있었다.

"정말 훌륭한 아이디어입니다. 우리가 그 일에 곧바로 착수하겠 습니다." 슈머는 똑같은 대답을 다시 한 번 했다.

사이먼스는 정치인들을 믿을 수 없다는 사실을 깨달았다. 2004 년 수학 교육을 장려하고 뛰어난 교사들을 지원하는 데 전념하는 비 영리재단 매스 포 아메리카^{Math for America}를 출범시켰다. 이후 이 재 단은 수백만 달러의 기금을 사용해 뉴욕 공립 중학교와 공립 고등학 교의 우수한 수학 및 과학 교사 1,000명에게 매년 1만 5,000달러의 장려금을 지급했고 장려금을 받는 교사는 뉴욕 시 수학 및 과학 교 사 전체의 약 10퍼센트에 달했다. 또 세미나와 워크숍을 개최해 열 정적인 교사들의 공동체를 구성하기도 했다.

사이먼스는 당시 재단 활동의 의미를 이렇게 설명한다. "우리는 능력이 부족한 교사들을 비난하는 대신 훌륭한 교사를 칭찬하는 데 초점을 맞췄습니다. 그들의 위신을 높여 주고 금전적 혜택을 제공했 으며, 그들은 학교 교육 분야에 계속 머물렀습니다."

사이먼스는 여전히 르네상스의 회장 직함과 대주주 지위를 유지 하며 브라운과 머서를 비롯한 르네상스 멤버들과 자주 연락했다. 깊 은 생각에 잠길 때면 자신이 르네상스를 벗어나는 데 어려움을 겪고 있다는 사실을 인정하기도 했다.

하루는 부인 마릴린에게 이렇게 말하기도 했다. "내가 이제 (르네 상스와) 아무런 관련이 없다는 느낌이 들어."[2]

시간이 지나면서 사이먼스는 자선 사업이 수학과 금융 시장 못지않게 도전적인 분야라는 사실을 깨달으며 마음을 다잡고 더 힘을 냈다.

매거맨은 르네상스에서 겪은 그 모든 충돌을 뒤로하고 삶 속에서 새로운 의미와 조금이나마 평온함을 찾기 위해 부인과 세 자녀와 함께 필라델피아 교외로 이사했다. 그는 사회에 긍정적인 영향을 미칠 수 있기를 간절히 원했다. 르네상스가 하는 일에 대해 전혀 꺼림칙함이 없던 사이먼스와 달리 매거맨은 의구심이 들고 심지어 약간의 죄책감까지 느꼈다. 몇 년 동안 르네상스의 부자 직원들을 더욱 부자로 만드는 데 전념했지만, 이제는 다른 사람을 돕고 싶었다.

사이먼스처럼 몇 십억 달러의 부자는 아니었지만, 몇 년간 두둑한 보너스를 받고 메달리온 펀드 투자에서 얻은 막대한 수익 덕분에 르네상스를 떠날 때 5,000만 달러가 넘는 재산을 보유하고 있었다. 근대 정교도의 라이프스타일을 따르기 시작한 매거맨은 지역 내 도움이 필요한 학생과 2008년의 경기 침체로 큰 타격을 입은 유대인 주간 학교에 몇 백만 달러를 기부했다. 이후 자신의 재단을 시작하고 고등학교를 직접 설립하기에 이르렀다.

하지만 그의 새로운 삶이 많은 평온함을 가져다준 것은 아니었다. 매거맨이 자선 사업계에 강력한 의견을 제시하며 너무나 많은 자격 요건과 조건을 주장하는 탓에 지역 내 리더들은 그의 기부금을 거절하며 매거맨의 감정을 상하게 했다. 한 번은 한 그룹의 중학생 부모들과 크게 소리치며 다투는 싸움에 휘말린 적도 있다. 매거맨은 자신의 모교인 펜실베이니아대학교의 전기공학과와 시스템공학과에서 강의하고 퀀트 포트폴리오 관리에 관한 과목을 개설했는데, 의견 충돌은 여기서도 일어났다.

그는 "학생들이 자신을 좋아하지 않았고 자신도 학생들을 좋아하지 않았다."고 한다.

매거맨은 윌 페렐Will Ferrell 주연의 영화 〈에브리씽 머스트 고 Everything Must Go〉 제작에 자금을 지원했다. 이 영화는 꽤 괜찮은 평을 받았지만, 매거맨을 실망시켰고, 결국 매거맨은 최종 편집된 영화를 보지도 않았다. 제니퍼 러브 휴이트Jennifer Love Hewitt가 출연하는 영화 〈카페Café〉에도 자금을 지원했고 주연 배우와 그의 남자 친구를 자신의 집으로 초대해 홈시어터에서 함께 영화를 관람했지만, 매거맨은 이 영화 또한 그렇게 좋아하지 않았다.3

모든 단점에도 불구하고 매거맨은 보기 드물게 어느 정도 자기 인식을 할 수 있는 금융 시장 분석 전문가였다. 공격적인 성향을 없애거나 최소한 누그러뜨리기 위해 심리치료사와 상담을 시작했고 치료에 상당한 진전이 있는 것 같았다.

르네상스를 떠난 지 2년이 지난 2010년에 매거맨은 복귀하고 싶어 몸이 근질거렸다. 컴퓨터 프로그래밍이 그립기도 하고 생활이 약간 따분하기도 했지만, 그렇다고 가족들을 다시 다른 곳으로 옮기게 하고 싶지는 않았다. 결국 브라운에게 연락해 재택 근무하는 방법을 마련했다. 이는 개인 성격상 다툼을 피하기 어려울 것 같은 사람에게는 완벽한 해결책이었다.

르네상스를 관두기 전까지 매거맨은 르네상스의 모든 전산화된 주식 트레이드를 실행하는 소프트웨어를 관리했었다. 이후 코노넨 코가 그 일을 맡아 하며 큰 수익을 달성하고 있었다. 그러므로 그 그룹에 복귀하는 것은 적절하지 않았다. 대신 르네상스의 채권과 상품, 통화 트레이딩 비즈니스를 위한 연구 조사를 맡았다. 곧이어 주요 회의에 다시 참석하며 그의 우렁차고 고집스러운 목소리가 르네상스 대회의실 천장에 달린 스피커를 통해 흘러나왔고 이를 두고 동료들은 마치 "신의 목소리"를 듣는 것 같다고 농담했다.

매거맨은 "시도하는 것만으로는 이길 수 없는 경우가 있다."고 말한다.

복귀했을 때 르네상스는 예상했던 것보다 더 견고한 상태였다. 예전만큼 협력 관계가 좋지는 않았지만, 팀원들 사이에 여전히 협력이 잘 이뤄졌고, 절박감은 더 강해진 것 같기도 했다. 당시 RIEF의 성과는 충분히 개선되었기 때문에 브라운과 머서는 새롭게 출범시킨 RIFF와 함께 계속 비즈니스를 할 생각이었다. 두 펀드는 모두 합쳐 60억 달러를 운용했고 3년 전의 300억 달러보다 많이 줄었지만, 최소한 투자자들이 펀드를 떠나는 일은 더 이상 일어나지 않았다.

여전히 직원들만 투자할 수 있는 메달리온 펀드는 변함없이 르네상스의 심장으로 남아 있었다. 운용 규모는 약 100억 달러에 이르렀고 투자자 수수료를 제하기 전 기준으로 약 65퍼센트의 연간 수익률을 기록하며 역대 최고 수준에 가까운 수익을 올렸다. 메달리온의 장기적 트레이딩 실적은 거의 틀림없이 금융 시장 역사상 최고였으며, 이런 이유로 투자자들은 여전히 비밀스러운 기업에 매료됐다.

2010년 〈이코노미스트〉는 이런 기사를 실었다. "(금융 시장은) 르네상스 테크놀로지와 그 외 나머지 모든 투자 기업으로 나뉜다."[4]

메달리온은 언제라도 수천 개에 이르는 장기와 단기 포지션을 여전히 보유하고 있었으며 보유 기간은 하루 이틀에서 1주 내지 2주까지 분포돼 있었다. 더 나아가 초단타매매라고 볼 수 있는 보다 빠른 속도의 트레이딩도 실행했지만, 이런 형태의 트레이딩 대다수는 연계 매매 또는 점진적 포지션 구축을 목적으로 이뤄졌다. 르네상스는 데이터 정제와 수집을 여전히 강조할 뿐만 아니라 위험 관리 방식과 다른 여러 트레이딩 기법들도 개선했다

사이먼스는 몇 년 전 한 동료에게 르네상스의 특징을 이렇게 설명했다. "우리가 모든 트레이딩 면에서 최고인지는 확실하지 않지만, 트레이드 비용을 예측하는 것은 우리가 최고입니다."

어떤 면에서 보면 르네상스의 시스템은 매거맨이 그만두기 전보다 더 강력해졌다. 르네상스는 약 250명의 직원과 인공지능, 양자물리학, 컴퓨터 언어학, 통계학, 정수론을 비롯한 여러 과학과 수학 분야의 전문가를 포함해 60명 이상의 박사를 보유하고 있었다.

혼란스러운 대규모 데이터 집합을 면밀히 조사해 감지하기 힘든 미묘한 현상을 발견하는 일에 익숙한 천문학자들은 간과했던 시장 패턴을 찾아내는 능력이 특히 뛰어난 것으로 증명됐다. 예를 들면 엘리자베스 바턴Elizabeth Barton은 하버드대학교에서 박사 학위를 받았고 르네상스에 합류하기 전 하와이 등에서 망원경을 사용해 은하계의 진화 과정을 연구했다. 다루는 영역이 조금씩 더 다양해지면서 르네상스는 벌캄프의 제자이자 양자 컴퓨팅quantum comuting 전문가인 줄리아 켐페Julia Kempe도 영입했다.

메달리온은 여전히 채권과 상품, 통화 트레이드를 실행하며 데 자뷔라는 적절한 이름이 붙은 특히 효과적인 신호를 포함한 추세와 회귀 예측 관련 신호를 통해 수익을 올렸다. 하지만 메달리온은 코 카콜라 주식을 매수하고 펩시 주식을 매도하는 단순한 페어 트레이 딩이 아니라 복잡한 신호들을 포함하는 복합적인 주식 트레이드를 통해 그 어느 때보다 강력해져 있었다.

각 트레이드에서 얻는 수익은 결코 크지 않았고, 실행하는 전체 트레이드들 중에서 약 절반을 약간 넘는 경우에서만 적중했지만, 그 것만으로도 충분했다.

머서는 한 친구에게 말했다. "우리는 전체 트레이드 중에서 50.75퍼센트만 적중했네. (……) 하지만 그 50.75퍼센트에서는 100퍼 센트 정확했어. 그렇게만 하면 수십억 달러도 벌 수 있다네."

머서는 르네상스의 트레이딩 강점을 남들과 공유하려 하지 않았 다. 그가 더 중요하게 여기는 점은 수천 개의 트레이드를 동시에 진 행하는 부분에서 르네상스가 약간의 우위를 점하고 있으며 이처럼 충분히 규모가 크고 일관된 트레이드를 통해 엄청난 수익을 올릴 수 있다는 것이었다.

이처럼 확실한 수익을 추구하려면 중요한 통찰력이 필요했다. 즉 주식을 비롯한 투자 상품들은 가장 정교하고 수준 높은 투자자들 이 인식하는 것보다 훨씬 많은 요인과 세력에 영향을 받는다. 예를 들면 구글의 모기업인 알파벳^{Alphabet}의 주식이 움직이는 방향을 예 측하기 위해 투자자들은 일반적으로 이 기업의 수익과 이자율의 방 향, 미국의 경제 상황 등을 예상하려고 노력한다. 또 검색과 온라인 광고의 미래, 광범위한 기술 산업계의 전망, 글로벌 기업들의 궤적 그리고 수익과 주당 자산 가치와 여러 다른 변수들에 관련된 지표와 비율을 예측해 보는 사람들도 있다.

르네상스 직원들은 쉽게 드러나지 않거나 때때로 논리적이지 못한 세력들을 포함해 투자에 영향을 미치는 요소가 이들보다 많을 것으로 추정했다. 그들은 수백 가지에 이르는 금융 지표와 소셜미디어 콘텐츠, 온라인 트래픽 지표, 그리고 수량화할 수 있고 검증 가능한 거의 '모든 것'을 분석하고 예측함으로써 새로운 요인들을 발견하며 대부분의 투자자들이 인식하기 어려운 경계선까지 나아갔다.

한 직원은 이렇게 설명한다. "효력이 없는 요소들은 너무나 복잡해 어떤 의미에서는 암호 형태로 시장에 숨겨져 있다고 할 수 있습니다. 르네상스 테크놀로지는 이 암호들을 해독합니다. 그리고 우리는 시간과 위험 요인과 산업계 전체와 각 부문에 걸쳐 있는 이 암호들을 찾아냅니다."

이보다 더 중요한 사실은 르네상스가 이 모든 요인들 '사이에' 신뢰할 만한 수학적 연관성이 있다고 결론 내렸다는 점이다. 연구원들은 데이터 과학을 적용해 다양한 요인들이 언제 유의미한지, 서로 어떤 연관성이 있는지, 얼마나 빈번하게 주식에 영향을 미치는지 더 많이 이해할 수 있었다. 또한 그들은 다른 투자자들이 의식하지 못하거나 충분히 이해할 수 없는 다양한 주식들 사이에 존재하는 미묘한 수학적 연관성(르네상스 직원들은 이를 '다차원적 변칙성'이라 불렀다)을 검증하며 알아내려고 애썼다.

르네상스의 전직 임원 한 사람은 이렇게 설명했다. "기업들이 복잡한 방식으로 서로 얽혀 있기 때문에 이런 형태의 연관성은 존재할 수밖에 없습니다. 이런 상호 연관성은 정확하게 모델로 만들거나 예측하기가 어려우며 시간의 흐름에 따라 변하기도 합니다. 르네상스 테크놀로지는 이런 연관성을 모델화해서 시간에 따라 추적하며 그 결과를 바탕으로 주가가 정상치를 벗어났을 때 베팅하는 시스템을 구축했습니다."

외부인들은 제대로 이해하기 힘들겠지만, 정말 중요한 핵심은 그 모든 요인과 세력을 자동화된 트레이딩 시스템에 입력해 처리할 수 있는 르네상스의 엔지니어링 능력이었다. 르네상스는 종종 미세한 개별 신호가 혼합된 형태의 긍정적인 신호를 보내는 일정 수의 주식을 매수하고 부정적인 신호를 보내는 주식을 공매도하거나 하락에 베팅했으며, 이런 움직임은 수천 라인에 이르는 소스 코드를 통해 결정됐다.

한 선임 직원은 설명한다. "우리가 하는 개별 베팅 중에서 어떤 주식은 상승하고 또 다른 주식은 하락할 것이라고 설명할 수 있는 베팅은 없습니다. 모든 베팅은 다른 모든 베팅과 우리의 위험 감수 수준 그리고 우리가 가까운 미래와 먼 미래에 하려는 일들과 전부 다 연관돼 있습니다. 우리가 예측에 따라 충분히 수익을 올릴 수 있을 만큼 미래에 대한 예측을 잘하고 위험과 비용, 영향, 시장 구조를 굉장히 잘 활용할 만큼 충분히 이해하고 있다는 전제를 바탕으로 이뤄진 복잡하고 거대한 최적화입니다."

르네상스가 '어떻게' 베팅하느냐는 적어도 '무엇'에 베팅하느냐 만큼 중요했다. 예를 들어 달러 가치가 오전 9시에서 오전 10시 사이에 0.1퍼센트 상승한다는 신호처럼 수익을 올릴 수 있는 신호를 발견해도 메달리온은 9시 정각에 달러를 매입하지 않았다. 다른 투자자들에게 매일 그 시간에 움직임이 일어난다는 것을 알려 주는 잠재적 신호가 될 수 있기 때문이다. 대신 한 시간 동안 매수 규모를 나누고, 예측하기 어려운 형태로 분산시킴으로써 트레이딩 신호가 유출되지 않도록 보호했다. 메달리온은 가장 강력한 신호가 발생하면 경쟁자들이 알아차릴 수 없을 정도로 가격을 변동시키며 최대한 트레이딩을 실행하는 방법을 개발했다. 이 방법은 대형 소매 체인점 타깃Target에서 잘 팔리는 상품들을 대폭 할인된 가격으로 판매한다는 정보를 들으면 매장 개장 시간에 거의 모든 할인 상품을 구매해 다른 사람들이 할인 행사가 있었는지도 모르게 만드는 것과 약간 비슷하다.

한 메달리온 내부자는 이렇게 설명한다. "우리가 하나의 시그널로 1년 동안 트레이딩을 하면 우리의 트레이딩을 모르는 사람에게는 전혀 다르게 보일 것입니다."

사이먼스는 2014년 한국에서 했던 연설에서 이 방식을 이렇게 요약했다. "어떤 면에서 보면 머신러닝 부문에서 대규모 실험을 한 것입니다. 과거를 분석하고, 현재 일어나는 일과 그것이 불규칙적으로 어떻게 미래에 영향을 주는지 이해하면서 말입니다."[5]

머리는 은백색이고 눈썹은 짙었으며 금속테 안경과 고급 신발을 좋아했던 머서는 오랫동안 르네상스 내에서 기이하지만 대체로 온순한 인물로 기억됐다. 휘파람을 자주 불고 몇몇 진보적 성향의 동료들을 괴롭히기도 했지만, 주로 브라운과 대화를 많이 했다.

브라운은 지나치다 싶을 정도로 겸손한 태도로 한 동료에게 말했다. "모든 아이디어는 머서에게서 나온다. 난 그저 그 아이디어들을 표현할 뿐이다."

머서는 정말 내성적이고 자족적인 사람이었다. 한번은 동료에게 사람보다 고양이와 함께 있는 것이 더 좋다고 말하기도 했다. 밤이 되면 머서는 지혜와 차분함, 오랜 기간 동안의 침묵으로 잘 알려진 부엉이의 이름에서 따와 부엉이 둥지Owl's Nest라고 부르는 롱아일랜드 저택으로 돌아갔다. 그곳에는 농구 코트 절반만 한 크기에 설치한 궤도를 따라 270만 달러짜리 모형 기차가 달리고 있었다.[6] (2009년에 머서는 모형 기차 제작사가 70만 달러를 과도하게 청구했다고 주장하며 제작사에 소송을 제기했고, 제작사는 머서가 딸의 결혼식 전까지 궤도를 급하게 설치해 달라고 요구하는 바람에 비용이 크게 늘었다고 반박했다).

머서는 2010년 〈월스트리트저널〉과의 인터뷰에서 이렇게 말했다. "나는 누구에게 어떤 말도 하지 않고 지내는 삶을 좋아합니다."[7]

머서를 잘 아는 사람들은 그가 정치적으로 보수이며 전미총기협회National Rifle Association 멤버이므로 다수의 기관총과 영화 〈터미네이터〉에서 아놀드 슈왈제네거가 사용했던 가스 작동식의 AR-18 돌격소총을 수집하는 것을 이해했다.[8] 하지만 르네상스에 관련된 사람 중에서 그런 관점에 집중하는 사람은 거의 없었다.

메달리온 펀드의 초기 투자자 한 명은 이렇게 말한다. "머서는 정부로부터 자신을 보호할 필요성이 있기 때문에 총과 금을 보유해야 한다고 말했습니다. 나는 그가 진심으로 그런 말을 했다고 생각하지

시장을 풀어낸 수학자

는 않았습니다."

1년 또는 2년에 한 번씩 머서는 며칠 휴가를 내서 오하이오 주로 날아가 대학원 동료들과 함께 컴퓨터 프로젝트를 진행했다. 그곳에 있는 동안 종종 근처 스테이크하우스에서 동료들에게 점심을 사기도 했는데 식사 내내 잔잔한 미소를 지으며 혼자 콧노래를 부르곤 했다. 동료 학자들과 프로젝트와 관련 없는 일을 얘기할 때면 주로 세금에 대한 거부 반응과 기후 변화에 대한 회의론을 드러내며 물리학 교수 팀 쿠퍼Tim Cooper와 벌였던 논쟁을 생각나게 했다. 한때 머서는 일련의 통계 자료를 열거하며 자연이 인간보다 더 많은 이산화탄소를 배출한다고 주장했다. 이후 데이터를 검토한 쿠퍼 교수는 데이터가 맞기는 하지만, 자연은 배출하는 양과 맞먹는 이산화탄소를 흡수하는 반면, 인간은 그렇지 못하다는 사실을 머서가 간과했다고 말했다.

이를 두고 쿠퍼는 이렇게 말한다. "누군가가 머서에게 영향을 미친 것 같았습니다. 그렇게 스마트한 사람도 세부적인 것은 잘 이해하지만 큰 그림을 잘못 이해할 수 있습니다."

2008년까지 머서의 가족 재단은 주로 주변부에 있는 비주류 조직에 기부했다. 머서는 남부 오리건 주에서 수천 개의 인간 소변 샘플을 수집하며 이 샘플이 인간의 수명을 연장하는 열쇠를 쥐고 있다고 믿던 생화학자 아서 로빈슨Arthur Robinson의 프로젝트에 자금을 지원했다. 그리고 낮은 수준의 핵 방사능이 크게 해롭지 않고 오히려 유익할 수 있으며 기후 과학이 완전히 날조된 것이라고 주장하는 로빈슨의 뉴스레터도 구독했다. 머서는 로빈슨이 수집한 샘플들을 저

장하는 데 사용할 냉동고를 구입하는 비용 140만 달러를 지원했다.[9]

2008년에 버락 오바마가 대통령으로 선출된 후, 당시 몇 억 달러의 재산을 보유하고 있던 머서는 상당한 규모의 정치 자금을 기부하기 시작했다. 2년 뒤 로빈슨이 상원 의원 선거에 출마했을 때 머서는 상대 진영 민주당 후보이며 조세법의 허점을 막고 특정 금융 거래에 새로운 세금을 부과하려는 피터 데파지오[Peter Defazio] 의원을 겨냥한 공격적 광고 제작에 30만 달러를 지원했다. 로빈슨에게는 그 광고비를 지원한다는 말을 하지 않았다(로빈슨은 선거에서 아주 근소한 차로 패했다).

머서가 대중의 관심을 끄는 우파 기부자로 부상하면서 공화당 내에 약간의 혼란이 생겼다. 대다수의 적극적인 기부자들은 정치인에게서 뭔가를 바라며 대개의 경우 그들이 바라는 것은 꽤 분명히 드러난다. 하지만 머서는 기부금에 대한 대가로 많은 것을 요구하지 않았다. 정치인들은 머서가 오랫동안 간직해 온 원칙에 따른 특정 사상을 지닌 희귀한 유형의 기부자라고 결론지었다. 머서는 정부를 극도로 의심하며 기득권 세력에 분노하는 스타일이었는데, 적어도 어느 정도는 뉴멕시코 주 공군 기지에서 그해 여름에 일어났던 실망스러운 프로그램 작성 사건에서 그런 스타일이 비롯됐다고 볼 수 있었다. 많은 보수주의자들과 마찬가지로 머서도 빌 클린턴과 힐러리 클린턴을 극도로 싫어했다.

2010년 예순의 나이에 이른 머서는 정부가 사회에서 최소한의 역할만 해야 한다고 확신했는데, 그렇게 생각한 부분적인 이유는 정부의 무능함이었다. 대부분의 삶을 민간 산업계에서 보냈고 공공 서

시장을 풀어낸 수학자

비스 부문에 큰 관심이 없었기 때문에 이런 견해를 형성할 때 영향을 미칠 만한 경험은 많지 않았다. 그럼에도 머서가 선출직 공무원들의 위선과 정책 실패에 괴로워했다고 한 동료는 말했다. 머서는 대화 속에서 늘 개인적 자유의 중요성을 강조했다. 그를 '극단적 자유주의자'로 여기는 이들도 있었다. 보수주의와 자본주의를 신봉하는 소설가 아인 랜드Ayn Rand가 자본주의를 열렬히 지지하며 '항상' 이성적이고 중심을 잃지 않으며 키 크고 강인하고 잘생긴 개인주의자인 머서 같은 영웅을 상상하며 소설을 썼을지도 모르겠다.

이제 엄청난 부를 축적한 머서는 국가가 나아가는 길을 바꿀 수 있는 일을 하고 싶어 했다. 그의 타이밍은 완벽했다. 2010년 대법원이 보수주의 비영리 단체 시민연합Citizens United 대 미 연방선거위원회Federal Election Commission의 재판에서 부유한 사람들의 선거 비용 지출을 수정헌법 제1조에 보장된 언론 자유의 한 형태로 규정하는 획기적인 판결을 내렸기 때문이다. 이 판결은 선거 운동에서 공식적으로 활동하지 않는 한 특정 후보를 위한 정치 자금을 무제한으로 모금할 수 있는 미국 민간 정치 자금 후원회 조직들인 슈퍼 팩super PAC(PAC은 Political Action Committee(정치 행동 위원회)의 약자다—옮긴이)에 탄탄한 기반을 만들어 줬다.

이 판결 후 사이먼스는 민주당 조직에 거금을 기부하기 시작했으며, 머서는 공화당 정치인들에 대한 지원을 강화했다. 하지만 르네상스에서도 그랬던 것처럼 프라이버시를 중시하는 성격 탓에 머서의 활동은 제한적이었다. 대신 그의 둘째딸 레베카가 보수주의 기금 모금 행사를 비롯한 다른 여러 모임에 참석해 가족을 대표하는 공식적인 얼굴로서 가족들의 정치적 전략을 이끌어 나갔다.

레베카의 인상은 독특했다. 친구들과 가족들에게 "베카^{Bekah}"로 불리는 그녀는 키가 크고 머리가 적갈색이며, 반짝반짝 빛나는 1950년대 스타일의 끝부분이 위로 올라간 고양이 눈매 모양의 안경을 즐겨 쓰고, 배우 조앤 쿠삭^{Joan Cusack}과 닮은 모습이었다. 생물학과 수학 전공으로 스탠퍼드대학교를 졸업한 뒤 몇 년 동안 르네상스에서 매거맨의 부하 직원으로 근무했으며 이후 네 자녀의 홈스쿨링home schooling과 자매들과 함께 운영하는 고급 쿠키 스토어에 힘을 보태기 위해 르네상스를 떠났다.

레베카가 처음으로 신문 1면을 장식한 것은 2010년 봄 당시 그녀의 남편 실베인 미로츠니코프^{Sylvain Mirochnikoff}와 함께 2,800만 달러를 들여 맨해튼 북서쪽 어퍼 웨스트 사이드^{Upper West Side}에 있는 41층짜리 헤리티지 엣 트럼프 플레이스^{Heritage at Trump Place}의 나란히 연결된 콘도미니엄 6채를 구입해 뉴욕 시장 관저 그레이시 맨션^{Graccie Mansion}의 세 배 크기에 달하는 방 17개짜리 트리플렉스^{triplex}로 개조했을 때였다.[10]

레베카와 그녀의 아버지 머서는 억만장자 기업가 찰스 코크^{Charles Koch}, 데이비드 코크^{David Koch} 형제와 헤리티지 재단^{Heritage Foundation}이 설립한 보수적인 정치 행동 위원회인 프리덤 파트너스 액션 펀드^{Freedom Partners Action Fund}와 같은 전통적인 우파 그룹과 조직들을 한동안 지원했다. 때로는 레베카와 머서가 공화당 기금 모금 행사에 나란히 팔짱을 끼고 참석하기도 했다. 두 사람 중 보다 사교적인 레베카가 주로 얘기했고, 머서는 조용히 옆에 서 있는 편이었다.

하지만 이미 자리를 잡은 기존 조직들에 대한 인내심이 빠른 속도로 한계에 달한 머서 부녀는 논란의 중심에 있는 조직들로 방향을 전환했다. 그리고 맨해튼 남부 지역에 있는 월드 트레이드 센터의 그라운드 제로Ground Zero에 회교 사원을 건립하려는 제안에 반대하는 공격적인 광고를 실행하는 그룹에 100만 달러를 기부했다.[11] 2011년에 머서 부녀는 한 컨퍼런스에서 보수주의 선동가 앤드류 브레이트바트Andrew Breitbart를 만났다. 두 사람은 곧바로 그가 운영하는 극우 뉴스 조직인 브레이트바트 뉴스 네트워크에 강한 흥미를 보였고 네트워크 운영 자금 지원에 관심이 있다고 했다. 브레이트바트는 두 사람을 자신의 친구이자 골드만삭스 투자 은행 출신인 스티브 배넌Steve Bannon에게 소개했고 배넌은 머서 가족 재단이 브레이트바트 뉴스 지분의 거의 50퍼센트를 1,000만 달러에 매입하는 계약서를 작성했다.

2012년 3월에 브레이트바트는 로스앤젤레스 시내의 인도에서 심장마비로 쓰러지며 마흔세 살의 나이로 사망했다. 배넌과 머서 부녀는 뉴스 네트워크의 미래를 논의하기 위해 뉴욕에서 긴급회의를 소집해 배넌이 회장직을 맡기로 결정했다. 시간이 흐르면서 뉴스 사이트는 백인 우월주의 사상을 수용하는 그룹과 외국인의 이민과 다문화주의를 위협으로 여기는 그룹들이 느슨하게 연결돼 있는 연합체이자 극단적인 보수주의 이념을 지향하는 대안 우파alt-right에게서 인기를 끌었다. 배넌은 자신을 경제적 국수주의자economic nationalist로 부르기를 좋아하며 포퓰리스트들의 활동에서 인종차별적 요소가 제거될 것이라고 주장했다.

2012년 대통령 선거에서 미트 롬니Mitt Romney가 패배한 후 머서 부녀는 기득권층에 더욱더 환멸을 느꼈다. 그해 레베카는 뉴욕 유니버시티 클럽University Club of New York에 모인 롬니 지지자들 앞에서 공화당의 형편없는 데이터와 선거 유세 운영이 후보자의 당선을 가로막았다고 주장하며 공화당을 통렬하고 세세하게 비판했다. 레베카는 이제 "미국이 사회주의 유럽처럼 되는 것을 막아야 할 때"라고 했다.[12]

배넌은 머서가 영국의 행동 연구 기업 SCL 그룹의 미국 지부인 캠브리지 애널리티카Cambridge Analytica라는 분석 기업에 투자하는 거래를 중개했다. 캠브리지 애널리티카는 머서가 르네상스에서 해 왔던 고급 데이터와 레베카가 공화당에 부족했다고 주장한 그런 정보들의 분석에 특화된 기업이었다. 레베카는 머서 가족 재단에서 도움을 받는 조직들이 캠브리지 애널리티카의 정교한 기술력을 활용할 것을 강력히 촉구했다.

2013년 민주당에서 여론 조사를 담당했었지만, 민주당에 비판적인 인물로 전향한 패트릭 캐들Patrick Caddle은 머서와 데이터를 공유하며 유권자들이 두 정당뿐만 아니라 대부분의 주류 후보들에게서 멀어졌다는 사실을 알렸다. 머서는 캐들에게 자신이 수집한 데이터로 다시 한 번 여론 조사를 해 달라고 요청했다. 그 결과를 받아 든 머서는 중대한 변화가 일어나고 있다고 판단하고 캐들에게 이렇게 말했다.[13]

"맙소사! 이건 완전히 새로운 세상이야."

2014년 2월에 머서를 비롯한 보수적 정치 기금 후원자들은 뉴욕

시장을 풀어낸 수학자

피에르 호텔Pierre hotel에 모여 2016년 대통령 선거 전략을 논의했다. 머서는 참석자에게 젭 부시Jeb Bush와 마르코 루비오Marco Rubio 같은 공화당 주류들로는 선거에서 이기기 어렵다는 사실을 보여 주는 데 이터를 봤다고 얘기했다. 그러면서 유권자들의 실망감을 인식하는 진정한 외부 인물만이 후보로 나설 수 있다고 주장했다. 다른 참석 자들은 머서의 데이터를 크게 확신하지 않는 것처럼 보였다.

머서와 레베카는 워싱턴을 흔들어 놓을 외부 인사를 찾아 나섰다.

캐들의 말에 따르면 "머서와 레베카는 아주 철학적이고 이성적 인 판단에 따라 기득권층이 실패했는데도 여전히 자기 잇속만 차리 고 있다고 생각했다."

머서 부녀는 배넌에게 자문을 구했다. 당시 브레이트바트 뉴스 사이트의 방문자 수가 급격히 늘며 정치적 선동가인 배넌에 대한 그 들의 믿음을 입증하고 있었다. 머서가 저택에 이어 또다시 부엉이 이름을 붙인 길이 약 62미터의 요트 '바다 부엉이Sea Owl'로 배넌을 초 대했을 때 함께 있었던 다른 사람들의 말에 따르면 배넌은 마치 머 서와 가까운 사이라도 되는 듯 거침없이 욕을 내뱉고 의견을 장황 하게 늘어놓으며 열변을 토했다. 배넌은 머서에게 어느 정치적 언론 벤처에 투자할지 알려주며 잠재적 수혜자들을 트럼프 플레이스에 있는 레베카의 트리플렉스 콘도미니엄으로 초대하라고 조언했다 (이 상황에 관한 언급을 요청하자 배넌은 선거와 머서와의 관계에 관한 이 책의 설 명에 "사실과 다른 오류"가 있다고 말했다. 하지만 그 오류가 무엇인지 구체적으로 밝히지는 않았다. 그러면서 이메일에 이렇게 썼다. "이보시게, 이 빌어먹을 책은 내 가 쓴 게 아니야.").

머서의 영향력은 대서양 너머까지 확대됐다. 2012년 브레이트바트는 런던에 사무실을 개설한 뒤 영국의 EU 탈퇴 아이디어를 별 볼일 없는 이슈에서 중대한 문제로 확대하려는 정치가이자 전직 상품 트레이더인 나이절 패러지Nigel Farage의 노력을 지원하기 시작했다. 어느 순간 머서와 패러지는 친구 사이가 됐다.

2015년에 캠브리지 애널리티카는 영국의 EU 탈퇴를 지지하는 정치 그룹인 리브닷EULeave.EU의 리더들을 도울 방법을 논의했다. 배넌도 캠브리지와 리브닷EU 사이에 오간 이메일의 수신자에 포함돼 있었지만, 그가 이메일들을 읽거나 답을 했는지는 분명하지 않다. 그다음 달에 리브닷EU는 영국 유권자들이 국민 투표에서 EU 탈퇴를 찬성하도록 설득하는 선거 운동을 공개적으로 시작했다. 하지만 캠브리지 애널리티카 임원들은 훗날 리브닷EU를 위해 일했다는 혐의를 부인했다.[14]

이를 두고 저널리스트 제인 메이어Jane Mayer는 이렇게 주장한다. "비록 캠브리지 애널리티카가 무료로 서비스를 제공했다 하더라도 리브닷EU의 선거 운동에 초기 기반을 마련해 준 건 사실입니다."[15]

2016년 6월의 영국 국민 투표는 EU 탈퇴로 결론 났다. 리브닷EU가 영국의 EU 탈퇴 운동의 공식적인 조직은 아니었지만, 패러지는 찬성 운동을 이끈 리더들 중 한 명이었다.

패러지는 "브레이트바트가 없었더라면 브렉시트Brexit가 불가능했다."고 말한다.[16]

2016년 미국 대선의 선거 운동이 시작되자 머서 부녀는 처음에

시장을 풀어낸 수학자

테드 크루즈^{Ted Cruz} 텍사스 주 상원 의원을 지원했다. 2013년에 부채 문제로 정부를 기꺼이 폐쇄하려던 그의 의지에 감동을 받았기 때문이다. 그들은 크루즈 의원을 후원하는 슈퍼 PAC에 1,300만 달러 이상을 후원했지만, 그해 5월 크루즈 의원이 대통령 후보 경쟁에서 탈락하자 도널드 트럼프의 딸 이방카^{Ivanka}와 그녀의 남편 자레드 쿠시너^{Jared Kushner}와 트럼프 타워에서 점심을 함께하는 초청을 수락했다. 그들은 샌드위치와 샐러드를 함께하며 다른 여러 주제 중에서도 특히 어린 자녀를 돌보는 얘기로 금세 친해졌다.[17]

곧이어 머서 부녀는 당시 공화당의 실질적인 대선 후보였던 트럼프를 지원하기 시작했다. 힐러리 클린턴에 반대하는 슈퍼 PAC을 출범시켜 공화당의 여론 조사 베테랑인 켈리앤 콘웨이^{Kellyanne Conway}에게 조직 운영을 맡겼다. 궁극적으로 머서 부녀는 트럼프 캠프에서 가장 규모가 큰 재정적 후원자가 됐다.

여름 중반에 이르자 트럼프가 힐러리 클린턴에게 밀리며 승리는 불가능할 것 같았다. 8월 13일 토요일자 〈뉴욕타임스〉는 1면에 선거 유세에서 계속되는 혼란 상황을 자세히 보도했다. 트럼프는 연설할 때 텔레프롬프터^{teleprompter}를 사용하지 않으려 했기 때문에 메시지를 제대로 전달할 수 없었고 이런 모습에 당황하며 빠져 나가는 지지자들을 달랠 수 없었다. 공화당 후원자들도 이탈하며 힐러리 클린턴의 압도적인 승리가 가능해 보였고 심지어 거의 그럴 것 같았다.

그날 오후 머서는 배넌에게 전화를 걸어 전세를 역전시키려면 어떻게 해야 하는지 물었다. 배넌은 트럼프를 방어하기 위해 콘웨이를 더 자주 TV에 출연시키는 방법을 포함해 몇 가지 아이디어를 설명했다.

머서는 "아주 훌륭한 아이디어"라고 대답했다.

같은 날 늦은 시각에 머서 부녀는 헬리콥터에 올라 프로 미식축구 구단 뉴욕 제츠New York Jets의 구단주인 우디 존슨Woody Johson의 저택이 있는 이스트 햄튼Esst Hampton 해변으로 향했다. 그곳에는 월스트리트의 투자가 칼 아이칸Carl Icahn과 스티브 므누신Steve Mnuchin을 포함한 공화당 후원자들이 트럼프를 만나기 위해 모여 있었다. 레베카는 〈뉴욕타임스〉에 난 그 기사를 움켜쥐고는 곧바로 트럼프에게 나아갔다.

트럼프는 "좋지 않은 일"이었음을 인정했다.

이 말에 레베카는 즉시 응수했다. "그냥 좋지 않은 일이 아닙니다. 만약 후보자가 변하지 않는다면 이미 끝난 일입니다."

그러면서 트럼프에게 선거의 형세를 바꿔 놓을 방법이 있다고 했다.

"스티브 배넌과 캘리앤 콘웨이를 영입하세요. 그들에겐 이미 얘기했습니다. 그들도 하겠다고 했어요."[18]

다음 날 배넌은 우버 택시를 타고 뉴저지 주 베드민스터Bedminster에 있는 트럼프 내셔널 골프 클럽Trump National Golf Club으로 갔다. 트럼프가 골프 라운딩을 끝내고 핫도그와 아이스크림을 다 먹을 때까지 조바심을 내며 기다린 후 마침내 자신의 계획을 트럼프에게 설명했다.

"분명히 이길 수 있습니다. 먼저 조직을 정비해야 합니다."

얼마 지나지 않아 배넌은 선거 유세를 직접 운영했고, 콘웨이는

시장을 풀어낸 수학자

선거 사무장을 맡아 TV에 자주 등장하며 선거 운동의 효과를 높였다. 배넌은 선거 캠프가 해야 할 일의 우선순위를 정하는 데 힘을 보탰다. 먼저 트럼프가 두 가지에 집중하도록 했다. 클린턴의 특성을 폄하하는 일과 배넌이 이름 붙인 '아메리카 퍼스트America First' 슬로건으로 미국의 이익을 최우선에 두는 일종의 국수주의를 고취하는 일이었다. 이 슬로건은 짧은 기간 동안만 존재하며 미국이 히틀러에 맞서서 제2차 세계대전에 개입하지 못하도록 압력을 행사했던 '아메리카 퍼스트 위원회America First Committee를 상기시키는 듯했다.

배넌은 트럼프의 현재 행동 방식을 향상하는 데에는 진전을 이뤘지만, 그가 과거에 한 행동들은 어떻게 할 수가 없었다. 그해 10월 7일 〈워싱턴포스트〉는 연예계 뉴스를 다루는 TV 프로그램 '액세스 할리우드Access Hollywood'에서 삭제됐던 장면을 보도했다. 이 장면에는 트럼프가 외설적인 언어와 생생한 표현으로 키스하고 몸을 더듬고 여성들과 잠자리를 하려고 애쓰는 행동을 두고 떠벌리는 내용이 담겨 있었다.

트럼프는 이렇게 말하기도 했다. "당신이 스타 자리에 오르면, 그들은 당신이 그렇게 하도록 내버려 둔다."

주류 공화당원들은 트럼프를 크게 비난했지만, 머서 부녀는 강한 어조로 그를 지지하는 성명서를 급히 발표했다.

"우리는 트럼프의 상스러운 농담과 허풍에 전혀 관심이 없습니다. 우리에게는 지켜야 할 나라가 있고 나라를 지켜낼 수 있는 단 한 명의 사람이 있습니다. 우리는 미국 전역과 전 세계에 있는 미국인들과 함께 도널드 J. 트럼프를 전혀 흔들림 없이 확실하게 후원합니다."

사이먼스는 어찌할 바를 몰랐다.

어릴 적 친구 하펠과 함께 전국을 돌아다니며 소수 인종들을 비롯한 사람들이 겪고 있던 어려움을 목격한 후로 그는 정치적으로 좌편향이었다. 때로는 공화당 후보를 지원하기도 했지만, 대개의 경우 민주당 후보를 지원했다. 2016년 중반에 이르러 사이먼스는 민주당을 후원하는 '미국을 위한 최우선 행동Priorities USA Action' 슈퍼 PAC에서 가장 중요한 후원자이자 민주당 상하원 후보들의 핵심 후원자로 부상하며 그해 연말까지 민주당 조직에 2,700만 달러 이상을 지원했다. 남편보다 더 진보적인 사이먼스의 부인 마릴린과 그의 아들 너새니얼은 트럼프 선거 캠프가 비웃거나 무시하는 기후 변화 완화와 청정에너지 정책에 집중하는 비영리 재단을 설립했다.

머서의 정치적 영향력이 점점 더 커지고 트럼프 선거 운동에 대한 지원이 확대되면서 사이먼스는 동료들과 여러 사람들에게서 터져 나오는 불만을 들었고, 그들 대부분은 "머서를 어떻게 좀 할 수 없느냐?"라고 물었다.

사이먼스는 어려운 상황에 처했다. 최근에 들어서야 머서가 배넌과 손잡았다는 사실과 머서의 다른 정치적 견해를 알게 된 사이먼스는 어떻게 과학자가 지구 온난화의 위험성을 그 정도로 무시하는지 이해할 수 없어 머서의 견해에 동의하지 않았다. 하지만 사이먼스는 머서를 여전히 좋아했다. 물론 약간 기이하고 좀처럼 말을 하지 않으려는 경우도 자주 있었지만, 사이먼스에게는 머서가 늘 호감이 가고 예의 바른 인물이었다.

사이먼스는 머서를 두고 한 친구에게 이렇게 주장했다. "그는 좋은 사람이야. 그에게는 자신의 돈을 자신이 원하는 대로 쓸 권리가 있어. 내가 그것에 대해 뭐라 할 수 있겠나?"

게다가 머서는 메달리온이 가장 중요한 돌파구를 찾는 데 힘을 보태야 할 책임이 있었다. 사이먼스는 그 사람의 정치적 신념을 이유로 그를 해고하는 것이 불법이라고 일부 친구들에게 말했다.

또 "전문가의 성과와 정치적 견해"는 별개의 일이라고도 했다.

메달리온과 RIEF는 여전히 뛰어난 성과를 올렸으며, 머서는 선거에 크게 관여하지 않는 브라운과 함께 르네상스를 잘 이끌고 있었다. 브라운은 돈 쓰는 것을 좋아하지 않았다. 그는 또 부인이 정부에서 일하며 겪었던 일들을 떠올리며 정치가 싫어졌다고 친구에게 말하기도 했다. 선거가 금융 시장에 약간의 변동성을 가져다주며 헤지펀드에 유리하게 작용할 수 있다는 말을 브라운이 최소한 한 사람에게 한 적은 있었다.

머서는 르네상스에서 정치적으로 여전히 특이한 사람이었으나 그의 외부 활동이 기업에 부정적인 영향을 미친다는 명백한 조짐은 보이지 않았다. 이 덕분에 사이먼스가 무슨 조치를 해야 할 이유는 줄어들었다.

하지만 시간이 흐르면서 상황이 달라졌다.

선거일 당일까지도 트럼프 선거 캠프는 그가 승리할 가능성이 없다고 생각했다. 공화당 데이터 팀은 트럼프가 접전을 벌이던 주에서 완패하며 최대 204명의 선거인단만 확보할 것으로 예상했다. 트럼프 타워에서 TV 프로그램 〈어프렌티스Apprentice〉의 세트장으로 사용했던 공간에 마련한 선거 운동 전략 회의실에 있던 선거 참모들과 운동원들은 낙담했다. 배넌과 콘웨이와 긴밀한 협력 관계에 있고 머서와 레베카의 요청에 따라 선거 운동에 합류했던 데이비드 보시David Bossie는 선거일 오후 5시 1분에 전화로 출구 조사 초반 결과를 받았는데 트럼프가 11개의 중요 주 가운데 8개 주에서 5퍼센트에서 8퍼센트포인트까지 뒤처져 있었다.

이 소식을 전달받은 트럼프는 손에 들고 있던 플립폰의 덮개를 휙 닫고는 회의실 건너편으로 던져 버렸다.

그는 특별히 누군가를 지칭하지 않고 그냥 소리쳤다.

"이게 다 무슨 시간과 돈 낭비란 말인가?"

저녁 9시쯤 머서는 우아한 스리피스 회색 양복을 차려입고 전략 회의실로 향했다. 그의 옷차림을 보며 배넌은 누군가가 모노폴리 보드게임의 마스코트인 리치 엉클 페니백Rich Uncle Pennybag을 초대했다고 농담을 했다. 트럼프의 부인 멜라니아Melania와 자녀들, 부통령 후보 마이크 펜스Mike Pence 인디애나 주 주지사, 크리스 크리스티Chris Christie 뉴저지 주 주지사도 전략 회의실에 합류했다. 그들은 피자를 먹으며 각기 다른 방송이 틀어져 있는 75인치 벽걸이 TV 6대를 주시했다.

방송에서 점점 더 실망스런 수치가 나오자 트럼프는 시무룩한 표정으로 팀원들에게 말했다.

"이보게 천재 양반들, 우리가 어떻게 될 것 같은가?"

한때 폭스 뉴스Fox News에서는 터커 칼슨Tucker Carlson이 전화 인터뷰를 하며 "트럼프가 이기지 못할 것 같죠?"라고 말하기도 했다.

그러고 나서 결과가 바뀌기 시작했다. 새벽 1시쯤 트럼프는 들뜬 표정으로 보시를 돌아보며 말했다. "데이비드, 이걸 믿을 수 있어? 우리는 그저 재미삼아 이 일을 시작했을 뿐인데 말이야."

새벽 2시 20분 콘웨이는 AP 통신의 편집자에게서 걸려 온 전화를 받고 물었다.

"어느 주의 결과를 발표하나요?"

편집자의 대답은 이랬다.

"주의 결과를 발표하는 게 아닙니다. 전체 선거 결과를 발표하려 합니다."[19]

선거가 다가오면서 사이먼스는 우려를 나타냈다. 클린턴이 대부분의 유권자 여론 조사에서 앞서고 있었지만, 그녀는 전략적으로 잘못 판단하고 있는 것처럼 보였다. 클린턴의 선거 캠프는 사이먼스에게 만약 그해 정치 자금 기부를 추가로 할 생각이라면 상원에서 주도권을 확보하려는 민주당의 노력에 기부해야 한다고 말했다. 클린턴 캠프는 승리를 너무나 확신한 나머지 대선 캠프에 추가 지원이 필요하지 않다고 여기는 듯했다.

선거일 저녁에 사이먼스 부부는 친구 집에서 여러 사람들과 함께 선거 결과 방송을 시청했다. 모두 다 클린턴 지지자들인 그들은 긴장하면서도 낙관적인 결과를 기대하며 TV 화면 주위에 모여 있었다. 이윽고 결과들이 나오면서 트럼프가 승산이 있다는 사실이 서서히 분명해지자 분위기는 암울해졌다. 저녁 9시 30분쯤 사이먼스는 선거 결과를 더 이상 볼 필요가 없다고 생각했다.

그는 자신에게 정치적 자문을 해 주는 에이브 라크만^{Abe Lackman}에게 "아파트로 돌아가서 술 한잔해야겠다."라며 "같이 가겠나?"라고 물었다.

사이먼스와 라크만은 트럼프가 승리를 확정하는 모습을 TV로 보며 레드와인을 홀짝였다. 자정이 되기 전 그만큼 봤으면 충분하다고 생각하고 TV를 껐다.

라크만은 당시 분위기를 이렇게 말한다. "우리는 매우 우울했습니다."

CHAPTER 15

◆

사이먼스가 고개를 들어 올려다보자 수십 명의 사람들이 불안한 표정으로 자신을 주시하고 있었다.

2016년 11월 9일 대통령 선거가 끝난 다음 날 아침이었다. 거의 50명에 이르는 과학자와 연구원, 사이먼스 재단의 직원들이 맨해튼 남부에 있는 재단 본부 9층의 개방된 공간에 모였다. 그들은 어제 일어났던 일을 이해하려 애쓰고 있었다.

공간에는 햇살이 밝게 비치고 있었지만, 아무런 계획 없이 즉흥적으로 모인 사람들은 거의 모두가 시무룩했다. 그들은 국가의 장래뿐만 아니라 자신들의 미래도 염려스러웠다. 사이먼스가 힐러리 클린턴의 대통령 선거 운동에서 가장 막대한 후원자 중 한 명이라는 것은 잘 알려져 있는 사실이었다. 이제 재단 직원들은 앞으로 들어

설 트럼프 행정부가 사이먼스의 재단을 포함한 자선 재단을 타깃으로 삼아 공격하지 않을까 우려했다. 일부는 보복의 한 형태로 재단의 세금 면제 지위가 박탈당할지도 모른다고 생각했다.

사이먼스가 푸른색 재킷과 황갈색 면바지 차림으로 엘리베이터 근처에서 자신의 견해를 말하자 사람들의 웅성거림은 잦아들었다. 그는 침착한 목소리로 직원들에게 지금 하고 있는 일의 중요성을 상기시켰다. 자폐증을 연구하고 우주의 기원을 이해하는 일을 비롯해 가치 있는 일을 추구하는 것은 계속 진행해야 할 장기 프로젝트라고 강조하며 모두 힘을 합쳐 계속 노력하고 급격한 정치적 변동은 무시할 것을 당부하며 덧붙였다.

"우리 모두가 실망했습니다. 하지만 지금 우리가 할 수 있는 최선의 노력은 우리의 일에 집중하는 것입니다."

직원들은 천천히 사무실로 돌아갔고 일부는 각오를 다시 한 번 다졌다.

사이먼스는 암울했지만, 머서는 축하하는 분위기 속에서 활기가 넘쳤다.

머서와 그의 딸 레베카를 비롯한 가족들은 모두 매년 12월 초 가족의 롱아일랜드 사유지 '부엉이 둥지'에서 열리는 명절 파티를 준비했다. 동료와 다른 사람들과 어울려 대화하는 것을 특별히 좋아하지는 않았지만, 머서는 모든 사람들이 변장하고 참석하는 파티에 매우 열정적이었다. 2009년부터 가족들은 자세하게 설정된 주제에 따라 변장하고 머서의 저택에 모이는 파티에 수백 명의 친구들과 비즈니

시장을 풀어낸 수학자

스 동료들과 다른 여러 사람들을 초대해 왔다.

머서보다 사교성이 좋은 머서의 부인 다이애나가 주로 파티의 중심에 섰다. 머서는 한쪽 구석에 조용히 앉아 손주들과 놀거나 그날 파티를 위해 고용한 전문 딜러와 포커를 즐겼다.

올해의 파티 행사는 너무나 특별할 것 같아 머서도 함께 즐길 수 있을 것으로 예상됐다. 선택된 파티 주제는 '악당과 영웅'이었으며 파티에 초청된 사람들 중에는 백 명의 군인을 거느리고 칼을 휘둘러 뱀 모양의 머리카락을 가진 메두사Medusa를 제압하고 고대 유적지에 웅크리고 있는 백부장百夫長 분장을 한 사람도 있었다. 머서 가족들은 초대한 손님들이 비밀스러운 웹사이트에 들어가 슈퍼맨, 후크 선장, 테레사 수녀를 포함해 영화와 TV 프로그램, 만화책, 일상생활에서 볼 수 있는 분장을 제안 받도록 안내했다.[1]

토요일 저녁 파티가 시작되자 투자가이며 트럼프 후원자인 피터 틸Peter Thiel은 헐크 호건 분장을 한 채 슈퍼우먼 분장을 한 콘웨이와 한데 어울렸다. 배넌은 자신의 반항적인 정치 행동을 악랄하다고 여기는 사람들에게 보란 듯이 악당 분장을 하지 않고 그냥 나타났는데 어쩌면 자신이 이번 선거의 영웅임을 암시하는 것 같기도 했다. 머서는 만화책에 등장하는 슈퍼히어로이며 목표로 삼은 상대방에게 최면을 거는 것으로 유명한 마술사 맨드레이크Mandrake the Magician 복장을 입었고, 레베카는 머리부터 발끝까지 검은색 라텍스 복장을 입은 블랙 위도우Black Widow로 분장했다.

파티장 내에는 트럼프가 인수위원회 회의와 긴급한 내각 선임 과정에서 잠시 짬을 내 파티 장소로 오고 있다는 말이 돌았다. 몇 년 전만 하더라도 머서는 그저 변덕스러운 금융 시장 분석가에 불과했다. 그가 명성을 얻은 것은 총을 수집하고 열정적인 소변 연구자를 지원하며 자신의 수수께끼 같은 헤지펀드를 시장에서 우위로 올렸기 때문이다. 이제는 미국의 대통령 당선자가 머서에게 경의를 표하기 위해 몸소 롱아일랜드까지 오는 중이었다. 머서는 공화당 조직에 2,600만 달러를 후원했고, 레베카는 트럼프가 배넌과 콘웨이를 영입해 실패의 나락에 빠진 선거 운동을 되살리도록 끈질기게 주장했으며, 브레이트바트 뉴스를 통해 트럼프의 선거 운동을 굳건히 지지했다. 머서와 레베카는 트럼프의 충격적인 승리를 이끌어 낸 가장 큰 요인 중 하나였다.[2]

배넌은 이렇게 평가했다. "머서 부녀는 트럼프 혁명의 토대를 마련했습니다. 지난 4년 동안의 후원자들을 보면 그들이 누구보다도 가장 큰 영향력을 발휘했다는 사실에 아무도 반박하지 못할 것입니다."[3]

대통령 당선자와 수행원들이 탄 거대한 검은색 SUV가 모습을 드러냈고 트럼프가 짙은 색 양복에 체크무늬 넥타이를 매고 검은색 오버코트를 걸친 차림으로(변장을 한 건 아니었다) 내렸다. 손님들 사이로 걸어가다 멈춰 서서 머서에게 인사를 건넸고 곧이어 모인 사람들 앞에서 연설했다. 트럼프는 지금 막 머서와 지금껏 했던 대화 중 가장 긴 대화를 나눴다며 이렇게 농담했다. "단 두 단어였지만."[4] 그는 머서의 선거 운동 후원에 찬사를 보내며 배넌, 콘웨이, 보시를 영입해 선거 운동을 이끌게 하라고 주장했던 머서 부녀에게 감사를 표시하고 그런 움직임을 통해 꼭 필요한 "조직"을 만들 수 있었다고 했다.

그러고서 트럼프는 머서 부녀와 배넌, 콘웨이와 함께 헤드 테이블에 자리를 잡았다.

선거의 여파가 채 가시기도 전에 머서는 브라운과 그 어느 때보다 긴밀히 협조하며 르네상스의 운영에 집중했다. 그는 대사직을 비롯해 대통령 당선자를 후원한 사람들에게 종종 주어지는 어떤 형태의 확실한 보상에 전혀 관심이 없어 보였다. 그럼에도 배넌이 백악관 수석 전략가로 예정됐고 콘웨이가 대통령 고문을 맡으며 머서가 그 누구보다도 쉽게 트럼프를 만날 수 있게 됐다. 머서는 여전히 공화당의 가장 중요한 후원자 중 한 사람이었고 브레이트바트 뉴스의 경영권을 계속 유지하며 공화당 내 떠오르는 반 기득권층 진영에 영향력을 발휘했다.

레베카는 새로운 행정부에서 더 적극적인 역할을 맡았다. 몇 주 동안 트럼프 내각 후보자 선정 작업에서 고문 역할을 하며 트럼프 타워에 있는 배넌의 사무실에서 자신의 위치를 확고히 했다. 레베카는 제프 세션스Jeff Sessions 상원 의원이 법무부 장관에 선정되도록 로비를 펼쳐 성공했고 미트 롬니가 국무부 장관이 되지 않도록 강하게 밀어붙였다. 또 그녀의 아버지 머서가 미국에서 가장 규모가 큰 헤지펀드 중 하나의 공동 CEO이기 때문에 행사할 수 있는 영향력에 대한 일부의 비판을 무릅쓰고 제이 클레이튼Jay Clayton 변호사를 미국 증권거래위원회 위원장으로 선정하는 데 역할을 했다. 이후 트럼프 대통령은 레베카의 오랜 동료이자 보수 성향의 법률가 단체 '페더럴리스트 소사이어티Federalist Society'를 운영했던 레너드 리오Leonard Leo의 추천에 따라 거의 모든 사법부 내정자들을 지명했다. 레베카는 또 트럼프의 정책 과제를 지지할 외곽 단체를 이끄는 계획도 수립했다.

레베카는 스스로의 힘으로 유명한 공인으로 부상했다. 그해 초 남성 잡지 〈GQ〉는 레베카를 워싱턴 DC에서 가장 영향력 있는 인물 17위에 선정하며 그녀를 "대안 우파의 퍼스트레이디^{the First Lady of}^{alt-right}"로 불렀다. 대통령 당선자를 향해 계속되는 후원과 함께 머서 가족의 정치적 영향력은 확고해진 것 같았다.

매거맨은 비참한 기분에 빠졌다.

민주당원으로 등록돼 있었지만, 자신을 정치적 중도주의자로 여겼으며, 때로는 공화당 후보에 투표하기도 했다. 하지만 2016년 대통령 선거는 완전히 다른 상황이었다. 트럼프는 이민자를 폄하하고, 교육 자금 지원을 공립학교에서 차터 스쿨^{charter school}(공적 자금을 받아 교사·부모·지역 단체 등이 설립한 학교—옮긴이)로 전환하는 방안을 제시하고, 수십억 달러를 들여 멕시코에 접한 국경에 보안 장벽을 세우겠다고 약속하며 매거맨이 판단하기에 잘못되고 잔인한 사고방식과 정책을 드러냈다. 낙태 권리를 제한하겠다는 트럼프 후보자의 공언에 매거맨은 우려했고, 그의 부인 데브라는 몸서리를 쳤다. 선거 후 매거맨은 트럼프의 승리를 고통스럽게 떠올리지 않도록 페이스북에 있는 아는 사람 거의 모두를 친구 명단에서 삭제했다.

대통령 취임식이 끝난 후 매거맨은 자신의 위치를 다시 한 번 생각해 보며 어쩌면 자신이 이 행정부를 보다 부드럽고 유익한 방향으로 움직이게 할 수 있을지도 모른다고 생각했다. 당시 마흔여덟 살에 이른 매거맨은 지난 10년 동안 교육 관련 문제를 해결하기 위해 노력해 왔다. 자신의 교육 분야 경험이 트럼프 팀에 도움을 줄 수도 있으며, 아니면 다른 분야에 기여할 수 있을 것으로 확신했다.

2017년 1월 매거맨이 레베카의 휴대폰에 전화를 걸었지만, 레베카는 받지 않았다. 매거맨은 다시 한 번 전화를 걸어 도움을 주고 싶다는 메시지를 남겼다. 이 메시지에 회신 전화를 건 사람은 머서였다. 숫기가 없는 평소의 모습과 달리 머서는 트럼프의 장점과 논란의 여지가 많은 다양한 정치적 주제를 놓고 무척이나 토론을 하고 싶어 했다. 두 사람은 기후 변화와 오바마케어Obamacare, 국경 장벽의 가치 등에서 생각이 달랐지만, 서로를 향한 말투는 매우 부드럽고 정중했다.

머서는 트럼프가 "뭐든 부풀리기를 좋아한다."라고 했고 매거맨은 그 말에 이렇게 대답했다.

"그게 바로 내가 염려하는 부분입니다. 핵전쟁의 공포가 되살아나기를 정말 원하십니까?"

머서는 핵전쟁에 대해 그리 크게 걱정하지 않는다고 대답했다. 전화를 끊기 전 머서는 뚜렷한 결론이 없었지만, 논쟁은 즐거웠다고 했다. 매거맨은 전보다 더 깊은 좌절감에 빠졌다.

그는 새로운 행정부가 어떤 정책들을 선택하는지 지켜보기로 했다. 하지만 곧바로 실망했다. 2017년 1월 말 트럼프 대통령은 이슬람교가 지배적인 7개국 국민의 미국 방문을 90일 동안 금지하고 모든 시리아 난민의 미국 입국을 유예하는 행정 명령에 서명했다. 상원은 세션스를 법무무 장관으로 인준했고 트럼프 대통령은 계속해서 미국 정보기관과 언론들의 신뢰성을 공격했다. 이런 행태들은 매거맨을 더욱 짜증나게 했다.

매거맨은 새로운 행정부의 정책을 완화시키거나 심지어 대응할 수 있는 뭔가를 하고 싶었지만, 무엇을 해야 할지 몰랐다. 먼저 지역 내 민주당에 기부하는 계획을 세웠다. 그러고는 비영리단체를 지원하며 성에 대한 헬스케어sexual health care를 제공하는 플랜드 페어런트 후드Planned Parenthood라는 단체에 전화를 걸었다. 또 트럼프의 영향력 있는 사위 자레드 쿠시너에게 행정부가 채택하는 정책과 머서의 영향력에 관해 경고하려고 했지만, 연락조차 하지 못했다.

매거맨은 죄책감에 시달렸다. 머서의 재단이 메달리온 펀드에 투자하고 있었다. 따라서 매거맨은 머서가 트럼프를 대통령에 당선시켜 아주 혐오스러운 정책을 펼치게 만든 자금을 마련하는 데 자신이 개인적으로 도움을 준 느낌이 들었다.

끓어오르는 분노에 휩싸인 매거맨은 부인 데브라에게 불만을 털어놓았다. "정말 화가 나서 미칠 것 같아. 머서처럼 부유한 백인을 더욱더 부유하게 해 주는 소프트웨어를 내가 만들었어."

동료와 전화 통화를 하며 매거맨은 머서가 트럼프를 대통령직에 오를 수 있게 만든 것을 두고 불평했다. 그리고 몇 년 전 머서와 나누었던 것으로 기억하는 대화를 들려 줬다. 그 대화에서 머서는 공공시설과 직장, 연방 자금 지원을 받는 단체에서 차별을 금지하는 1964년 공민권법Civil Rights Act 제정 전에 아프리카계 미국인들이 오히려 더 잘 살았다고 주장했다.

매거맨이 머서를 비판하는 말은 머서의 귀에도 들어갔다. 어느 날 매거맨이 재택근무를 하는 사무실에 들어섰을 때 전화기가 울렸다.

시장을 풀어낸 수학자

머서의 전화였다. "자네가 돌아다니며 내가 백인 우월주의자라는 말을 한다고 들었네. 정말 터무니없는 소리야."

매거맨은 머서의 비난에 허를 찔린 느낌이 들어 말까지 더듬거리며 자신의 상사에게 대답했다. "제가 정확히 그런 단어를 사용하지는 않았습니다."

침착함을 되찾은 매거맨은 공민권법에 대해 머서가 예전에 했던 말을 언급하며 덧붙였다. "하지만 그런 인상을 받기는 했습니다."

머서는 "결코 그런 말을 한 적이 없다."라고 대답했다.

그러고 나서 머서는 다양한 직업에 종사하는 아프리카계 미국인의 비율에 관한 통계 자료를 포함해 아프리카계 미국인들이 법 제정 10년 전의 생활 수준이 더 나았다는 것을 입증하는 데이터를 나열했다. 그리고 자신의 주장을 증명하는 책을 매거맨에게 보내 주겠다고 약속했다.

머서는 공민권법이 "아프리카계 미국인이 정부에 의존하게 만들며 그들을 어린아이 취급했다."라고 주장했다.

이 부분에서 매거맨은 정말 화가 났다.

"이보세요, 그들은 (백인들과) 다른 화장실과 식수대를 사용해야 했습니다!"

매거맨은 트럼프의 정책 방향과 과장이 심한 말투, 각료 구성에 관한 자신의 염려를 간략히 설명했다. 머서는 트럼프가 내린 모든 결정이나 그에 가까운 사람들이 하는 일에 전혀 관여하지 않았으며, 단지 클린턴의 당선을 막고 싶었을 뿐이었다고 대답했다.

이 말에 매거맨은 분노로 불타오르며 소리쳤다.

"어떻게 관여하지 않았다는 말을 할 수 있죠?" 그리고 트럼프의 계획을 후원하기 위해 레베카가 결성했던 그룹과 머서가 배넌과 콘웨이와 여전히 가까운 관계를 유지하고 있는 상황을 지적했다.

머서는 대답했다. "자네가 배넌을 만나봐야 하네. 정말 좋은 사람이야."

매거맨은 전화를 끊기 전 머서에게 마지막으로 한마디했다.

"지금 하는 일이 국가에 해를 끼친다면 당장 그만두셔야 합니다!"

머서는 매거맨과의 전화 통화로 특별히 동요한 것 같지는 않았다. 매거맨보다 더 진보적인 직원들과 담판을 벌인 적도 있었다. 그에게 이런 대화는 거의 스포츠나 마찬가지였다. 며칠 뒤 머서는 매거맨에게 1984년 후버 연구소Hoover Institution 소속 경제학자 토머스 소웰Thomas Sowell이 썼고 〈뉴욕타임스〉가 "잔인할 정도로 솔직하고 통찰력 있으며 매우 중요하다."라고 평가한 《공민권: 미사여구 또는 현실?Civil Rights: Rhetoric or Reality?》이라는 제목의 책을 보냈다. 이 책은 소수 인종이 공민권법 통과 전에 높은 연봉을 받는 직업으로 대거 이동하기 시작했으며, 오히려 차별 철폐 조치가 가장 불리한 위치에 있는 소수 인종 계층을 대응관계에 있는 백인들보다 뒤처지게 만들었다고 주장한다.[5]

매거맨은 자신과 다른 여러 사람들이 그 책에 두고 했던 많은 비판 중 하나를 인용해 소웰의 주장이 편협한 재무적 수치에만 초점을 맞추며 전반적인 인간적 요인을 무시한다고 주장했다.

매거맨은 머서와 나눈 대화 때문에 혼란스러웠다. 자신의 상사를 멈추게 할 수 있는 뭔가를 하고 싶었다. 먼저 자신이 염려하고 있는 내용을 모든 이에게 공개하면 어떤 징계를 받게 될지 알아보기 위해 르네상스의 직원 핸드북을 자세히 살펴봤다. 또 머서가 인종차별적인 발언을 했다고 의심하는 브라운과 실버와 의논하기도 했다(어떤 임원은 머서가 자신이 인종차별주의자임을 드러낼 만큼 많은 말을 하지 않았다고 농담했다). 매거맨은 르네상스만 비난하지 않으면 머서를 비난해도 아무런 문제가 없다는 사실을 이들과의 대화를 통해 이해했다.

매거맨은 그해 2월 〈월스트리트저널〉의 한 기자에게 보낸 이메일에 이렇게 썼다.[*]

"조치를 취할 준비가 돼 있습니다. 더 이상 이대로 둘 수는 없습니다."

그 결과 펜실베이니아 주 발라 킨위드Bala Cynwyd에 있는 매거맨 소유의 레스토랑에서 진행된 인터뷰에서 매거맨은 주저하지 않고 거침없이 얘기했다.

"머서의 관점은 자신에게 필요 없지만 대다수 미국인에게 필요한 사회 안전망에 대한 경멸을 드러내고 있습니다. 이제 머서는 나의 도움으로 벌어들인 돈을 사용해 트럼프를 후원하며 정부가 핀 머리pinhead 정도의 규모로 축소돼야 한다고 제안하며 자신의 세계관을 실행하려고 합니다."

매거맨은 자신의 미래에 대한 염려도 얘기했다.

"나는 이 모든 내용을 나의 일자리를 위험에 빠뜨리지 않을 방식으로 밝히고 싶지만, 아무래도 그들이 나를 해고할 가능성이 높습니

---

[*] 그 기자가 바로 나였다.

다. 이 일은 나의 필생의 업적입니다. 나는 지금도 여전히 사용하고 있는 트레이딩 시스템의 프로그램을 만드는 팀을 이끌었습니다."

〈월스트리트저널〉 웹사이트에 이 인터뷰 내용을 담은 온라인 버전 기사가 뜬 날 아침, 매거맨은 르네상스에서 걸려온 전화를 받았다. 르네상스를 대표하는 한 인사가 매거맨이 무급으로 정직 조치됐으며 기업 내 누구와도 접촉이 금지됐다는 사실을 그에게 알렸다.

선거는 머서에게도 불편함을 주기 시작했다.

머서와 그의 딸 레베카는 배넌을 비롯한 공화당의 극우 계층과 너무나 밀접히 연관된 나머지 국가가 우측으로 기우는 경향을 못마땅하게 여기는 사람들의 표적이 됐다.

한때 뉴욕 주 민주당 위원회가 머서와 레베카의 얼굴을 화면에 비추며 그들이 "트럼프의 소셜미디어 댓글 부대bot army와 배넌의 극단주의 뉴스 브레이트바트에 자금을 지원한 바로 그 사람들"이라고 말하는 TV 광고를 방영하기도 했다.

2017년 3월 약 60명의 시위자들이 머서의 집 앞에 모여 머서의 극우 조직에 대한 자금 지원을 비난하고 부자들에 대한 증세를 요구했다. 일주일 뒤 두 번째 그룹이 시위를 벌였고 일부는 "머서, 세금을 납부하라."라는 문구가 적힌 팻말을 들고 있었다. 경찰은 쏟아지는 빗속에서 머서를 비난하는 구호를 외치는 시위자들에게 공간을 제공하기 위해 머서의 저택이 있는 '부엉이 둥지' 정면에 있는 도로의 교통을 통제했다.

시위대에 합류한 여든두 살의 지역 주민 빌 맥널티Bill McNulty는 이

시장을 풀어낸 수학자

렇게 주장했다. "머서는 트럼프의 선거 결과를 바꾸는 데 중요한 역할을 했습니다. 우리는 검은 돈이 정치를 좀먹고 오염시키는 모습을 목격했습니다."6

친구들의 말에 따르면 머서는 살해 협박까지 받았으며 가족을 위해 보안 요원을 고용하기에 이르렀다. 점점 높아지는 악명은 프라이버시를 좋아했던 가족들을 충격에 빠뜨리고 불안에 떨게 만들었다.

르네상스는 매거맨 문제를 어떻게 처리해야 할지 몰랐다.

르네상스는 생산성이 낮거나 업무에 무관심하거나 다루기 어려운 직원들이라 할지라도 좀처럼 해고하지 않는다. 하지만 그에 따른 위험은 너무 크다. 별로 신통치 않은 중간급 연구원과 프로그래머들조차 경쟁자에게 도움을 줄 수 있는 기업의 통찰과 비공식적 협정에 접근할 수 있다. 이것이 바로 매거맨이 머서에 관해 공개적으로 얘기하는 것을 크게 염려하지 않은 한 가지 이유였다. 다른 직원들이 기업에 반항하더라도 별다른 영향을 받지 않는 모습도 봤다. 하지만 매거맨은 도덕적인 면에서 볼 때, 직원으로서 해서는 안 될 죄를 저지른 셈이었다. 자신의 상사를 최대한 공개적인 방식으로 공격했고 더 나아가 그를 인종차별주의자로 몰아붙이기까지 했다. 르네상스만큼 언론의 주목을 꺼리는 기업은 거의 없었으며 이것이 바로 르네상스 내 많은 이들이 매거맨의 복귀를 주저하는 이유 중 하나였다.

매거맨은 그 나름대로 복잡한 감정에 휩싸였다. 그는 머서가 국가에 미치는 영향을 지극히 싫어했고 그의 정치적 활동을 중단시키고 싶었다. 게다가 르네상스에서 많은 돈을 벌어 뒀기 때문에 그런 일로 해고당하더라도 재정적 고통을 걱정할 필요가 없었다. 하지만 르네상스에 처음 합류했을 때 머서 부부가 자신을 초대해 가족들과 함께 프렌들리 레스토랑에서 저녁을 먹고 영화도 같이 보는 등 많은 친절을 베푼 일도 떠올랐다. 지혜롭고 창의성이 뛰어난 머서를 존경했으며 자신의 삶에 많은 영향을 미친 그를 만족시키고 싶다는 마음은 여전히 강했다. 당시 매거맨은 르네상스에서 20여 년을 보낸 상태였으며 르네상스를 매우 고맙게 생각하고 있었다. 하지만 머서의 정치 활동에 관해 공개적으로 얘기할 수 있다면 르네상스 전의 직업으로 돌아가는 것도 마다하지 않겠다고 결심했다.

자신의 미래를 두고 브라운을 비롯한 여러 사람들과 논의하면서 매거맨은 그들을 불편하게 만들었다.

그는 "입막음용 돈을 받을 수는 없다."라고 말했다.

그 후 어느 날 롱아일랜드 사무실을 방문한 매거맨은 너무나 많은 직원들이 자신을 쌀쌀맞게 대하는 것 같아 마음이 아팠다. 어느 누구도 매거맨을 지지하다 기업 내 자신의 위치까지 위태롭게 만들고 싶어 하지 않는 듯했다. 심지어 좌편향적인 직원들조차 매거맨이 잘못된 방식으로 항의한다고 생각했다.

매거맨은 르네상스 직원들을 만난 뒤 이런 느낌이 들었다고 했다. "따뜻하고 다정할 것으로 예상했던 나의 생각과 달리 사람들은 내게 냉담했습니다. 그들은 나를 나쁜 사람으로 여겼습니다."

거대한 장애물을 넘어서기 위해 양측은 매거맨이 머서에 관해 할 수 있는 말을 제한하는 조건으로 원래 자리로 복귀한다는 잠정적인 합의에 도달했다. 하지만 최종 합의에 이르지는 못했다. 매거맨은 관계를 회복하는 데 도움을 줄 목적으로 4월 20일 뉴욕 시 세인트 레지스 호텔에서 열리며 사이먼스가 설립한 비영리 재단 매스포 아메리카Math for America를 후원하는 포커 토너먼트에 참가하기로 결정했다. 매년 한 번씩 열리는 이 대회는 금융 시장 분석가들과 전문 포커 선수들을 비롯한 많은 사람들이 크게 기대하는 최대 결전이었다. 매거맨은 사이먼스와 머서, 브라운 그리고 다른 르네상스 중역들이 이 대회에 참가한다는 사실을 알고 있었다. 하지만 레베카가 나타날 수도 있다는 사실을 그때는 깨닫지 못했다.

매거맨은 당시를 이렇게 기억한다. "내가 노력하고 있다는 것을 보여 주기 위해 나 자신의 존재를 다시 한 번 알리며 르네상스의 문화 속으로 복귀하고 싶었습니다."

집에서부터 3시간 동안 운전하며 가는 동안 매거맨은 불안했다. 참석한 동료들이나 다른 사람들이 자신을 어떻게 대할지 알 수 없었다. 호텔에 도착한 뒤 토너먼트 참가를 위해 5,000달러를 게임 머니로 맡겼다. 그는 곧바로 자신의 의상이 적절치 않다는 것을 깨달았다. 카펫이 깔린 2층 대연회장에 모인 약 200명의 대회 참가자 대부분이 정장을 갖춰 입었거나 최소한 스포츠 재킷을 걸치고 있었다. 심지어 보안 요원들은 턱시도를 입고 있었다. 매거맨은 청바지에 오픈칼라셔츠 차림이었다. 이런 실수로 말미암아 그의 불편함과 불안함은 더욱 커졌다.

매거맨은 포커 게임이 열리는 방에 들어서자마자 머서가 눈에 띄었으며 지금은 수줍어 할 때가 아니라고 생각했다. 곧바로 머서에게로 다가가 그의 흔치 않은 푸른색 양복이 멋지다며 찬사를 보냈다. 머서는 미소를 지으며 자신의 딸이 골랐다고 대답했으며 두 사람의 대화는 잘 이어지는 것처럼 보였다.

매거맨은 속으로 '휴우' 하고 한숨을 뱉으며 안도했다.

저녁 7시가 막 지났을 무렵 매거맨은 사이먼스와 포커 명예의 전당 멤버인 댄 해링턴Dan Harrington을 비롯한 몇 명과 한 테이블에 앉아 무제한 홀덤No-Limit Hold'em 포커 게임을 시작했다. 잠시 후 사이먼스가 옆방으로 담배를 피우러 가자 매거맨이 그를 따라갔다. 그는 자신이 머서를 비난한 뒤 르네상스에 부정적인 관심이 쏟아진 것에 대해 사이먼스에게 사과하며 말했다.

"일이 이렇게 돼서 죄송합니다. 나는 여전히 당신을 존경하며 그 사실을 알아주기를 바랍니다."

사이먼스는 사과를 받아들이며 그들의 냉담함이 곧 사라질 것 같다고 말해 매거맨을 더욱 들뜨게 했다. 테이블로 돌아온 매거맨은 초반에 돈을 잃었지만, 기분이 여전히 좋아 1만 5,000달러어치 게임 칩을 추가로 구입해 계속 이어 나갔다.

몇 테이블 건너에서는 머서가 스포츠 금융계 임원인 크리스 잉글리시Chris English를 포함한 투자자 몇 명과 게임을 하고 있었다. 머서가 초반 몇 게임을 이겼지만 잉글리시는 한 가지 단서를 포착했다. 손에 든 패가 엄청 좋으면 머서는 '공화국 전투 찬가' 같은 애국적인 노래를 휘파람으로 불렀다. 반면 패에 자신이 없으면 그저 그런 노래를 흥얼거렸다. 잉글리시는 발견한 단서를 활용해 머서보다 많은 돈을 땄다.

매거맨은 계속 지고 있었고 12년산 스카치위스키를 몇 잔 마신

시장을 풀어낸 수학자

뒤 밤 10시 30분쯤 게임을 끝냈다. 하지만 집에 가기에는 너무 이른 시간이고 조금씩 보이기 시작하는 동료들과의 관계 회복 기미에 여전히 기분이 좋았던 매거맨은 게임 룸을 돌아다니며 다른 사람들의 게임을 보기로 했다.

레베카가 게임을 하고 있는 테이블로 다가가자 그녀가 매거맨을 노려봤다. 매거맨이 좀 더 가까이 다가가자 머서가 불안해했다. 레베카는 분노에 찬 목소리로 매거맨에게 외쳤다. "(사람들이 당신에게 냉담한 건) 자업자득이에요!"

이 말에 충격을 받은 매거맨은 테이블을 돌아 머서 옆에 섰다. 레베카는 머서 가족의 트럼프 지원에 대한 매거맨의 비난이 자신의 가족을 위험에 빠뜨렸다고 그에게 말했다.

"당신이 어떻게 아버지에게 그럴 수 있죠? 아버지는 당신에게 너무나 잘해 줬는데 말이에요."

매거맨은 르네상스에 합류했을 때 그녀의 가족들이 자신을 많이 도와 준 것을 언급하고 매우 유감스럽다고 말하며 덧붙였다.

"나는 당신의 가족을 사랑합니다."

레베카는 들으려 하지 않고 "당신은 정말 쓰레기 같은 인간이야!"라는 말을 반복했다. "당신은 25년 동안 정말 쓰레기 같은 인간이었어. 난 항상 알고 있었어."

그러면서 매거맨에게 당장 여기서 나가라고 소리쳤다. 보안 요원들이 다가와 매거맨에게 테이블에서 물러설 것을 요청했다. 매거맨은 요청을 거부하며 보안 요원들을 피해 사이먼스에게 다가가 도움을 구했다.

"그들이 내게 어떻게 하려는지 보세요."

사이먼스는 매거맨에게 이 장소를 떠나는 게 최선이라고 말했다.

보안 요원들은 강제로 매거맨을 바깥으로 몰아내며 지금 당장 떠나지 않으면 경찰을 부르겠다며 위협했다. 충격을 받아 제정신이 아닌 듯한 매거맨의 모습을 본 또 다른 헤지펀드 투자가 보아즈 와인스타인Boaz Weinstein은 매거맨에게 술을 그만 마시고 집으로 가라고 설득했다. 매거맨에게는 물러나야 할 더 강력한 이유가 필요했지만, 결국 매거맨은 그의 말을 따라 자신의 자동차가 있는 쪽으로 향했다.

매거맨은 며칠 뒤 당시 상황을 이렇게 설명했다. "술의 영향이 약간 있었다는 것을 부인하지는 않습니다. (……) 내가 다 잘한 것은 아니지만, 내가 그런 장면을 만들려고 한 건 아니었습니다. 하지만 그렇다고 해서 레베카가 내게 한 말이 달라지지는 않습니다. (……) 내가 싸움을 시작한 것도 아니었고 그렇게 저급한 욕을 하지도 않았습니다."

2층 대연회장에서 포커 게임을 하던 사람들이 방금 일어난 대치 상황을 두고 웅성거렸지만, 대회는 계속 진행됐다. 곧이어 머서는 앞선 패배를 딛고 다시 승리하며 크게 흥분했다. 사이먼스와 PDT 파트너스의 피터 밀러, 브라운은 모두 게임을 관뒀지만, 머서는 계속 이어 가며 새벽 1시경에 벌어진 그날 밤의 마지막 큰 게임에서 결국 잉글리시를 제압했다.

잉글리시는 자신의 패배를 이렇게 설명했다. "어쩌면 머서가 단서가 될 노래를 바꿔 불렀을 수도 있습니다. 노래 소리가 너무 커서

시장을 풀어낸 수학자

무슨 노래인지 알 수가 없었습니다."[7]

머서가 미소 지으며 경쟁자들에게서 축하받을 때 매거맨은 필라델피아로 돌아가고 있었다. 가는 도중 브라운에게서 문자메시지를 받았다. "이 모든 일을 넘어서고 싸움에 휘말리지 않고 자신의 삶을 사는 게 최선일세. 그러면 당신이 정말 더 행복해질 거라고 생각하네."

4월 29일, 르네상스는 매거맨을 해고했다.

2017년 초가을 앤서니 칼훈Anthony Calhoun의 분노는 더욱 심해졌다. 볼티모어 시 소방경찰 공무원 연금 재단Baltimore City Fire and Police Emplyee's Retirement System에서 상임 이사를 맡던 칼훈은 머서의 정치 활동에 관한 내용을 읽으면 읽을수록 그 내용에 화가 났다.

칼훈에게는 머서가 트럼프를 후원한 것이 문제가 아니었다. 백인 민족주의자들과 연관돼 있는 브레이트바트 뉴스가 문제였다. 당시 배넌은 백악관 수석 전략가 자리에서 밀려난 상태였다. 이후 브레이트바트로 다시 돌아갔고 일부 사람은 그가 뉴스 매체를 더 극단으로 몰고 갈 것이라고 예상했다.

머서도, 페미니즘을 "암"으로 규정하고 한때 소아 성애를 지지하는 것처럼 보이며 트위터에서 다른 사람에게 욕설을 한다는 이유로 트위터 사용이 금지된 우파 선동가 마일로 이아노폴로스Milo Yiannapoulos를 후원했다.[8]

이 모두가 칼훈이 견디기에는 너무 힘든 일이었다. 볼티모어 시 연금 재단은 RIEF에 2,500만 달러를 투자한 상태였으며 칼훈은 르네상스를 향한 자신의 불쾌감을 공유하기로 결심했다.

그리고 수화기를 들어 RIEF 담당자에게 전화를 걸어 말했다.

"우리에게 정말 염려스러운 부분이 생겼습니다."

RIEF 담당자는 전화로 머서에 대해 불평한 사람이 칼훈만이 아니었다고 했다. 이후 산업계 컨설턴트와 대화를 나누던 칼훈은 다른 르네상스 고객들도 르네상스에 대한 불만을 털어놓았다는 말을 들었다. 얼마 지나지 않아 칼훈과 볼티모어 시 은퇴 시스템의 나머지 이사회 멤버들은 투표를 통해 RIEF에 투자한 돈을 회수하기로 결정했다.

이 돈은 르네상스 펀드에서 아주 작은 부분에 불과했으며 르네상스 내에서 투자자들의 대 탈출을 염려하는 이는 아무도 없었다. 하지만 10월이 되자 거의 50명에 이르는 시위자들이 머서가 자신들의 표적이라고 말하고 르네상스의 헤지펀드 자체에 대한 시위를 벌였다. 이런 부정적인 여론에 익숙지 않은 중역들은 불편했다.

2017년 10월 사이먼스는 그런 논란이 르네상스의 미래를 위태롭게 하지 않을까 염려했다. 직원들의 사기가 계속 떨어지면서 최소한 핵심 멤버 한 명은 사직하기 직전이었고 다른 한 명은 이직을 심각하게 고려하고 있었다. 염려를 드러낸 가장 중요한 직원 중에는 독일 바이에른의 에를랑겐-뉘른베르크대학교Universoty of Erlangen-Nuremberg에서 고에너지 물리학 박사 학위를 받은 볼프강 완더Wolfgang Wander(완더의 페이스북 페이지에는 이런 글이 적혀 있다. "친구 요청을 할 때, 우리가 어떻게 만났는지 알려주고 당신의 페이스북 페이지에서 '폭스뉴스FOX News의 화제 거리' 부분을 삭제해 주면 고맙겠습니다.")도 포함돼 있었다. 완더는 르네상스

시장을 풀어낸 수학자

의 인프라스트럭처 그룹을 이끌며 사실상 르네상스의 최고참 기술 임원으로 자리 잡았다. 사이먼스는 르네상스가 인재를 구하는 데 어려움을 겪을 것으로 확신했다.

사이먼스는 점점 커지는 머서의 정치적 역할을 1년 넘게 못 본 척하며 지냈다. 하지만 뭔가 행동을 해야 할 때가 왔다고 생각했다. 10월의 어느 상쾌한 날 아침, 머서의 사무실을 방문한 사이먼스는 머서에게 의논해야 할 중요한 일이 있다고 말했다. 그러고는 머서의 맞은편 의자에 앉아 곧바로 방문한 목적을 얘기했다.

"지금 당신이 물러나는 게 최선이라고 생각하네."

정치적 결정이 아니라 르네상스의 미래를 보장하기 위한 것이었다.

사이먼스는 사람들이 기업을 뚫어지게 바라보는 것은 직원들의 "사기에 좋지 않다."라고 덧붙였다.

이런 뜻밖의 말에 전혀 대비가 안 돼 있던 머서는 침울한 표정을 지으며 상처를 받은 듯했다. 그럼에도 이의를 제기하지 않고 사이먼스의 결정을 받아들였다.

훗날 사이먼스는 MIT 경영대학원의 학생들과 다른 사람들에게 "르네상스 직원들의 사기에 관한 문제가 있었으며 (……) 사기가 점점 더 떨어지고 있었다."라고 말했다.

한 친구에게는 "쉬운 결정이 아니었다."라는 말도 했다.

11월 2일 머서는 르네상스에 투자한 사람들에게 편지를 보내 르네상스의 공동 CEO 자리에서 물러나지만, 여전히 기업 내 연구원으로 남을 것이라는 사실을 알렸다. 그러면서 언론의 과도한 검증을 비난하며 언론이 부당하게 자신을 배넌과 엮었다고 불평했다.

이어서 "언론은 (……) 나의 정치 행보가 배넌의 행보와 일치한다는 점을 시사했습니다. 나는 배넌을 매우 존경하고 때때로 그와 정치를 논의하지만, 내가 정치적으로 후원하는 사람에 관해서는 내가 직접 결정합니다."라고 편지에 썼다.

브레이트바트 뉴스의 지분을 딸 레베카에게 매각하기로 결정한 머서는 "권한이 축소된 보다 작은 정부를 선호하는 보수주의자"를 지원한다고 말하며 자신의 정치적 견해를 편지에 명확히 밝혔다. 또한 표현의 자유와 열린 토론을 지지하기 위한 노력의 일환으로 이아노폴로스를 후원했지만, 그런 행동을 후회하며 그와의 관계를 끊는 과정에 있다는 말도 덧붙여 썼다.

그러면서 편지에 "내가 생각하기에는 이아노폴로스의 행동과 발언이 고통과 분열을 초래했습니다."라고 썼다.

자리에서 물러난 지 몇 달이 지난 2018년 초 머서는 전 르네상스 중역이자 르네상스를 떠난 뒤 스토니브룩대학교 공학 및 응용과학대학에서 계량 금융 프로그램을 개설한 로버트 프레이에게서 전화를 받았다. 프레이는 머서를 스토니브룩 캠퍼스에서 유일하게 웨이터가 서빙하는 근처 힐튼 가든 인Hilton Garden Inn 내의 별 특징 없는 레스토랑에서 점심을 함께하자며 초대했다. 그들이 자리에 앉자 몇몇 학생이 프레이를 알아보며 인사를 건넸지만, 머서를 알아보는 학생은 아무도 없었다. 머서는 오히려 안도했다.

시장을 풀어낸 수학자

머서는 진이 빠진 사람처럼 보였다. 프레이는 자신의 오랜 친구가 힘든 한 해를 보냈다는 것을 알던 터라 음식이 나오기 전에 어려운 얘기부터 먼저 해 버리려고 했다.

선거 기간 동안 프레이는 두 후보 모두가 마음에 들지 않아 트럼프나 클린턴 누구에게도 투표할 수가 없었다. 그럼에도 머서가 적절하다고 생각하는 어떤 방법으로든 트럼프를 적극적으로 후원하는 것은 그의 당연한 권리라고 하며 널리 퍼진 비난에도 불구하고 머서가 부적절한 일을 했다고 생각하지 않는다고 말했다.

"사람들이 자네를 대하는 방법이 공평하지 못했다네. 소로스를 비롯한 여러 사람들도 어느 누구 못지않게 정치에 영향을 미쳤지만, 자네만큼 비난을 받지는 않았네."

머서는 미소를 지으며 고개를 끄덕였지만, 늘 그렇듯이 별 대꾸를 하지 않고 그저 "고맙다."라는 말만 했다.

머서의 반응을 보며 프레이는 주제를 바꿔야겠다는 생각이 들었다. 두 친구는 수학과 시장에 관해 대화하며 나머지 식사 시간 내내 정치 얘기는 피했다.

프레이는 "머서가 안돼 보였다."고 말한다.

레베카는 더 힘든 시간을 보내고 있었다.

자신과 아버지가 묘사되는 방식을 두고 친구들에게 불만을 토로했고 자신이 인종차별주의자 조직을 후원한다며 부당하게 비난하는 사람들도 있었다고 했다. 한 친구의 말에 따르면 이런 비난으로 그녀에 대한 반발이 일어나고 급기야 레베카에게 대변이 담긴 우편물이 배달되는 지경까지 이르렀다. 또 한번은 낯선 사람이 공공장소에서 그녀에게 심한 욕을 퍼부어 그녀를 공포에 떨게 만들기도 했다.

2018년 1월 기후 변화를 막는 정책을 지지하는 200명 이상의 과학자와 다른 분야의 학자들은 뉴욕 시에서 가장 중요한 과학박물관인 미국 자연사 박물관이 지난 5년간 이사회 멤버로 활동했던 레베카를 이사회에서 물러나게 할 것을 요구하는 공개편지에 서명했다. 그들은 박물관이 반과학적 선동가와 "기후 과학의 잘못된 정보에 자금을 지원하는 사람들과 관계를 끊어야 한다."라고 주장했다. 십여 명이 넘는 시위자들은 "레베카를 박물관에서 쫓아내자", "기후 변화는 현실이다"라고 쓰인 현수막을 들고 맨해튼 북서쪽에 자리 잡은 자연사 박물관 둘레를 행진했다.[9]

박물관은 어떤 조치도 취하지 않았지만, 2018년 2월 레베카는 대중의 인식을 전환시킬 필요가 있다고 생각했다. 이에 따라 〈월스트리트저널〉에 공개 논평을 게재해 자신이 "인종차별주의와 반유대주의 같은 유독성 이념"을 지지했다는 말을 인정하지 않으며 "미국의 친절함과 너그러움"을 믿는다고 덧붙였다.

한 달 뒤 캠브리지 애널리티카가 페이스북 사용자 수백만 명의 개인 정보를 불법적으로 취득했다는 혐의로 고소 당하면서 새로운 논란이 터졌고 일련의 정부 조사를 촉발했다. 캠브리지의 이사회 멤버로서 기업 운영을 관장했던 레베카는 새로운 국면의 정밀 조사와 부정적인 언론 보도의 대상으로 떠올랐다.

2018년 중반에 이르러 머서와 레베카는 정치에서 손을 떼기 시작했다. 머서 부녀는 배넌이 트럼프 가족에 대한 비판적인 발언을

시장을 풀어낸 수학자

한 것으로 알려지자 곧바로 그와의 관계를 끊고 주위에 정치적 고문을 한 명도 남기지 않았다. 2018년 중간 선거를 준비하는 과정에서 머서는 600만 달러도 안 되는 공개 정치 기부금을 냈으며, 이는 2014년 중간 선거의 1,000만 달러와 2016년 대선의 2,500만 달러보다 훨씬 줄어든 금액이었다.

이를 두고 보수주의 운동을 이끄는 한 유력 인사는 이렇게 말한다. "그들은 그렇게 사라져 버렸습니다. 그 뒤로는 그들에게서 많은 연락을 받지 못했습니다."

친구들의 말에 따르면 각자가 경험했던 예상치 못한 역풍으로 인해 머서 부녀는 정치 기부금을 줄이고 트럼프나 행정부 인사들과 거의 소통하지 않으며 자신들을 드러내지 않으려고 했다.

보수적인 비영리단체 미디어 리서치 센터Media Research Center를 운영하는 머서의 친구 브렌트 보젤Brent Bozzel은 당시 상황을 이렇게 설명했다. "그들은 정치 무대에서 예상했던 것보다 훨씬 더 큰 성공을 거두었고 마치 로켓이 발사되는 것처럼 떠올랐습니다. 하지만 쓴맛도 봐야 했습니다. (……) 사람들이 그들을 실망시켰습니다."[10]

그들이 실망한 부분적인 이유는 트럼프 선거 운동에 많은 돈을 기부했던 사람들 대부분이 후한 기부에 대한 대가로 뭔가를 받았다는 사실이었다고 친구들이 말했다. 머서 부녀는 어떤 것도 요구하지 않았다. 하지만 다른 금융계 경영자들과 심지어 블랙스톤 그룹Blackstone Group의 CEO 스티븐 슈워츠먼Stephen Schwarzman처럼 대선 기간 동안 트럼프를 후원하지 않았던 사람들조차 대통령과 수시로 만나 대화를 나눴다.

머서 부녀가 전략적 실수를 저지르기도 했다. 2018년 6월 켈리 워드Kellli Ward를 지지하는 정치 행동 위원회에 50만 달러를 지원했는데 워드는 존 매케인John McCain 상원 의원의 가족들이 자신의 선거 운동을 약화시키려고 매케인 의원의 암 치료 종료를 발표하는 타이밍을 조절했다는 의심을 제기하며 비난을 샀던 인물이었다. 워드는 그해 애리조나 주 공화당 상원 의원 후보 예비 선거에서 완패했다.

대통령과 공화당이 2020년 대선 준비에 돌입하면서 머서 부녀는 여전히 선거 운동에 영향력을 발휘할 수 있는 좋은 위치에 있었다. 콘웨이와도 계속 가깝게 지냈다. 트럼프나 다른 주요 인사들과의 소통을 가능하게 했던 배넌이 더 이상 곁에 없지만, 머서 부녀는 존 볼턴John Bolton 미국 국가안보보좌관을 지지하는 정치 행동 위원회를 크게 후원하며 권력과의 연결 고리를 유지했다. 머서 부녀는 트럼프 행정부가 다른 여러 가지 일들 중에서도 특히 감세 정책을 쓰며 보수적인 판사들을 선택한 것에 매우 만족하며 자신들이 국가 정치에 그렇게 깊이 관여했던 것을 후회하지 않는다고 말했다.

그럼에도 레베카는 신문 1면에 나올 법한 뉴스와는 거리가 먼 대학 캠퍼스 내 표현의 자유를 신장시키는 일 같은 다른 문제에 더 집중하는 듯했다.

2018년 10월 레베카가 워싱턴 DC에서 열린 경축행사에서 연설하는 영예의 자리에 올랐을 때, 머서는 기본적인 시민의식과 경제, 역사를 무시하며 비판적 사고를 전혀 못하는 급진주의 좌파의 근거 없는 반미주의 신화에 빠져 있는 무기력하고 양처럼 우둔한 괴짜들이 대학교에서 쏟아져 나온다고 그녀에게 말하며, 대학 캠퍼스에서

시장을 풀어낸 수학자

의 담론이 실망스럽다고 염려를 드러냈다.[11]

물 흐르듯 흘러내리는 붉은색 드레스에 특유의 다이아몬드 장식 안경을 쓰고 수백 명의 청중 앞에서 연설을 이어 간 레베카는 정부의 역할을 제한하고 정치인들의 "개인적 책임"을 강조하는 일을 계속하겠다고 공표했다.

이어서 트럼프를 신의 경지에 오른 듯한 느낌을 주는 인물로 치켜세우고 자신과 아버지가 견뎌야 할 반발과 역풍이 아무리 크더라도 미국 정치에서 적극적인 역할을 계속하며 "조국의 영혼과 정신을 지켜 내기 위한 싸움"에 계속 뛰어들겠다는 뜻을 밝혔다.

레베카는 말했다. "나는 침묵하지 않겠습니다."

CHAPTER 16

기계가 할 일을 인간에게 절대 시키지 말라.

영화 <매트릭스>의 에이전트 스미스

주식 시장은 붕괴되고 있었고 사이먼스는 걱정에 빠졌다.

2018년 12월 말 사이먼스와 그의 부인 마릴린은 크리스마스 휴가 동안 로스앤젤레스에 있는 가족들을 방문해 베벌리힐스 호텔 Beverly Hills Hotel에 묵고 있었다. 면바지에 폴로 셔츠를 걸친 편안한 차림으로 풀 사이드 방갈로와 핑크색과 그린색 장식으로 유명한 호텔에서 느긋하게 쉬려고 했지만, 주식 시황에서 눈을 뗄 수가 없었다. 주식 시장은 경기 침체에 관한 우려가 커지면서 크게 하락하고 있었다. S&P 500 지수는 12월에만 거의 10퍼센트 급락하며 1931년 이래 가장 저조한 12월 실적을 기록했다.

당시 사이먼스의 자산 가치는 230억 달러에 달했다. 하지만 왠지 모르게 주식 시장에서 매일 겪는 손실이 새로운 충격으로 다가

왔다. 수백 명의 직원을 고용하고 여러 조직을 거느린 자신의 자선 재단에 상당한 재정 지원을 하겠다고 약속한 것도 부분적인 이유였다. 하지만 그것이 주식 시장에서 입는 손실에 크게 실망하는 진정한 이유는 아니었다. 그는 돈을 잃는 것 자체를 싫어했으며 손실의 고통이 언제 끝날지 염려하며 초조해졌다.

사이먼스는 자신과 가족들의 개인적인 자금을 관리하는 기업 유클리디언 캐피털Euclidean Capital의 운영을 맡고 있는 월스트리트 출신의 베테랑 애시빈 차브라Ashvin Chhabra에게 전화를 걸어 주식 시장 전망이 염려스럽다고 말했다. 이럴 때는 대량 매도 사태가 더 심해질 경우를 대비해 주가 하락에 베팅하는 방법도 좋은 아이디어처럼 보였다. 사이먼스는 자신들이 어떻게 해야 할지 차브라에게 의견을 구했다.

"우리가 공매도를 해야 할까?"

차브라는 공매도를 주저하며 시장이 잠잠해질 때까지 기다릴 것을 제안했고, 사이먼스는 그의 제안을 따랐다. 다음 날 주가가 안정을 되찾으며 폭락 장세는 끝이 났다.

통화를 한 사이먼스와 차브라 두 사람 모두 자신들의 대화에 엄청난 아이러니가 있다는 사실에 주목하지 않았다. 사이먼스는 새로운 투자 방식을 개척하고 이를 완벽하게 만드는 데 30년 이상의 세월을 투입했다. 그 결과 계량적 접근 방식을 트레이딩에 접목시키며 금융 세계에 혁명을 불러일으켰다. 당시 금융 비즈니스계의 모든 기업들은 데이터를 분석하며 다양한 투자 상품의 방향을 예측하기 위해 수학 모델을 구축하고 자동화된 트레이딩 시스템을 활용하며 르네상스 방식으로 투자하려고 노력했다. 즉 기존 기업들이 패배를 인정한 셈이었다. 오늘날 거대 투자 은행인 JP모건체이스[JP Morgan Chase]도 수백 명에 달하는 신규 직원과 투자 전문가들이 의무적으로 코딩 교육을 받게 한다. 사이먼스의 성공은 퀀트 투자 분야의 타당성을 입증했다.

이론 물리학 박사이며 헤지펀드를 직접 운용하는 다리오 빌라니[Dario Villani]는 "사이먼스와 르네상스가 퀀트 투자의 가능성을 보여 줬다."고 말한다.

사이먼스와 같은 퀀트 투자가의 목적은 감정과 직감에 '의존하지 않는 것'이다. 하지만 사이먼스가 시장에서 몇 주 동안 어려움을 겪은 뒤 한 행동은 그렇지 않았다. 이 상황은 영화 〈머니볼[Moneyball]〉의 배경이었던 미국 프로야구팀 오클랜드 애슬레틱스[Oakland Athletics]의 운영단장 빌리 빈[Billy Beane]이 자신이 수집한 통계 수치를 무시하고 그냥 스타처럼 보이는 선수를 선발하는 것과 마찬가지였다.

사이먼스의 통화는 컴퓨터, 알고리즘, 모델에게 의사 결정을 맡기는 것이 심지어 그러한 접근 방식을 만들어 낸 사람에게도 얼마나 어려운 일인지를 보여 준다. 사이먼스와 차브라의 대화는 투자자들이 오래전부터 판단력과 경험, 예전 연구 방식에 따른 주식 및 채권 컨설턴트를 신뢰해 왔다는 것을 설명해 준다.

하지만 2019년에 이르러 전통적인 방식에 대한 신뢰는 약해졌다. 몇 년 동안 이어진 저조한 실적은 시장 수익률을 능가할 수 있다고 공언하며 활발하게 운용되던 주식 뮤추얼펀드에서 투자자들을 떠나게 만들었다. 당시 전통적인 투자 방식을 채택했던 대부분의 펀

시장을 풀어낸 수학자

드들은 고객들이 위탁한 자금의 약 절반만 주식 뮤추얼펀드에서 운영했으며, 이는 10년 전 75퍼센트보다 낮아진 비율이었다. 나머지 절반은 흔히들 수동적 수단이라 부르며 시장 수익률 정도를 목표로 하는 지수 펀드에서 운용했다. 시장 수익률을 능가하는 것이 정말 어렵다는 것을 스스로 인정하는 셈이었다.[1]

기업 경영자들에게 질문 공세를 퍼부어 정보를 빼내고 대차대조표를 철저히 분석하며 본능적인 직감력을 발휘해 세계 경제의 주요 전환 사태에 베팅하는 것과 같은 한때 믿을 만했던 투자 전술들이 점점 더 가치가 없는 방식으로 전락하는 것 같았다. 때로는 이런 방식들이 월스트리트에서 가장 빛나던 스타들의 명성에 심각한 손상을 입히기도 했다. 2007년 서브프라임 신용 위기를 예상하며 주택 시장의 붕괴에 베팅해 수십억 달러를 벌어들인 존 폴슨John Paulson은 2019년에 이르는 몇 년 동안 엄청난 손해를 입었고 충격적인 고객 이탈 사태에 직면했다.[2] 포커 게임을 즐기는 헤지펀드 운용자로 리먼 브라더스의 2008년 붕괴를 예측해 한때 '다윗 왕King David'으로 불리기도 했던 데이비드 아인혼은 형편없는 실적 때문에 자신의 고객들이 빠져나가는 모습을 지켜봐야 했다.[3]

캘리포니아 주 뉴포트 비치의 거대 채권 펀드 기업 핌코에서 직원들이 말을 걸거나 눈만 마주쳐도 짜증을 내는 것으로 알려진 빌 그로스는 고객들이 대대적으로 환매를 요구하는 충격적인 사태에 직면한 뒤 핌코를 떠났다.[4] 심지어 워런 버핏도 점점 부진한 성과를 보여 주었다. 버핏이 경영하던 버크셔 해서웨이는 2019년 5월에 이르는 지난 5년, 10년, 15년 동안 S&P 500보다 못한 성과를 기록했다.

문제의 일부는 전통적인 방식으로 활발하게 운용되던 펀드들이 이제 더 이상 경쟁자들보다 정보 우위를 확보하지 못하다는 데 있었다. 한때 정교한 헤지펀드와 뮤추얼펀드는 미처 파악하지 못한 유용한 정보들을 알아내기 위해 연례 보고서를 비롯한 재정 관련 공개 자료를 자세히 조사할 수 있는 호사를 누렸다. 오늘날 거의 모든 형태의 기업 재무 관련 수치는 컴퓨터 자판 한 번만 두드리거나 인터넷에서 제공하는 뉴스 피드 하나만 보면 다 알 수 있으며 기기를 활용해 거의 실시간으로 확보할 수 있다. 경쟁 관계에 있는 투자자가 완전히 인식하지 못한 사실이나 수치를 발견하는 것은 거의 불가능하다.

동시에 내부자 거래에 대한 엄중한 단속과 특정 투자자가 기업 정보를 더 많이 확보할 수 없게 만드는 일련의 규제 변경은 더 공평한 경쟁을 벌이는 결과로 이어졌고 가장 수준 높은 '펀더멘털' 투자자들이 누리던 이점도 줄었다. 거대 헤지펀드들은 발표가 임박한 뉴스나 투자 은행들의 주식에 대한 관점 전환을 알려 주는 거래 중개인의 전화를 더 이상 받을 수 없게 됐다.

지금은 가장 빠르게 움직이는 기업들이 대체로 유리하다. 2018년 8월 말 암 치료제를 생산하는 소규모 기업 제론 코퍼레이션^{Geron} ^{Coporation}의 주가는 협력 기업인 존슨앤존슨이 구인 공고를 발표한 후 25퍼센트 급등했다. 사람을 구해야 할 일자리가 생겼다는 것은 두 기업이 공동으로 개발하고 있던 약제에 대한 규제 기관의 승인 결정이 임박했다는 사실을 암시했다. 이런 뉴스는 구인 공고와 이와 비슷한 정보를 실시간으로 그리고 자동적으로 샅샅이 뒤질 수 있는 기술을 가진 사람들만 얻을 수 있었다.[5]

퀀트 투자자들은 금융 시장에서 압도적인 플레이어로 떠올랐다. 2019년 초 기준으로 주식 시장 전체 거래량 중 약 1/3을 퀀트 투자자들이 한 것으로 파악되는데 이 비율은 2013년에 비해 두 배나 증가한 수치다.[6]

이런 지배적인 위치 덕분에 많은 성과가 축적됐다. 2018년 사이먼스의 수익은 15억 달러에 달했으며 경쟁 퀀트 기업인 투 시그마 인베스트먼트Two Sigma Investment의 창업자들은 각 7억 달러의 수익을 올렸다. 규칙을 기반으로 하는 시스템을 활용하지만, 퀀트 투자 기법을 사용하지 않는 브리지워터 어소시에이츠Bridgewater Associates를 설립한 레이 달리오Ray Dalio의 수익도 1억 달러였다. 르네상스를 배신한 러시아 출신 트레이더 두 명을 놓고 사이먼스와 다툼을 벌였던 이즈라엘 잉글랜더 역시 5억 달러를 벌었다.[7]

2019년 초 시카고에 기반을 둔 자신의 기업 시타델에서 퀀트 기법을 비롯한 여러 전략을 집중 활용하던 켄 그리핀은 미국에서 판매된 집 중 가장 비싼 2억 3,800만 달러짜리 뉴욕 펜트하우스를 구입해 사람들을 놀라게 했다(그리핀은 이미 시카고에 있는 콘도미니엄 몇 개 층을 구입하는 데 거의 6,000만 달러를 썼고 마이애미에 있는 펜트하우스도 비슷한 가격을 지불하고 구입했으며 이 외에 잭슨 폴록Jaclson Pollock과 윌렘 드 쿠닝Willem de Kooning의 그림을 사는 데에도 5억 달러를 지불했다).

르네상스 같은 퀀트 투자 기업들이 누리는 이점은 이들 기업의 컴퓨터 트레이딩 모델이 소화하고 분석할 수 있는 새로운 종류의 데이터가 폭발적으로 증가해야 확대될 수 있다고 여겨진다. IBM은 전 세계 데이터의 90퍼센트가 지난 2년 동안에 만들어졌으며 2020년에는 2005년 대비 300배 늘어난 40제타바이트(44조 기가바이트) 크기의 데이터가 새로 만들어질 것으로 추측했다.[8]

오늘날 거의 모든 종류의 데이터는 디지털화되며 한때 투자자들이 꿈에서만 그리던 거대 데이터로 활용할 수 있다. 이 중 투자자들 사이에서 크게 유행한 데이터는 감지기에서 곧바로 얻을 수 있는 정보와 전 세계 위성사진을 비롯해 상상할 수 있는 거의 모든 정보를 포함하는 '대체 데이터alternative data'다. 창의적인 투자자는 전화 회의에서 들리는 경영자의 목소리 톤과 소매상점들의 주차장에 드나드는 자동차 수, 자동차 보험 신청 기록, 소셜미디어 인플루언서의 추천 내용들을 세밀히 조사해 수익을 올려 줄 수 있는 연관성과 패턴을 확인한다.

퀀트 투자자들은 농업 생산량 데이터를 기다리는 대신 농업 장비 판매량이나 작물 수확량을 보여 주는 위성사진을 검토한다. 화물 컨테이너의 청구권을 표시하는 선하 증권bill of lading들을 보고 전 세계 물동량을 알 수 있다. 시스템을 활용하는 트레이더들은 휴대폰에서 생성된 데이터를 활용해 소비자들이 한 매장 내 어느 통로와 심지어 어느 선반에 있는 상품들을 자주 살펴보는지 알 수 있다. 신제품의 인기는 아마존 사이트의 사용 후기들을 검토해 알아 볼 수 있다. 미국 식품의약국FDA 국장 및 구성원들의 경력과 배경을 분석해 새로운 의약품의 승인 여부를 예측하는 알고리즘도 개발되고 있다.

이와 같은 새로운 가능성을 탐색하기 위해 헤지펀드는 스트라우스가 1980년대 중반 르네상스에서 했던 일과 매우 비슷한 신규 데이터의 근원을 찾는 데 집중하는 새로운 유형의 직원들을 고용하기 시작했으며 이들을 '데이터 분석가' 또는 '데이터 사냥꾼'이라 불렀다. 모든 정보는 현재 상황과 앞으로의 경제 궤적뿐만 아니라 다양한 기업들의 전망을 보다 잘 이해하기 위해 고속으로 처리됐다. 모험 정신이 풍부한 투자자들은 예를 들어 국제적 사건이 발생했을 때 미국 국방부 건물 펜타곤으로 향하는 피자 배달이 평소와 달리 많아지고 있다는 정보를 활용해 잠재적 위기에 대비하기도 한다.

컴퓨터 처리 능력과 저장 용량이 급격히 성장하면서 시스템을 활용하는 트레이더들은 모든 데이터를 꼼꼼히 살펴볼 수 있는 역량을 갖췄다. 〈싱귤래리티 허브Singularity Hub〉에 게재된 기사에 따르면 2025년 즈음에는 인간의 뇌와 맞먹는 정보 처리 능력을 갖춘 컴퓨터를 1,000달러면 살 수 있을 것이라고 한다. 이미 투 시그마 헤지펀드는 1초에 100조 회의 연산을 처리하는 것을 의미하는 100테라플롭teraflop 이상의 처리 능력과 미국 내 모든 대학교 도서관에 저장된 데이터의 5배에 해당하는 11페타바이트petabyte(1페타바이트는 1,000테라바이트—옮긴이) 이상의 메모리 용량을 갖춘 컴퓨터 시스템을 구축했다.[9]

이 모든 컴퓨터 능력 덕분에 퀀트 투자자들은 예측 신호를 그 어느 때보다 많이 찾고 테스트할 수 있다.

르네상스의 한 컴퓨터 전문가는 이렇게 설명한다. "신호를 찾으려고 창조력과 사고력을 발휘하며 될 대로 되라는 식의 복불복 전략을 사용하는 대신 지금은 머신러닝 기능을 갖춘 시스템에 한 부류의 공식들을 입력한 뒤 수백만 건의 서로 다른 가능성을 시험해 볼 수 있습니다."

사이먼스가 이끄는 르네상스 팀원들이 머신러닝 기법을 채택하고 몇 년이 지난 뒤, 다른 퀀트 투자 기업들도 이 방법을 수용하기 시작했다. 르네상스는 의사 결정 방식의 전환이 거의 모든 비즈니스와 직업에서 급속히 퍼질 것으로 예상했다. 더 많은 기업과 개인이 성공과 실패를 통해 끊임없이 학습하는 모델을 인정하며 받아들이고 있다. 투자가 매튜 그러네이드^{Matthew Granade}가 언급했던 대로 역동적으로 늘 변화하는 모델에 의존하는 아마존, 텐센트, 넷플릭스 등이 지배적인 기업으로 부상하고 있다. 컴퓨터에 더 많은 데이터를 공급하면 할수록 모델은 더 영리해진다.

소설가 게리 슈테인가르트^{Gary Shteyngart}의 재치 있는 말이 금융 산업의 미래 경로와 광범위한 사회가 나아가는 방향을 요약해 준다. "아이들을 위한 정신과의사가 알고리즘으로 대체되면, 그것이 마지막일 것이다. 더 이상 남은 것은 없다."

계량적 접근 방식에 집중된 모든 열정에도 불구하고 이 방식의 한계 또한 분명하다. 잡음이 가득 섞인 데이터에서 정보를 처리하고 정확한 신호를 찾기가 쉽지 않다. 일부 퀀트 투자자들은 컴퓨터 모델로 주식을 선택하는 것이 적절한 노래를 찾거나 얼굴을 인식하거나 심지어 자동차를 운전하는 것보다 어렵다고 주장하기도 했다. 컴퓨터에 블루베리 머핀과 치와와 강아지를 구별하는 법을 가르치는 것은 여전히 어렵다.

영국의 만 AHL^{Man AHL}을 포함한 대형 기업들은 대부분 자동화된 투자 결정 방식을 개발하는 대신 머신러닝 알고리즘을 활용해 트레이딩을 언제 어떻게 할지 결정하거나 기업들 사이의 연관성을 파악하며 다른 연구를 진행했다.

퀀트 투자 기업들이 지닌 모든 장점에도 불구하고 이들 대부분의 투자 수익은 과거의 방식대로 리서치하는 전통적인 투자 회사에 비해 더 좋은 성과를 내지 못했다. 르네상스를 비롯한 몇몇 퀀트 기업의 성과만 지극히 예외적이었다. 2019년 봄에 이르는 5년간 퀀트 투자 방식에 집중하는 헤지펀드들은 약 4.2퍼센트의 연간 평균 수익률을 기록한 반면 같은 기간 동안 일반 헤지펀드들의 수익률은 약 3.3퍼센트였다(이 수치는 메달리온처럼 수익률 결과를 공유하지 않는 비밀스러운 펀드들의 결과는 포함하지 않는다). 퀀트 투자자들은 면밀히 조사하는 정보들이 물리학과 다른 분야의 데이터와 달리 항상 변하고 주식을 비롯한 투자 상품들에 대한 예전 가격 정보가 상대적으로 제한적이기 때문에 벅찬 도전에 직면해 있다.

이를 두고 퀀트 투자 전문가 리처드 듀이^{Richard Dewey}는 이렇게 설명한다. "예를 들어 앞으로 1년간 주식이 어떤 성과를 낼지 예측하려는 경우, 우리에게는 제대로 된 데이터가 1900년도부터 있기 때문에, 미국에서 들여다볼 수 있는 1년 단위의 기간은 2018년을 기준으로 118번밖에 없습니다."[10]

법원 판결과 법적 조정, 채권자 협상이 필요한 부실 채권과 같은 일부 투자 상품에 대해서는 트레이딩 시스템을 구축하기가 어려울 수 있다. 이러한 이유들 때문에 경험 많고 영리한 전통적인 투자자들과 장기 투자에 집중하는 사람들이 시장에서 여전히 번창할 수 있다. 비록 알고리즘과 컴퓨터 주도로 투자하는 사람들은 꺼리는 방식이지만 말이다.

르네상스를 비롯해 컴퓨터 프로그램을 트레이딩에 활용하는 투자 기업들의 부상은 그들이 시장에 미칠 영향과 어쩌면 자율적 트레이딩을 실행하는 컴퓨터에 의해 촉발될지도 모르는 갑작스런 대량 매도 가능성에 대한 우려를 불러일으켰다. 2010년 5월 6일 다우존스 산업평균은 주식 시장의 심각한 폭락을 일컫는 '플래시 크래시flash crash' 현상 속에서 1,000포인트 급락했다. 이때 단 몇 분 만에 수백 종목의 주식이 순간적으로 가치를 거의 다 잃어버리는 끔찍한 일이 벌어졌다. 투자자들은 컴퓨터 프로그램으로 트레이딩하는 기업을 그 원인으로 지목하며 시장 붕괴가 전산화된 트레이딩의 불안정성을 뚜렷이 드러냈다고 했지만, 시장은 곧바로 반등했다. 이후 검찰은 주식 시장 지수 선물을 교묘하게 조작하며 폭락의 기반을 제공한 혐의로 웨스트 뉴욕 자택에서 트레이딩을 실행한 한 트레이더를 기소했다.[11]

딱히 설명할 만한 뉴스거리도 없이 갑작스럽게 하락한 현상은 일부 사람들에게 컴퓨터를 활용한 트레이딩이 늘어나면서 새로운 위험성과 변동성의 시대로 접어들었다는 사실을 암시했다. 자동 조정 장치로 운항하는 비행기와 자율주행 자동차가 안전을 크게 향상시켰다는 증거가 있는데도 사람들을 겁먹게 만드는 것처럼 컴퓨터에 의해 자동화된 트레이딩은 많은 사람들에게 두려운 개념이다. 실제로 컴퓨터 트레이딩이 기존 트렌드를 증폭하거나 가속화할 수 있다고 믿어야 할 이유들이 있다.

작가이자 위험 관리사였던 리처드 북스테이버Richard Bookstaber는 퀀트 투자 모델 수용이 "투자 세계 전반에 걸쳐 일어나기" 때문에 오늘날의 위험이 상당하다고 주장하며, 퀀트 투자자들에게 앞으로 생길 문제는 과거보다 시장에 더 많은 영향을 미칠 것이라고 했다.[12] 퀀트 트레이딩을 수용하는 사람들이 많아질수록 금융 시장의 본질은 변할 수 있다. 새로운 형태의 오류가 등장할 수 있으며 이들 중 일부는 한 번도 경험해 보지 못한 것들이라 예측이 더 어려울 수도 있다. 지금까지 시장은 트레이더와 투자자들의 지배적인 역할을 반영하며 인간의 행동에 의해 움직였다. 머신러닝과 컴퓨터 모델이 시장에서 가장 많은 영향력을 발휘하는 요인들이 되면, 인간의 본성은 거의 일정한 반면 컴퓨터를 이용한 트레이딩의 본질은 빠르게 변화할 수 있기 때문에, 그 요인들에 대한 예측 가능성은 낮아지고, 어쩌면 안정성 또한 떨어질 수 있다.

하지만 컴퓨터를 활용하는 트레이딩의 위험성은 일반적으로 과장돼 있다. 퀀트 투자의 형태가 너무나 다양하므로 이 주제를 일반화하는 것은 불가능하다. 일부 퀀트 투자자들은 추세를 추종하는 전략의 일종인 모멘텀 전략을 채택해 하락 장세에서 다른 투자자들이 더 많이 매도하도록 만든다. 하지만 '스마트 베타smart beta'(시장을 추종하는 데에 그치지 않고 플러스알파 수익을 추구하는 전략에 기초하는 운용방식—옮긴이)와 팩터 투자factor investing, 스타일 투자style investing를 포함한 다른 방식들이 퀀트 투자 세계에서 가장 규모가 크고 빠르게 성장하는 투자 범주에 속한다. 이런 방식들을 사용하는 퀀트 투자자들은 주가가 하락할 때 매수하도록 프로그램해서 시장을 안정화하는 데 도움을 준다.

시장 참여자들은 시장이 위기 상황에 처하면 항상 트레이딩을 줄이고 물러나는 경향이 있으며, 퀀트 투자자들도 과거 방식을 사용하는 투자자들과 크게 다르지 않아 이런 상황에서 주저한다는 사실을 기억할 필요가 있다. 퀀트 투자자가 지배적인 위치에 올라섰을 때 시장은 오히려 더 차분해졌다. 인간은 공포와 탐욕과 완전한 공황 상태에 빠지기 쉬우며 이 모든 행동이 금융 시장에 변동성을 불러일으킨다. 컴퓨터가 편견과 감정에 좌우되는 인간들을 배제할 수만 있다면 시장을 보다 안정시킬 수 있다. 항공 산업과 같은 분야에서 이뤄지는 컴퓨터 주도의 의사 결정은 일반적으로 실수가 줄어드는 결과로 이어졌다.

1988년부터 2019년 여름까지 르네상스의 메달리온 펀드는 투자자 수수료 전 기준으로 66퍼센트의 연평균 수익률을 달성했고 수수료 후 수익률은 약 39퍼센트였다. RIEF가 초기에 고전했지만, 외부 투자자에게 공개된 르네상스의 세 가지 헤지펀드들도 경쟁자와 시장 지수보다 나은 성과를 올렸다. 2019년 6월 르네상스는 전체적으로 650억 달러의 자산을 운용하며 세계에서 가장 규모가 큰 헤지펀드 중 하나로 자리매김했다. 때로는 초단타 거래를 제외한 거래량이 1일 주식 시장 거래량의 5퍼센트까지 차지하기도 했다.

르네상스의 성공은 인간 행동에 대한 예측 가능성을 상기시키는 데 많은 도움을 준다. 르네상스가 투자자의 과거 행동을 연구하는 이유는 투자자가 미래에도 비슷한 의사 결정을 할 것이라고 상당히 확신하기 때문이다. 동시에 르네상스 연구원들은 인지적 편향과 감정적 편견을 물리치기 위해 과학적 방식을 채택하며 모든 종류의 어

시장을 풀어낸 수학자

려운 문제를 다룰 때 이처럼 냉철하고 이성적인 접근 방식이 가치가 있다는 것을 보여 준다. 그들은 가정을 설정한 뒤 검증과 측정을 거쳐 자신들의 이론을 조정하며 직관이나 본능이 아니라 데이터의 인도를 받으려 노력한다.

사이먼스는 이를 두고 이렇게 설명한다. "접근 방식은 과학적입니다. 우리는 우리가 생각하는 것이 근본적인지 결정하기 위해 철저히 통계적인 방식을 사용합니다."[13]

르네상스의 경험에서 얻는 또 다른 교훈은 금융 시장과 개인 투자에 영향을 미치는 요인과 변수가 대부분의 사람이 인식하거나 추론할 수 있는 것보다 더 많다는 사실이다. 투자자들은 가장 기본적인 요소에 집중하는 경향이 있지만, 그들이 놓치고 있는 요인은 수십 가지에 달하고, 어쩌면 요인들 전체를 다 놓치고 있을지도 모른다. 르네상스는 주가와 다른 투자 상품에 영향을 미치지만, 그동안 간과했던 수학적 연관성을 포함한 중요한 요소들을 그 누구보다 많이 인식하고 있다.

이것은 인간이 꽃을 보며 인식하지 못하는 다채로운 색상을 벌이 동일한 꽃을 보며 인식하는 것과 비슷한 이치다. 르네상스가 시장의 모든 색상을 보지는 못하지만, 부분적으로는 기업이 풍부한 레버리지를 활용할 수 있었던 덕분에 많은 돈을 벌기에 충분할 정도의 다양한 색상을 본다. 르네상스가 예전에 어려운 시기를 잘 견뎌 내기는 했지만, 시장이 진화하고 직원들은 시장을 따라가려고 노력하기에 급급하면서, 과거만큼 성공하기가 어려울 것이라는 전망이 나왔다. 솔직히 현재 직원들과 과거 직원들은 모두 예전 성과에 크게 놀라며 앞으로 넘어야 할 장애물을 인정한다.

사이먼스와 그의 동료들이 달성한 수익을 보며 사람들은 추정하는 것보다 더 많은 비능률적 요소들이 있다고 생각할지도 모르겠다. 하지만 실제로 투자자들에게는 일반적으로 추정하는 것보다 비효율성과 기회가 더 적을 가능성이 높다. 르네상스가 확보한 그 모든 독특한 데이터와 컴퓨터 성능, 뛰어난 인재, 트레이딩과 위험 관리 전문성에도 불구하고, 르네상스는 전체 트레이드 중 겨우 50퍼센트가 넘는 트레이드에서만 수익을 올리고 있으며, 이는 시장을 앞서가는 것이 얼마나 어려운 일인지, 그리고 대부분의 투자자들이 그런 시도를 하는 것 자체가 얼마나 어리석은 일인지 단적으로 보여준다.

일반적으로 사이먼스와 동료들은 단순히 주가의 움직임만 예측하지 않으려 한다. 어떤 전문가나 시스템도 최소한 장기적 관점에서 개별 주가나 더 나아가 금융 시장의 방향을 확실히 예측할 수 있을지 분명히 알지 못한다. 르네상스는 한 주식의 움직임을 예측할 때 다른 주식과 지수, 요인 모델, 산업계에 대한 상대적 움직임을 예측하려 한다. 벌캄프는 메달리온 펀드의 운영을 도와 주는 동안 대부분의 투자자들이 가격 움직임을 설명하기 위해 고집하는 서술적 내용들이 기묘하고 심지어 위험스럽기까지 하다고 생각했다. 그런 서술들은 투자 상품을 충분히 이해하며 미래를 예측할 수 있다는 부적절한 자신감을 투자자들에게 불러일으킨다. 만약 벌캄프가 투자자였더라면 주식에 붙어 있는 이름이 아니라 숫자를 더 중요하게 여겼을 것이다.

시장을 풀어낸 수학자

벌캄프는 설명한다. "수익 보고서와 여러 비즈니스 관련 뉴스들이 분명히 시장을 움직인다는 사실을 부정하는 것이 아닙니다. 문제는 너무나 많은 투자자들이 이런 형태의 뉴스에 너무 심하게 집중한 나머지 거의 모든 투자 결과가 평균적인 수익에만 몰려 있다는 데 있습니다."

레베카가 뉴욕 세인트 레지스 호텔에서 열린 포커 축제에서 매거맨을 쫓아내고 나서 며칠 지난 뒤 르네상스는 컴퓨터 과학자 매거맨을 해고했다. 이에 따라 다툼을 벌이던 양측이 화해할 기회는 사라졌다.

매거맨은 두 가지 소송을 제기했다. 머서를 상대로 한 연방 시민권 소송과 머서와 르네상스를 상대로 한 부당 해고 소송이었다. 두 소송 모두에서 매거맨은 "법으로 보호받는 행동"을 이유로 머서가 자신을 르네상스에서 부당하게 해고했다고 주장했다.

필라델피아 연방 법원에 접수된 열 쪽짜리 고소장에는 "머서의 행위가 매거맨의 헌법적 권리와 연방법에 명시된 권리를 부정하려는 너무나 충격적인 시도"라는 내용이 담겨 있었다.

매거맨은 르네상스의 직원 편람에 르네상스 또는 그 직원들에 대한 공개적인 비난을 금지하는 조항이 있다는 것을 인정하지만, 자신이 〈월스트리트저널〉에 자신의 염려를 얘기하기 전에 최소한 한 명의 르네상스 중역에게서 허락을 받았다고 주장했다.

매거맨은 상처 받은 마음을 달래려 애썼는데, 자신을 차갑게 대하는 예전 동료들의 태도는 여전히 신경 쓰였다.

하지만 매거맨과 르네상스는 서서히 분쟁을 끝내기 위한 움직임을 시작했다. 매거맨은 머서의 정치적 활동에 불만이 무척 많았고 공개적으로 발언할 권리에 대해 매우 확고했지만, 사이먼스나 브라운 또는 다른 동료들을 화나게 할 의도는 전혀 없었다. 어떤 날에는 머서와 가깝게 지내던 때를 그리워하기도 했다.

매거맨은 한 기자에게 말했다. "나는 르네상스에서 20년 이상 일했으며, 그곳은 내가 전문가의 삶을 살았던 유일한 장소이기도 합니다. 대중들에게 알려야 할 의무감을 느꼈습니다. (……) 나로서는 그게 다였습니다. 그런데도 나는 정직 처분을 받았고 결국 해고까지 당했습니다."[14]

2018년 몇 달간의 협상 끝에 양측은 원만한 합의에 도달했다. 이에 따라 매거맨은 르네상스를 떠나지만, 다른 은퇴자들과 마찬가지로 메달리온 펀드에 투자할 수 있는 권리는 유지했다. 얼마 지나지 않아 당시 쉰 살에 이른 매거맨에게 막강한 소셜미디어 기업의 횡포에 맞서 싸울 새로운 명분이 생겼다. 그는 페이스북 해체를 위해 로비 활동을 벌이는 연합체에 거의 50만 달러를 지원했고 필라델피아에서 데이터 관련 초보 기업들을 대상으로 일하는 벤처 캐피털 기업의 고위직을 수락했다.

2018년 말 매거맨은 "현재 나의 정신적, 개인적 상태에 매우 만족한다."라고 하며 덧붙여 말했다. "안 좋은 감정이 전혀 없다고 말할 정도는 아니지만, 보다시피 나는 분명히 나아졌습니다."[15]

2017년 11월 머서가 르네상스의 공동 CEO에서 물러났지만, 직

시장을 풀어낸 수학자

원들은 기업 내에서 많은 것들이 바뀌지 않을 것이라고 생각했다. 머서가 여전히 르네상스 소속이었고 브라운과도 긴밀한 협조 관계를 유지하고 있었기 때문이다. 물론 브라운의 충동을 억제하는 역할도 계속할 것으로 직원들은 생각했다. 다른 연구원들과 달리 머서는 브라운에게 직접 의견을 전달하며 자신의 중요성을 계속 드러냈다. 그러니 일들이 크게 달라지지 않을 것처럼 보였다.

하지만 머서가 물러난다는 사실이 발표되자마자 머서의 기업 내 역할은 줄어들었다. 고위 임원 회의에도 참석하지 않았으며 경영에서 벗어나는 것처럼 보였다. 이러한 변화는 머서의 지침이 없는 상태에서 브라운이 경솔한 결정을 내릴까 봐 걱정하는 직원들을 초조하게 했다. 직원들은 퀀트 트레이딩에 뛰어드는 투자 기업이 늘어나며 잠재적 경쟁자가 많아지는 상황에서 이런 변화가 르네상스의 수익에 해를 끼치지 않을까 염려했다.

브라운도 위험성을 느끼는 듯했으며 경영 스타일을 변경하는 방식으로 이런 위험에 대응했다. 여전히 주중에는 사무실에 있는 접이식 간이침대에서 잠을 자는 날이 많았고, 미친 듯이 빠른 속도로 몰아붙였지만, 조금씩 다른 고위 임원들에게도 의지하기 시작하며 여러 동료 그룹들에게서 조언도 구했다. 이런 변화는 르네상스를 안정시켰고, S&P 500이 6퍼센트 이상 하락하며 2008년 이래 가장 성과가 나빴던 2018년에 메달리온이 45퍼센트의 수익률을 기록하며 거의 모든 투자 기업보다 더 좋은 성과를 올리면서 한 해를 화려하게 마무리하는 데 도움을 줬다. 외부 투자자에게 개방된 르네상스의 세 가지 펀드인 RIEF와 르네상스 인스티튜셔널 다이버시파이드 알파

펀드, 르네상스 인스티튜셔널 다이버시파이드 글로벌 에쿼티 펀드도 시장을 능가하는 성과를 올렸다. 세 펀드에 자금이 몰리며 르네상스의 전체 자산은 600억 달러를 넘겼고, 르네상스는 세계에서 가장 규모가 큰 헤지펀드 중 하나로 우뚝 섰다.

2018년 말 사이먼스는 이렇게 표현했다. "모든 것이 잘 통제되고 있다고 생각합니다. 투자자들에게 돈을 벌어다 주기만 하면, 그들은 대개의 경우 꽤 행복해합니다."

2018년 봄에 사이먼스는 여든 살 생일을 맞아 축하 행사를 열었다. 사이먼스의 가족 재단은 물리학 분야에 그가 기여한 내용에 초점을 맞춘 일련의 강의를 마련해 생일을 기념했다. 학자들을 비롯한 여러 사람들이 근처에 있는 호텔에서 축배를 들며 사이먼스의 생일을 축하했다. 한 달 뒤 사이먼스는 가족과 친구들을 자신의 요트 아르키메데스에 초청해 맨해튼 주위를 도는 야간 크루즈를 즐겼다.

눈에 띄게 굽은 어깨를 보면 그가 나이 들어간다는 사실이 분명해졌지만, 사이먼스는 축하 행사 내내 예리한 질문을 던지고 재미있는 얘기들을 쏟아 내며 여전히 날카로운 모습을 보였다.

그는 모인 사람들에게 "다시는 여든 살이 되지 않겠다고 약속한다."라는 농담을 했다.

사이먼스는 인생의 편안한 착륙 지점에 도착한 것처럼 보였다. 그는 머서를 르네상스의 최고위직에서 물러나게 하여 압박감을 덜어 줬고, 르네상스는 브라운의 책임 아래 번창하고 있었다. 매거맨으로 인한 복잡한 사태도 저 멀리 사라진 것 같았다.

하지만 사이먼스는 여전히 압박감을 느꼈다. 중요한 삶의 목표가 아직 달성되지 않았기 때문이다. 이 목표를 달성할 수 있는 시간이 그렇게 많지 않다는 것은 수학 박사 학위가 없는 사람도 충분히 알 수 있었다. 사이먼스는 아직 이루지 못한 야망을 충족시킬 가능성을 높이는 데 초점을 맞춘 일상생활을 계속 유지했다. 거의 매일 아침 6시 30분에 일어나 센트럴 파크에서 몇 킬로미터를 걷고 트레이너와 함께 운동했다. 가족 재단이 개최해 하루 종일 진행되는 하이킹에서는 사이먼스가 주로 앞장서서 뒤에서 따라오는 젊은 직원들이 숨을 헐떡이며 씩씩거리게 만들었다. 그는 심지어 건강에 약간 덜 나쁘다고 하는 전자담배로 바꿨으며 최소한 일부 회의에서는 그렇게 좋아하는 메리츠 담배를 윗주머니 속에 깊이 넣어 둔 채 꺼내지 않았다.

브라운을 비롯한 르네상스 중역들과 여전히 연락하며 르네상스 이사회 의장으로서 이사회를 주재했고, 어쩌다 한 번씩은 기업 운영을 개선하는 아이디어를 내기도 했다. 하지만 사이먼스가 주목하는 일은 다른 곳에 있었다. 그해 사이먼스는 다양한 민주당 정치 후보자들에게 2,000만 달러를 지원하며 민주당이 하원에서 다시 과반을 확보하는 데 힘을 보탰다.

연간 예산이 4억 5,000만 달러에 이르는 사이먼스 재단은 미국에서 기초과학 연구를 지원하는 두 번째로 큰 민간 후원 단체다. 사이먼스가 설립한 비영리재단 매스 포 아메리카는 뉴욕 시의 1,000명이 넘는 뛰어난 수학 및 과학 교사에게 매년 1만 5,000달러의 장려금을 지급했다. 또한 수백 회에 이르는 연례 세미나와 워크숍을 개최하며 전문적이고 열정적인 교사 공동체를 구성했다. 이런 재단의 활동은 예전 같았으면 민간 기업으로 떠났을 교사들이 공립학교에 남는 데 도움을 주었다 .

사이먼스가 삶 속에서 내린 결정들 일부에서는 모순과 심지어 위선적인 면이 드러날 수도 있다. 과학과 수학에 대한 기초 교육에 정부가 지출을 많이 하지 않는다며 비난하는 가운데서도 르네상스는 오랜 기간에 걸쳐 단기 수익을 장기 수익으로 전환해 경영진이 수십억 달러의 세금을 합법적으로 줄일 수 있게 했다. 작가이며 활동가인 나오미 클라인Naomi Klein을 포함한 일부 공격적인 비판가들은 우리 사회에서 정부 예산이 늘어날 때 때때로 독단적으로 자원을 배분하고, 비영리단체 세계의 우선순위를 결정하는 "자애로운 억만장자"의 점점 더 강해지는 영향력에 의문을 제기했다. 사이먼스는 민간 기업이 공공 부문에서 인재들을 빼내오며 많은 학교들이 우수한 교사를 유지하지 못하는 상황을 두고 한탄했지만, 자신의 헤지펀드에 수없이 많은 뛰어난 과학자와 수학자를 채용한 것에 대해 비난받을 수도 있다.

하지만 사이먼스가 헛된 프로젝트에 수십억 달러의 돈을 쏟아붓지는 않았다. 그는 수백만 명에게 혜택을 줄 수 있는 활동에만 자금을 투입했고 창의력을 발휘했다. 그의 자선 활동에 대한 투자가 그의 남은 생애 중에 진정한 변화와 어쩌면 획기적인 발전으로까지 이어질 수도 있다는 징후가 나타나고 있다. 사이먼스는 엄청난 재산을 벌어들인 방법과 함께 그 재산으로 했던 일들로 기억될 수 있을 것이다.

시장을 풀어낸 수학자

짐 사이먼스는 생의 많은 부분을 비밀을 알아내고 도전에 맞서는 데 바쳤다. 젊었을 때에는 수학 문제와 적군의 암호에 집중했다. 이후에는 금융 시장에 숨은 패턴이 집중의 대상이었다. 2019년 봄에 여든한 번째 생일을 며칠 앞둔 사이먼스는 어쩌면 자신의 삶에서 가장 중요할 수도 있는 새로운 어려움 두 가지에 사로잡혀 있었다. 바로 자폐증을 이해하고 치료하는 일과 우주와 삶 자체의 기원을 알아내는 것이었다.

자폐증 연구는 아직 진정한 돌파구를 마련하지 못한 채 시간만 흘러가고 있었다. 6년 전 사이먼스 재단은 미국인 최초로 에베레스트 산과 K2 산을 모두 등정했으며 생리학 교수이자 신경 과학자인 루이스 라이하르트Louis Reichardt를 영입했다. 사이먼스는 라이하르트에게 세계 최고봉 등정보다 더 높은 도전을 제시했다. 바로 자폐증을 앓는 사람들의 삶을 개선하는 일이었다.

사이먼스 재단은 한 명 이상의 자폐증 아동을 둔 2,800 가족의 유전자 샘플 저장소를 설립하는 데 도움을 주며 인간을 대상으로 한 치료에 한 발 다가서는 동물 실험 모델 개발을 가속화했다. 2019년 봄에 이르러 사이먼스의 연구원들은 자폐아의 뇌가 작동하는 방식을 더 깊이 이해하며 자폐 증상과 싸우고 있는 환자들에게 도움을 줄 가능성이 있는 약제 개발에 다가섰다. 그 결과 이런 장애로 고통받는 환자의 최대 20퍼센트에게 도움을 줄 수 있는 약제에 대한 실험도 눈앞에 두고 있었다.

사이먼스는 "그 약제가 일부 환자들에게 어느 정도 효과를 낼 수 있는 첫 번째 약이 될 것"이라며 "성공 확률은 50퍼센트 이상"이라고 말했다.

태초부터 인류를 혼란에 빠뜨린 인간의 존재적 문제들에서 진전을 이루려는 사이먼스의 희망도 그에 못지않았다. 2014년에 그는 우주의 나이와 구성 요소를 측정하는 획기적인 연구로 잘 알려진 프린스턴대학교 천체 물리학자 데이비드 스퍼겔David Spergel을 영입해 우주의 기원에 관한 영원한 궁금증에 대답을 구하는 과제를 맡겼다. 그러면서 앞으로 자신이 살아 있는 몇 년 내에 답을 구할 수 있도록 노력해 달라고 부탁했다.

사이먼스는 칠레 아타카마 사막Atacama Desert에서 특히 하늘이 맑고 건조한 해발 1만 7,000피트 고원에 거대한 천문대를 건설하기 위한 7,500만 달러 모금 활동에 자금을 지원했다. 이곳은 우주배경복

사cosmic microwave radiation를 측정하며 우주 창조의 최초 순간을 들여다 볼 수 있는 이상적인 장소였다. 사이먼스 천문대를 총괄 운영하며 사이먼스의 초기 파트너인 제임스 엑스의 아들이기도 한 천체 물리학자 브라이언 키팅Brian Keating과 스퍼겔을 포함한 과학자 여덟 명이 이끄는 이 프로젝트는 2022년에 완공될 예정이다. 이 천문대는 특히 이론상 우주의 탄생으로 추정되는 빅뱅의 아주 오래전 흔적을 탐색할 것이다.[1]

많은 과학자가 우주가 창조된 후 순간적으로 확장했을 것으로 추정하며 이런 현상을 '우주 팽창cosmic inflation'으로 부른다. 이로 인해 키팅이 "빅뱅의 지문"이라고 부르는 중력파gravitational waves와 꼬임 광선twisted light이 생겨났을 가능성이 있다. 과학자들은 이런 현상의 흔적을 찾으려 오랫동안 노력했는데 매번 여지없이 실패했고, 수십 년 동안 흔적에 가까이 다가가는 듯했지만, 결국에는 허송세월만 보낸 셈이었다. 사이먼스 천문대는 우주 탄생의 잠재적 근거를 제공하며 우주 탄생에 따른 고통의 희미한 흔적을 발견하는 지금껏 가장 좋은 기회 중 하나에 해당한다.

스퍼겔은 "사이먼스가 답을 빨리 찾으라고 독촉한다."고 말한다.

사이먼스 자신은 빅뱅 이론과 자신의 천문대에 설치한 거대한 망원경이 우주 팽창의 흔적을 찾아내며 목적을 달성할지에 대해 회의적인 입장을 표명한다. 시간에는 절대 시작점이 없다는 견해를 지지하며 빅뱅의 반대 이론인 비 팽창 바운싱 우주 모델bouncing universe model의 대표적 제안자인 폴 스타인하르트Paul Steinhardt의 연구도 동시에 지원한다.

사이먼스는 "시간이 영원히 흘러간다는 생각을 하는 것은 늘 심미적으로 즐거운 일이었다."고 한다.

헤지펀드 운용자답게 사이먼스는 어느 팀이 어떤 결과를 발견하더라도 자신이 승리자가 될 것이라고 생각한다. 팽창이 발견되지 않으면 사이먼스의 직감이 옳은 것으로 증명되며 자신의 견해에 대한 정당성이 입증되고, 스타인하르트 같은 과학자들은 승리의 횃불을 들 것이다. 만약 스퍼겔과 키팅의 그룹이 빅뱅 이론을 뒷받침하는 근거를 발견하면 사이먼스는 "우리가 노벨상을 수상하고 모두 다 거리에 나가 춤을 출 것"이라고 말한다.

이에 못지않게 사이먼스는 인류 문명을 오랫동안 혼란스럽게 만들었던 또 다른 질문에 대한 답도 여전히 갈망하고 있다. 그의 재단은 생명이 어떻게 시작됐는지, 초기 생명은 어떤 모습이었는지, 태양계의 다른 곳이나 태양계 외부의 행성에 생명이 존재하는지 알아내기 위한 공동 과학 연구를 지원했다.

사이먼스는 말한다. "모든 종교가 이 주제를 다뤄 왔고 나는 늘 궁금했습니다. 우리가 이제 그 해답에 점점 가까이 다가가고 있다는 느낌이 듭니다."

2019년 3월 중순의 어느 상쾌한 날 사이먼스 부부는 자가용 비행기 걸프스트림을 타고 보스턴 외곽의 공항으로 날아갔다. 그곳에서 관계자의 영접을 받은 뒤 매사추세츠 주 캠브리지에 있는 사이먼스의 모교이자 그날 사이먼스가 강연할 장소인 MIT 캠퍼스로 향했다. 트위드 천으로 된 스포츠 재킷에 짙은 카키색 바지와 **빳빳한 푸**

시장을 풀어낸 수학자

른색 셔츠를 입고 양말 없이 로퍼를 신은 사이먼스는 학생과 교수, 지역 사업가 수백 명 앞에서 자신의 경력과 선거 후 르네상스가 겪은 격동의 시간에 관해 강연했다.

머서의 정치적 활동을 막지 않았던 이유를 묻는 질문에 사이먼스는 "그가 조금 미친 것 같다고 생각했다."라는 대답으로 청중들에게서 약간의 환호를 이끌어냈다. 그리고는 이렇게 덧붙였다. "하지만 그는 매우 영리한 사람입니다. 나는 머서의 정치적 신념을 이유로 그를 해고할 수는 없었습니다."

어떤 투자 전문가에게서 조언을 구해야 하느냐는 학생들의 질문에 사이먼스는 투자가의 시장 예측 가능성에 여전히 회의적인 금융 시장 분석가로서 답변에 어려움을 겪었다. 마침내 그는 맨해튼의 이웃 주민인 헤지펀드 운용자 조지 소로스를 언급했다.

"나는 그의 말이 경청할 만한 가치가 있다고 생각합니다. 물론 그가 엄청나게 말을 많이 합니다만."

사이먼스는 청중들에게 몇 가지 인생 교훈도 얘기했다. "가능한 한 똑똑한 사람들과 일하세요. 여러분보다 더 똑똑한 사람이면 더 좋습니다. (……) 끈기 있게 지속적으로 노력하고 쉽게 포지하지 마세요."

"아름다움을 추구하세요. (……) 기업을 운영하거나 실험을 실행하거나 수학 정리를 만들 때 추구할 수 있습니다. 그러다가 뭔가가 잘되면 거의 심미적 관점에 가까운 미적 감각을 느낄 수 있습니다."

사이먼스는 우주 창조와 인류의 기원을 이해하려는 노력을 포함한 가장 최근의 열정에 대해서도 설명했다.

"온 우주에 우리밖에 없을 가능성이 매우 높다."라고 말하며 다른 곳에서 발견될 가능성이 낮은 유리한 요인들의 융합 덕분에 지적 생명체가 지구에만 존재할 수 있다고 주장했다.

청중들의 맨 앞자리에 하버드대학원생인 손자와 함께 앉아 있는 부인 마릴린을 잠깐 바라본 뒤 사이먼스는 마지막으로 이렇게 말했다.

"우리는 정말 운이 좋았습니다."

청중들의 기립 박수를 받으며 가볍게 손을 흔든 뒤 사이먼스는 뒤따르는 가족과 함께 천천히 강연장을 걸어 나갔다.

시장을 풀어낸 수학자

이 책은 열정적인 프로젝트로 탄생했다. 2년이 넘는 기간 동안 나는 미국과 해외에 있는 혁신적이며 종종 괴짜 같기도 한 수학자와 과학자, 암호 해독자, 퀀트 투자 선구자들과 무수히 많은 시간을 보내는 특혜를 누렸다.

또한 이 책은 나의 경력 중 가장 인상적인 도전 중 하나였다. 고등학교 시절에 나는 미적분 과목을 수강하기 위한 준비 과목 이상을 넘어가지 못했다. 대학교에서 수학적 개념들을 배우기는 했지만, 그것의 적용은 완전히 다른 문제였다. 알고리즘은 한 번도 만들어 본 적이 없다. 관련 분야 전문가들과 신기원을 이룬 교수들, 그리고 이타적인 다른 많은 사람들의 지원과 격려, 조언이 없었더라면 지금 여러분의 손에 있는 이 책은 세상에 나오지 못했을 것이다.

현명한 조언과 소중한 견해의 근원인 할 룩스는 내게 바위처럼 든든한 존재였다. 또한 나는 아론 브라운과 앤드류 스터지, 리처드 듀이, 라시드 사바, 다리오 빌라니에게도 많이 의지했다. 그들의 지혜와 전문성, 지도에 큰 감사의 뜻을 전한다.

닉 패터슨과 그레그 헐렌더, 산도르 스트라우스, 엘윈 벌캄프, 로버트 프레이, 스티븐 로버트, 데이비드 드와이어, 하워드 모건을 비롯한 많은 르네상스 출신 전문가들은 르네상스 기업 역사의 다양한 시기에 관한 중요한 통찰을 제공했다. 라이모 바쿠스와 리처드 스턴, 어니스트 찬, 필립 레스닉, 폴 코헨은 자신들이 IBM에서 겪었던 경험을 알려 줬다. 비키 바론은 내게 수학에 관련된 내용을 가르쳐 줬다. 마이클 포마다와 브라이언 키팅, 샘 엔리케즈는 원고를 읽고 유익한 논평을 해 주는 친절을 베풀었다.

리 뉴워스와 어윈 크라, 로버트 브라이언트, 레너드 찰랩, 사이먼 코첸, 로이드 웰치, 데이비드 아이젠버드, 제프 치거, 데니스 설리번, 존 로트, 쿠므룬 바파, 필립 그리피스는 끊임없이 이어지는 나의 질문에 보기 드문 인내심을 발휘하며 지혜롭게 대답해 줬다. 나는 스테피 바움과 그레그 해이트, 유리 가보비치, 존 J. 스미스, 데이비드 스퍼겔, 리시 나랑, 샤론 버치 맥그레인의 도움에도 고마움을 표한다.

이 책의 발행인 애드리언 잭하임과 편집자 메리 선은 변함없는 지원과 무한한 열정, 현명한 판단을 제공했다. 그들이 내 곁에 있어 나는 매우 운이 좋은 사람이라고 생각한다. 제이콥 어반은 재능이 뛰어나고 지칠 줄 모르는 연구원이었으며, 아나스타시아 글리아드

시장을 풀어낸 수학자

코브스카야는 출판 작업 내내 많은 방면에서 도움을 줬고, 니나 로드리게즈-마트리도 마찬가지였다.

에즈라 저커먼 시반과 샤라 셰트리, 해럴드 마크 시만스키, 애덤 브라우어, 아리 모지스, 조슈아 마커스, 스투 슈레더, 마크 토빈, 에릭 랜디, 커스틴 그라인드, 제니 스타스버그를 포함한 친구와 동료, 가족의 지원을 고맙게 여긴다. 소프트볼 구장 안팎에서 나를 언제나 든든하게 받쳐 주는 모시 글릭과 레니 글릭에게 정말 고맙다는 말을 전한다. AABJD 선데이 팀 강타자들의 지원에도 고마움을 표한다. 토바와 아비바는 사랑과 지원을 아끼지 않았다. 제리와 알리샤, 한나, 에이든 블루글라인드, 데이비드와 샤리 체르나, 더글라스와 일레인 아이젠버그는 모두 나의 노력을 격려하며 나의 배고픔과 영혼까지 채워 줬다. 아비가일 골드샤이더는 왠지 모르게 내가 일을 하다가 오후 세 시만 되면 얼굴에 미소를 짓게 만들었다.

프로 야구선수들인 지오 어셀라와 DJ 르마이유, 아론 저지는 야구 경기를 통해 나의 초저녁 시간을 즐겁게 했다. 뮤지션 저스틴 버논과 라이, 랜디 크로포드, 도니 헤더웨이, 나탈리 머천트, 트럼펫 연주가 마일스 데이비스, 작곡가 프란트 슈베르트는 감미로운 음악으로 밤늦도록 나를 진정시키며 편안하게 쉴 수 있게 했다.

〈월스트리트저널〉의 매트 머레이 편집장과 찰스 포렐레 비즈니스 및 금융 부문 편집자가 책 출판 프로젝트에 축복을 빌어 준 데 대해 감사의 뜻을 전하고 싶다.

학교에 다니는 동안 내가 영어 수업을 특히 좋아한 것은 아니었다. 문장을 도식화하는 작업은 나를 우울하게 만들었고, 고등학교

선생님은 내가 홀로코스트에 관한 글을 너무 많이 쓴다고 나무라며 영어 수업에 대한 나의 열정에 찬물을 끼얹었다. 내가 글쓰기에 관해 아는 대부분의 내용은 프로비던스 공립 도서관에서 빌린 책과 돌아가신 아버지(앨런 저커먼)가 내 글에 해 주신 현명한 비판, 어머니(로베르타 저커먼)가 오려 내서 내게 건네 준 진지한 생각을 하게 만들거나 흥미로운 기사를 읽으면서 터득한 것이다. 부모님의 사랑과 교훈은 여전히 내가 가야 할 길을 알려 준다.

마지막으로 언급하지만, 지금껏 나온 사람들 못지않게 중요한 나의 아내 미셸은 이 책이 탄생하는 데 중대한 역할을 했다. 내가 은닉 마르코프 모델을 이해하고 확률론적 미분 방정식을 설명하느라 힘들어 할 때 아내는 나를 진정시키며 응원하고 격려했다. 나는 아내를 매일매일 더더욱 감사하게 여긴다. 그리고 내 책은 나의 아들들 가브리엘 벤저민과 엘리야 셰인에게 바친다. 우리 아이들이 내게 준 행복을 예측할 수 있는 모델은 천하의 짐 사이먼스도 개발할 수 없을 것이다.

시장을 풀어낸 수학자

	순수익	운용 수수료*	성과급 수수료	수수료 전 수익	펀드 규모	메달리온의 트레이딩 수익**
1988	9.0%	5%	20%	16.3%	$20million	$3million
1989	-4.0%	5%	20%	1.0%	$20million	$0
1990	55.0%	5%	20%	77.8%	$30million	$23million
1991	39.4%	5%	20%	54.3%	$42million	$23million
1992	33.6%	5%	20%	47.0%	$74million	$35million
1993	39.1%	5%	20%	53.9%	$122million	$66million
1994	70.7%	5%	20%	93.4%	$276million	$258million
1995	38.3%	5%	20%	52.9%	$462million	$244million
1996	31.5%	5%	20%	44.4%	$637million	$283million
1997	21.2%	5%	20%	31.5%	$829million	$261million
1998	41.7%	5%	20%	57.1%	$1.1billion	$628million
1999	24.5%	5%	20%	35.6%	$1.54billion	$549million
2000	98.5%	5%	20%	128.1%	$1.9billion	$2.434million
2001	33.0%	5%	20%	56.6%	$3.8billion	$2.149million

* 수수료는 메달리온 펀드가 투자자에게 부과하며 표에 나온 연도 중 대부분의 투자자는 르네상스의
  직원들과 전 직원들이다.

** 총수익과 메달리온의 수익은 추정치이며 실제 수치는 특히 연간 자산 수수료가 부과되는 시기에 따
  라 약간 다를 수 있다. 메달리온의 수익은 펀드의 제반 비용 전 기준이다.

	순수익	운용 수수료*	성과급 수수료	수수료 전 수익	펀드 규모	메달리온의 트레이딩 수익**
2002	25.8%	5%	44%	51.1%	$5.24billion	$2.676billion
2003	21.9%	5%	44%	44.1%	$5.09billion	$2.245billion
2004	24.9%	5%	44%	49.5%	$5.2billion	$2.572billion
2005	29.5%	5%	44%	57.7%	$5.2billion	$2.999billion
2006	44.3%	5%	44%	84.1%	$5.2billion	$4.374billion
2007	73.7%	5%	44%	136.6%	$5.2billion	$7.104billion
2008	82.4%	5%	44%	152.1%	$5.2billion	$7.911billion
2009	39.0%	5%	44%	74.6%	$5.2billion	$3.881billion
2010	29.4%	5%	44%	57.5%	$10billion	$5.750billion
2011	37.0%	5%	44%	71.1%	$10billion	$7.107billion
2012	29.0%	5%	44%	56.8%	$10billion	$5.679billion
2013	46.9%	5%	44%	88.8%	$10billion	$8.875billion
2014	39.2%	5%	44%	75.0%	$9.5billion	$7.125billion
2015	36.0%	5%	44%	69.3%	$9.5billion	$6.582billion
2016	35.6%	5%	44%	68.6%	$9.5billion	$6.514billion
2017	45.0%	5%	44%	85.4%	$10billion	$8.536billion
2018	40.0%	5%	44%	76.4%	$10billion	$7.643billion
	39.1% 평균 순수익			**66.1%** 수수료 전 평균 수익		**$104,530,000,000** 총 트레이딩 수익

연평균 수익

66.1% 총수익, 39.1% 순수익

위 표에 나온 수익 1,045억 달러는 메달리온 펀드 수익에 해당한다. 르네상스는 외부 투자자에게 개방돼 있는 세 가지 헤지펀드에서도 수익을 올리며 2019년 4월 30일 기준 약 550억 달러의 자산을 운용하고 있다(출처: 메달리온 연례 보고서; 투자자).

시장을 풀어낸 수학자

투자가	주요 펀드/수익 수단	기간	연평균 수익*
짐 사이먼스	메달리온 펀드	1988-2018	39.1%
조지 소로스	퀀텀 펀드	1969-2000	32%**
스티븐 코헨	SAC	1992-2003	30%
피터 린치	마젤란 펀드	1977-1990	29%
워런 버핏	버크셔 해서웨이	1965-2018	20.5%***
레이 달리오	퓨어 알파	1991-2018	12%

출처: 사이먼스, 달리오, 코헨, 소로스의 수치는 보도자료, 버핏은 버크셔 해서웨이 연례 보고서, 린치는 피델리티 인베스트먼트

* 모든 수익은 수수료 후 기준이다.

** 소로스가 다른 곳에 대한 투자를 중단하면서 최근 수익이 하락했다.

*** 버핏은 1만 달러가 안 되는 개인 자금으로 투자를 시작한 1951년부터 1957년까지 연평균 62퍼센트의 수익을 올렸고, 1957년부터 1969년까지 파트너십 체제로 투자하면서 평균 24.3퍼센트의 수익을 달성했다

╳ 참고문헌 ╳

서문

1 "Seed Interview: James Simons," *Seed*, September 19, 2006.

2 Gregory Zuckerman, Rachel Levy, Nick Timiraos, and Gunjan Banerji, "Behind the Market Swoon: The Herdlike Behavior of Computerized Trading," *Wall Street Journal*, December 25, 2018, https://www.wsj.com/ articles/ behind-the-market-swoon-the-herdlike-behavior-of-computerized- trading- 1545785641.

CHAPTER 01

1 D. T. Max, "Jim Simons, the Numbers King," *New Yorker*, December 11, 2017, https://www.newyorker.com/magazine/2017/12/18/jim-simons-the- numbers–king.

2   James Simons, "Dr. James Simons, S. Donald Sussman Fellowship Award
Fireside Chat Series. Chat 2," interview by Andrew Lo, March 6, 2019,
https://www.you tube.com/watch?v=srbQzrtfEvY&t=4s.

CHAPTER 02

1   James Simons, "Mathematics, Common Sense, and Good Luck"(강연,
American Mathematical Society Einstein Public Lecture in Mathematics,
San Francisco, CA, October 30, 2014), https://www.youtube.com/
watch?v=Tj1NyJHLvWA.

2   Lee Neuwirth, *Nothing Personal: The Vietnam War in Princeton 1965–
1975* (Charleston, SC: BookSurge, 2009).

3   Paul Vitello, "John S. Toll Dies at 87; Led Stony Brook University," *New
York Times*, July 18, 2011, https://www.nytimes.com/2011/07/19/nyregion/
john-s-toll-dies-at-87-led-stony-brook-university.html.

4   James Simons, "Simons Foundation Chair Jim Simons on His Career in
Mathematics," interview by Jeff Cheeger, Simons Foundation, September
28, 2012, https://www.simonsfoundation.org/2012/09/28/simons-
foundation-chair-jim –simons-on-his-career-in-mathematics.

5   Simons, "On His Career in Mathematics."

CHAPTER 03

1   Simons, "Mathematics, Common Sense, and Good Luck."

2   William Byers, *How Mathematicians Think: Using Ambiguity, Contradiction,
and Paradox to Create Mathematics*(Princeton, NJ: Princeton University
Press, 2007).

3   바움의 가족들이 제공한 바움의 개인 서류.

4 Richard Teitelbaum, "The Code Breaker," *Bloomberg Markets*, January 2008.

5 James Simons, "Jim Simons Speech on Leonard E. Baum"(연설, Leonard E. Baum Memorial, Princeton, NJ, August 15, 2017), https://www.youtube.com/watch?v= zN0ah7moPlQ.

6 Simons, "On His Career in Mathematics."

7 Simons, "Jim Simons Speech on Leonard E. Baum."

CHAPTER 04

1 Byers, 《How Mathematicians Think.》

CHAPTER 05

1 James R. Hagerty and Gregory Zuckerman, "Math Wizard Elwyn Berlekamp Helped Bring Sharp Images from Outer Space," *Wall Street Journal*, May 1, 2019, https://www.wsj.com/articles/math-wizard-elwyn-berlekamp-helped-bring -sharp-images-from-outer-space-1556735303.

2 Brian Keating, *Losing the Nobel Prize: A Story of Cosmology, Ambition, and the Perils of Science's Highest Honor*(New York: W. W. Norton, 2018).

CHAPTER 06

1 James B. Stewart, Den of Thieves(New York: Simon & Schuster, 1991).

CHAPTER 07

1 Geoffrey Poitras, *The Early History of Financial Economics, 1478–1776: From Commercial Arithmetic to Life Annuities and Joint Stocks*(Cheltenham,

UK: Edward Elgar, 2000).

2 Mark Putrino, "Gann and Gann Analysis," *Technical Analysis of Stocks & Commodities*, September 2017.

3 Brian Stelter, "Gerald Tsai, Innovative Investor, Dies at 79," *New York Times*, July 11, 2008, https://www.nytimes.com/2008/07/11/business/11tsai.html; John Brooks, *The Go-Go Years: The Drama and Crashing Finale of Wall Street's Bullish 60s* (New York: Weybright and Talley, 1973).

4 Andrew W. Lo and Jasmina Hasanhodzic, *The Evolution of Technical Analysis: Financial Prediction from Babylonian Tablets to Bloomberg Terminals*(Hoboken, NJ: John Wiley & Sons, 2010).

5 Douglas Bauer, "Prince of the Pit," *New York Times*, April 25, 1976, https://www.nytimes.com/1976/04/25/archives/prince-of-the-pit-richard-dennis-knows- how-to-keep-his-head-at-the.html.

6 이매뉴얼 더만(Emanuel Derman), 《퀀트―물리와 금융에 관한 회고(*My Life as a Quant: Reflections on Physics and Finance*)》(권루시안 역, 2007년 7월, 승산).

7 에드워드 소프(Edward O. Thorp), 《나는 어떻게 시장을 이겼나(*A Man for All Markets: From Las Vegas to Wall Street, How I Beat the Dealer and the Market*)》(김인정 역, 2019년 4월, 이레미디어).

8 스캇 패터슨(Scott Patterson), 《퀀트―세계 금융시장을 장악한 천재들 이야기(*The Quants: How a New Breed of Math Whizzes Conquered Wall Street and Nearly Destroyed It*)》(구본혁 역, 2011년 7월, 다산북스).

9 스캇 패터슨(Scott Patterson), 《퀀트―세계 금융시장을 장악한 수학천재들 이야기》

10 Michelle Celarier, "How a Misfit Group of Computer Geeks and English Majors Transformed Wall Street," *New York*, January 18, 2018, http://nymag.com/intel ligencer/2018/01/d-e-shaw-the-first-great-quant-hedge-fund.html.

11 Hal Lux, "Secretive D. E. Shaw & Co. Opens Doors for Customers'

Business," *Investment Dealers' Digest*, November 15, 1993.

12 G. Bruce Knecht, "Wall Street Whiz Finds Niche Selling Books on the Internet," *Wall Street Journal*, May 16, 1996, https://www.wsj.com/articles/ SB832204437381952500.

CHAPTER 08

1 Ingfei Chen, "A Cryptologist Takes a Crack at Deciphering DNA's Deep Secrets," *New York Times*, December 12, 2006, https://www.nytimes. com/2006/12/12/science/12prof.html.

2 John F. Greer Jr., "Simons Doesn't Say," *Financial World*, October 21, 1996.

CHAPTER 09

1 Peter Lynch, "Pros: Peter Lynch," interview with *Frontline*, PBS, May 1996, www.pbs.org/wgbh/pages/frontline/shows/betting/pros/lynch. html; and 피터 린치(Peter Lynch), 존 로스차일드(John Rothchild), 《(전설로 떠나는) 월가의 영웅(*One Up on Wall Street*)》(이건 역, 2017년 4월, 국일증권경제연구소).

2 Sebastian Mallaby, 《*More Money Than God: Hedge Funds and the Making of a New Elite*》 (New York: Penguin Press, 2010).

3 Michael Coleman, "Influential Conservative Is Sandia, UNM Grad," *Albuquerque Journal*, November 5, 2017, https://www.abqjournal. com/1088165/influential- onservative-is-sandia-unm-grad-robert-mercer-trump-fundraiser-breitbart–investor-has-nm-roots.html.

4 Robert Mercer, "A Computational Life"(연설, Association for Computational Linguistics Lifetime Achievement Award, Baltimore, Maryland, June 25, 2014), http://techtalks.tv/talks/closing-session/60532.

5   Stephen Miller, "Co-Inventor of Money-Market Account Helped Serve Small Investors' Interest," *Wall Street Journal*, August 16, 2008, https://www.wsj.com/articles /SB121884007790345601.

6   Feng-Hsiung Hsu, *Behind Deep Blue: Building the Computer That Defeated the World Chess Champion*(Princeton, NJ: Princeton University Press, 2002).

CHAPTER 10

1   Peter Brown and Robert Mercer, "Oh, Yes, Everything's Right on Schedule, Fred" (강연, Twenty Years of Bitext Workshop, Empirical Methods in Natural Language Processing Conference, Seattle, Washington, October 2013), http://cs.jhu.edu/~post/bitext.

CHAPTER 11

1   Hal Lux, "The Secret World of Jim Simons," *Institutional Investor*, November 1, 2000,https://www.institutionalinvestor.com/article/b151340bp779jn/the-secret-world-of-jim-simons.

2   Robert Mercer interviewed by Sharon McGrayne for her book, *The Theory Would Not Die: How Bayes' Rule Cracked the Enigma Code, Hunted Down Russian Submarines, and Emerged Triumphant from Two Centuries of Controversy*(New Haven, CT: Yale University Press, 2011).

3   Brown and Mercer, "Oh, Yes, Everything's Right on Schedule, Fred."

4   Jason Zweig, "Data Mining Isn't a Good Bet for Stock-Market Predictions," *Wall Street Journal*, August 8, 2009, https://www.wsj.com/articles/ SB12496793764 2715417.

5   Lux, "The Secret World of Jim Simons."

6   Robert Lipsyte, "Five Years Later, A Female Kicker's Memorable Victory,"

New York Times, October 19, 2000, https://www.nytimes.com/2000/10/19/
sports/colleges-five-years-later-a-female-kicker-s-memorable-victory.html.

7   로저 로웬스타인(Roger Lowenstein), 《천재들의 실패(*When Genius Failed:
     The Rise and Fall of Long-Term Capital Management*)》(이승욱 역, 2009년 3
     월, 한국경제신문사).

8   Suzanne Woolley, "Failed Wizards of Wall Street," *BusinessWeek*, September
     21, 1998, https://www.bloomberg.com/news/articles/1998-09-20/failed-
     wizards-of-wall-street.

9   Timothy L. O'Brien, "Shaw, Self- Styled Cautious Operator, Reveals It Has
     a Big Appetite for Risk," *New York Times*, October 15, 1998, https://www.
     nytimes.com/1998/10/15/business/shaw-self-styled-cautious-operator-
     reveals-it-has-a-big-appetite-for-risk.html.

10   *Abuse of Structured Financial Products: Misusing Basket Options to Avoid
     Taxes and Leverage Limits: Hearings before the Permanent Subcommittee
     on Investigations of the Committee on Homeland Security and
     Governmental Affairs*, 113th Congress (2014) (statement of Peter Brown,
     Chief Executive Officer, Renaissance Technologies), https://www.govinfo.
     gov/content/pkg/CHRG-113shrg89882/pdf/CHRG-113shrg89882.pdf.

CHAPTER 12

1   McGrayne, *The Theory That Would Not Die: How Bayes' Rule Cracked
     the Enigma Code, Hunted Down Russian Submarines, and Emerged
     Triumphant from Two Centuries of Controversy.*

2   Lux, "The Secret World of Jim Simons."

3   *Abuse of Structured Financial Products* (statement of Peter Brown).

4   Katherine Burton, "Inside a Moneymaking Machine Like No Other,"
     Bloomberg, November 21, 2016, https://www.bloomberg.com/news/

articles/2016-11-21/how-renaissance-s-medallion-fund-became-finance-s-blackest-box.

5   조지 길더(George Gilder), 《구글의 종말(*Life after Google: The Fall of Big Data and the Rise of the Blockchain Economy*)》(이경식 역, 2019년 12월, 청림출판).

6   Simon Van Zuylen-Wood, "The Controversial David Magerman," *Philadelphia Magazine*, September 13, 2013, https://www.phillymag.com/news/2013/09/13/controversial-david-magerman.

7   Scott Patterson and Jenny Strasburg, "Pioneering Fund Stages Second Act," *Wall Street Journal*, March 16, 2010, https://www.wsj.com/articles/SB10001424052748703494404575082000779302566.

8   Zachary Mider, "What Kind of Man Spends Millions to Elect Ted Cruz?" *Bloomberg*, January 20, 2016, https://www.bloomberg.com/news/features/2016-01-20/what-kind-of-man-spends-millions-to-elect-ted-cruz.

9   William J. Broad, "Seeker, Doer, Giver, Ponderer," *New York Times*, July 7, 2014, https://www.nytimes.com/2014/07/08/science/a-billionaire-mathematicians-life-of-ferocious-curiosity.html.

CHAPTER 13

1   Christine Williamson, "Renaissance Believes Size Does Matter," *Pensions & Investments*, November 27, 2006, https://www.pionline.com/article/20061127/PRINT/611270744/renaissance-believes-size-does-matter.

2   스캇 패터슨(Scott Patterson), 《퀀트—세계 금융시장을 장악한 수학천재들 이야기》

3   Gregory Zuckerman, *The Greatest Trade Ever: The Behind-the-scenes Story of How John Paulson Defied Wall Street and Made Financial History*(New York: Broadway Books, 2009).

4 Tae Kim, "Billionaire David Einhorn Says the Key to Investing Success Is 'Critical Thinking'", CNBC, December 26, 2017, https://www.cnbc.com/2017/12/26/david–einhorn-says-the-key-to-investing-success-is-critical-thinking.html.

5 Susan Pulliam and Jenny Strasburg, "Simons Questioned by Investors," *Wall Street Journal*, May 15, 2009, https://www.wsj.com/articles/SB124235370437022507.

CHAPTER 14

1 Alice Walker, "Billionaire Mathematician Jim Simons Parks £75 million Super Yacht during Tour of Scotland," *Scottish Sun*, July 15, 2018, https://www.thescottishsun.co.uk/fabulous/2933653/jim-simons-super-yacht-billionaire-scotland–tour.

2 Simons, "On His Career in Mathematics."

3 Van Zuylen-Wood, "The Controversial David Magerman."

4 Ryan Avent, "If It Works, Bet It," *Economist*, June 14, 2010, https://www.economist.com/free-exchange/2010/06/14/if-it-works-bet-it.

5 James Simons, "My Life in Mathematics" (International Congress of Mathematics, Seoul, South Korea, August 13, 2014), https://www.youtube.com/watch?v=RP1ltutTN_ 4.

6 John Marzulli, "Hedge Fund Hotshot Robert Mercer Files Lawsuit over $2M Model Train, Accusing Builder of Overcharge," *New York Daily News*, March 31, 2009, https://www.nydailynews.com/news/hedge-fund-hotshot-robert-mercer-files-lawsuit-2m-model-train-accusing-builder-overcharge-article-1.368624.

7 Patterson and Strasburg, "Pioneering Fund Stages Second Act."

8 Joshua Green, *Devil's Bargain: Steve Bannon, Donald Trump, and the*

Storming of the Presidency(New York: Penguin Press, 2017).

9 Mider, "Ted Cruz?"

10 Juliet Chung, "Mega Merger: Six Apartments May Make One," *Wall Street Journal*, April 27, 2010, https://www.wsj.com/articles/SB100014240527487 04446704575207193495569502

11 Ben Smith, "Hedge Fund Figure Financed Mosque Campaign," *Politico*, January 18, 2011, https://www.politico.com/blogs/ben-smith/2011/01/ hedge-fund-figure-financed-mosque-campaign-032525.

12 Vicky Ward, "The Blow-It-All-Up Billionaires," *Highline*, March 17, 2017, https://highline.huffingtonpost.com/articles/en/ mercers.

13 Gregory Zuckerman, Keach Hagey, Scott Patterson, and Rebecca Ballhaus, "Meet the Mercers: A Quiet Tycoon and His Daughter Become Power Brokers in Trump's Washington," *Wall Street Journal*, January 8, 2017, https://www.wsj.com/articles/meet-the-mercers-a-quiet-tycoon-and-his-daughter-become-power-brokers-in-trumps-washington-1483904047.

14 Carole Cadwalladr, "Revealed: How US Billionaire Helped to Back Brexit," *Guardian*, February 25, 2017, https://www.theguardian.com/politics/2017/ feb/26/us-billionaire-mercer-helped-back-brexit.

15 Jane Mayer, "New Evidence Emerges of Steve Bannon and Cambridge Analytica's Role in Brexit," *New Yorker*, November 17, 2018, https://www. newyorker.com/news/news-desk/new-evidence-emerges-of-steve-bannon-and-cambridge-analyticas-role-in-brexit.

16 Nigel Farage, "Farage: 'Brexit Could Not Have Happened without Breitbart'", interview by Alex Marlow, Turning Point USA Student Action Summit, December 20, 2018, https://www.youtube.com/ watch?v=W73L6L7howg.

17 Matea Gold, "The Rise of GOP Mega-donor Rebekah Mercer," *Washington Post*, September 14, 2016, https://www.washingtonpost.com/politics/therise-of-gop-mega-donor-rebekah-mercer/2016/09/13/85ae3c32-79bf-11e6-beac-57a4a412e93a_story.html.

18   Green, *Devil's Bargain: Steve Bannon, Donald Trump, and the Storming of the Presidency.*

19   Corey R. Lewandowski and David N. Bossie, *Let Trump Be Trump: The Inside Story of His Rise to the Presidency*(New York: Center Street, 2017).

CHAPTER 15

1   Jonathan Lemire and Julie Pace, "Trump Spent Saturday Night at a Lavish 'Villains and Heroes' Costume Party Hosted by Some of His Biggest Donors," Associated Press, December 3, 2016, https://www.businessinsider.com/trump-attends-mercer-lavish-villains-and-heroes-costume-party-2016-12.

2   Matea Gold, "The Mercers and Stephen Bannon: How a Populist Power Base Was Funded and Built," *Washington Post*, March 17, 2017, https://www.washingtonpost.com/graphics/politics/mercer-bannon.

3   Jane Mayer, "The Reclusive Hedge-Fund Tycoon behind the Trump Presidency," *New Yorker*, March 17, 2017, https://www.newyorker.com/magazine/2017/03/27/the-reclusive-hedge-fund-tycoon-behind-the-trump-presidency.

4   Zuckerman et al., "Meet the Mercers."

5   William Julius Wilson, "Hurting the Disadvantaged," review of *Civil Rights: Rhetoric or Reality?* by Thomas Sowell, New York Times, June 24, 1984, https://www.nytimes.com/1984/06/24/books/hurting-the-disadvantaged.html.

6   David M. Schwartz, "Robert Mercer's North Shore Home Draws Tax Demonstrators," *Newsday*, March 28, 2017, https://www.newsday.

com/long-island/politics/spin-cycle/protest-at-robert-mercer-s-li-home-1.13329816.

7   Gregory Zuckerman, "Renaissance Feud Spills Over to Hedge Fund Poker Night," *Wall Street Journal*, April 28, 2017, https://www.wsj.com/articles/renaissance-feud-spillsover-to-hedge-fund-poker-night-493424763.

8   Jeremy W. Peters, "Milo Yiannopoulos Resigns from Breitbart News after Pedophilia Comments," *New York Times*, February 21, 2017, https://www.nytimes.com/2017/02/21/business/milo-yiannopoulos-resigns-from-reitbart-news-after-pedophilia-comments.html.

9   Robin Pogrebin and Somini Sengupta, "A Science Denier at the Natural History Museum? Scientists Rebel," *New York Times*, January 25, 2018, https://www.nytimes.com/2018/01/25/climate/rebekah-mercer-natural-history-museum.html.

10   Gregory Zuckerman, "Mercer Influence Wanes as Other Washington Donors Emerge," *Wall Street Journal*, November 4, 2018, https://www.wsj.com/articles/mercer-influence-wanes-as-other-washington-donors-emerge-541350805.

11   Zuckerman, "Mercer Influence Wanes."

CHAPTER 16

1   "Morningstar Reports US Mutual Fund and ETF Fund Flows for April 2019," *PR Newswire*, May 17, 2019, https://finance.yahoo.com/news/morningstar-reports-u-mutual-fund-30000604.html.

2   Gregory Zuckerman, "Architect of Greatest Trade Ever Hit by Losses, Redemptions Postcrisis," *Wall Street Journal*, April 27, 2018, https://www.wsj.com/articles/architect-of-greatest-trade-ever-hit-by-losses-redemptions-postcrisis-524837987.

3 Gregory Zuckerman, " 'This Is Unbelievable': A Hedge Fund Star Dims, and Investors Flee," *Wall Street Journal*, July 4, 2018, https://www.wsj.com/articles/this-is-unbelievable-a-hedge-fund-star-dims-and-investors-flee-530728254.

4 Gregory Zuckerman and Kirsten Grind, "Inside the Showdown Atop PIMCO, the World's Biggest Bond Firm," *Wall Street Journal*, February 24, 2014, https://www.wsj.com/articles/inside-the-showdown-atop-pimco-the-worlds-biggest-bond-firm-1393298266.

5 George Budwell, "Why Geron Corporation's Stock Is Charging Higher Today," Motley Fool, August 28, 2018, https://www.fool.com/investing/2018/08/28/why-geron-corporations-stock-is-charging-higher-to.aspx.

6 시장조사 기업 TABB Group 보고서 기준 데이터.

7 Nathan Vardi, "Running the Numbers," Forbes, April 30, 2019.

8 "The Four Vs of Big Data," infographic, IBM Big Data & Analytics(website), https://www.ibmbigdatahub.com/sites/default/files/infographic_file/4-Vs-of-big-data.jpg?cm_mc_uid=16172304396014932905991&cm_mc_sid_50200000=1494235431&cm_mc_sid_52640000=1494235431.

9 Bradley Hope, "Five Ways Quants Are Predicting the Future," *Wall Street Journal*, April 1, 2015, https://blogs.wsj.com/briefly/2015/04/01/5-ways-quants-are-predicting-the-future.

10 Richard Dewey, "Computer Models Won't Beat the Stock Market Any Time Soon," *Bloomberg*, May 21, 2019, https://www.bloomberg.com/news/articles/2019-05-21/computer-models-won-t-beat-the-stock-market-any-time-soon.

11 Aruna Viswanatha, Bradley Hope, and Jenny Strasburg, " 'Flash Crash' Charges Filed," *Wall Street Journal*, April 21, 2015, https://www.wsj.com/articles/u-k-man-arrested-on-charges-tied-to-may-2010-flashcrash-1429636758.

12 Robin Wigglesworth, "Goldman Sachs' Lessons from the 'Quant Quake'", *Financial Times*, September 3, 2017, https://www.ft.com/content/fdfd5e78-0283-11e7-aa5b-6bb07f5c8e12.s

13 "Seed Interview: James Simons."

14 Marcus Baram, "The Millionaire Critic Who Scared Facebook Now Wants to Help 'Fix the Internet'", *Fast Company*, December 11, 2018, https://www.fastcompany.com/90279134/the-millionaire-critic-who-scared-facebook-wants-to-help-fix-the-internet.

15 Baram, "The Millionaire Critic Who Scared Facebook."

16 Richard Henderson, "Renaissance Founder Says Hedge Fund Has Overcome Trump Tension," *Financial Times*, March 15, 2019, https://www.ft.com/content/7589277c-46d6-11e9-b168-96a37d002cd3.

에필로그

1 Gary Robbins, "UCSD Gets $40 Million to Study Infancy of the Universe," *San Diego Union-Tribune*, May 12, 2016, https://www.sandiegouniontribune.com/news/science/sdut-ucsd-simons-telescopes-2016may12-story.html.